高等学校旅游管理专业
本科系列教材

旅游创新创业

LÜYOU CHUANGXIN CHUANGYE

◎ 肖佑兴 **编著**

重庆大学出版社

内容提要

本书是为了落实创新创业教育,培养大学生的旅游创新创业意识、掌握旅游创新创业的理论与方法、提高大学生旅游创新创业的素质与实践能力而编著的。主要内容包括绪论、旅游创新创业的理论基础与内涵、旅游创新创业者、旅游创业机会与风险识别、旅游产品创意、旅游定位与旅游战略制定、旅游商业模式设计、旅游创业资源整合与创业融资、创业计划书撰写与旅游企业创立等。本书为 2022 年度广州市高等教育教学质量与教学改革工程项目(旅游管理专业核心课程教学团队)、2022 年度广州大学教材出版基金资助项目成果。

本书既可作为大学生创新创业教材,也可作为研究生与广大读者的学习和参考资料。

图书在版编目(CIP)数据

旅游创新创业／肖佑兴编著. --重庆:重庆大学出版社,2022.10
ISBN 978-7-5689-3369-8

Ⅰ.①旅…　Ⅱ.①肖…　Ⅲ.①旅游资源开发　Ⅳ.
①F590.31

中国版本图书馆 CIP 数据核字(2022)第 132203 号

高等学校旅游管理专业本科系列教材

旅游创新创业

肖佑兴　编著
策划编辑:尚东亮

责任编辑:姜　凤　版式设计:尚东亮
责任校对:谢　芳　责任印制:张　策

*

重庆大学出版社出版发行
出版人:饶帮华
社址:重庆市沙坪坝区大学城西路 21 号
邮编:401331
电话:(023) 88617190　88617185(中小学)
传真:(023) 88617186　88617166
网址:http://www.cqup.com.cn
邮箱:fxk@ cqup.com.cn(营销中心)
全国新华书店经销
重庆天旭印务有限责任公司印刷

*

开本:787mm×1092mm　1/16　印张:21.75　字数:518千
2022 年 10 月第 1 版　2022 年 10 月第 1 次印刷
ISBN 978-7-5689-3369-8　定价:58.00 元

前言

　　随着人们旅游需求的持续增长以及旅游行业的快速发展,旅游业出现了很多商机,这为大学生创新创业提供了许多机会。尤其是近年来,文旅融合、"互联网+"、大数据、物联网、人工智能等的快速发展,旅游产业技术发生了革命性变化,旅游创新创业层出不穷。旅游业对人才的需求重点已经转向了高素质、复合型、创新创业型人才的需求。

　　创新是活力之源。抓创新就是抓发展,谋创新就是谋未来。改革开放以来,中央一直把创新摆在高度重要的位置。2012年11月,党的十八大明确提出,"科技创新是提高社会生产力和综合国力的战略支撑,必须摆在国家发展全局的核心位置。"强调要坚持走中国特色自主创新道路、实施创新驱动发展战略。2017年,党的十九大报告强调,创新是引领发展的第一动力,是建设现代化经济体系的战略支撑。深入实施创新驱动发展战略,推动科技创新、市场创新、文化创新、产品创新、业态创新、商业模式创新、管理创新、企业创新、产业创新、制度创新等的全面创新,加快形成以创新为主要引领和支撑的经济体系和发展模式。我国一直高度重视大学生创新创业及其教育问题。2014年,李克强总理首次提出"大众创业、万众创新",即要在960万平方千米的土地上掀起"大众创业""草根创业"新浪潮,形成"万众创新""人人创新"新势态。此后,中央提出了一系列推动"大众创业、万众创新"措施。

　　在高等学校中大力推进创新创业教育,对促进高等教育科学发展,深化教育教学改革,提高人才培养质量现实意义和长远战略意义重大。为了落实旅游创新创业教育,作者特撰写《旅游创新创业》一书,为旅游创新创业相关课程提供教材。其主要目的是,培养大学生的旅游创新创业意识,让大学生掌握旅游创新创业的理论与方法,训练大学生旅游创新创业,提高大学生旅游创新创业的素质与实践能力。本书为广州大学旅游管理国家一流本科专业建设点【教高厅函〔2019〕46号】、2019年广东省本科高校教学质量与教学改革工程立项建设项目(重点专业)旅游管理阶段成果。

　　本书共9章。第1章为绪论,主要介绍旅游创新创业的背景与发展历程以及研究对象与研究方法及意义。第2章为旅游创新创业的理论基础与内涵,主要介绍创新创业的经典理论以及旅游创新创业的内涵。第3章为旅游创新创业者,主要介绍旅游创新创业者的概念与素质、旅游创新创业的能力培养与基本思路等。第4章为旅游创业机会与风险识别,主要介绍旅游创业机会的概念、来源、识别与评价方法以及旅游创业风险的识别与防范。第5章为旅游产品创意,主要介绍旅游产品创意的流程、原则、方法与技巧。第6章为旅游定位与旅游战略制定,主要介绍旅游定位与旅游战略的内涵及其制定的思路与技巧。第7章为旅游商业模式设计,主要介绍旅游商业模式的概念、要素、设计思路与主要的旅游商业模式。第8章为旅游创业资源整合与创业融资,主要介绍旅游创业资源的内涵、整合思路与创业融资的渠道与方式。第9章为创业计划书撰写与旅游企业创立,主要介绍创业计划书撰写的内容与方法以及旅游企业注册流程与注意事项。

本书的主要特色体现在以下几个方面。

1.将创新创业基本理论与旅游发展的特点和规律相结合。本书基于创新创业的理论与方法,梳理了旅游创新创业的特点和基本规律,为旅游创新创业的实践提供了理论与方法指导。

2.将理论阐释与案例分析相结合。本书提供了大量案例,包括案例导读与案例介绍。其中,案例导读一般安排在每章之首,可供每章学前阅读或预习之用,可对案例的相关问题进行思考与讨论。同时,为了更好地理解理论知识,在重要的知识点或每章末,提供了一些案例简介。这些案例提供了生动的创新创业实践,经验丰富。这可促进理论知识与案例实践相结合、理性认识与感性认识相结合,增强对旅游创新创业的认识与理解。

3.将常规知识与拓展知识相结合。本书除了常规知识,还安排了一些拓展知识,可丰富学生的知识与眼界,使学有余力的学生深入地钻研旅游创新创业。

4.每章末提供了一些思考与复习题,尤其提出了旅游创新创业实践的要求,可训练大学生的旅游创新创业的实践操作能力。

本书既可作为大学生创新创业教材,也可作为研究生与广大读者的学习和参考资料。

编　者

2022 年 1 月

目 录

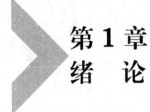

第1章
绪　论

【学习目标】

　　1.了解旅游创新创业的背景与发展历程。

　　2.理解旅游创新创业的意义。

　　3.掌握旅游创新创业的研究对象与研究方法。

【名人名言】

　　想别人不敢想的,你已经成功了一半;做别人不敢做的,你就会成功另一半。

——阿尔伯特·爱因斯坦

　　处处是创造之地,天天是创造之时,人人是创造之人。

——陶行知

【案例导读】

马化腾谈创新创业

　　腾讯目前是我国用户最多的互联网企业之一,是世界500强企业,为2017年中国市值最大的上市公司,在全球排第8位。腾讯文旅作为腾讯公司服务文旅产业互联网的专业团队和品牌,近年来,定位做文旅融合和产业升级的数字化助手,以"数字科技+内容生态"为抓手,深耕智慧文旅。下面是腾讯创始人马化腾对创业经验的总结。

　　1.成立腾讯

　　应该说20岁的时候,我是一个非常内向的程序员,我不喜欢管人,不喜欢接受采访,不喜欢与人打交道,独自坐在电脑旁是我最舒服的时候。我周边的人,我父母,包括我自己,都不认为我会办一个企业、管一个企业,因为怎么看我都不像这样的人。我唯一的资本是我写过几万行C语言代码,也接过几个项目。我很想创造一个产品,然后很多人用。但是,原来的公司没有办法提供这样的环境,似乎只有自己开公司才能满足这个要求,所以我才被迫选择在1998年开了公司——腾讯。

　　开始创业的伙伴几乎都是我的大学、中学同学,在创业过程中,由于意见不统一,争吵难免,因此,相互信任很重要。当时,我出主要的启动资金,有人想加钱、占更大股份,我说:"不行,根据我对你能力的判断,你不适合拿更多的股份。因为一个人未来的潜力要和应有的股份匹配,不匹配就要出问题。"为了不形成垄断局面,他们的总和比我多一点。当然,如果没有一个主心骨,股份大家平分,到时候肯定会出问题,同样会完蛋。创业后,我发现和之前想的完全不一样,之前我看过很多美国硅谷创业的书,讲创业都是非常励志和令人向往的。但实际上,我们经常在想的是下一个月工资和房租怎么解决。一年内收入来自哪里?这个阶段,我们做了很多外包工作,帮别人开发软件,赚一点微薄的收入。

1999年,QQ诞生了,因为我之前是做通信行业的,所以,QQ和通信有关,起初,QQ的形象是一个网络寻呼机。那时,想要做到3万用户,于是,我去学校的BBS上一个个地拉用户,每天只能拉几十人。当时想,按照这个速度凑到万人可能要2年后,到时候公司没准儿就"死"掉了。

这个过程中,IDG资本和盈科数码投资了我们,他们给了220万美元,分别占公司20%的股份。获得投资后,我们都很努力,因为不想让投资人亏钱。后面就很顺利了,融资然后上市,但腾讯最初的市值并不高。后来,我看到很多创业者认为估值低就干脆赌气不上了。我觉得这样很不理智,对上市这件事要有长远的眼光,不要只看一年半年。

2.腾讯的三大节点

在发展中,腾讯有3个非常重要的节点:一是MSN,二是360,三是微信。

第一大节点,QQ和MSN。MSN曾是QQ最大的对手,但最终它"死"掉了。现在我们来分析原因:第一,它"死"掉不是我们打掉的,是没有赶上社交化,它是被Facebook打掉的;第二,MSN的中国本土化没做好,一改版中文字体就显示得乱七八糟,还经常发生盗号的现象,安全和本地运营都不过关。当然,最根本的原因是,我们这些本地创业者身家性命都在产品里,而国际化的公司并不是。

第二大节点,QQ和360。自腾讯成立以来,我们从未遭到如此巨大的安全危机。这段时间,我和同事一起度过了许多不眠不休的日日夜夜,劳累、委屈、无奈、深入骨髓的乏力感。当时,有人认为腾讯公司正在经历有史以来最危险的挑战。那段时间,一种同仇敌忾的情绪在公司内部发酵,很多人都把360公司认定为敌人。但如果没有360发难,腾讯不会有这么多痛苦,也不会有这么多反思,也不会有后来那么大的感悟。中国公司和美国公司很大的不同就在于,中国公司要在很恶劣的环境中竞争出来,这需要超人的意志,还须有非常多的智慧。经过这次事件,我发现,过去我总在思考什么是对的,但是未来我要更多地想想什么是能被认同的。过去,在追求用户价值的同时,我也享受着奔向成功的速度和激情。但是未来要在文化中植入更多对公众、对行业、对未来的敬畏。

第三大节点,我们自己的微信。世界是很残忍的,巨头多大都会随时倒下,倒下后你还能摸到它的体温。甚至强大如Facebook,股票一度跌到700亿元,是因为大家担心它向移动端转变有问题。做微信时,我们也很紧张,腾讯内部有3个团队同时在做,都叫微信,谁赢了谁就上。最后,广州做E-mail出身的团队赢了,成都团队很失望,他们就差一个月。其实,当时还有一个对手也在做类似的应用,而且他们赌我们不会这么快。在这段最危险的时间里,所有高管都在试用,有什么问题立刻在群里反馈,立刻去改。大家经常工作到凌晨5点。微信出来了,腾讯获得了一张移动互联网船票,而且是头等舱。

3.转型之路

创业最开始那些年,面对竞争时,我常常简单地想,为什么要剥夺我给用户提供更好服务的机会? 但后来,我转而反思开放性不足问题。现在,我们真的是半条命,只做自己最擅长的事情,另外半条命属于合作伙伴。我们最擅长的事情是做连接,QQ 和微信是最重要的两个连接器,虽然定位不同,但是承载的连接战略将一如既往。QQ 风格活泼,个性化和娱乐功能丰富,目标受众是年轻用户,而微信主要面向白领用户。

基于不同定位,两者连接的商户、服务略有差异,但对于腾讯而言,它们共同覆盖了不同年龄、地域和喜好的用户,并将他们与服务最大限度地连接起来。在其他业务上,我重新进行了梳理,改变以往全部亲力亲为的业务战略,搜索整合进搜狗,电商整合进京东,团购整合进大众点评,并布局投资了这 3 家公司。此外,大量做减法和加法,砍掉 O2O 等诸多小业务,同时,大量投资腾讯生态周边的合作伙伴。如此一来,战略定位更加准确,聚焦于我们最擅长的社交平台和内容平台。

现在只要非核心赛道业务,别人能做的,我们就尽量让别人做。在这个过程中,内部员工会说:"那不是剥夺我们创新的机会吗?"我说没办法,要么你想清楚放弃,要么你出去做,要么竞争。比如游戏开发工作室,利润的 20% 是成本,招人多,成本就大,要多少股票自己挣,尽量营造市场竞争氛围。

在未来业务拓展上,我会问自己 3 个问题:

第一,这个新的领域是不是擅长的?

第二,如果不做,用户会损失什么?

第三,如果做了,在这个新的项目中自己能保持多大竞争优势?

4.人才机制

腾讯能走到今天,应归功于集体的战略智慧、执行力以及自发的危机感。一个人无法预知和操控时代,要懂得分工协作,依靠集体智慧,设定各自的分工和管理权限,群策群力,果断执行。因为,一家公司成功与否永远不只是钱或资源够不够的问题,关键在于团队精神。

传统行业会有资金密集型扭转机会,但移动互联网基本不太可能,这个市场不拼钱、不拼流量,更多拼团队,拼使命感和危机感。一切取决于能不能做出精品,是不是 Be the Best。

我们开拓新业务的领军人基本都用自己人。而一旦决定做了,大到框架怎么搭、小到具体如何实施都放手给选定的人。我们也曾从外面挖运营人才,但忠诚度不高,最后全部走光了。而且,任何一个新业务,以为请个高人来就可以开展,这不现实,自己一定要了解。对自己人,也要相当注重人才梯队交接班,不仅高层,中层其实也一样,我们非常关注这一点,不会让一个人完全决定某个业务的生死。我们很多人做研发出身,业务和推广不在行,公司逼迫他提高也不现实。因此,在内部挑选出来的人在业界比较很可能算不上最好的,所以要在团队上做补偿,尤其是进入强力市场推广阶段。要让他去找很强的副手,内部找不到就去外面挖。每个中层干部都一定要培养副手,这是硬性的"备份机制"。他一定要培养,否则公司认为他有问题,忍他半年可以,但半年后还这样,那公司就帮他配了,他不答应也得答应。而对于找职业经理人,我们很重视人品,我们很坚持腾讯价值观的第一条——正直。不拉帮结派,不搞政治化,很坦诚,很简单,实事求是,一直坚持这样的做法的话,事情就会简单很多。

5.危机感永远存在

我觉得互联网企业和传统企业非常不同的地方就在于,互联网企业能在 1 秒内发生一个颠覆性的变化。比如,可能我突然间接了一个电话,我们在线的设备发生重大事故毁掉了。这在传统行业是不可能的,毁掉要花很长时间,但是在互联网企业里只需要1秒。包括用户资料突然就流传到外界了,这对互联网公司来说都是灭顶之灾。因此,千亿级(人民币)公司没落是很常见的事情,甚至千亿级公司没落的概率可能更高,包袱越重没落越快。

人要清醒,外面掌声越热烈就越危险。真正的危机也从来不会从外部袭来,只有当漠视用户体验时,我们才会遇到真正的危机。某一天腾讯丢掉了兢兢业业、勤勤恳恳为用户服务的文化,才是真正的灾难。

回顾腾讯的创业之路,我觉得机遇很重要,至少占了五成。我不觉得自己特别聪明,做的东西也都是很简单的判断。在这个过程中,时代因素也是非常重要的,很多机遇是外界赋予的。这方面我自己觉得很幸运,但也意味着要时刻保持危机感,因为别人不是打不赢腾讯。

6.腾讯初创时快速成长的经验

(1)关注用户痛点。时刻想清楚用户的痛点是什么,这是战略选择的第一步。解决了用户的痛点,就有存在的价值。

(2)注重用户体验。看到同一个痛点的人很多,最后跑赢跑输,取决于有没有站在用户的角度把体验做到最好、做到极致,有没有通过产品与用户的心灵对话。

(3)从互联网跨界中找到大的商机或蓝海。近两年,互联网和传统行业相结合,大量跨界机会产生,从互联网跨界中找到大的商机或蓝海,是创业中要注重的方向。

(4)遇到形势变化时及早准备,战略调整。随着企业发展壮大,战略会发生改变,这就需及早做准备,及时做出战略调整。

(5)管理为战略服务,战略决定去哪里。在战略调整过程中,另一个关键问题就是管理,管理为战略服务,战略决定去哪里,其他一切都跟着走。

(6)组织架构要借助战略、外力来调整。组织架构要借助战略转变、借助外力调整。一个事件发生、一个新东西出现,要迅速借这个契机,在内部同步,让大家一起思考,促成改变。

(7)关键领域砸下去,其他放手。选一些最关键的领域砸下去,其他就放手,聚焦在核心业务上,其他让生态合作伙伴来做。

(8)创始团队充分信任、知根知底非常重要。创始团队最关键的就是信任和互补。充分信任、知根知底非常重要。另外,他们最好能相互补充、互相支持。

(资料来源:马化腾.我创办腾讯这些年;马化腾.腾讯初创时快速成长的经验。)

【思考与讨论】

1.马化腾是在什么背景下创立腾讯的?

2.腾讯有哪些重大旅游创新活动? 这些创新有什么价值?

3.马化腾的哪些创业经验值得借鉴?

1.1 旅游的产生与发展

1.1.1 旅游的起源与产生

人类旅游的渊源可以追溯到原始社会氏族迁徙。但一般认为旅游的先驱是商人,较早旅游的人是海上民族腓尼基人。腓尼基人(Phoenician)是一个古老民族,生活在地中海东岸,相当于今天黎巴嫩和叙利亚沿海一带。腓尼基人善于航海与经商,于公元前 12 世纪初达到航海极盛时期,控制着西地中海的贸易。古希腊人曾进行带有宗教色彩的游历,但这种活动仅限于游览居住地附近,大多数以他们自己的文化和宗教形式展开。古希腊人希罗多德可称为历史上第一位游学者,是公元前 5 世纪(约公元前 480—公元前 425 年)古希腊作家、历史学家。希罗多德在公元前 5 世纪游历了许多地方,把旅行中的所见所闻以及第一波斯帝国的历史记录下来,著成《历史》一书。该书成为西方文学史上第一部完整流传下来的散文作品,希罗多德因此被尊称为"历史之父"。罗马帝国时期,旅游活动是世界旅游史中重要的组成部分,也是古代世界旅游活动的巅峰。罗马帝国时期,旅行的动机多种多样,包括行省的居民为了一览罗马本土风采纷纷走出家门踏上旅行之路;受希腊文化影响的文人带着好奇心踏上希腊之旅;想要医治疾病的旅人前往巴亚温泉区旅游度假;被埃及宗教吸引的帝国居民漂洋过海到埃及体验宗教文化;基督教成为罗马帝国国教之后,前往圣地朝拜的宗教旅行越发繁荣;也有不远万里到遥远的印度、锡兰、阿拉伯和中国商务旅行的商人等。

中国是世界文明古国之一,旅游业源远流长,旅行活动同样居世界前列,中国古代旅行形式主要包括帝王巡游、官吏宦游、买卖商游、文人漫游、宗教云游等。其代表人物有大禹、周穆王、秦始皇、张骞、孔子、法显、玄奘、杜环、李白、苏轼、汪大渊、徐霞客等。较早的旅行家大概要数大禹了,他为了疏浚九江十八河,游览了大好河山,后人将大禹所到之处刻为"禹迹图",成为华夏民族疆土的象征。周穆王被称为中国第一个"驴友",他是西周第五位君主,在位 55 年,为西周在位时间最长的周王。周穆王是中国古代历史上最富于传奇色彩的帝王之一,世称"穆天子"。传说,周穆王坐着八匹骏马拉的车,一日能行三万里,一路西行到了据说是黑海和里海之间的旷野之地。我国最早的游记是《周王游行记》(又名《穆天子传》),记录了周穆王的行程日期、行进方向、里距、所经所至地名、地貌景物、各地物产、民众、族落情况以及周穆王言语和行为等。此外,在唐代还有一位不为世人所知的旅行家——杜环。唐天宝十年(751 年),他随高仙芝在怛逻斯城与大食(阿拉伯帝国)军作战被俘,过了近十年俘虏生活。后来他旅游了非洲等国,成为第一个到过非洲并有著作的中国人。宝应元年(762 年)乘商船回国,写了《经行记》一书,惜已失传,唯杜佑的《通典》(801 年成书)引用此书,1 500 余字保留至今。《经行记》是中国最早记载伊斯兰教义和中国工匠在大食传播生产技术的古籍,记录了亚非若干国家的历史、地理、物产和风俗人情。当然,中国古代还有大量旅行事迹,这里不一一赘述。

总的来说,古代旅游主要具有以下特点。①古代,旅行出游人数少,规模小,范围小,信息少,缺乏专门的机构与旅游设施。②旅游动机更多与物质功利、宗教以及政治目的相联系。③古代旅行、旅游活动往往与通商贸易、宗教旅行以及奴隶主、封建帝王的巡游活动相结合,其中,宗教朝圣占远行游历比重较大。④古代中西方旅游差异显著。中西方文化环境的迥异,造就了不同的旅游风格。首先,中国古代的旅游属内向、静态、求同类型,足迹基本停留在"国内",故国神游、旧地重游成为通常的旅游选择;西方旅游属外向、动态、求异类型,浩渺又瞬息万变的大海、陌生遥远的世界成为游客的首选地。其次,中国旅游是层次性的,上层社会成员是旅游的主体,旅游充满血缘亲情特色,一般扶老携幼,阖家共游;西方旅游是全民性的,且多个人单独旅游。再次,在旅游价值观上,中国多注重实惠、收获和观物比德;西方多注重休闲和感情释放。最后,在旅游审美上,中国讲求"天人合一",强调人与自然和谐,偏向于身心与自然山水交融;西方强调人与自然对立,偏向于登山、冲浪、攀岩等征服自然的参与行为。

1.1.2　旅游业的发展

产业革命为近代旅游及其创新创业奠定了社会经济基础。1841 年 7 月 5 日,当时 33 岁的托马斯·库克包租了一列火车,将多达 570 名游行者从英国中部地区莱斯特送往拉巴夫勒参加禁酒大会,往返行程大约为 17 千米(11 英里)。他事先向每位乘客收取了 1 先令(团费),免费提供带火腿肉的午餐及小吃,还有一个唱赞美诗的乐队。托马斯·库克组织的这次活动被公认为世界第一次商业旅游活动,被认为是近代旅游的标志,托马斯·库克也被誉为"近代旅游业之父"。

20 世纪中期以来,世界政治和平稳定,经济快速发展,喷气式飞机在民航中广泛应用,西方发达国家收入与闲暇时间日益增多,大众旅游兴起,旅行不再是一种奢侈活动,而是世界各地许多人生活和生计的组成部分,旅游业已经成为带动经济发展的重要行业。

从旅游发展的实践来看,从 1950 年到 2000 年这 50 年中,全球游客量基本每隔 10 年就会翻番,从 1950 年 2 500 万人次增加到 2000 年 6.7 亿人次;从 2000 年到 2010 年的最近 10 年中,由于旅游者基数不断增加,增速有所放缓,但十年中仍然增加了 2.7 亿人次,2010 年达到 9.4 亿人次。2020 年世界旅游城市联合会(World Tourism Cities Federation,WTCF)和中国社会科学院旅游研究中心联合发布的《世界旅游经济趋势报告(2020)》显示,2019 年全球旅游总人次(包括国内旅游人次和出入境旅游人次)为 123.1 亿人次,比 2018 年增加了 5.38 亿人次,同比增长 4.6%;全球旅游总收入为 5.8 万亿美元,相当于全球 GDP 的 6.7%,同比下降 0.1%。全球国内旅游总量达 109.4 亿人次,增速达 4.7%,比 2018 年增速高 1 个百分点。

在全球五大区域旅游发展中,欧洲入境旅游半壁江山地位有所松动,欧洲入境旅游领先优势逐渐缩小;亚太地区国内旅游人次增速和稳定性排名第一,国内旅游收入增速趋势排名第一,以及旅游总收入相当于 GDP 的比重增速排名第一。从长期趋势来看,美洲地区旅游业发展日渐式微:国内旅游人次长期平稳低速增长,入境旅游收入增速处于下降趋势,2019年增速仅为 0.2%;旅游总收入相当于 GDP 的比重长期处于下降趋势,2019 年这一比例下降到 5.6%。中东和非洲接待入境旅游人次之和不足全球入境旅游总人次的 1/10,且其发展波动性较强。此外,新兴经济体在全球旅游经济中的地位凸显,新兴经济体入境旅游人次占比趋近一半,入境旅游收入占比接近四成。

总体来看,全球旅游经济 80% 集中在 T20 国家,国内游是 T20 国家的旅游经济支柱,旅游稳步促进 T20 国家的经济发展。中国自改革开放以来,旅游业获得快速发展。近十几年来,旅游收入增速高达 17.52%,旅游总人次增速高达 12.6%,中国旅游业收入近年来已稳居全球第二。然而,2020 年,新冠疫情对旅游业产生了严重影响。据 2020 年中国统计公报,2020 年全年国内游客总量为 28.8 亿人次,比上年下降 52.1%。面对新冠疫情带来的冲击,旅游业更需以创造性思维,采取各种创新措施,推动旅游振兴与发展。中国近年来主要旅游指标状况,见表 1-1。

表 1-1 中国近年来主要旅游指标状况

年份/年	国内旅游人数/亿人次	国内旅游收入/万亿元	入境旅游人数/亿人次	旅游外汇收入/亿美元	出境旅游人数/亿人次	旅游总人次/亿人次	旅游业总收入/万亿元
2008	17.12	0.87	1.3	408.43	0.46	17.99	1.16
2009	19.02	1.02	1.26	396.75	0.48	20.04	1.29
2010	21.03	1.26	1.34	458.14	0.57	22.29	1.57
2011	26.41	1.93	1.35	484.64	0.7	28.34	2.25
2012	29.57	2.27	1.32	500.28	0.83	31.84	2.59
2013	32.62	2.63	1.29	516.64	0.98	35.25	2.95
2014	36.11	3.03	1.28	1 053.8	1.07	39.14	3.73
2015	40.00	3.42	1.34	1 136.5	1.17	43.42	4.13
2016	44.4	3.94	1.38	1 200.00	1.22	48.34	4.69
2017	50.01	4.57	1.39	1 234.00	1.31	54.58	5.4
2018	55.4	5.13	1.41	1 271.00	1.62	60.53	5.97
2019	60.06	5.73	1.45	1 313.00	1.55	65.79	6.63
2020	28.79	2.23	—	—	—	—	—

资料来源:中国统计年鉴。

1.2 旅游创新创业的发展历程

1.2.1 创新创业的起源与发展

1)社会分工

有关人类经济创新,应是始于人类早期的三次社会大分工。社会分工是人类从事生产和交换活动的产物。唯物史观认为,人类为了维持生存和生活,首先要解决吃、穿、住等基本生活需要,为此,人类就需要劳动,不断发展生产力。人们在劳动过程中,逐渐分工,社会分工不仅进一步促进了生产力,也导致了所有制变化、阶级和城乡对立、社会分化与不平等(谢长安 等,2016)。在《家庭、私有制和国家的起源》中,根据摩尔根在《古代社会》中提供的资料,恩格斯提出了人类文明起源于三次社会大分工的说法,认为人类文明从畜牧业开始,第一次社会大分工是畜牧业与农业的分工,第二次社会大分工是手工业和农业分离,第三次社会大分工是商业和农牧业分离与商人阶级出现。

(1)第一次社会大分工

第一次社会大分工的含义,大致有几种:第一种是第一次社会大分工指生产经济与攫取经济分离。即在原始社会后期游牧部落从采集和渔猎部落等原始人群中分离出来,形成了游牧部落。第一次社会大分工出现了畜牧业和农业两大生产部门。第二种是第一次社会大分工指不同地区产生了主营农业和主营畜牧业的部落,其标志是灌溉农业发明和农业部落形成,即真正的农业部落从其他原始部落中分离出来。第一次社会大分工有几个重要意义:一是农业生产和畜牧业生产专业化;二是促进农业部落通畜牧部落或其他部落交换;三是农业部落形成,使农业部落本身拥有大量牲畜足以作为动产私有化的契机和手段;四是第一次社会大分工产生了第一次社会大分裂,形成了剥削者和被剥削者、主人和奴隶两个阶级,形成了不同社会阶层与消费群体(宋敏桥,2003)。

(2)第二次社会大分工

在原始社会的高级阶段,人类历史上的第二次社会大分工发生了,即手工业和农业相分离。这次社会分工与第一次社会分工的主要区别在于:在第一次社会大分工中,独立出来的两个生产部门即农业和牧业生产的直接目的是满足人们赖以生存的生活资料,无论是农业产品粮食,还是牧业产品皮、毛、乳、肉,都以满足人们的衣、食为直接目的。在第二次社会大分工中独立出来的手工业则不同,这些手工业中许多主要门类如冶炼业、工具制造业等,其生产的产品主要是为满足劳动所需要的生产资料。第二次社会大分工具有重大意义:一是它使生产资料的生产即工具制造业成了专门的生产部门,使先进工具普及推广,推动了技术改革,使生产的技术条件迅速变化,从而使生产方式发生质的变化。二是手工业成为专门生产部门,以交换为直接目的的商品生产出现。在第一次社会分工即畜牧业和农业的分工中,交换主要显现为生活消费品互通有无,而不是生产本身的需要。在第二次社会大分工即手工业和农业分工中,交换发生了质的变化。农业与手工业的产品都不只供自己使用,也可供别人使用。从这时起,流通和交换就成了生产借以进行的必不可少的内在环节,获得了生产方式的意义。三是氏族公有制瓦解,私有制产生,新的阶级划分和社会经济单位出现。除了自由民和奴隶的差别以外,富人和穷人的差别出现,而且一夫一妻制的家庭成为社会的经济单位(康文斌,1993)。

(3)第三次社会大分工

第三次社会大分工是商业和农牧业分离与商人阶级出现。它创造了 个不再从事生产而只从事产品交换的阶层——商人。出现了直接以交换为目的的生产,即商品生产,出现了"部落内部和部落边境的贸易"乃至"海外贸易"。第三次社会大分工带来了重大的社会经济后果:一是商人根本不参与生产,但完全夺取了生产的领导权与控制权,并在经济上使生产者服从自己;二是商人首先占有了货币,并在此基础上出现了"货币借贷"和"利息和高利贷";三是随着商品经济发展财富迅速地积聚和集中到一个人数很少的阶级手中;四是氏族制度被完全瓦解,国家在氏族制度的废墟上兴起(宋敏桥,2005)。

(4)现代社会分工的发展

随着现代社会经济的发展,出现了越来越多的社会生产部门。根据社会生产力形态与社会关系的特点,现代社会分工具有新的发展。

①第四次社会大分工。将由科学、教育、文艺、卫生、体育、旅游等生产的特殊形态所构成的广义文化部门(也称为大文化部门)出现,看作一次社会大分工——第四次社会大分工。第四次社会大分工标志着一个全新的产业和经济活动出现,即大文化产业和劳动,它成为促进经济发展和社会进步的重要力量。大文化部门的出现,既是人类社会原有生产部门进一步分化的结果,也是人们的科、教、文、卫、体、旅等大文化需求层次日益提高的表现。大文化部门的出现,一方面使得各类文化资源成为重要的劳动对象,脑力劳动和体力劳动相分离的力度加大,一批以脑力劳动为主的劳动者新阶层涌现;另一方面,文化因素广泛渗透到经济活动中,使得"物质生产的产品和服务逐渐艺术化"。

②第五次社会大分工。同理,可将计算机为核心的信息部门出现称为第五次社会大分工。第五次社会大分工标志着一个全新的生产领域——信息生产领域出现,信息资源成为人类社会开发和利用的重要对象。第五次社会大分工发生后,生产具有朝着信息化、自动化和智能化方向发展的趋势,生产资料与劳动者结合方式复杂化,机器代替人脑的部分功能,部分脑力劳动被解放,出现了"白领"阶层和IT大军这一新的劳动者阶层(谢长安 等,2016)。

③一般分工与特殊分工。同前三次社会大分工一样,第四、第五次社会大分工也应被归结为一般分工的范畴。同时,现代社会分工还不断分化与细化,这些分工可归结为特殊分工。一是可以将以现代农业为核心的农业生产方式建立归结为农业部门中一次特殊分工。当今,现代农业的突出特点是科学技术成为影响农业发展的主要因素。二是可以将以机器大工业为核心的工业生产方式建立看作工业部门中一次特殊分工。现代工业的突出特点是生产活动机械化和标准化程度不断提高。三是可以将以银行业为核心、与证券业和保险业等并存的金融体系建立看作广义商业部门(确切地说是流通部门)中一次特殊分工,这一特殊分工所带来的最大变化是资本市场经济建立和运行,一般商品经济转化为信用经济和资本经济,批发和零售业、租赁和商务服务业、金融业等是大商业部门的重要组成部分。四是可以将以科学、教育和文艺为核心的文化产业出现看作大文化部门中一次特殊分工。五是可以将以信息服务业、软件业、人工智能与大数据为核心的信息产业出现看作信息部门中一次特殊分工。

2)产业革命

(1)第一次产业革命

18世纪60年代至19世纪中期,人类进入蒸汽时代,即所谓的第一次产业革命。世界产业革命的发源地是英国。从17世纪中期开始,尤其是1688年英国"光荣革命"确定了议会对国王的支配地位且富有者阶级在经济上占支配地位以后,英国的农业和商业得到很大发展,特别是农业革命和海外殖民为英国工业发展提供了原料来源和市场空间。一系列政治、社会和经济条件使英国成为产业革命的发源地。

产业革命首先出现在工场手工业最为发达的棉纺织业。1733年,机械师凯伊发明了飞梭,大大提高了织布速度,棉纱顿时供不应求。1765年,织工哈格里夫斯发明了"珍妮纺纱机",大幅度增加了棉纱产量。"珍妮纺纱机"在棉纺织业中引发了发明机器、进行技术革新的连锁反应,揭开了产业革命的序幕。此后,在棉纺织业中骡机、水利织布机等机器出现。不久,在采煤、冶金等许多工业部门,机器生产陆续出现。随着机器生产增多,原有的动力如畜力、水力和风力等已经无法满足需要。1785年,瓦特制成的改良型蒸汽机投入使用,提供了更加便利的动力,得到迅速推广,大大推动了机器普及和发展。人类社会由此进入"蒸汽时代"。随着工业生产中机器生产逐渐取代手工操作,一种新型的生产组织形式——工厂出现了。1840年前后,英国的大机器生产已基本取代了手工操作,产业革命基本完成。英国成为世界第一个工业国家。在18世纪英国棉纺织业和炼铁业生产革新推动下,这场以蒸汽机为标志的、史无前例的、影响深远的革命导致了机器制造业、钢铁工业、运输工业蓬勃兴起,完整的工业技术体系初步形成。此后,法国、德国、美国、日本等国也纷纷加入产业革命的行列,到19世纪末,这些国家先后完成了产业革命。

英国产业革命的技术标志是珍妮纺纱机和蒸汽机,人类生产以机器和化石能源替代人力,从而大大提高了生产能力和劳动生产率,是一种革命性变化,是经济社会发展的伟大突变过程。产业革命驱动着创新进取精神与奋力竞争意识,使以农业与乡村为主体的经济体制变成了以工业与城市为主体的经济体制,促进了近代城市化的兴起,推动了人类社会从农业文明转向工业文明。同时,它引起了社会重大变革,使社会日益分裂成为两大对抗阶级,即工业资产阶级和无产阶级。第一次产业革命最重要的意义还在于它为开辟科技革命时代——科技革命一轮接一轮地接踵而来的时代奠定了基础,这个基础就是"时间"。具体来说,第一次产业革命为越来越多的人创造了更多时间和"闲暇"来从事科学活动和发明创造,而在这之前,绝大多数人都在为生存而忙碌:生产食品、衣物和住房(冯昭奎,2017)。

(2)第二次产业革命

19世纪60年代后期,第二次工业革命开始,人类进入"电气时代"。第二次工业革命以电力技术作为主导技术,与内燃机技术、冶金技术、化工技术等共同组成了新的技术体系,这个技术体系的革命性成果应用于社会生产领域,使社会生产力实现了历史性飞跃,即人类通过第二次产业革命从蒸汽时代跨进电气时代。

在这次产业革命中,不仅原有的纺织、采煤、冶金、机器制造及交通运输业发生深刻的变革,更为重要的是,电力、电子、化学、汽车、造船、航空等一大批技术密集型产业兴起,整个生产体系、经济结构飞跃变革,产业规模化生产成为可能。同时,工业化日益走进广大民众的生活,人类进入了"大量生产、大量消费"时代(冯昭奎,2017)。

第二次产业革命推动了新能源的大规模应用,如电力、煤炭等,这些新能源直接促进了重工业大踏步前进,大型的工厂能够方便、廉价地获得持续、有效的动力供应。内燃机发明解决了长期困扰人类的动力问题,推动了汽车、远洋轮船、飞机迅速发展,使人类的足迹遍布了全世界,也让各地区文化、贸易交流更加便利。电话与通信工具发明,人与人之间的交流就不再局限于面对面谈话。从煤炭中提取各种化合物,塑料、人造纤维先后被投入实际生活。化学工业迅猛发展,尤其是炸药发明,大大促进了军工业,并最终导致第一次世界大战。

同时,发端于英国的工业化从西欧、北美个别地区向更大范围拓展,工业化浪潮呈现出壮美的世界图景。通过第二次产业革命,法、德、美及北欧挪威、瑞典等国实现了工业化,俄国、日本、加拿大等国也踏上了工业化行程,许多亚非拉第三世界国家也出现了工业化萌芽。在同一国家和地区,工业化突破了首都、交通中心向纵深地带发展。

总之,19世纪中叶以后,曾经从英国扩散到西北欧和北美的产业革命,日益向世界范围深入地扩展,最终确立了资本主义工业在全世界经济结构中的统治地位(陈雄,1987)。

(3)第三次产业革命

一般认为,第三次产业革命发端于20世纪50年代,在原子能、电子计算机、微电子技术、航天技术、分子生物学和遗传工程等领域取得重大突破。这场重大突破推动了科学革命与技术革命相互融合、相互促进,又催生了一批新兴工业,如高分子合成工业、核工业、电子工业、半导体工业、航天工业、激光工业以及支持这个工业群体的核电等新能源、新材料以及自动化生产技术等,航天技术则开始了人类向宇宙空间进军的征途。

20世纪70—80年代,信息通信技术领域出现了具有划时代意义的"三大产品":个人电脑、互联网、手机。这3项技术相互融合和促进,掀起了规模空前的互联网革命。手机、平板电脑等移动通信技术与互联网技术融合,促使互联网特别是移动互联网的应用日益全民化(互联网用户被称为"网民")和全球化。互联网和移动互联网发展日益成为全人类相互交流、相互沟通、相互参与的不受空间限制的互动平台,特别是移动互联网"将地球上几十亿人口连接在一起,具有史无前例的处理和存储能力,并为人们提供获取知识的途径,由此创造了无限可能(冯昭奎,2017)。中国互联网的发展经历了3个阶段:1994—2002年Web 1.0门户时代,这一期的特点是信息展示,基本为单向交流;2002—2009年Web 2.0搜索/社交时代,典型特点为UGC(用户生产内容),实现了人与人之间互动;2009年之后Web 3.0大数据时代,智能移动设备取代个人计算机,以手机为终端的移动互联网高速发展,手机超过PC端成为网民的主要上网设备,智能手机成为主要的移动终端。

第三次工业革命是对前两次工业革命的再"革命",它具有两个突出的特征:一是与前两次工业革命的核心不同,第三次工业革命在本质上是对人的脑力劳动的替代而不是资本替代体力劳动;二是与前两次工业革命中的能源革命在本质上不同,互联网技术和可再生能源结合,可再生能源革命把能源采掘业转变成了制造业,在人类历史上,能源生产第一次转变成了遵循收益递增规律的生产活动。其核心是以人工智能系统替代人类的脑力劳动,以智能制造为核心的工业智能化是工业化的新类型及高级阶段,"资本的智能生产率"已成为国际竞争的战略制高点(贾根良,2014)。

21世纪以来,人类文明在不断进步,科学技术在不断发展,科技革命在一轮接一轮地发生。以大数据、云计算、人工智能、物联网等为代表的数字技术发展,预示着第四次工业革命的兴起,并将从创新的过程和结果两个方面改变创新的内在本质(Nambisan et al.,2019)。

第四次工业革命代表着一种范式转变,是以商业、社会的数字化为特征的新一轮创新浪潮,将数据与信息纳入产业发展所依赖的基本要素中。尽管传统要素对国家产业追赶依然处于核心地位,例如,初始资源禀赋(Fagerberg,1988)、人力成本(Katz,1995)等要素。但是,数字技术可以为依赖于传统要素的产业赋能,改变传统产业的发展模式并推动产业升级(郭凯明,2019)。前三次工业革命中,中国一直处于追赶的状态。但在数字化时代,中国与其他领先国家同时进入第四次工业革命的潮流,并且许多中国互联网企业已经走到世界前沿,例如,华为、阿里巴巴、腾讯等,这将给中国带来前所未有的机遇(柳卸林 等,2020)。

总之,产业革命是人类想象力和创造力所展现的最伟大的历史成就和影响最深远的发展飞跃(金碚,2015)。在人类发展的全部历史上,没有任何事件或经济社会现象的重要性可以同产业革命的意义相比。产业革命决定了人类社会的生存、生产和生活方式,产业革命后所创造的物质财富超过之前人类历史所创造的全部劳动成果。尤其是工业,工业有着强大的创造力,产业革命可以使工业因素渗透到几乎一切领域,使人类生活的各领域都"工业化"。人类最伟大的科学发现、技术发明甚至人类任何杰出想象力,都要以工业为基础和手段实现。产业革命也是人类最伟大的民生事业进步。产业革命之后,社会进入有史以来最安全、最清洁、最长寿的时代。当然,产业革命也具有毁灭性,不仅是熊彼特所说的技术创新的"创造性毁灭",而且可能是战争性毁灭和环境生态性毁灭,即战争工业化和环境工业化。

1.2.2 世界旅游创新创业的发展历程

以 1841 年托马斯·库克组织禁酒大会作为起点,世界旅游创新创业大致经历了以下两个阶段。

1)近代旅游创新创业(1841—1949 年)

总的来看,近代旅游发展时期,旅游规模较小,旅游产业发展有限。这个时期旅游创新创业大多为近代旅游的开创者,为旅游创新创业与旅游业发展奠定了基础。但由于当时社会经济技术条件与旅游产业规模都较为有限,这个时期旅游创新创业具有旅游专门化程度低、范围不广、频率不高等特点。下面为这一时期的标志性的旅游创新创业活动。

(1)旅行服务行业

1845 年,托马斯·库克放弃了木工工作,开始尝试从事具有商业性的旅游组团业务代理,创办了世界上第一家旅行社——托马斯·库克旅行社,成为世界上第一位专职的旅行代理商。同年夏天,托马斯·库克首次组织了世界上第一次以商业目的的团体旅游,开创了团体旅游模式。这次团体旅游共 350 人,从莱斯特出发,途中在若干地点停留访问,最终目的地是英格兰西部海港城市利物浦,全程历时一周。托马斯·库克还编发了世界上第一本旅游指南——《利物浦之行手册》,并将其分发给旅游者。这次旅游的组织方式具有现代包价旅游的特点,体现了现代旅行社的基本特征,开创了旅行社业务的基本模式。同年,该旅行社组织了第一次境外旅行——英国莱斯特至法国加来之旅,游客参加第一届世界博览会、巴黎万国博览会等团队旅行活动。1872 年,托马斯·库克旅行社还成功组织了第一次历时 8 个月的环球旅行。在随后 170 多年的发展中,托马斯·库克旅行社针对英国不断壮大的中产阶级的旅游需求,扩展了酒店、度假村、邮轮和航空公司等业务,从英国国内旅游服务提供商发展成一个年销售额达 90 亿英镑、每年 1 900 万客户和在 16 个国家拥有 2.2 万名雇员的全球旅游集团。遗憾的是,由于面对新市场环境转型不成功,加上国际事件、预订量下降及油料价格上升等多重因素,它于 2019 年 9 月宣布破产。

此外,在旅行服务业中,另一大巨头——美国运通公司于 1850 年成立,它主要提供签账卡及信用卡、旅行支票、旅游、财务策划、投资产品、保险及国际银行服务等,至今仍是国际上大型的旅游服务及综合性财务、金融投资及信息处理环球公司。

(2)旅游住宿行业

1829 年开业的波士顿特里蒙特饭店奠定了现代化饭店的发展基础。19 世纪下半期,欧洲的豪华饭店如雨后春笋般不断涌现,如 1874 年恺撒大饭店、1876 年维也纳萨赫酒店、1876 年法兰克福大饭店、1880 年巴黎大饭店、1885 年罗浮宫大饭店、1889 年伦敦萨伏依饭店等陆续开业。而 1908 年在美国布法罗具有划时代意义的斯塔特勒饭店建成。该饭店的服务对象主要是从事商务活动的旅游者,该饭店开创了“一间客房一浴室、一间客房一部电话”等服务,饭店设施及服务项目讲究舒适方便、安全适用、价格合理、服务周到,逐步向规范化、标准化方向迈进。它不仅克服了以往饭店的局限,而且奠定了现代旅游饭店的基础,使饭店业成为一个重要的产业部门。

(3)旅游航空行业

1909 年 11 月 16 日,世界上第一家航空公司——德国飞艇股份公司成立。它是一家政府参与的公司,使用齐柏林飞艇,总部位于法兰克福。这家公司利用一些时速约 50 千米/小时的飞艇在德国西南部巴登附近经营一些短途观光业务,每趟 1.5 ~ 2 小时的飞行收费 200 德国马克。1928 年,齐柏林飞艇运营了世界上第一条跨大西洋空中航班。原本德国到纽约坐船需要 4 天的旅程在飞艇上只需要 50 多个小时。1932 年,德国至南美的定期航班开通,从巴登符腾堡州起飞,经过 5 天可以到达里约热内卢。

1919 年 10 月成立的荷兰皇家航空公司,是至今一直沿用着同一名称、世界上历史最悠久、一直拥有定期航班的航空公司,它首个航班在 1920 年 5 月 17 日由伦敦飞往阿姆斯特丹。1924 年 10 月,开辟了通往印尼(当时是荷属东印度)的第一条洲际航线,1929 年开通了到亚洲的定期航班,1946 年 5 月,首航美国,开辟了跨越大西洋的洲际航线。

此外,这个时期还有诸多航空公司相继成立。1919 年 12 月,哥伦比亚国家航空公司成立,总部设于哥伦比亚首都波哥大。1920 年 11 月,澳大利亚航空在昆士兰州温顿市成立,当时叫作昆士兰和北区航空服务有限公司。1921 年,墨西哥航空成立,总部设在墨西哥城。1923 年,捷克航空成立,是前捷克斯洛伐克的国家航空公司。1923 年 9 月 12 日,赫尔辛基包机公司成立,是芬兰航空的前身。1924 年,英国成立帝国航空,是英国航空公司的前身,是英国历史最悠久的航空公司。1926 年,德国汉莎航空成立,与当时其他大多数航空公司不同的是,汉莎航空成为欧洲外的一个大投资者,它向巴西航空和哥伦比亚航空投资。1926 年,美国西北航空公司开始运营,是美国各航空公司中沿用同一名称、历史最悠久的航空公司。1933 年,法国航空公司成立,总部位于巴黎夏尔·戴高乐国际机场。

2）现代旅游创新创业

20世纪中期以来为现代旅游业的发展时期，这个时期，旅游创新创业的显著特征是日益细分化、专业化、规模化和体系化。下面是这个时期标志性的旅游创新创业活动。

（1）旅行服务行业

1958年，美国运通公司发行第一张信用卡。这使旅游者在旅途中的交易支付安全性和方便性大大提高，刺激了更多旅游消费。1996年，微软创办Expedia，提供机票、酒店和租车的在线预订服务。Expedia成立使众多模仿者纷纷进入OTA（Online Travel Agency）市场，在全球范围内掀起了OTA的创业与投资潮流。1997年Priceline创立，并于1998年以"由你定价（Name Your Own Price）"模式向全球用户提供酒店、机票、租车、旅游打包产品等在线预订服务。此后，TripAdvisor、Orbitz、Airbnb、Booking Holdings等著名OTA网站相继建立。

1993年诞生了世界上公认的第一部智能手机IBM Simon（西蒙个人通信设备），它也是世界上第一款使用触摸屏的智能手机，它由IBM与BellSouth合作制造。2011年，智能手机全球出货首次超过PC出货量，标志着互联网发展主导力量的变化，移动互联网及基于此的App在旅游业中大量出现。

（2）旅游住宿行业

1952年，康芒斯·威尔逊先生在美国田纳西州最大的城市孟菲斯创立了首家假日酒店公司，开创了经济型酒店历史。它的标准化及特许经营成为推动假日酒店高速扩张的主要因素。假日酒店后来创造了业内诸多第一。如1984年假日酒店推出Hampton Inn，这是饭店业中第一个明确以"有限服务"思路设计的饭店产品。1989年Hampton Inn推出100%的满意保证承诺（Satisfaction Guarantee），是住宿业中第一家做出"不满意就退款"的公司。现在Ibis、Amercian Inn、Travel Inn等饭店也做出了同样承诺。1999年，假日酒店率先提供在线服务，从此，互联网成了主要预订渠道。

同时，20世纪50年代以来，随着国际旅游业异军突起，假日、喜来登、希尔顿饭店、万豪、喜达屋、洲际已形成大型饭店集团和连锁经营品牌，逐步形成了一种跨国度的名称统一、标识统一、服务统一、管理统一的饭店联号。同时，饭店除向客人提供吃、住等基本服务外，其功能日益多样化，休闲、保健、康乐、公务等特殊服务项目越来越多。

（3）旅游航空行业

1952年，英国海外航空公司推出第一架商业喷气式飞机。喷气式飞机在飞行速度、舒适性、载客人数、航程等方面都远远优于螺旋桨式飞机，大大提升了旅游出行范围、出游规模与旅游舒适度。1964年，美洲航空公司与IBM合作，提出第一个全球分销系统SABRE。该系统是首个应用于民用航空运输及整个旅游业的大型计算机信息服务系统，为各类销售机构与航空公司、酒店、租车公司等旅游供应商提供了链接，为旅游者提供快捷、可靠的预订服务。1981年，美洲航空推出旅游业的第一个常旅客计划，将顾客的消费额与其所能享受到的优惠与特殊服务挂钩，从而将顾客锁定。此外，常旅客计划在酒店业和餐饮业也得到广泛应用。

(4)旅游度假与休闲行业

1950年,地中海俱乐部第一个度假村开业,使包价旅游成为欧洲大众旅游者的日常消费品。1955年,迪斯尼乐园开业,它像一个大舞台,把世界上形形色色的东西汇集在一起,组成一个梦幻般的奇异公园。迪斯尼乐园和六旗、环球主题乐园、海洋世界、默林娱乐集团、蓝裕文化主题公园等开启了主题公园的创新创业模式。2010年,超级邮轮"海洋魅力号"首行。该邮轮排水量超过22吨,成为全球最大的载客船只,邮轮度假被重新定义。

1.2.3 中国旅游创新创业的发展历程

中国虽旅游发展源远流长,但只有在1923年中国第一家旅行社——上海商业储蓄银行旅行部(后改为中国旅行社)成立之后,才开始了现代意义的旅游创新创业。从中国建立现代意义上的旅游业以来,中国旅游创新创业可分为以下3个时期。

1)民国时期的旅游创新创业

(1)旅行服务

1923年8月,民国时期著名银行家陈光甫先生创办了中国第一家旅行社——上海商业储蓄银行旅行部。20世纪20至30年代,是近代中国社会经济发展的黄金时代。中国旅行社在这样的客观环境中应运而生绝非偶然,是时代的产物和社会经济发展的必然。当一个国家的社会经济处于增长周期阶段,人们出于各种目的的流动必然迅速增加。据旧中国海关历年关册中对各通商口岸来往旅客的统计和报告记载,旧中国外出旅行的旅客主要有8种:从事进出口贸易、国内经商、兴办工商企业的华人和外国人;世界各国的来华游历团、考察团和传教士;出洋和在国内各地打工、往返探亲的侨民和民工;常居中国国内、在各地游览观光的外国侨民;出国留学生和寒暑假往返探亲旅游的青年学生;去风景区、避暑地游览、消遣的外国人和富有华人;每年定期或不定期前去宗教圣地、寺庙求神拜佛的宗教游客;为了躲避灾害、瘟疫、战乱而逃难的人们。在当时历史条件下,以观光和消遣为目的的旅游活动并未形成气候,但相当规模的现实和潜在的各类旅行需求却存在着。由于当时交通、食宿不够便利,人们出门旅行困难诸多。因此,社会上迫切需要专人和专门的机构为人们的旅行游览活动提供专门化服务。中国旅行社的创始人是旧中国有名的爱国民族资本家陈光甫先生。他于1915年以"服务社会,辅助工商实业"为宗旨,成功地创办了旧中国著名的民族资本金融机构——上海商业储蓄银行。1923年,陈光甫先生委任当时担任上海银行副总经理兼虹口分行经理的朱成章先生负责旅行部筹备工作,并聘请在交通管理方面造诣颇深的沪宁铁路管理人员庄铸九先生协助,正式宣告旅行部成立。旅行部运营早期,开办的服务项目较多,诸如代售国内外火车、轮船票,预定舱位,代办出国手续,运输行李,发兑旅行支票等。1927年6月,该旅行部自立门户,改名为中国旅行社,中国旅行社的旅游业务蓬勃开展起来。至抗战爆发前夕,它已发展成为具有50万元资本、87个分支单位和招待所、近千名员工、业务遍及海内外的专业化民族资本连锁企业集团,成为中国近代旅游业的主体和典型代表(张俐俐,1998)。但由于1937年抗战全面爆发,政治、经济不稳定,民国时期旅游创新创业并未发展起来。

（2）旅游住宿业

鸦片战争之后，随着帝国主义入侵，大量外商涌入。他们在我国大、中口岸城市相继建起了许多规模较大和设备豪华的酒店，并设有餐厅和酒吧。这些酒店，是专为帝国主义官商和达官贵人服务的。如北京六国饭店、北京饭店、天津利顺德饭店、上海礼查饭店、广州万国酒店等。其中，我国第一家外商饭店——上海浦江饭店（原名"礼查饭店"），始建于 1846年，由西人礼查（Richads）创建，是上海开埠以来乃至全国第一家外商饭店。该饭店是近代上海最早的现代化旅馆，是上海近代对外开放的一个窗口，在中国对外交往、中西文化交汇等方面起窗口示范效应。

1927 年后，在北京、上海、西安、青岛等大城市和风景区，一批专门接待中外旅游者的招待所成立，除提供食宿和服务外，还设有浴室、理发室、游艺室等附属设施。与此同时，我国一些沿海口岸城市如上海、天津、广州也都相继建起了一批高层的现代化旅游饭店。如上海国际饭店、广州爱群酒店等，这些饭店在当时的东南亚也是比较著名的。总之，民国时期是中国旅馆业的极盛时期，并呈现出传统与现代兼具的特征。

（3）其他方面

在民航方面，中国第一家航空公司是 1929 年由美国寇蒂斯·赖特飞机公司与中华民国国民政府合作成立的中国航空公司（简称"中航"）。1931 年，中华民国国民政府与德国汉莎航空公司合资，成立了中国第一家国际航空公司——欧亚航空公司。在度假方面，民国时期，庐山、北京、广州、苏州等地的旅游开发，促进了当时的旅游创新创业。在会展方面，1929年，无锡国货展览会、西湖博览会等具有展陈、营销、娱乐内涵，对当时政治、经济和社会发展都产生了重大影响。

2）新中国成立后至改革开放前的旅游创新创业

这是新中国旅游创新创业的拓荒阶段。这一阶段的旅游创新创业主要围绕新中国的外事和侨务活动。其标志是创新成立了新中国第一家旅行社，组建了中国旅行社行业三大社中的两个——中国旅行社（即"中旅"）和中国国际旅行社（即"国旅"）。新中国成立不久，1949 年 12 月，华侨服务社在厦门成立，这是新中国第一家旅行社，1974 年华侨服务总社更名为中国旅行社。1954 年 4 月，中国国际旅行社总社在北京正式成立。成立之初，国旅总社是隶属国务院的外事接待单位。当时，全国还没有专门管理旅游业的行政机构，国旅总社实际上代行了政府管理职能。

同时，各著名景区加强了建设，如黄山有计划地整修登山步道，开通逍遥亭至温泉公路，先后兴建观瀑楼、黄山宾馆、温泉游泳池、海门精舍（今艺海楼）等。1958 年，建北海宾馆、新温泉楼、炼玉亭、观鱼亭等。1963 年 1 月，再次划定风景区山界：东起苦竹溪黄山胜境坊，南至汤口公路桥，西至栗溪坦，北至辅村。"文化大革命"期间，黄山各项工作基本陷入停顿。

3）改革开放以来的旅游创新创业

改革开放以来，中国旅游创新创业大致经历了 3 次浪潮（李彬 等，2019）。

（1）第一次浪潮为改革开放至 1998 年时期

伴随着计划经济体制向市场经济体制转变,中国旅游产业发生重大转变。由外事接待转轨而来的旅游业,承载着为国创汇光荣使命,依托国门开放之红利,凭借丰富的自然和文化资源,吸引海外客源,形成了入境旅游一枝独秀的市场格局。1978 年,对外开放的中国引来大批外国游客,当年,全国旅游入境人数达到 180 多万,超过了前 20 年的总和。1979 年,又猛增到 420.4 万人。旅游业作为对外开放的前沿阵地逐步突破计划经济体制的束缚,成为我国最早开放和引进外资的行业。

首先,随着旅游业开放与快速发展,饭店业作为当时"卡脖子"问题,成为旅游创新创业的先锋。1982 年开业的北京建国饭店是中国第一家合资酒店。它是 1979 年国务院批准利用外资兴建的,建设资金由外方筹集,采用向境外银行贷款的方式,贷款总额的 51% 作为中方的投资,49% 作为外方的投资。饭店内共 480 间客房里,每个房间都安装了彩色电视、按键拨号的电话机和中央空调,从硬件上体现了中国第一个真正意义上的国际饭店。在经营管理上,北京建国饭店自主经营、自负盈亏,引进政企分离、所有权与经营权分开的现代企业制度。同时,建国饭店没有强调中方经营管理的主导权,而大胆聘请香港半岛饭店集团作为外方委派的管理队伍与中方团队合作,开创了我国饭店业直接引进国际化经营管理的先例。此后,全国试点建国饭店现代化经营管理方法的饭店超过 100 家,有力推动了国内饭店业创新创业进程。1983 年开业的广州白天鹅宾馆是中国第一家中外合作的五星级宾馆。它由香港霍英东先生与广东省政府投资合作兴建而成。霍英东先生提出"三自"方针,即自己设计、自己施工、自己管理。1985 年,白天鹅宾馆被"世界一流酒店组织"吸收为中国第一家成员单位。白天鹅宾馆实行开放性物价;对酒店员工的录用、考核、管理及工资、奖金发放等,均创新一系列调动员工积极性的制度,打破了过去的"铁饭碗"。而南京金陵饭店则是中国第一家由自己管理的大型现代化酒店。1983 年 10 月,金陵饭店作为"华夏第一高楼"建成开业,有中国第一个高层旋转餐厅,中国第一部高速电梯,中国第一个高楼直升机停机坪。金陵饭店第 37 层旋转餐厅,被誉为中国第一餐厅,成为南京"新 24 景"和城市的骄傲。随着旅游市场细分化与多样化,以锦江之星为代表的经济型酒店业快速发展。锦江之星创立于1996 年,1997 年第一家锦江之星在上海开业,开启了中国经济型酒店的蓬勃,造就了全球饭店业中少见的创业企业集群共同高速增长现象,由此改善了数亿旅行者的旅游生活。

其次,旅行服务创新创业与国有企业改革紧密相连。1979 年,中国青年旅行社在北京创建,这一阶段我国旅行社形成国旅、中旅和青旅三足鼎立的行业垄断局面。1981 年 3 月,中央提出了旅游管理体制改革与政企分开政策,1982 年 7 月 17 日,中国旅行游览事业管理总局和国旅总社正式分家,这是我国旅游管理中政企分开的第一步,从此,旅游业向着统一领导、分散经营、政企分开管理体制迈进。1984 年,国家旅游局批准国旅总社为企业单位。从此,国旅总社从原来归口外事工作转为独立经营、自负盈亏的大型旅游企业。中国青年旅行社根据青年旅游事业的发展趋势及旅游市场的激烈竞争于 1988 年在我国旅游行业率先成立了中青旅集团,于 1997 年,又作为主发起人组建了我国旅游行业第一家以完整的旅游概念上市的中青旅控股股份有限公司。与此同时,旅行经营制度改革成为当时旅行服务创新创业的一个风口。1985 年,《旅行社管理暂行条例》颁布,将我国旅行社分为一类、二类和三类社,其中,一类、二类社为国际旅行社,但是,只有一类社享有外联权。在这一时期,我国旅行社数量激增,一大批一类社获批。1985年,我国旅行社数量为450家,至1988年底,增至1 573家,其中,一类社共61家。由此,我国旅行社业的垄断局面被彻底打破,三家旅行社在我国的寡头垄断时代结束。

最后,众多旅游景区加快创新创业活动。其中,黄山是改革开放后旅游景区发展的领头羊。邓小平同志在黄山的谈话中指出,"黄山是发展旅游的好地方。省里要有个规划。要很好地创造条件,把交通、住宿、设备搞好。"这推动了中国以旅游经济为主导产业的"破冰之旅"。1979年10月,黄山先后修建3条客运索道,修通并改造多条公路,开辟了游道,新建、改扩建多家饭店等。除了以黄山为代表的传统景区之外,华侨城开创了中国主题公园发展的先河。1989年,华侨城锦绣中华开业,一炮而红之后,陆续开发了世界之窗、民俗村、欢乐谷、东部华侨城、欢乐海岸等主题乐园。1996年,浙江宋城开园,是杭州市第一个大型人造主题公园,1997年推出"宋城千古情",并在此基础上陆续推出了多个地方演艺公园和"千古情"项目,进一步发展成为以文化演艺、旅游景区、娱乐综艺、主题酒店等为主业,具有"宋城""千古情"等品牌,产业链覆盖旅游休闲、现场娱乐、互联网娱乐的中国大型文化集团。1997年,国内主题公园另一个代表——广州长隆野生动物世界开业,并创下了日接待游客80 000多人的主题公园入园游客最多纪录。此后,长隆集团进一步开发了长隆国际大马戏、水上乐园、欢乐世界、珠海长隆等项目。

总之,这个时期,许多旅游创新创业的优秀模式与做法、理念与思维已深深植入旅游企业的DNA之中。

(2)第二次浪潮为1999年至党的十八大前后

伴随我国黄金周制度实行,国内大众旅游兴起,旅游发展进入了总量增长和结构变化新阶段。随着互联网在我国的发展,旅游市场对目的地有了更多了解,国内游客,特别是年轻人更愿意使用机票、酒店、租车等单项服务。于是,来自市场、技术、政策等多重驱动,携程、艺龙、去哪儿等OTA公司陆续出现。它们通过互联网技术改变了传统的旅游产业链条,使得OTA模式在相当一段时间内成为旅游企业创新的代表,并一直影响至今。

1999年,携程和艺龙相继成立,这标志着我国真正意义上的在线旅行服务业的开端。这个时期是我国在线旅行服务业的快速成长期,一些如今已经在不同细分市场居于垄断地位的企业陆续成立,如2002年高德软件有限公司;2003年大众点评;2004年同程(2017年与艺龙组成同程艺龙)、邀游和穷游;2005年去哪儿、芒果网、悠哉网、乐途网;2006年酷讯、蚂蜂窝、途牛、芒果网;2007年神州租车以及腾邦国际正式进军互联网;2008年驴妈妈;2009年欣欣;2010年美团、阿里巴巴旗下的淘宝旅行(2014年改名为阿里旅行·去啊,2016年改为飞猪);2011年途家网等。在线旅行服务业成长极为迅速,面临市场环境的巨大变化,传统业态旅行社的优势受到严峻挑战,众多旅行社都在"线上线下""何去何从"问题上思考着自身的生存与发展空间。据不完全统计,截至2012年底,具有一定旅游资讯能力的旅游网有5 000多家,其中,专业旅游网有300余家。

与此同时,传统酒店特别是那些具有政府和房地产背景酒店的投资者还在奔着五星和白金五星的牌子为游泳池、总统套房、西式宴会场所等华而不实的项目投入重金,但在这个时候,如家、汉庭、七天、桔子、布丁、格林豪泰等在经济型、主题型酒店方面获得了有目共睹的商业成功。如成立于 2002 年的如家,定位于经济快捷连锁酒店,致力于引领大众旅行住宿方式,解决了国内经济发展后广大群众商务旅行和自由流动的膳宿需求,打破了高档酒店高质量服务高价格的垄断地位。2005 年开业的汉庭酒店定位为标准化的经济型酒店,致力于为商旅客人提供便捷的住宿体验,提供了汉庭安心的睡眠系统、现代的卫浴系统、便捷的商旅配套和轻松的酒店氛围。同年创立的格林豪泰,其目标则是为顾客提供"超健康,超舒适,超价值,超期望"高品位、高性价比的产品和服务。成立于 2006 年的桔子酒店是定位于时尚、简约的美式全球连锁酒店,即除了满足基本住宿需求之外,还营造着时尚氛围,其目标客户为那些在乎住宿品质和住宿心情的商旅客人。2007 年成立的布丁酒店,以时尚、自助生活、文化交流为客房营销宗旨,兼顾时尚、温馨、个性和环保,为年轻白领、商务人士和个性化人群提供时尚、环保、简洁、张扬个性的客房服务。

此外,旅游景区尤其是传统文化与历史城镇的开发,也成为这个时期旅游创新创业的热点,如云南丽江古城、江南水乡乌镇、陕西曲江文旅等。此外,旅游购物、汽车租赁、房车旅游、演艺票务、旅行支付等也有诸多创新。

【知识拓展】

呼叫中心在旅游业中的应用

1. 呼叫中心简介

呼叫中心,英文 call center,是充分利用现代通信与计算机技术如 IVR(交互式语音 800 呼叫中心流程图应答系统)、ACD(自动呼叫分配系统)等,可以自动灵活地处理大量各种不同电话呼入和呼出业务与服务的运营操作场所。呼叫中心在企业应用中已经逐渐从电话营销中心向着 CTI(计算机通信集成)综合呼叫中心转变,已经将电话、计算机、互联网等多种媒介综合应用于营销、服务等多项工作中。呼叫中心是在一个相对集中的场所,由一批服务人员组成的服务机构,通常利用计算机通信技术处理来自企业、顾客的垂询与咨询需求。以电话咨询为例,具备同时处理大量来电的能力,还具备主叫号码显示,可将来电自动分配给具备相应技能的人员处理,并能记录和储存所有来电信息。一个典型的以客户服务为主的呼叫中心可以兼具呼入和呼出功能,主要担负着咨询、统筹业务分配、VIP 客户服务、受理投诉、危机处理、顾客回访、满意度调查以及少量市场营销等职能。

2. 呼叫中心在旅游业的应用

呼叫中心在旅游业的应用,是一项重要的旅游创新,它主要包括以下几个方面。①旅游信息、服务查询。包括咨询景点、风景区资料、食宿安排、活动等。通过自动语音导航方便、快捷地为游客提供旅游产品查询、票务预订、旅游投保等各项服务,还可以提供景点介绍、旅游路线查询、交通路线查询等自助服务。②旅游客户维护。根据对旅游客户档案的处理,在客户档案数据库中列出服务对象或对服务对象分级,并根据级别完成如生日回访、特别游推荐、项目推荐等各种服务;回访方式可以是电话、传真或电子邮件等。同时进行市场调查、满意度调查等。③自动呼叫分配。分配系统按照部门和岗位职责划分坐席,采用呼叫智能分配和路由技术,合理分配每个坐席的呼叫话务量,为用户提供多种路由选择方式,使每一个服务请求都能在恰当的时间以恰当的方式传递给恰当的服务代表,大大优化了旅游企业的服务流程。④坐席电话功能。包括来电应答、来电转接、电话会议、坐席转接、呼叫班长、人工转自动、呼叫等待提示、坐席呼出、呼叫终止、自动报工号、话务员状态指示等。⑤电话录音。支持随需电话录音,可由系统设置自动录音,也可由坐席主动触发。⑥系统集成。系统可根据企业需要将订票、信息等业务系统相连,实现各种业务的查询、咨询、投诉、业务受理等全能坐席功能。

其中,大部分销售功能主要通过外包呼叫中心来实现,一些旅游企业自建,如广之旅。自建费用一次性投入,每年维护费用并不高。自建呼叫中心,可以不须担心客户资料外泄,全身心投入销售。广之旅呼叫中心分为咨询销售、跟单、通知团队、回访、质检等工作小组。明确制订各小组工作内容及流程,通过内部竞赛、绩效考核等方式管理。广之旅呼叫中心作为公司的销售渠道之一,在接收客人电话预订后,在客人无法实现网上支付或者电话支付的情况下,呼叫中心会引导客人去最近的营业部交款。

3.携程的呼叫中心

携程是一个在线票务服务公司,创立于1999年,总部设在中国上海,是中国领先的旅游在线服务商。

携程在公司成立之初并没专门设立呼叫中心,客户服务部门只有两条电话线用来接听客户的预订、投诉电话。后来,预订量增加,相应增加了一些电话,申请了模拟中继线,并开通了800部免费电话。随着业务的不断扩大,以前依靠电话分机人工转移和接听客户电话的方式已无法满足日益增加的业务量需求,因此,携程旅行网决定采用呼叫中心技术建立客户服务和电话预订系统。

携程的一期工程采用了板卡式呼叫中心系统。该系统的硬件设备采用Dialogic软件公司的外线中继卡和坐席卡,软件实现了呼叫中心基本的功能,包括呼入电话的自动分配、坐席软电话、自动录音和查询、呼叫数据记录及查询、报表统计等功能,系统规模最大时达到24根外线、40个坐席。随着呼叫中心系统规模的扩大和电话量的增加,板卡式系统固有的缺陷暴露了出来。当系统的负载接近最大容量的80%以上时,系统经常出现故障,严重时甚至造成系统死机和崩溃。只有采用更为先进、可靠的电话交换机系统才能解决目前的问题。携程呼叫中心二期工程采用了电话交换机系统和更为先进、可靠的软件,由原来的系统集成商负责开发基于Avaya交换机的呼叫中心系统软件。经过3个月的开发和试运行,携程旅行网新的呼叫中心系统于2001年初顺利切换并正式投入使用。呼叫中心实现了呼叫中心的一般功能,包括自动呼叫分配、自动语音服务、坐席系统、监控管理系统、呼叫记录及报表统计分析系统、呼出系统(预测呼出、预览呼出)、全程录音及查询系统、传真收发和管理系统等,为携程旅行网的业务发展提供了强有力的支持。

2007年6月,携程旅行网在上海建成国内最大的旅游业呼叫中心,拥有超过3 000个呼叫席位。随着携程业绩迅猛增长,仅时隔一年,原有的呼叫中心就已无法承载业务发展需要。2008年9月10日,携程在江苏南通开发区内正式投建携程信息技术大楼,建设第二个呼叫中心。在这个占地8万平方米的大楼内,每天超过5 000人24小时不间断地通过电话为用户提供服务,每天接入的电话量超过 17 万通,携程服务联络中心被誉为全球最大旅游业呼叫中心。

携程作为全球化 4.0 时代下的综合旅游服务商,正致力于构建中国服务业的"新携程"模式,即通过打造去中心化平台,在全球市场为全球客户服务。为实现这一目标,携程近年来大力推进全球化战略,进行了一系列国际投资和并购。2018 年,携程还设立了爱丁堡、首尔和东京三大海外呼叫中心,以全球统一的高标准来服务当地客户。得益于天巡和 Trip.com 等子品牌布局,携程全品牌月活跃用户数已经超过 2 亿。其中,内地以外地区月度活跃用户量达到 9 000 万,海外用户占比已经高达 45%。携程不仅要拓展渠道触达用户,用技术提供精准匹配产品和服务;还要成为用户可以依赖的伙伴,帮助用户及时调整行程规避风险,并在危急时刻伸出援手。

(3) 第三次浪潮开始于党的十八大前后

伴随着我国出境游与自由行等新兴旅游形式的出现、大众旅游爆发以及移动互联网、大数据、云计算和人工智能等新技术的兴起,特别是在"大众创业、万众创新"与文旅融合的推动下,市场、技术、政策再次驱动,中国旅游业迎来了新一轮排浪式创新浪潮。随着移动互联网的兴起,越来越多的互联网企业、电商平台将 App 作为销售的主战场之一,App 成为手机主流移动应用。其服务对象由"旅游者"向"旅行者"扩展,其服务的人群已经从以旅游为目的的旅游者扩大到出于任何动机出游的旅行者;随着经营范围扩大和多元化,旅行社业务的经营主体除传统业态旅行社外,还包括各类在线旅游企业、俱乐部、留学机构等;业务范围从纯粹的旅游业务延伸至异地化生活服务。

例如,今日头条是北京字节跳动科技有限公司开发的一款基于数据挖掘的推荐引擎产品,为用户推荐信息、提供连接人与信息的服务产品,是国内移动互联网领域成长最快的产品之一。它由张一鸣于 2012 年 3 月创建,2012 年 8 月发布第一个版本。2016 年 9 月 20 日,今日头条宣布投资 10 亿元用以补贴短视频创作,独立孵化 UGC 短视频平台、火山小视频和抖音短视频。2013 年 6 月,小红书在上海成立。与其他电商平台不同,小红书从社区起家,用户注重在社区里分享海外购物经验,到后来,除了美妆、个人护理,小红书上还出现了关于运动、旅游、家居、旅行、酒店、餐馆信息分享,触及了消费经验和生活方式的方方面面。驴迹科技集团有限公司于 2013 年 12 月 14 日成立,通过移动互联网为游客提供智能导游服务,产品涵盖 App、H5、小程序等多元化体验形态。在地图导览的基础上,可搭配多语种讲解,提供文艺游、经典游等。

同时,跨界融合与国际化也成为旅游创新创业的新趋势。如复星国际有限公司是一家创新驱动的家庭消费产业集团,2014 年,复星旅游文化集团成立,秉承着"让全球家庭更快乐"企业愿景,复星旅文致力于将 FOLIDAY 打造成为家庭休闲度假体验的代名词,主张"Everyday is FOLIDAY"生活方式,旨在将高品质、多样化旅游休闲概念融入每天的生活。集团业务涵盖三大范畴:运营度假村,包括在 2015 年收购世界知名法国度假村品牌地中海俱乐部(Club Med),及针对快速增长的中国市场于 2018 年推出 Club Med Joyview;开发、运营及管理旅游目的地,包括三亚亚特兰蒂斯;基于度假场景的服务及解决方案。

腾邦国际2014年创立腾邦创投开展消费金融业务,联合腾邦梧桐基金,斥资1.9亿元并购欣欣旅游,正式迈进大旅游生态圈。2016年投资喜游国旅、玩途自由行及八爪鱼在线旅游,完善大旅游生态圈。创立腾邦旅游集团,大力发展旅游业务,打造C端品牌。2017年,腾邦国际与俄罗斯新锐航空公司艾菲航空达成战略合作,于2018年在中国11座城市开通12条直飞俄罗斯的定期航线。2021年整合线上、线下渠道,逐步打造互联网推广、销售生态化平台,布局直播、电商等业务。

华强方特是近些年发展较快的旅游项目,它属于华强方特文化科技集团股份有限公司。2015年以来,该公司先后投资建设了方特梦幻王国、方特欢乐世界、方特水上乐园、方特东方神画、方特东盟神画、方特东方欲晓、方特丝路神画、方特国色春乐园八大主题乐园,在济南、芜湖、宁波、厦门、郑州、长沙、荆州、绵阳、太原等地建设了方特东方神画等以科幻和互动体验为特色主题的娱乐项目。其中,芜湖方特乐园主题游乐项目、休闲及景观项目共计300多个。郑州方特欢乐世界由28个大型主题项目区组成,涵盖主题游乐项目、休闲及景观项目200多项,是中原地区规模最大的第四代高科技主题公园。

总之,当前,第三次旅游创新创业的浪潮仍方兴未艾。与前两次相比,由于旅游企业创新与互联网技术、市场经济和商业逻辑紧密结合,创新的速度、频率和强度等有类似于互联网行业中的"摩尔定律"特征,加快旅游创新创业的淘汰速度。摩尔定律是由英特尔创始人之一戈登·摩尔(Gordon Moore)提出的。摩尔定律认为,当价格不变时,集成电路上可容纳的元器件的数目,每隔18~24个月便会增加1倍,性能也将提升1倍。换言之,每1美元所能买到的电脑性能,将每隔18~24个月翻1倍以上。这一定律揭示了信息技术进步的速度。

1.3 旅游创新创业的研究对象与研究方法

1.3.1 旅游创新创业的研究对象

要进行旅游创新创业,首先就要研究旅游创新创业,它的研究对象是什么?旅游创新创业的研究对象就是旅游创新创业的发生与发展的规律,即旅游创新创意的产生及其在旅游创业实践的应用并创造或增加旅游价值的过程。它主要包含以下几个方面。

1)旅游创意的产生

旅游创意是指围绕满足旅游需求与解决旅游问题的、具有创新性甚至原创性的旅游构思。这些旅游创意富有清晰的商业概念,具有创业指向性、系统性和可操作性的特点,有可能应用于旅游实践,并转化为旅游创业行为。

2)旅游创意在旅游创新创业实践中的应用

产生旅游创意并发展成商业概念,意味着创新创业者正试图找到问题解决的手段。至于旅游创意是否值得投资,能否应用于旅游创新创业实践,还须进一步识别旅游创业机会、整合创业资源、构建发展定位和商业模式及组织构建等。

3) 旅游价值的创造

旅游价值是为旅游者、旅游企业、政府、社区居民等旅游利益相关者在旅游发展过程中创造的旅游客户价值以及经济、社会、文化、生态等方面的价值。旅游价值是旅游创业的根本目的,它需要研究旅游价值如何在旅游创意的应用与创业实践中即旅游经济活动中创造出来。

1.3.2 旅游创新创业的研究方法

旅游创新创业的研究方法,主要包括以下几类。

1) 系统分析方法

系统是具有多个相互影响、相互关联的要素构成的整体。系统分析方法是把研究对象为一个整体来看待的方法。因此,在研究创新创业过程中,强调分析旅游创新创业为一个整体,分析各要素之间的关联性、结构性、开放性、平衡性和适应性。

2) 唯物辩证方法

唯物辩证方法是人们研究任何事物、任何系统的根本方法论。唯物辩证法告诉人们事物是运动的、普遍联系的和动态发展的。旅游创新创业分析要尊重旅游经济发展的规律,又要承认在一定时期内不同国家或地区的旅游产业及其结构的差异性,以及不同旅游创业者具有普遍特征与个性差异。因此,须以唯物辩证方法与动态发展的观点来看待旅游创新创业的动力与路径等问题。

3) 案例研究法

案例研究法又称为个案研究法,由哈佛大学于 1880 年开发完成,后被哈佛商学院用于培养高级经理和管理精英的教育实践,并逐渐发展至今。

案例研究法是运用旅游创新创业实践中实际发生的典型案例、通过剖析案例的内在结构、对案例定性定量相结合分析以解释某一创新创业的经济现象与个案特征。案例研究法能揭示出创新创业规律在不同实际环境中所表现出的不同形式,能培养创新创业人员对实际旅游经济中蕴含的创新创业规律的敏感性,提高其实际运用经济规律的能力。

4) "干中学"实践法

"干中学"就是一边干一边学,即在工作或生产的过程中对经验积累总结乃至创新以达到更高效率。国家与社会为大学生创新创业教育与实践搭建了项目实践的系列平台,如"挑战杯"全国大学生课外学术科技作品竞赛、"挑战杯"中国大学生创业计划竞赛、中国国际"互联网+"大学生创新创业大赛、中国创新创业大赛、"创青春"中国青年创新创业大赛、"中国创翼"创业创新大赛、全国大学生电子商务"创新、创意及创业"挑战赛、全国大学生旅游创意大赛、全国高校商业精英挑战赛商务会奖旅游策划竞赛、全国大学生红色旅游创意策划大赛、全国大学生海南自贸港旅游创新大赛、中国旅游商品大赛等。

这些创新创业平台通过项目实施与"干中学"实践,可发挥高校的组织协调作用,训练学生科学研究方法和实践能力,培养学生的兴趣和爱好,树立多学科视野和团队协作精神,在"寓教于研"中提高大学生的创新精神、创业意识及实践能力。

1.4　旅游创新创业的意义

1.4.1　立德树人,提升人才培养质量

我国一直高度重视大学生的创新创业及教育问题。1998 年 5 月,清华大学首届创业计划大赛正式拉开了我国高校大学生创业计划大赛的序幕。1999 年 1 月,国务院在批转教育部《面向 21 世纪教育振兴行动计划》的通知中首次提出要"加强对教师和学生的创业教育,鼓励他们自主创办高新技术企业"。2007 年党的十七大提出,实施扩大就业的发展战略,促进以创业带动就业的总体部署。2008 年,国务院提出了《关于促进以创业带动就业工作的指导意见》(国办发〔2008〕111 号),2010 年,教育部提出《教育部关于大力推进高等学校创新创业教育和大学生自主创业工作的意见》(教办〔2010〕3 号)。2011 年,教育部、财政部共同制定了关于"十二五"期间实施《高等学校本科教学质量与教学改革工程的意见》(教高〔2011〕6 号),实施"本科教学工程",配合"卓越计划"支持与资助在校大学生开展创新创业训练。2014 年,李克强总理首次提出"大众创业、万众创新",即要在 960 万平方千米土地上掀起"大众创业""草根创业"新浪潮,形成"万众创新""人人创新"新势态。为了牢固树立并贯彻落实创新、协调、绿色、开放、共享新发展理念,加快实施创新驱动发展战略,中央提出了一系列推动"大众创业、万众创新"的措施。2015 年,国务院印发了《关于大力推进大众创业万众创新若干政策措施的意见》(国发〔2015〕32 号),并提出《关于深化高等学校创新创业教育改革的实施意见》(国办发〔2015〕36 号)。2016 年,国务院提出了《国务院办公厅关于建设大众创业万众创新示范基地的实施意见》(国办发〔2016〕35 号)。2017 年,提出《关于强化实施创新驱动发展战略进一步推进大众创业万众创新深入发展的意见》(国发〔2017〕37 号)。2018 年,提出《国务院关于推动创新创业高质量发展打造"双创"升级版的意见》(国发〔2018〕32 号)。

目前,旅游业对人才需求的重点已转向了对高素质、复合型、创业型人才的需求。随着人们旅游需求持续增长以及旅游行业快速发展,旅游业出现了很多商机,为大学生创新创业提供了许多机会。同时,旅游行业创业多以中小企业为主,进入门槛比较低,而创业成功率则相对较高,这类企业已遍及各城镇区域,发展空间很大。近年来,"互联网+"、大数据、人工智能等科学技术快速发展,旅游产业的技术发生了革命性变化,旅游创新创业层出不穷。

但我国创业创新理念还没深入人心,创业教育培训体系还不健全,善于创造、勇于创业的能力不足,鼓励创新、宽容失败的良好环境尚未形成。推进大众创业、万众创新,就要通过加强全社会以创新为核心的创业教育,弘扬"敢为人先、追求创新、百折不挠"创业精神,厚植创新文化,不断增强创业创新意识,驱动创新创业行动。在高等学校中大力推进创新创业教育,可落实立德树人根本任务,以推进素质教育为主题,以提高人才培养质量为核心,主动适应经济发展新常态,为建设创新型国家、实现"两个一百年"奋斗目标和中华民族伟大复兴的中国梦提供强大的人才智力支撑。

1.4.2　驱动旅游业高质量发展

创新是活力之源。改革开放以来,中央一直把创新摆在高度重要的位置。2012 年 11 月,党的十八大明确提出"科技创新是提高社会生产力和综合国力的战略支撑,必须摆在国家发展全局的核心位置"。强调要坚持走中国特色自主创新道路、实施创新驱动发展战略。2015 年 3 月,制定、颁发了《关于深化体制机制改革加快实施创新驱动发展战略的若干意见》。2016 年 5 月,中共中央、国务院印发了《国家创新驱动发展战略纲要》。

创新驱动就是创新成为引领发展的第一动力,科技创新与制度创新、管理创新、商业模式创新、业态创新和文化创新相结合,推动发展方式向依靠持续的知识积累、技术进步和劳动力素质提升转变,促进旅游经济向形态更高级、分工更精细、结构更合理的阶段演进。进入中等收入阶段,经济发展须从要素、投资驱动转向创新驱动,并由创新带动要素投入与投资。与传统生产要素的报酬递减规律相比,知识、技术要素投入使用具有循环递增效应。在需求侧,人民群众对美好生活需要与旅游需求日益增长,更多旅游消费者关注产品的个性化、定制化以及用户参与等多方面需求,创新驱动产生优质的旅游产品和服务,增强旅游消费对旅游经济发展的拉动作用。在供给侧,创新驱动发展通过改善投资的质量与方式,促进投资旅游项目优质化,保障旅游投资有效发挥其拉动作用,不断推动旅游业高质量发展。

1.4.3　提高大学生综合能力,实现大学生自我价值

创新创业教育是适应经济社会和国家发展战略需要而产生的一种教学理念和模式。创新创业教育的主要目的是培养大学生创新创业意识与能力,提升人才培养的"高阶性、创新性、挑战度",提高个人"创新、创意及创业"素养,锻炼与提升自身的综合运用能力,促进大学生创新创业实践。通过创新引领创业、创业带动就业,可缓解就业压力,提升毕业生就业能力,满足旅游业人力资源市场的迫切需求,也可以实现大学生自我价值。

【思考题】

1.社会分工与产业革命对旅游创新创业有何影响?

2.现代旅游发展中有哪些重大的旅游创新与创业活动?它们的出现有没有必然性?

3.旅游创新创业的研究对象是什么?有哪些研究方法?

4.旅游创新创业有何意义?

5.你了解哪些令你印象深刻的创新创业故事?这些故事有什么背景?

第2章
旅游创新创业的理论基础与内涵

【学习目标】

1.了解旅游创新创业的理论基础。

2.理解旅游的相关概念和旅游创新创业的特征。

3.掌握旅游创新创业的概念与类型。

【案例导读】

陕西袁家村的旅游创新之路

1.引言

袁家村位于陕西省咸阳市礼泉县烟霞镇,目前为国家 AAAA 级旅游景区,荣获"十大美丽乡村"称号,2019 年游客量达 580 万人次,年总收入超过 10 个亿,云集创客 3 000 多人,带动相关产业就业 2 万多人。每逢节假日,村子里挤满了各地慕名而来的人们,热闹非凡。袁家村是如何创新发展并走上旅游发展之路的?

2.确立发展乡村旅游的方向

袁家村在 20 世纪还是一个普通的小村庄,共有 60 多户人家不到 300 人。20 世纪五六十年代,袁家村还是一个"点灯没油、耕地没牛、干活选不出头"的"烂杆村"。当时,"村民的生存"是最大使命。当时,村支书郭裕禄带领村民打井找水,积肥改土,粮棉产量跃居全省前列,袁家村甩掉了贫困帽子,成为远近闻名的"模范村",直到现在郭裕禄依然被村民亲切的称为老书记。特别是 20 世纪 80 年代,袁家村抓住改革开放机遇,大力发展村办企业,壮大集体经济,成为陕西著名的"富裕村"。可惜 20 世纪 90 年代后期,随着国家产业政策调整,高耗能、高污染的村办小企业陆续破产倒闭,村里收入不断下滑,年轻人陆续外出务工,袁家村逐渐成为一个"空心村"。2007 年,袁家村两委收到来自县里指示:组织"空心村"发展旅游产业。

村党支部书记郭占武知道,这次指示是县里为发展经济做出的积极尝试。可他看看身后的村子,不禁犯了难。村里没有任何旅游资源,村民都是老实巴交的本分农民,地理位置也不在大城市周边,距离最近的高速路出入口还有十几千米。在这种条件下,弄什么内容的旅游?怎么搞?弄了以后真的会有人来吗?村两委反复跟大家商议,大家觉得比较可行的方案是建设一个集中展示关中农村文化的平台。于是,彰显关中风俗和文化的乡村旅游成为袁家村的建设新方向。

3.谁来经营？村民自己建设！

方向有了，接下来如何实现呢？摆在大家面前的是两种完全不同的经营方式。一是引入和借助别人的力量，特别是大型的现代化旅游企业的力量，借助他们成熟的经营方式；二是村民自己建设。村民们展开了热烈的讨论，发现两条路径各有利弊。

在外闯荡多年的郭占武清楚地知道，求助于国内外大型现代化旅游企业是常见的运作模式。这些企业有的依靠自然资源，有的依靠人文景观，有的依靠雄厚的资金后盾，均为采用现代企业制度的商业组织。虽然这种模式拥有众多成功案例，但也不乏失败的案例。袁家村由于缺乏必要的旅游资源，很难引起这些大型旅游企业的关注。即使真的弄成这种模式，对于袁家村村民来讲好处也极为有限：只是一些一次性的补偿和一些低端的工作机会，失去的却是祖辈们传承了 1 300 多年的土地和自己熟悉的家园，万一搞失败了，留给袁家村的只能是一个烂摊子，还不如现在。

第二条路的好处和缺点都是显而易见的。在自己的地盘上当家作主搞建设，自主性极大。村民都非常熟悉关中民俗，搞建设并不存在太大的技术障碍。谁不希望把自己生活的地方建设得更加美丽呢？但是，前期需投入的金额不是小数，这样的旅游项目能否成功村民们心里一点数也没有。万一建好了没人来怎么办？多长时间能收回成本？万一失败了，前期投入的钱怎么办？建好后怎么管理？对大家有哪些好处？村民们前后思量，人心不齐，一直拿不定主意。面对投资风险，村民们心态出奇相似：我们不怕出力搞建设，咱们最不缺的就是力气，最害怕的是发展旅游业失败，投进去的钱白白亏掉。由于此时引入外部资金存在种种困难，在村民们瞻前顾后的顾虑中，决策陷入困境。一直到郭书记以个人名义找来启动资金，决定自己承担前期投入的风险先把前期项目搞起来，让村民看到效果，然后决定是否参与投资建设。这条路也顺理成章成为袁家村的最终选择。

2007 年，袁家村正式成立陕西关中印象旅游有限公司，村民自己建设、自己运营，正式启动发展以关中文化为核心内容的旅游事业，以解城里成年人的乡愁，增长城里孩子们的见识。

4.围绕乡愁，搭建关中风情展示老街

村民们被组织起来，搭建了一条关中风情展示老街，围绕着乡愁这一建设主题，搜集、安置了具有浓郁的关中文化的老物件。其中，不仅展示了众多具有关中特色的老物件，如马车、石磨、织布机等，同时，还建立了许多传统手工艺作坊，如酿酒铺、酿醋铺、油泼辣子生产铺等。由于村民们不须投钱，不承担风险，在建设新家园的过程中，村民们热情迸发，招呼了自己的亲属、同族、姻亲、邻居参加建设，毫不吝啬力气，干活认真负责，根本不需要监工，无论谁遇到困难，马上就有人上来主动帮忙，主动解决问题，整个村庄的建设推进得又快又好。谁都不肯偷懒，因为那是很丢人的事情，用村民的话说是"羞先人"。

老街建好后，新颖的展示很快引来了络绎不绝的游客。袁家村一下子就变得热闹了起来。这让早期开农家乐的村民享受到了旅游带来的红利。农家乐的快速盈利能力刺激了村民，村民纷纷投资农家乐，在短短两个月的时间里新增 10 多家。火爆的农家乐很快出现了新的问题，主要体现在三个方面：一是菜品同质化严重，受欢迎的新菜品会被迅速地复制到每一家农家乐，菜品创新动力不足；二是农家乐小院接待能力有限，随着游客人数快速攀升，

平均等待时间越来越长,游客们的满意度降低;三是地理位置不靠近老街的村民,对农家乐的收入感到不公平,认为农家乐能挣钱是村民们共同努力的结果,由此内部不合作的隐患产生。

5.建设小吃街,统一管理

为了容纳更多游客,郭书记提出专门建设一条小吃街,汇集关中的各种特色小吃,不仅更加贴合关中文化的主题,而且能解决日益增长的游客餐饮问题。在他的计划中,小吃街的体量至少包括八九十个门面,放下足够多的关中美食。而且他坚决反对采用收房租式简单粗暴的运营办法。他认为,要想搞好小吃街,不能只依靠店铺的自觉,鉴于村民生活随意、缺少创新保护意识,必须采用统一管理的办法,形成整体优势。

统一管理的内容有很多,例如,每个门面经营的项目是唯一的,小吃街不允许出现两家经营相同美食的门面,以避免内部恶性竞争;每个门面的开门和关门时间也必须是统一的,不允许经营者随意开关门;小吃店全部采用现场加工、现做现卖的经营模式,加工区域不大,一目了然,游客们能够一边吃一边参观食品的制作过程;所有食材由村里统一供应;门店分配和退出经营的决定权在村两委;等等。严格统一管理制度下的小吃街在落实阶段遇到了实际问题。主要表现在:一是大部分村民持观望态度,不愿意投资或者家里本来就缺少资金;二是已经改造成农家乐的村民并不看好小吃街店铺的生意,他们觉得农家乐的收入更高,也更有保障;三是袁家村本来就是个小村子,人口不多,掌握各种特色小吃做法的人也不多,这么多小吃店铺到底找谁来经营?为了应对新出现的问题,村两委推出了"吸纳有手艺的新村民"政策。村两委在附近的村庄宣传小吃街收入有保障的优惠政策,吸引有手艺的人加入小吃街,把新家安在袁家村,这为袁家村引入了一批有传统特色手艺的新村民(以下简称"新村民")。2009年,小吃街按照村两委的设想正式营业。新开张的小吃街迅速成为袁家村旅游的核心内容,游客们蜂拥而至,火爆异常,原来不看好小吃街的原住村民们(以下简称"老村民")后悔不已。

6.构建项目孵化机制

迅速增加的客流量不仅为小吃街门面带来了大量业务和收入,也迅速提升了位居二线的食材作坊的出货量。例如,油泼辣子作坊、豆腐作坊、粉条作坊的食材在多家小吃街门店使用。小吃街火爆不仅造就了一个个明星小吃店铺(如豆腐脑、粉汤羊血、酸辣粉等),而且大批量订单使二线食材作坊迅速扩大生产并升级为食材工厂。在强劲的游客需求面前,受欢迎的门店和食材很快就从袁家村小吃街的众多项目中脱颖而出。

村两委根据市场状况不断调整、淘汰不受欢迎的项目,引入或者创造新项目,在这个过程中,袁家村的项目孵化机制逐渐形成。简单来讲,就是先引入后培育。村两委主动邀请附近有名气的小吃制作手艺来小吃街发展,提供组合式优惠政策保障其在袁家村的收入比之前更高。引入后,村两委提供了各种服务、支撑和便利,帮助该小吃项目成为明星项目,实现双赢。

用袁家村村民自己的话来说就是"袁家村是讲良心的地方!"以小吃街提供食材的卢氏豆腐作坊为例。早期,袁家村邀请这位做豆腐的手艺人加盟袁家村,豆腐师傅非常的不确定,不知道在袁家村卖豆腐究竟能不能赚钱?能够赚多少钱?为了打消他的疑虑,袁家村不仅不收门面费等相关费用,而且提供了工资保障,即如果他在袁家村的豆腐作坊挣得比原来少,袁家村将通过发工资或者补贴的办法保障他的个人收益。在项目的引入期,主动承担项目风险的做法体现出袁家村的良心和担当。在培育阶段,由于袁家村统一提供原料、水电、门面等,在袁家村超高的客流量基础上,小吃和食材手艺人全身心地投入小吃和食材的制作过程,优秀的小吃项目、食材加工作坊很容易脱颖而出,手艺人、小吃街、袁家村和游客实现多方共赢。项目孵化制度很快成为袁家村小吃街不断自我驱动、自我发展的重要动力机制。

7.引入"股权"分配制度,构建利益协调机制

袁家村旅游业快速发展却带来了巨大、多方面的利益冲突,让村两委左右为难。首先是农家乐与小吃街之间的矛盾。由于农家乐菜品相似度高,更新慢,独门独户做的菜品的丰富度无法跟小吃街相比,火爆的小吃街严重冲击了农家乐的生意。其次是许多老村民看到新村民的小吃摊挣钱多,非常不满,他们纷纷找到村两委说:"这是我们村子的土地,是我们的家,外来人占用我们的土地开展经营,挣了钱,而我们却什么也得不到。"再次,小吃街各摊位之间定位和收入差异巨大。有的摊位主要是向游客展示传统的食品制作方法,以表演性质为主,非常受游客欢迎,但销售收入少,手艺人感到不公平。这些矛盾如果不能得到妥善解决,势必引起巨大动荡,引发新老村民冲突,加上新老村民们之间存在着复杂的血缘、姻亲、地缘等关系,矛盾的主体和引发的事情也多种多样,袁家村旅游事业健康发展受到了严峻的挑战。

面对多方利益诉求,自从2012年,根据发展历史和新老村民的利益诉求,村两委引入"股权"分配制度,用以协调新老村民的利益冲突。经过3年左右的不断尝试,形成袁家村特有的"股权"分配制度。其操作流程为,袁家村各项目(如食材生产合作社)经过评估,确定总股本,然后以户为基本单位面向新老村民和手艺人认购股权,根据认购结果建立起清晰的股权结构,为利润分配提供了基础和保障。在这个过程中,这些手艺人一开始并不乐意稀释自己手中的股份,稀释股份意味着利润损失。村两委班子依然按照"讲良心"的道理跟手艺人沟通:当初手艺人刚来袁家村时,袁家村展现出良心与担当,现在轮到手艺人展现良心了。于是在保障手艺人获得比在其他地方经营获益更多的基础上,允许其他新村民入股该项目。同时,授予该手艺人新村民身份,意味该手艺人以后同样有资格申购其他项目的股份。

村两委同时颁布了认购股权过程中的一个特殊的"嫌富爱贫"利益分配调节机制:照顾小户,限制大户。收入高的村民被限制入股比例,被劝说寻找外部投资机会,收入低的村民优先入股,村两委还制定了多种有利于低收入村民筹措资金的具体措施。"嫌富爱贫"股权认购机制就像一个校准器,为快速发展的袁家村解决先富和后福的利益冲突矛盾问题,符合新老村民的利益诉求,避免利益问题可能带来的扩大化问题。村民们亲切称呼这个机制为"共同富裕"机制。

此外,村两委还明确了一套权力细分制度作为补充,即每个项目的最终决定权(启动、退出)掌握在村两委手中,从而保障了村民的主体地位;项目具体的经营权掌握在店主手中,以利于发挥店主的主观能动性;项目分红权掌握在店主、入股的新村民和老村民手中,保障店主利益的同时也保障了新老村民的利益。相互持股、权力分化和独特的股权认购机制将新老村民紧紧地绑在一起,形成了"你中有我,我中有你"互相嵌入的紧密关系。

8.三二一产"逆向发展"模式

袁家村从乡村旅游起步,市场规模逐步扩大,第三产业直接带动第二产业(由手工作坊到加工工厂再到连锁加工企业),第二产业不断增加优质农副产品原材料需求。遍布各地的种养殖基地和订单农业,使第一产业规模不断扩大。这样,就实现了"三产"带"二产"促"一产",三产融合发展的格局和良性循环,从而开创了一个乡村产业"逆向发展"新模式。目前,销售在袁家村、加工在袁家村而种植养殖在外地的产品比比皆是。部分农副产品的市场、加工和种植养殖基地都已走出袁家村。以面粉和油泼辣子为例,销售、加工在袁家村,种植基地则在渭南和兴平。酸奶加工也由最初的一个家庭手工作坊发展到村民合作社作坊,再到景区外通过国家食品安全认证的先进流水线。

9.新的起点

袁家村吸引了周边乃至全国其他乡村羡慕的目光。周围不少景点试图模仿袁家村的经营模式,却接二连三失败。袁家村的发展模式、成功转型之路有太多不一样的东西。它就像是一个谜,吸引着各级领导、各地考察团前来参观交流,不仅有文旅和农业产业的同仁,还有更多带着诸多疑问和盼望的村庄带头人。伴随着知名度的提升,袁家村先后在村内引入了酒吧一条街、回民街、民宿项目、创客平台,还以"旅游+""互联网+",推动农副产品线上、线下销售。自2016年以来,袁家村做了大量走出袁家村的尝试,在城市中直营袁家村品牌的小吃城和在社区里推销袁家村品牌的产品,都取得了一定成绩,也面临着许多新的挑战。郭书记感到重任在肩,他不禁沉思:"袁家村下一步发展应该走向何方?"

(资料来源:王磊,张盛浩,尚玉钒等.传统农村社会关系基础上的乡村振兴:袁家村的复兴之路。)

【思考与讨论】

1.袁家村旅游创新创业的主体是谁?

2.旅游创新创业过程中袁家村有哪些困难与矛盾?应怎样解决这些困难与矛盾?

3.袁家村有哪些旅游创新创业活动?这些旅游创新创业活动是如何产生的?

4.你认为袁家村成功的主要原因是什么?它为乡村旅游发展和乡村振兴提供了哪些启示?

5.袁家村的未来应如何进一步发展?

2.1　创新创业的理论基础

2.1.1　马克思创新创业思想

马克思并没有直接提出创新的概念,但是在其著作中不乏与创新含义相近的词语以及经典论述,这对创新理论研究的代表性人物熊彼特等产生了重要影响。

1) 创新的形式

在马克思看来,创新有科学创新、技术创新、制度创新 3 种基本形式。他指出,社会的劳动生产力或社会化的劳动生产力,由于协作、工厂内部分工、机器运用以及为了一定目的而把生产过程转化为对自然科学、力学、化学、工艺学等自觉运用。只有这种社会化劳动能够把人类发展的一般成果如数学运用到直接生产过程中去,而这些科学又以物质生产过程的一定水平为前提。在固定资本中,劳动的社会生产力表现为资本固有的属性,它既包括科学的力量,也包括生产过程中与社会力量结合,还包括从直接劳动转移到机器即死的生产力上的技巧。其中,自然科学、力学、化学等自觉运用以及利用科学力量等都是科学创新;新技术、新工艺所带来的人类生产工具改良,如机器运用和改进,则是技术创新;分工、协作、实行新的生产组织形式和管理方式或生产关系变革、政治上层建筑变革,是制度创新。马克思认为,从提高人类生产力水平的角度来看,三种创新缺一不可,科学创新是基础,技术创新是核心,制度创新是保障(薛光明,2017)。

2) 对创新规律的认识

马克思认为,创新必须符合事物的发展规律,着眼社会发展需要,立足教育质量水平。遵从于客观规律方面,马克思说:"任何一种非天然存在的物质财富要素,总是必须通过某种专门的、使特殊的自然物质适合于特殊的人类需要有目的的生产活动创造出来。"这里强调,必须发挥人的主观能动性,认识并按照事物的发展规律,也就是说,不遵从客观规律的创新活动最终必定不会成功。在着眼社会发展需要方面,恩格斯指出,如果社会有技术上的需要,这种需要就会比 10 所大学更能推动科学前进。这实际上指出了创新的目的和最大动力,即创新最终要满足人们的生产和生活需要。在立足教育质量水平方面,马克思指出,对所有已满一定年龄的儿童来说,未来教育就是生产劳动同智育和体育相结合,它不仅是提高社会生产的一种方法,而且是造就全面发展的人的唯一方法。因而,在很大程度上,创新能力的提高根植于教育质量水平的提升(薛光明,2017)。

2.1.2　熊彼特创新创业理论

熊彼特是 20 世纪早期知名经济学家,是经济学界公认的最早提出"创新"概念的经济学家,并在其经济学说的经典之作《经济发展理论——对于利润、资本、信贷、利息和经济周期的考察》中,从"动态"和"发展"观点分析了"创新"和资本主义。他通过引进"企业家"和"创新"导出了资本主义,进而阐释了经济发展的根本现象,这正是熊彼特"创新理论"的本体(薛光明,2017)。之后,于20世纪30—40年代,相继在《经济周期》和《资本主义、社会主义和民主主义》两书中加以运用和发挥,以"创新理论"为基础的独特的理论体系形成。他突破了西方传统经济学仅仅从人口、资本、工资、利润、地租等经济变量在数量上的增长来认知经济发展局限,而试图通过分析技术进步和制度变革在提高生产力过程中的作用揭示并强调创新活动所引起的生产力变动在经济、社会发展过程中的推动作用,从一个全新的视角来阐释和认知资本主义经济活动及变化,从而揭示资本主义发生、发展和结局(王蕾 等,2012)。

1) 创新的概念

创新是熊彼特经济理论的核心。他指出,创新就是建立一种全新的生产函数,也就是把一种以前从来没有过的、关于生产要素和生产条件的"新组合"引入生产体系(熊彼特,1979)。创新包括企业家开拓与控制产品、技术、工艺、组织和市场,渗透到社会的各领域。

2) 创新的类型

熊彼特所讲的"创新""新组合"和"经济发展",主要涵盖以下5种形式:一是引进新产品;二是引用新技术,即新的生产方法;三是开辟新市场;四是控制原材料的新供应来源;五是实现企业新组织(熊彼特,1979)。

熊彼特指出,"创新""新组合""经济发展"都是资本主义的本质特征,"资本主义在本质上是经济变动的一种形式或方法,它从来不是静止的",而是"不断地从内部革新经济结构,即不断地破坏旧结构、不断地创造新结构"的过程,这称为"产业突变",强调"这种创造性的破坏过程是关于资本主义本质性的事实"。创新的手段是"毁灭"旧组合,产生"破坏旧的新力量",其结果是"创新",成功的创新将会打破旧的、低效的工艺与产品,是"旧组合—分拆—新组合"的过程和规则,而非单纯地强调"毁灭性创新"的突破性结果(薛光明,2017)。

3) 资本的作用

熊彼特认为,资本就是企业家为了实现"新组合"而"把生产指往新方向""把各项生产要素和资源引向新用途"的一种"杠杆"和"控制手段",资本不是具体商品的总和,而是企业家随时提用的支付手段,其职能在于为企业家创新而提供必要的条件。此外,根据熊彼特的观点,只有实现了"创新"的"发展"才会产生利润,才有资本和利息,企业家才会存在(薛光明,2017)。

4) 创新的作用

熊彼特指出,把新组合称为"企业",把实现新组合的人们称为"企业家"。企业家活动的动力是追逐垄断利润或超额利润,其目的是实现新组合或创新。"企业家"作为资本主义

"灵魂"的职能,就是实现"创新"。所谓"经济发展",也就是指整个资本主义社会不断实现这种"新组合"而言的。发明者不一定是创新者,只有企业家才有能力把生产要素和生产条件的新组合引入生产体系,实现创新。同样,股东或资本家不同于企业家。在熊彼特看来,企业家应具备 3 个条件:眼光(能看到市场潜在的商业利润)、胆略(敢承担经营风险)、经营能力(善于动员和组织社会资源)。

熊彼特的"创新"是在一定生产要素与生产条件的动力条件之下进行的。依照某种规律进行生产函数组合,组合生产要素与生产条件的过程将大大降低创新的风险,使创新成为必然。而非线性的创新结果将带来丰厚的收益,从而熊彼特创新规则可以获得"企业家利润"或"潜在的超额利润"。经济增长由创新而来,并呈现周期性。创新能导致经济增长,是因为创新者不但为自己赢得利润,而且为其他企业开辟了道路。创新会带来模仿者,普遍的模仿会引发更大的创新浪潮,于是经济高涨。当较多企业模仿同一创新后,创新浪潮便消退,经济增长停滞。新一轮创新会再度刺激经济增长,只有不断创新,才能保证经济持续增长。经济增长过程由经济周期的繁荣、衰退、萧条和复苏构成,而创新是决定这种周期性的主要因素(王蕾 等,2012)。

5) 创业理论

熊彼特的创业理论可分为两阶段:早期阶段是第一创业理论,晚期阶段是第二创业理论(张秀娥 等,2016)。

(1)第一创业理论

熊彼特的第一创业理论是有关企业家的理论。"企业家"的概念是关于企业家功能特性的。熊彼特认为,企业家可以是一个没有资本的人。除了公司创造者或生产资料管理者之外,那些通过银行贷款购买生产工具以创造"新组合"的个体也被熊彼特称为"企业家"。同时,熊彼特在创业活动研究中只关注与创新相关的企业家功能。熊彼特认为,创业活动并不限于生产或贸易的管理与组织中。企业家的创业活动包括使用未尝试的技术制造一项新商品、以新的方式改造旧产品、开辟材料的新供给来源以及为产品提供新出口供应渠道或重组产业等。企业家的创业就是充满信心的创新,超越熟悉的范围界限,组织新行动。熊彼特的企业家概念甚至更相当于"创新者"的概念。而创新者若要时刻保持创新,便未必会获得利润。于是,熊彼特认为,没有人是终身的企业家,而且只唯利是图的商人不是企业家。因此,创业并不是开办公司或以获利为目的的商业活动,创业更相当于一种不断创新的"企业家精神"。对于个人而言,企业家的任务是坚持严格地打破旧的规制,创造新的传统,开创人生新的事业。所以,熊彼特认为,创业也就是创新。

(2)第二创业理论

熊彼特后期创业理论(第二创业理论)逐渐与前期创业理论(第一创业理论)偏离。他关注组织、国家创业与演化经济学。相比于"第一创业理论"中定义的企业家概念,熊彼特的"第二创业理论"对个人重要性的关注力度要小很多。他认为,企业家是一个杰出的个人主义者,而在"第二创业理论"中明确指出企业家并不非得是个人,国家或组织都可以作为企业家。熊彼特还认为,创业行为是经济活动的中介,即创业者既可以是新消费品的供应者,也可以是市场中新生产手段的购买者。熊彼特结合演化经济学的相关理论,提出创业能够将独特的生产要素或社会资源投入市场,激发市场活力,带动经济繁荣从而使得经济保持良性动态发展。

2.1.3 德鲁克的创新与创业理论

德鲁克是享誉世界的管理学大师,他继承、发展了熊彼特的创新理论,对创新与企业家精神深入剖析。他探讨不同类型的组织在面对变革时如何实现创新、如何运用创新战略,并最终提出"企业家社会"概念(张秀娥 等,2016)。

1) 创新与企业家精神

德鲁克坚信创新与企业家精神的重要性,并且更加关注企业家与创新实践。他认为,企业家创新实践是企业家自己的本职工作,因此"企业家"的概念与其创办的企业规模、性质、所有权甚至人格特性都无关,那些"专注于创新机遇"并亲身投入创办新事业的人才是企业家。

德鲁克还认为,创新是可以学习的,并且具有目的性。创新不需要天生,天生的创新思维只能诞生一些聪明的创意;创新需要的是训练,从实践中通过创业的形式表现出来。创新不需要"灵光一现",更需要创新的源泉,遵守创新规则与条件,将思维与发明应用于实践并推广服务于社会。

德鲁克指出,企业家要彻底思考创新的来源,因此,要走出去,多听、多看、多问;创新要有明确的目标,从具体的、小规模的事件开始,并最终取得新领域的领导地位。由于创新是经济与社会活动双重作用的结果,企业家在创新的过程中要立足于经济与社会发展的现状,挖掘自己的长处,禁忌太聪明、太多样化或尝试超越现实的创新。

2) 创新与创业

德鲁克认为,创新如果仅停留在观念、思想和制度上,没有转化为实际行动,没有借助创业媒介将其付诸实践应用,就没有任何意义。他从新企业、现存企业甚至社会公共服务机构等方面讨论了企业家的创业管理行为。其中,新企业是创新的主要载体,而"创业"行为不仅存在于新企业,还存在于现存的"创业型企业(或创新型企业)"中。

"创业型企业"是指那些经久不衰的企业,这类企业往往不依赖于企业家的杰出管理,而在组织内建立了一套创新管理机制,被德鲁克称为"创业型管理"。创业型管理的内容是,通过建立一个最高的管理团队,设定各类管理者(企业家)的工作范围、角色,并以市场为中心制订前瞻性财务计划、公司章程与战略决策。这解释了为什么历史上一些拥有杰出企业家的企业一旦离开企业家个人的管理便会走向平淡无奇,而另一些企业则经历了时间的洗礼后历久弥新。正因为德鲁克淡化了企业家个人的力量,提出了"创业型企业"的概念,其随后的创业研究主体便延展到组织,直到提出"创业型社会"概念。

德鲁克明确提出创新创业在各领域中的作用,并指出其推进了社会发展。德鲁克与熊彼特都认为,政府(或国家)可扮演"企业家"角色。"企业家"型政府(或创新型政府)的创新便以一种循序渐进的方式,先推出新产品,随后实施一项或多项新政策,最后改善公共服务。

2.1.4 创新驱动理论

20世纪50年代之后,在研究经济增长问题时,经济学界都关注到技术进步或技术创新对经济持续增长的作用,并先后出现了20世纪50年代以索洛为代表的新古典增长理论和20世纪80年代以罗默为代表的新增长理论。其中,索洛提出的以柯布-道格拉斯生产函数(或称CD函数)为基础的索洛模型,强调资本、劳动这两大要素对经济增长的作用,而将技术进步视为经济增长的外部因素,因此,索洛模型又被称为外生增长理论;罗默则强调技术进步在经济增长中是重要的内生因素,因而新增长理论又被称为内生增长理论。目前,新古典增长理论和新增长理论已成为研究创新驱动发展核心问题——技术进步或技术创新对经济增长或发展作用——的主要理论基础(薛光明,2017)。

1) 外生增长理论

1956年,索洛在《对经济增长理论的一个贡献》中,阐述了他在总结之前经济增长理论研究成果上的新观点,被称为新古典增长理论。索洛的主要贡献在于他在解释经济增长时引入了资本(K)与劳动(L)两个关键变量,并基于柯布-道格拉斯生产函数对其在增长中的作用及相互关系进行了论述。它的两个基本前提是:第一,规模收益不变,但资本或劳动的边际生产力递减;第二,全部产品由资本和劳动生产出来,技术这一变量暂时不予考虑。

$$Y = A(K,L) = AK\alpha L\beta \quad (\alpha + \beta = 1,表示规模收益不变)$$

其中,Y代表经济产出,A代表资本K与劳动L之外的影响经济产出的所有因素,被称为"索洛余值",也称为全要素生产率(Total Factor Productivity,TFP)。索洛模型(或索洛余值法)是当前经济学界在开展技术进步(技术创新)与经济增长关系实证性研究时经常被采用的基础模型和主要方法(薛光明,2017)。

2) 内生增长理论

20世纪80年代中期,罗默在代表性论文《收益递增与长期增长》中指出,在考虑经济增长时,应当进一步放松新古典理论规模收益不变前提假设,除劳动与资本两个要素外,还应加入"知识"要素。他认为,技术进步、知识积累会产生外溢效应,进而能提高投资收益,实现规模收益递增,最终会使一国长期收益的增长,因此,知识也是经济增长的生产要素,要实现经济增长必然要在知识上投资。

后来,罗默在《内生的技术变化》一文中,进一步将"知识"要素微观化和具象化,提出了"专业化投入"(R&D)这一概念,指出R&D不是企业投资的附加产品,而是一种需要特别付酬的活动。他认为,技术进步与创新应归结为企业有意识地旨在获取垄断利益的活动,技术的非竞争性与排他性决定了生产的规模收益递增,从事R&D的企业因此会从中获取收益。由此,以R&D为基础的增长模型可分为两种类型:一种是新产品发明和创造,即产品种类增加与产品体系丰富(如新产业出现);一种是旧产品升级和改造,即对原有产品性能和构造改进(如同类产品升级换代)。两者之间的区别在于,后者引入了"创造性破坏"概念,即新产品出现往往意味着旧产品淘汰(薛光明,2017)。

3) 技术扩散理论

技术扩散理论并不是对技术进步本身所带来的经济增长的研究,而是将研究的视角转换到技术进步扩散推动经济增长。如何实现在部门之间的技术扩散,是该阶段研究的重点。其中,最具代表性的是曼斯菲尔德的技术推广模式。曼斯菲尔德对技术创新理论的发展主要是对模仿(某企业首先采用一种新技术后,其他企业以它为榜样,相继采用这种新技术)和守成(某企业采用一种新技术后,其他企业并不模仿它,依然使用原来的技术)的研究,模仿率是以首先采用新技术的企业为榜样的其他企业采用新技术的速度。这是技术创新如何在本部门逐步推广又如何被其他企业相继采用的关键。曼斯菲尔德的技术推广模式试图说明,一种新技术首次被某个企业采用后要多长时间才能被该部门多数企业采用。模仿率差别大的原因,可从技术推广模式中对有关因素的分析和估算中得到解释(王蕾 等,2012)。

2.1.5 创新系统理论

1) 国家创新系统

20 世纪 80 年代后期至 90 年代初期,经济学界用系统学的观点和方法考察和研究技术创新与其带来的经济发展成效之间的关系,并由此演化形成国家创新系统理论。

虽然目前学术界对"国家创新系统"(National Innovation System,NIS)概念的提出时间还存在分歧,但是比较公认的是英国经济学家弗里曼(Freeman,1987)在其《技术政策与经济绩效:日本的经验》中首次使用了"国家创新系统"概念。弗里曼将 NIS 定义为一个国家内公共部门和私人部门相互作用组成的机构网络,这些机构的活动及相互作用激发、引入、改变和扩散着新技术。

弗里曼认为,国家创新系统包括政府政策、教育与培训、非工业研究机构、企业的研究开发能力、产业结构状况 5 个方面的因素。经济合作与发展组织(Organization of Economic Cooperation and Development,OECD)对国家创新系统的构成深入探讨。它认为,企业方面注重创新型企业识别、定义、特征描述及培育体系;科研机构方面注重不同知识生产者(企业、大学、科研院所)知识创新培育以及相互知识流动和耦合;政府方面强调公共部门对知识创新支撑和协同。中科院把国家创新体系构成分为技术创新体系(企业为主体、市场为导向、产学研相结合)、知识创新体系(各具特色和优势)、国防科技创新体系(军民结合、寓军于民)、区域创新体系(各具特色和优势)和科技中介服务体系(社会化和网络化)。

2) 区域创新系统

随着全球化发展,经济意义上"国家状态"日益让位于"区域状态"。区域成为真正意义上的经济利益体,关键的商业联系集中在区域范围内,因为地理邻近带来了可以维持并强化创新网络的支撑因素,如文化认同和相互信任等(王蕾 等,2012)。

较早系统提出区域创新系统(Region Innovation System,RIS)的库克(Cook,1992)指出,RIS 主要是由在地理上相互分工与关联的生产企业、研究机构和高等教育机构等构成的区域性组织系统,该系统支持并产生创新。

从具体实践来看,RIS 毫无疑问是 NIS 在一国不同区域空间的延伸和体现;从学术研究来看,RIS 理论的基础和来源则相对宽泛,仅从经济学的角度看,就包括了区域经济学、创新经济学、创新系统学等。由于区域创新体系理论来源较广,特别是受区域经济学理论影响,加之研究的对象是区域这一较为中观的概念,RIS 的理论观点、研究范式同 NIS 理论有相似之处,但又有所不同(薛光明,2017)。

从概念界定上看,区域创新系统和集群创新系统都建立在产业集群的基础上。罗斯菲尔德认为,区域创新系统可以通过区域集群定义来界定,也就是地理上的相对集中的相互独立的企业群,阿歇姆认为,区域创新系统就是由支撑机构环绕的区域集群。从这两个概念的语义学者对它们的界定可以看出,区域创新系统和集群创新系统主要存在两点区别:一是前者的产业可能比较分散,不一定集中在某一产业,而后者主要集中在某一产业;二是从地域范围来看,前者的范围可能弹性比较大,而后者的范围往往比较小(王蕾 等,2012)。

在区域创新系统构成上,国内学者王松等(2013),在梳理了国内外众多学者对 RIS 概念的阐述后,提出 RIS 的概念或内涵基本包括以下 4 个方面:一是区域创新体系的参与主体,有政府、企业、院所(包含科研机构和中介机构)等;二是区域创新体系的资源投入,大多涉及人才、资金、技术等资源;三是区域创新体系的创新对象,包含制度创新、管理创新、技术创新等;四是区域创新体系的创新成果,包括产品创新、产业创新、环境创新等。李虹(2004)提出区域创新系统包括的基本构成要素有:一是主体要素,即创新活动的行为主体,包括企业、大学、科研机构、各类中介组织和地方政府,其中,企业是技术创新的主体,是创新体系的核心;二是功能要素,即行为主体之间的联系与运行机制,包括制度创新、技术创新、管理创新的机制和能力;三是环境要素,即创新环境,包括体制、基础设施、社会文化心理和保障条件等,市场环境是企业创新活动的基本背景。周柏翔(2007)提出区域创新体系的总体框架模型主要包括 6 个部分:科研开发系统、企业技术创新系统、创新成果扩散系统、教育培训系统、区域宏观调控系统以及社会服务支撑系统。他将这 6 个系统分为创新运营和创新支持两大层次。科研开发系统、创新成果扩散系统、企业技术创新系统属于创新运营层次;教育培训系统、区域宏观调控系统以及社会服务支撑系统属于创新支持层次。田红娜等(2007)在对国内外区域创新体系研究综述时提出,区域创新体系的结构主要包括组织结构和空间结构两个层面,组织结构主要指区域创新体系的单元,如企业、大学、科研机构、中介机构和政府部门,空间结构指区域创新空间网络、区域创新集群。

3) 多螺旋创新理论

多螺旋旅游创新是企业、政府、知识生产机构和中介机构等多个旅游创新行为主体在技术创新的全过程或在某些环节中实施共同投入、共同参与、共享成果、共担风险的创新形式。下面介绍两种典型的模式。

（1）三螺旋模式

三螺旋概念最先出现在20世纪50年代初的生物学领域。90年代中期，纽约州立大学的社会学家亨瑞·埃茨科瓦茨和阿姆斯特丹科技学院的勒特·雷德斯道夫先后运用生物学DNA研究中三螺旋模式描述了"大学—企业—政府"创新动力机制，被学界认为是创新研究的新范式。

三螺旋创新理论认为，在知识经济时代，政府、企业与大学是知识经济社会内部创新制度环境的三大要素，它们根据市场要求而联结起来，形成了3种力量相互影响的三螺旋关系。该理论不刻意强调谁是主体，而强调政府、产业和大学的相互作用与合作关系，强调这些群体的共同利益是为社会创造价值。政府、产业和大学三方都可以成为动态体系中的领导者、组织者和参与者，三者相互作用，互惠互利，彼此重叠，共同推动创新螺旋式上升。其中，政府、产业和大学三者的传统职能分别是知识创造、财富生产和政策协调，各部门之间互动还会衍生出一系列新职能，最终孕育了以知识为基础的创新型社会。

三螺旋模型强化知识在经济效能中的正向作用，促进了大学知识转化办公室、知识产权管理机构、研发公司、创业公司诞生。一方面，更多社会资本涌入大学，为知识生产注入活力，为知识、区域经济、创新添加黏合剂，提高了知识产能；另一方面，学科发展失衡、知识经济化、社会自然环境等使知识生产的可持续发展受到影响。

（2）四螺旋模式

由于三螺旋创新模式存在合作模式单一、内部利益失衡、角色转换趋同、耦合能力缺乏等不足，四螺旋创新模式出现。

四螺旋创新模式是埃利亚斯·G.卡拉雅尼斯在问题情境下提出的，它试图实现两个目标：一是突破人为设置的基础科学、应用科学隔阂，打破同质性、等级性知识垄断，从学科背景中抽取知识元素，根据问题设置解决方案，重新组合成"多层次、多节点、多形态、多主体"的多维聚合型知识群，营造不规则研究、教育和创新生态系统（Fractal Research, Education and Innovation Ecosystem, FREIE）；二是应对固化学科知识难以解决的日益严重的资源匮乏和激烈竞争，破解环境生态、医学健康、高科技发展、冲突与文明、全球化和本土化等重大问题，通过引入公共组织、社会力量参与公共事务，减少等级、族群、文化认同等冲突和裂变，以多元性、异质性、区域性等特点淡化已有的结构化特征，逐步寻找权力多极下的平衡，形成创新触发机制、持续性竞争优势与社会繁荣的驱动力。

四螺旋创新模式形成了"学术界—产业—政府—公民社会"相互作用的四螺旋创新生态系统与创新动力机制。"学术界"包括大学、科研院所等学术共同体组织。大学实现知识传播，与产业衔接满足人才需求，和学术共同体一同保障健康的社会化进程，避免知识市场化影响科学可持续发展。其中，产业提供商品和服务，与大学合作生产研究和科技转化。政府的角色定位是"服务型"和"指导型"。公民社会将第三方组织、社会团体和社会力量引入到重要事项的决定中，平衡各螺旋的目标局限性，从文化角度给予知识和经济可持续化导向。在教育层面，四螺旋构造教育和创新生态文化系统，其中，核心为"知识民主化"，即较高级经济社会中知识和创新的异质性与多样性的平行发展过程，将分离的文化、社会、经济、技术等相结合,使创新想法、解决方案与欣赏和培育实现其潜力的市场相连接。

当前,大学、政府、产业界限分明,研究型、创业型大学对应,根源上是知识类属之间不容和排斥。四螺旋不限制知识生产场所和固定载体,它根据多维度多属性知识的要求选择场所,由于碎片化知识不局限于研究型大学、创业型大学或企业,来自不同部分和多样的世界、人类、社会、经济、技术和文化背景的观点,相互交织而产生一个正在形成的新世界观,嵌入特殊社会技术背景下,专业知识成为混合/公共/私人、有形的/虚拟的知识经济、社会的重要元素。四螺旋不排斥三螺旋的知识经济化目标,在实现过程中关注知识社会和民主对于过度经济化的平衡,从源头上应对社会生态、社会经济环境等问题的挑战。

2.1.6　杰弗里·蒂蒙斯的创业模型

杰弗里·蒂蒙斯是 20 世纪 60 年代美国创业教育的领袖人物,其开发的创业模型从最初的产生到成熟经历了 30 年,对创新与创业研究产生了深远影响。该模型的价值在于,将创新重要组成部分的创造力植入创业过程,影响商机、团队、资源三者平衡,构成了如今经典的创业过程模型。

蒂蒙斯认为,商机、团队和资源是创业的核心要素。商机是创业过程的核心驱动力,创始人或工作团队是创业过程的主导者,资源是创业成功的保证。因此,创业过程是商机、创业者和资源匹配和平衡的结果。政治、经济、社会文化环境以及科技进步等会影响资本市场环境变化,创业会长期处于一个动态环境中,模糊性和风险将常伴创业者左右。而要摸清市场变化规律,避免创业风险,创始人(创业者)须分析企业所存在的匹配点与差距,即分析商机有利与不利因素的比重、调查资源累积与合理匹配的程度、规划与设计团队工作内容等,创始人(创业者)须带领团队捕捉商机、整合资源和战略规划,而其中最重要的驱动力之一就是创始人的创造力。由于市场动态环境不断变化,顾客的需求也会随之变化,企业据此为客户提供的产品或服务,必须随着环境变化而不断创新,创始人必须具备创造性思维,才能带领团队适应不断变化的顾客需求,最终配置和平衡好商机与资源,完成创业整个过程。杰弗里·蒂蒙斯的创业模型如图 2-1 所示。

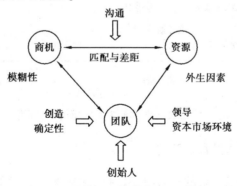

图 2-1　杰弗里·蒂蒙斯的创业模型

很多创业者错误地认为,为了使企业成功,必须让所有资源都到位,尤其是资金。其实,当一个强有力的管理团队构思出一个有效推动市场的商机时,资金自然而然就会跟着来了。成功的创业者一般都为合理利用和控制资源设计了创意精巧、用资谨慎的战略。若过早地拥有太多资金,反而会阻碍成功。与已存在的进入成熟期的大企业相比,尽管创业型企业资源比较匮乏,但创业者所拥有的创业精神、独特创意以及社会关系等资源同样具有战略性。创业者一方面要借助自身的创造性用有限的资源创造尽可能大的价值,另一方面要设法获取和整合各类战略资源。

2.1.7 艾迪思的创业生命周期理论

伊查克·艾迪思是美国最具影响力的管理学家之一。艾迪思于 1988 年提出了著名的企业生命周期理论,该理论分析了企业的生命历程及成长过程中每个阶段的成功与失败的原因。艾迪思将企业生命周期理论运用于创业研究,并提出企业从孕育初创到盛年阶段均离不开创新精神,并给出了创新精神波动曲线与企业生命周期曲线的上下浮动关系。

1)艾迪思的 PAEI 角色

PAEI 是艾迪思提出的保持企业健康成长的四大角色支持:实现企业目标(P,也称执行功能)、行政功能(A)、创新精神(E)、整合角色(I)。PAEI 四种角色实际上解决了做什么(P)、怎么做(A)、何时做(E)、谁来做(I),以及如何决策基本问题。

艾迪思认为,创新精神先于执行功能并决定着执行功能;执行功能必须完成的任务决定了行政功能。由于创新精神决定着执行功能,因此,行政功能也是从创新精神中派生出来的。整合角色跟行政功能一样,是由执行功能决定的,但最终是从创新精神中派生出来。企业生命周期中的创新精神示意图如图 2-2 所示。

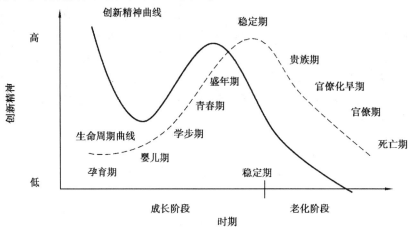

图 2-2 企业生命周期中的创新精神示意图

2)创新精神在企业成长阶段的演变

创新精神是企业发展最主要的驱动力,当创业者整合资源并承担创办新企业的使命时,创新精神便诞生了,企业也就随之诞生;当创业者成为企业领导者坐享企业收益而不思进取时,创新精神便消失了,此时,即使企业的某些部分还在发挥功能,但是企业已经脑死亡了。因此,对于企业来讲,企业依靠创新精神诞生而被创造,创新精神消亡也注定了企业消亡。

创新精神在某种意义上是考察企业能否继续存续的指标。

艾迪思根据企业灵活性和可控性的状况,提出了著名的企业生命周期曲线,将企业生命周期划分为孕育期、婴儿期、学步期、青春期、盛年期、稳定期、贵族期、官僚化早期、官僚期与死亡期。在企业生命周期的各阶段中,创新精神变化极大地影响企业的成长历程。企业诞生、成熟与老化都与创新精神息息相关。

①初创企业从孕育到盛年阶段,创新精神总是上下浮动。这是由于创新精神对于企业而言是渴望值与期望值差异的函数。

②在企业孕育期,创新精神非常高,因为只有创造力、诱惑力、想象和承担风险的愿望极大激发着创业者去创新,企业才能够诞生并进入发展阶段。

③从企业的孕育期到婴儿期,创业者承担风险的愿望会越来越低,为求得企业稳步发展使得创业者的创新精神值下降。

④为了保证企业可持续发展,初创企业从婴儿期发展到盛年期,创新精神的需求处于不断上升阶段,因为此时企业为了做大做强必须随着市场、消费者需求、动态环境的变化而改革以前束缚企业发展的规章程序,推出新产品以求企业创新与发展变革。

⑤在企业从盛年期走向稳定期最终发展到贵族期过程中,创新精神便成为左右企业能否良好发展甚至是否存续的关键,因为不具有创新精神、不求进取的企业是无法生存下来的。若企业在贵族期到官僚期阶段仍不具备创新精神,企业便注定会走向死亡。

2.2　旅游创新创业的概念与内涵

2.2.1　旅游的基础概念

1) 旅游与旅游者

（1）旅游

①我国古代旅与游的概念。

在我国古代,旅与游是分开来使用的,两者有着各自独立的含义。旅指的是旅行,即离开常住地而寄寓他乡的行为,是一种为了生存或某种特定目的而四处奔走的活动。游指的是游览,是以休闲为主、追求精神享乐、调节生活情趣的活动。

②现代旅游的概念。

国际上普遍接受的旅游定义是艾斯特定义。1942 年瑞士学者汉沃克尔和克拉普夫认为,旅游是非定居者的旅行和暂时居留而引起的一种现象及关系的总和,这些人不会永久居留,并且主要不从事赚钱的活动。

世界旅游组织和联合国统计委员会推荐的技术性统计定义,将旅游界定为,为了休闲、商务或其他目的离开惯常环境到某些地方并停留但连续不超过一年的活动。旅游目的包括六大类:休闲、娱乐、度假,探亲访友,商务、专业访问,健康医疗,宗教/朝拜,其他。

根据旅游活动的流动去向和范围,旅游可分为国际旅游、入境旅游、出境旅游、境内旅游、国内旅游等。

(2)旅游者

①旅游者的概念。

旅游者根据需要可分为技术性定义与概念定义。典型的技术性定义如下:

一是罗马会议的定义。所有入境来访人员统称为"游客",游客分为两类:停留时间超过24小时称为"旅游者",停留时间不足24小时称为"一日游游客"。

二是世界旅游组织的定义。"国际游客"指的是到一个非惯常居住的国家去旅行停留时间不超过一年;并根据停留时间是否超过24小时分为"国际旅游者"和"国际一日游游客"。

②旅游者的特征。

旅游者一般具有3个特征:a.异地性特征,即旅游者必须离开常住地前往目的地。b.暂时性特征,即旅游者在目的地停留的时间在1年以内。c.非牟利性特征,即旅游者在目的地以游览体验为基本活动内容,不以获取报酬为目的。

③旅游者的类型。

旅游者依据不同划分标准,旅游者分类不同。a.按地域特征,可划分为国际旅游者和国内旅游者。b.按出游目的,可划分为观光旅游者、度假旅游者、事务旅游者和特种旅游者。c.按逗留时间,可划分为一日游旅游者和过夜旅游者。d.按组织形式,可划分为团队旅游者和散客旅游者。

2) 旅游产品

从不同角度来看,旅游产品具有不同的内涵,主要存在以下几种情况。

(1)旅游供给视角

从旅游供给角度来看,旅游产品是向游客提供的能满足旅游活动需要的各种物质和服务的总和。它包括:①旅游吸引物,这是吸引旅游者的事物与因素。②旅游可进入性,这是旅游产品得以流通与循环的条件。③旅游设施,这是旅游产品的物质条件。④旅游服务,这是旅游产品的非物质活动。

(2)旅游需求视角

从旅游需求角度来看,旅游产品是旅游经历或旅游体验。它包括基本旅游产品与非基本旅游产品。前者如吃、住、行、游是必须消费的部分;后者如购物、保健、修理、通信、美容等是不一定消费的部分。因人而异,因市场细分而不同。

(3)旅游营销视角

从旅游营销角度来看,旅游产品包括核心部分、形式部分和延伸部分。

①旅游产品的核心部分,即核心产品,指产品满足消费者需求的基本效用和核心价值。它们可满足游客外出旅游最主要的需求,是旅游产品形成的基础和最具有竞争力的部分,是旅游营销的重点。

②旅游产品的形式部分,即外围产品,指旅游产品的实体与外形,包括产品的物质载体、款式、形象、品牌、商标、质量、特色、声誉及组合方式,是保证产品的效用和价值得以实现的载体。

③旅游产品的延伸部分,即延伸产品,指游客在购买和消费旅游产品时获得的各种优惠条件和其他附加利益。如购买的优惠、预订方式、支付方式、赠送礼品、送消费券、送积分等。比如酒店消费中免费停车、可加床、可携带宠物等。

(4)综合视角

从供求综合角度来看,旅游产品是旅游经营者为了满足游客在旅游活动中的各种需求向旅游市场提供的各种物质产品、精神产品和旅游服务的组合。

3) 旅游经济与旅游产业

(1)旅游经济

旅游经济就是旅游产品的供求互动引起的经济联系以及由这种联系引起并采用商品交换形式所形成的经济联系与经济关系的总和。旅游经济是由旅游者的流动而引起的经济活动。这是旅游经济的根本特征。同时,旅游经济也是一种商品化经济活动和具有消费属性的旅游活动。此外,它还是一种涉及基础设施、旅游业经营、旅游管理及环境、公共政策等方面的综合性服务经济。

旅游经济形成就是旅游活动商品化与社会化发展的过程。其中,旅游活动商品化是采用旅游产品交换的方式来组织旅游活动;旅游活动社会化是以分工与协作为基本特征。旅游活动专业化分工不断发展,旅游产品与旅游服务之间的分工更为细化,协作更加紧密,旅游活动各环节形成一个不可分割的整体。

旅游经济关系是在旅游经济活动中的旅游利益主体之间的关系。主要的旅游利益主体包括:①旅游者是旅游产品的消费者。②旅游企业是旅游产品的主要提供者。③政府是旅游产品的开发者、旅游公共服务的提供者、旅游政策的制定者等。④旅游地社区与居民,既是旅游资源、旅游产品与旅游空间的提供者,也是旅游从业人员的主要来源,还是日常生活严重受旅游影响的人。⑤非营利机构与非政府组织是环境与文化保护、公共服务、扶贫、救灾等的提供者等。

(2)旅游产业

产业指国民经济内按照一定社会分工专门从事同类经济活动的单位的总称。按照三次分类法,产业可分为第一、第二、第三次产业。中国国家统计局公布的《国家旅游及相关产业统计分类(2015)》将旅游业和旅游相关产业定义为,旅游业指直接为游客提供出行、住宿、餐饮、游览、购物、娱乐等服务活动的集合;旅游相关产业指为游客出行提供旅游辅助服务和政府旅游管理服务等活动的集合。

4) 旅游价值与价值链

（1）旅游价值

旅游价值指为旅游者、旅游企业、政府、社区居民等旅游利益相关者在旅游发展过程中创造的旅游客户价值以及经济、社会、文化、生态等方面的价值。旅游价值大致可分为以下5类。

①旅游客户价值。包括旅游者从旅游产品和旅游服务中感知的价值、功能与体验，如信息、预订、吃住行游购娱、社交、商务、观光、休闲度假、康养、娱乐、修学研学等，尤其是为旅游者创造的体现在产品、服务、品牌、关系等方面的客户价值。

②旅游经济价值。主要指旅游创造的经济价值，包括为股东、投资者、员工与社会创造的利润与收益。

③旅游社会价值。包括真善美、快乐、热情、周到、诚信、公正、美好生活、助人为乐、救济弱势群体、扶贫、就业等传播与发扬社会正能量的社会价值。

④旅游文化价值。包括传承优秀传统文化、发展红色文化与社会先进文化等促进文化传承、文化保护与文化繁荣的价值。

⑤生态价值。包括减能减排、保护与建设生态环境、绿色生活与旅游生产等有利于生态保护与发展的价值。

（2）旅游价值链

价值链（Value Chain）的概念首先由迈克尔·E.波特（Michael E.Porter）于1985年提出。最初，波特所指的价值链主要指针对垂直一体化公司的、强调单个企业的竞争优势。随着国际外包业务的开展，波特于1998年进一步提出了价值体系（Value System）的概念，将研究视角扩展到不同公司之间，进而发展了全球价值链（Global Value Chain）的概念。全球价值链不仅反映价值链的垂直分离和全球空间再配置之间的关系，还可提供一种基于网络、用来分析国际性生产的地理和组织特征的分析方法，揭示了全球产业的动态性特征。波特认为，每一个企业都是在设计、生产、销售、发送和辅助其产品的过程中进行的各种活动的集合体。

企业的价值创造是通过一系列活动构成的，这些活动可分为基本活动和辅助活动两大类，基本活动包括内部后勤、生产作业、外部后勤、市场和销售、服务等，而辅助活动则包括采购、技术开发、人力资源管理和企业基础设施等。这些互不相同但又相互关联的生产经营活动，构成了一个创造价值的动态过程，即价值链。"价值链"理论的基本观点是，企业所创造的价值实际上来自企业价值链上的某些特定的价值活动，这些真正创造价值的经营活动就是企业价值链的"战略环节"。企业在竞争中的优势，是企业在价值链某些特定的战略价值环节上的优势。而行业的垄断优势来自该行业的某些特定环节的垄断优势，抓住了这些关键环节，也就抓住了整个价值链。企业与产业竞争，不只是某个环节竞争，而是整个价值链竞争，而整个价值链的综合竞争力决定了企业的竞争力。

旅游价值是从旅游价值链中创造与获取的。旅游价值链是旅游创造价值的环节构成的链条，是旅游产品从供应到最终消费的一系列价值传递的过程。它包括旅游资源创新；旅游投入要素如资金、土地、人才、建筑、设施与设备等;旅游策划、规划与设计;旅游产品与销售如吃、住、行、游、购、娱等;旅游形象传播与旅游营销;旅游服务、经营与管理等环节及创造的旅游价值。

2.2.2　旅游创新的概念与内涵

1)创新与旅游创新的概念

(1)创新的概念

创新来自拉丁语,英文是 innovation,一般指人类提供前所未有的事物的一种活动,其原意具有 3 层含义:创造新的东西,更新,改变。我国《辞海》对创新的解释为"创造,推陈出新"。上述"事物"所指范围很广泛,既包括自然科学,也包括社会科学;上至国家政权,下至百姓生活。从天文到地理,无所不包。"前所未有"却只有一种含义,那就是"首创"。不过,它因参照对象不同而有两种不同的含义,即狭义创新与广义创新。狭义创新指对于其他人或全人类而言的首创。比如爱因斯坦发现相对论、爱迪生发明电灯。广义创新指相对于创新者自己而言的首创。凡事先易后难,现在创新学习更提倡从广义创新开始。只要我们相对自己有新的想法或做法、新的观念或设计、新的方法或途径,就是创新。

从经济发展角度来看,普遍认为,"创新"一词最早由奥地利经济学家熊彼特于 1934 年提出,他将创新定义为新的生产要素和生产条件的"新组合"引入生产体系。熊彼特的"创新"是在一定生产要素与生产条件的动力条件之下进行的;依照某种规律组合生产函数,组合生产要素与生产条件可大大降低创新的风险,使创新成为必然;同时,创新结果将带来丰厚收益,获得"企业家利润"或"潜在的超额利润"。之后,众多学者对创新展开了深入研究。目前,创新广为接受的概念是,把机会转变为新创意并广泛应用于实践的过程。根据乔·蒂德与约翰·贝赞特(2020 年)的研究,创新内涵包括以下几个方面:

①创新＝新+市场价值。创新是对新创意成功开发、将创意应用于实践与商业化并创造价值的过程。

②创新不仅包括技术发展水平上的重大商业进展,也包括对小规模技术知识的利用。

③创新是创业者的特殊工具。通过创新,他们把变化作为发展不同业务和服务的机会,它可以作为一种学科,可以学习,也可以实践。

④公司通过创新活动获得竞争优势。它们在最广泛的意义上从事创新,既包括新技术,也包括新的做事方式。

⑤创新的企业不仅有好的创意,而且将好的创意、有积极性的员工以及对顾客需求近乎本能的理解结合起来。

⑥创新不仅关注商业价值,也须创造社会价值。创新不仅仅是经济活动,也是社会活动。

⑦创新与发明不同。发明是一种技术上的概念,其结果是发现新事物。创新则是将新思想、新事物付诸实现的过程。创新与发明之间并不存在某种必然联系。创新过程可以始于发明,比如创新可以将某种发明运用于实践中,也可以将某种新的资源与现有资源组合在

一起,以便于达到创新的预期目的。

（2）旅游创新的内涵

旅游创新必然属于创新范畴。旅游创新是对旅游创意成功开发并将旅游创意应用于旅游实践的过程。旅游创新概念包含广义和狭义两种。广义的旅游创新包括旅游产业内发生的所有创新以及旅游产业外部一切服务于旅游（活动）的创新。狭义的旅游创新从产业范畴定义为旅游产业内发生的所有创新。内涵包含新颖性与应用性两个方面。

①旅游创新的新颖性。

新颖性是创新的本质特征,它强调前所未有或首次出现,对新颖性的判定须同时考虑时间、空间、程度维度,而每一种维度内部又存在不同层面。

一是时间维度。新颖性具有相对的时间范畴,一般发生在近期时间段内。如托马斯·库克创建旅行社,从整个旅游发展历史来看是旅游创新,从21世纪来看已经是陈年旧事。

二是空间维度。可以是世界范围,如全球第一部实景山水演出"印象·刘三姐";也可以是特定区域内,如国家、地市等,如中国建设海南为首个国际旅游岛;还可以是企业内部,如旅行社第一次利用互联网交易。如果对新颖性的空间范围要求更广,旅游创新的数量就会变少。

三是程度维度。它可以是对原有部分改进的局部"新",如酒店客房服务流程改造;也可以是在已存基础上扩展的局部"新",如动物园扩建儿童娱乐城;还可以是过去没有而现在创立的全"新",如开发太空旅游。

②旅游创新的应用性。

应用性也是创新的本质特征。创新的"应用性"强调被商业化或实践应用。它应用于旅游中,则包含两层内涵:一是已经应用于旅游中。旅游创新很漫长,需要经历从构思到反复尝试再到全面应用等阶段。只有经历了整个过程,被运用于旅游生产实践中的创新才被认为是旅游创新,尚存在于人们的概念思维中或实验中的创新意图和尝试,不应被认为是旅游创新。二是旅游创新应当具有一定的价值性。也就是说,旅游创新必须能够给它的实施者或相关者带来一定的价值,这种价值可以是经济价值,也可以是社会、文化或生态价值。

（3）旅游创新与旅游创意、旅游策划的异同

①旅游创新与旅游创意。

旅游创意指针对旅游问题解决与旅游需求转化的、具有创新性甚至原创性的旅游构思。它通过新颖性和创造性构思、想法、点子、观点来提出推动旅游发展的方案,达到旅游发展目标。旅游创意富有清晰的商业概念,具有创业指向性、系统性和可操作性特点,有可能应用于旅游实践,转化为旅游创业。它是旅游创新创业的基础与前提,旅游创新创业是对旅游创意成功开发并将旅游创意应用于旅游实践的过程。

旅游创意的本质是采取灵活多变的手段推陈出新,强调创新思维和灵感凸显。它主要是创造性思维的产物,通常不是逻辑思维直接产生的。创造性思维是自觉意识和非自觉意识交融的产物,是思维心理、思维形式和思维环境系统综合的果实。这主要体现在发散思维和收敛思维、横向思维和纵向思维、正向思维和逆向思维等思维方向上以及联想、想象、类

比、直觉、顿悟、灵感等思维方法之中(李庆雷,2011)。

②旅游创新与旅游策划。

旅游策划是实现旅游发展目标的谋划与构思的运筹过程。旅游策划具有目的性,有确定的目标,它的灵魂是旅游创意,须运用旅游创意来谋划未来旅游发展的思路与措施。旅游策划具有前瞻性、预测性和可操作性。旅游创新与旅游策划是相互融合的关系,你中有我,我中有你。旅游策划往往是旅游创新的前提与载体。旅游创新则是旅游策划的核心内容。旅游创新不仅包括旅游创意与旅游策划形成的观念创新、理论创新等无形的创新形式,也包括旅游活动、旅游产业形态等有形的创新形式。

2) 旅游创新的特征

旅游创新具有如下特征:

(1)创意性

旅游创新是对现有的不合理事物的扬弃,是对已有事物改革和革新,确立新事物,是创造性思维在旅游领域内的具体表现与应用。旅游创意是旅游创新的前提与基础,旅游创新是旅游创意的开发与应用。旅游创新必须迎难而上,敢于谋划、敢于构想、敢于打破常规、敢为天下先。旅游创意具有重要的意义,从旅游需求视角来看,旅游市场是不断探新求异的;从旅游供给视角来看,特色是与竞争对手与众不同的差异性,是旅游产品的生存之本,要有特色,必须创新。

(2)目的性

任何创新活动都有一定目的,这个特性贯彻于创新始终。通常旅游创新是发现问题、构思问题和解决问题的过程。

如"最忆是杭州"是 2016 年 G20 杭州峰会的专场文艺演出,是一场大型水上情景交响音乐会,秉承服务于"创新、活力、联动、包容"G20 杭州峰会主题。它充分体现出"西湖元素、杭州特色、江南韵味、中国气派和世界大同"鲜明特色。"最忆是杭州",语出唐代诗人白居易的词《忆江南·江南忆》:"江南忆,最忆是杭州。山寺月中寻桂子,郡亭枕上看潮头。何日更重游?"这是古往今来描绘西湖的诸多名句中的翘楚,彰显了杭州和西湖的文化积淀韵味。

(3)超前性

创新以求新为灵魂,具有超前性。这种超前是从实际出发、实事求是的超前。在淘宝创建之前,因为买某个难买的东西,我们会跑遍所有商场,浪费大量时间。而现在,足不出户就实现了"只有想不到,没有买不到"。这就是源于马云和阿里巴巴创新的超前性。

3) 旅游创新的类型

熊彼特所讲的"创新",主要涵盖以下 5 种类型:一是引进新产品;二是引用新技术,即新的生产方法;三是开辟新市场;四是控制原材料的新供应来源;五是实现企业的新组织。

下面从不同角度来划分旅游创新的不同类型。

（1）根据旅游创新的主体来分

根据旅游创新的主体,旅游创新可分为旅游企业创新、旅游社区创新、旅游消费者创新、政府创新、大学创新、科研机构创新、非政府组织与非营利机构创新、大众创新等。根据各旅游创新主体的独立程度不同,旅游创新又可分为旅游独立创新、旅游合作创新、旅游模仿创新。

①旅游独立创新。

在无其他技术引导的条件下,旅游创新主体在获取技术和市场创新机会后,依靠自身力量独立研究开发、攻克技术难关、获得新的技术成果并完成技术成果的商业化过程。

②旅游合作创新。

在技术创新的全过程或在某些环节中,多个旅游创新行为主体共同投入、共同参与、共享成果、共担风险的创新形式。其中,旅游协同创新是旅游合作创新的一种形式,它是企业、政府、知识生产机构和中介机构等为了实现重大创新而开展的大跨度整合的创新模式。协同创新往往通过国家意志引导和机制安排,促进企业、大学、研究机构与社会发挥各自的能力优势、整合互补性资源、实现各方的优势互补。

③旅游模仿创新。

人们的学习总从模仿开始。模仿创新即通过模仿而进行的创新活动。它是人们通过模仿旧事物而创造出与其类似的事物的创造方法,即通过模拟、仿制已知事物来构造未知事物。从模仿的创造性程度而言,它包括完全模仿创新、模仿后再创新、引进吸收再创新、突破式模仿等。其中,引进吸收再创新指企业通过逆向工程等手段对引进的技术和产品消化、吸收、再创新的过程。它包含着渐进的创新和对原设计的不断改进。从经济学的角度来看,这是一种更有效的创新。突破式模仿是指模仿的东西发生了质的变化,而将其他事物转化为自己的东西,往往是全新的创造。从模仿的途径和方式来看,模仿创新可分为原理性模仿、形态性模仿、结构性模仿、功能性模仿、仿生性模仿。如照相机模仿人眼的成像原理,世界之窗模仿世界各国的文化景观,北京国家体育场模仿鸟巢。

模仿创新的特点具有以下几个方面。

a.积极跟随性。在技术方面,模仿创新不做新技术的开拓探索者和率先使用者,而是做有价值的新技术的积极追随学习和改进者。在市场方面,模仿创新者不独自去开辟全新的市场,而是充分利用并进一步发展率先者所开辟的市场。

b.市场开拓性。模仿创新在市场方面同样具有开拓性。开辟新市场,激发新需求是技术创新的重要特点和内容,模仿创新也不例外。模仿创新不仅抢占率先创新者已开辟的市场空间,而且对新市场空间作出进一步拓展和扩充。

c."看中学"的学习积累性。学习积累机制是技术创新的核心问题,是支持技术创新得以顺利开展的重要基础。率先创新的学习积累主要依赖于自我探索,除了基础知识可来源于外部外,大部分相关知识和专业技能都是企业"干中学"的结果。而模仿创新的技术积累来源是多方面的,开始主要通过"看中学",通过观察、选择、节俭、模仿率先创新者的行为,从他们的成功和失败中学习,在模仿中吸取大量外部知识,培养提高自身的技能。这样,投资少、时间短、效率高,这是模仿创新竞争力的重要根基。

d.资源投入的中间聚积性。模仿创新省去了新技术探索性开发的大量早期投入和新市场开发建设的大量风险投入,因而能够集中力量在创新链的中游环节投入较多人力和物力,使得创新链上的资源分布向总部聚积。这样,一方面保证了模仿创新企业并不丰富的创新资源集中利用,另一方面保证了在工艺改进、质量控制、成本控制、大批量生产管理等方面形成强势技术积累,造成了模仿创新竞争力的另一重要根基。

【知识拓展】

中小企业可选择的模仿创新方式

1.内部开发型

内部开发是指没有其他企业参与和介入而仅依靠企业内部人员模仿创新项目开发的。这种模仿创新方式不仅可以防止技术专长泄露,也可以杜绝合作伙伴有意的机会主义行为。更重要的是,技术开发通常伴随着知识和信息交流、开发工作效率和自身的创新能力提高,但这种模仿创新方式存在一定的局限性,它要求中小企业具有较强的科研力量和足够的资金,这是大多数中小企业所缺乏的条件。

2.联合开发型

联合开发是指中小企业在平等互利的基础上较为紧密地联系、互相取长补短、共同开发市场从而有利于自己的创新和发展。采用联合开发战略的中小企业可以更有效地利用有限的资金和技术力量,克服单个企业无法克服的困难和危机,取得模仿创新成果。

主要措施:一是行业协作性模仿创新联合方式,即产业相关度较高的若干小企业组成联盟,利用本行业的资源、人才、技术等优势,组成技术开发小组,以合同形式明确规定各方的权利和义务,开发项目;二是区域联合创新方式,由地方科委、企业、大专院校、科研院所等单位本着互惠互利的原则自愿参加,地方科委根据国家的产业政策和经济政策,协调企业、科研院所、金融部门为某一项目成立专门的技术开发小组,以合同形式明确规定各方的权利、义务以及要实现的目标,推动区域科技进步和经济发展。

3.依托型方式

所谓依托,即中小企业选择大企业配套的技术项目作为大型企业的零部件供应商,积极与大型企业保持技术协作,实现企业之间优势互补、协同发展。

这种方式一方面可尽量减少与大企业竞争,另一方面可以利用大企业以求得自身生存。由于大企业的经营规模庞大、市场销售稳定,能够给中小企业带来稳定的市场,因而中小企业的经营风险降低。而且通过为大企业配套生产,在资金、技术、市场、管理、信息等诸多方面中小企业会得到大企业的支持,技术提升速度加快,可以获得高水平的经营管理经验尤其是创新能力。这些因素都有利于中小企业缩短研究开发周期,降低创新成本。

4.虚拟R&D机构

随着社会由工业社会步入知识经济社会,企业R&D活动创新的来源无处不在。中小企业可以与高校、科研机构建立长期、稳定、密切的关系,把它们作为企业的R&D机构,但在行政上不存在隶属关系,即作为企业的虚拟R&D机构。虚拟R&D机构的虚拟性不在于职能上,而在于组织方式和体制上。虚拟 R & D 机构技术研究成果可以作为一种投入要素折价入股,也可以采用技术买断方式一次性收购,这种方式对缺乏技术力量的中小企业模仿创新是极大的补充和加强。

以上这些模仿创新方式的划分是相对的,对于具体的中小企业模仿创新行为而言,其状况是复杂的,中小企业可根据企业的情况选择单一的模仿创新方式,也可以综合地选择模仿创新方式。

（2）根据创新的对象来分

根据创新的对象,旅游创新可分为旅游知识创新、旅游理论创新、旅游技术创新、旅游业态创新、旅游流通创新、旅游消费创新、旅游组织创新、旅游管理创新、旅游制度创新等。这里,我们重点关注 4 个创新维度:旅游产品创新、旅游流程创新、旅游定位创新与旅游商业模式创新。它们是旅游创新的核心。

①旅游产品创新。

它是指提供的旅游景观与旅游吸引物、旅游服务与旅游设施等方面的变化,涉及旅游知识、旅游理论、旅游技术等的运用与创新。

②旅游流程创新。

它是指旅游产品与旅游服务生产与交付方式的变化,涉及旅游业态、旅游商业模式、旅游营销、旅游流通、旅游金融与支持等创新。如现金、支票、银行卡、信用卡、支付宝支付、微信支付等支付方式变化导致旅游流程的创新。

③旅游定位创新。

它是指旅游目标市场和发展定位的变化以及我们如何讲述自己的故事,涉及旅游市场、旅游发展定位、旅游发展战略、旅游品牌、旅游形象等创新。

④旅游商业模式创新。

它是指影响旅游思维与盈利架构的变化,涉及旅游业态、旅游组织、旅游管理、旅游制度等创新。

（3）根据创新的行业与领域来分

根据创新的行业,旅游创新可分为旅游景区创新、旅行服务创新、旅游购物创新、旅游接待创新(含旅游住宿与餐饮)、会议展览创新等。

根据创新的领域,旅游创新可分为旅游经济创新、旅游文化创新、旅游生态创新、旅游社会创新、旅游制度创新、旅游治理创新等。

（4）根据创新的新颖程度来分

根据创新的新颖程度,旅游创新可分为旅游渐进性创新、旅游突破性创新。

①旅游渐进性创新(或旅游连续性创新)。

在现有产品或服务的基础上,持续、微小地改进,不断优化和改善产品的功能或者用户体验,使得现有产品或服务更好、更快或更便宜。其中,产品家族是一种渐进性创新的重要模式,是在原有旅游产品的基础上不断开发新的类似旅游产品。例如,深圳华侨城形成了锦绣中华、中华民俗文化村、世界之窗"微缩景观"旅游产品系列。

②旅游突破性创新(或旅游非连续性创新)。

使用突破性技术或原理,使旅游产品或旅游服务的各个层面都优于原有旅游产品或旅游服务。如深圳华侨城"欢乐谷"是运用现代高科技游乐设施形成的"欢乐"主题的旅游产品,全面优于"微缩景观"旅游产品。

旅游渐进性创新与旅游突破性创新的关键区别在于,前者游戏规则是既定的,后者会改变游戏规则,能够带来产业技术架构与组件双重变革和市场颠覆,引领技术及产业发展方向,打乱现有体系。旅游渐进性创新与旅游突破性创新的异同见表2-1。

表2-1　旅游渐进性创新与旅游突破性创新的异同

创新类型	渐进性创新——"做得更好"	突破性创新——"做得不同"
旅游产品创新——我们为世界提供什么	基于自然旅游资源,张家界建设玻璃栈道,以改进旅游产品体验	相对于传统景区依赖自然或历史的旅游吸引物来吸引游客,华侨城、长隆等主题公园通过创新旅游文化与娱乐设施来吸引游客
旅游流程创新——我们如何生产和交付产品和服务	酒店提供电话预订服务,为顾客减少不确定性、节约时间与精力,甚至减少费用	Expedia等在线服务商为顾客提供在线预订与支付,改变了以往主要采取电话预订的流程
旅游定位创新——产品和服务进入的目标市场以及我们讲述的故事	航空公司给不同旅客群体提供细分服务,满足多样化与个性化服务,如选座、免费托运行李、候机休息厅、安检优先通道、机上餐食、退票改签等服务	美国西南航空公司等廉价航空公司为囊中羞涩的旅客提供航空服务,通过降低运用成本,长期大量提供便宜票。它创造新市场,同时,破坏了现有市场,导致航空旅行从豪华、奢侈型向大众、经济型转变
旅游商业模式创新——我们如何思考盈利架构	传统景区主要为观光主导,以销售门票来获得收益,在门票经济基础上,传统景区增加住宿、餐饮、购物等服务,改善收入结构	旅游产业经济商业模式,以休闲度假为主导,降低门票收入比重,甚至取消门票,主要通过住宿、餐饮、购物、娱乐等获取收入

(5)根据旅游创新的知识及其支撑性结构来分

根据旅游创新的知识及其支撑性结构,旅游创新可分为两个层面,即旅游要素或组件层面、旅游系统或构架层面。许多企业的商业模式都强调整合性解决方案——由许多要素构成的旅游系统共同为最终用户提供价值。同时,结合创新核心要素是否变化及其变化程度(强化或颠覆),将创新进一步分为以下4类。旅游要素创新与旅游系统创新如图2-3所示。

①旅游渐进性创新:旅游发展的游戏规则清晰,只需围绕旅游核心要素或组件的知识,稳步改善产品和流程。

②旅游模块创新:旅游发展的要素或组件会发生显著改变,但整个旅游系统与架构保持不变。

③旅游突破性创新:旅游发展的整体规则发生变化,新进入者有了发展空间。

④旅游系统创新:出现新的组合与架构,可能围绕不同用户群体的旅游需求创新。

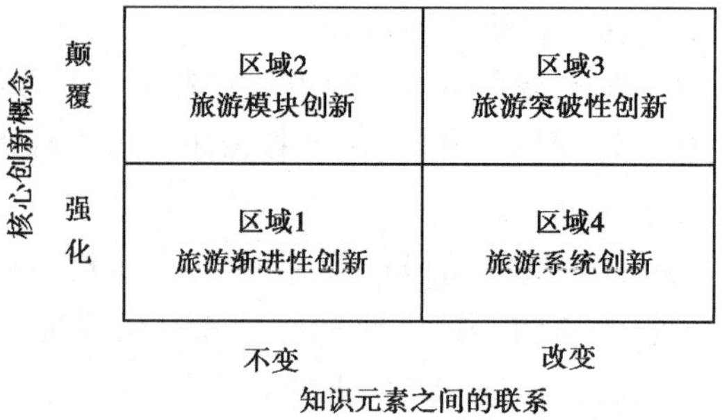

图 2-3　旅游要素创新与旅游系统创新

【知识拓展】

智慧旅游创新创业

随着市场需求的不断增长、旅游消费的不断升级,新技术与金融环境不断发展,中国出现了旅游创新创业热潮。大量不同行业背景的企业和个人创业者加入到旅游创新创业这个领域,以他们拥有的资源及各自的背景经验分别在旅游平台以及不同细分领域如线路预订、资讯提供、旅游点评、行程规划、分享社区、定制服务、智慧导游找到切入的方向。国内智慧旅游创新创业主要有以下 3 个模式:

1.基于旅游产业价值链的创新

价值链概念最早由 Michael Porter 在其所著的《竞争优势》一书中提出,他认为"每一个企业都是在设计、生产、营销、发送和辅助其产品的过程中进行的各种活动的集合体。所有这些活动都可以用价值链表示出来。一定水平的价值链是企业在一个特定产业内的各种活动的组合"。

把握旅游业"吃、住、行、游、购、娱"等要素构成旅游产业的价值链上下游产业链的关键节点,在适当的价值区间进行深度切入,可带活、盘活、做大、做强整个产业链。与制造行业价值链不同,旅游产业价值链起始于旅游者,旅游者产生旅游需求之后,旅游者流动始终伴随着价值链增值。目前,基于智慧旅游的创新创业涵盖了旅游产业链条的各环节,旅游线路规划、机票预订与航空服务、酒店预订、手机租车服务、基于位置的服务应用、二维码电子门票、移动电子导游、移动支付、旅游社交网站、旅游安全应急等。市场逐渐趋于细分化,专业深化延伸成利益挖掘点。

2.基于平台战略的创新

旅游产品的特殊属性决定了旅游生态圈的复杂性,"平台战略"对于旅游企业来说具有天然的优势。旅游业平台战略依托技术手段将食、住、行、游、购、娱等要素的产品资源整合,提高渠道运营商收益,丰富消费者体验,使产业结构得到优化。各种互联网平台将旅游产业链上下游的服务商整合,为上游产品供应商和下游旅行社提供了旅游产品交易的平台,让他们可以实时、低成本、高效快捷地交易旅游产品。在互联网应用的背景下,尤其是移动互联快速发展的今天,旅游业平台战略为旅游业的平台发展提供了前所未有的契机,未来具有开放、平等、共享等互联网精神的新一代旅游创业家和企业家们应该以更开放、平等、互惠的方式打造这一平台。

3.基于跨界融合的创新

在旅游新常态下,新一代旅游创业者以不断变化的需求为中心,利用先进技术,不断吸纳其他产业的生产或服务类要素,实现资源优化配置。如各大互联网巨头纷纷涉足旅游行业;旅游企业像微信、支付宝一样与银行保险公司等其他行业展开了合作。市场中一些非传统的旅游要素,如旅游摄影、房车旅游、汽车租赁、演艺票务、亲子教育、旅行支付、养老健康等跨界创新,正在逐步扩展旅游的商业边界。对产品定位与设计、商业模式、营销方式等方面颠覆式思考,扩大旅游与金融、商务、信息、交通、餐饮等各方面的融合,大力发展新型旅游产品、新型旅游业态,以创新创意的手法开发旅游吸引物、旅游体验产品、旅游消费产品,达到"你中有我,我中有你",形成全新的业态形式。在旅游新常态下,依托技术发展的创新创业活动将不断重塑我们的旅游生活方式。未来产品创新将不断围绕、满足人们新的旅游需求;未来承载旅游创新产品的载体会不断变化。短短几年,我们从计算机到手机,从"鼠标+水泥"模式到移动 App 再到基于微信平台创业,而如今,我们看到可穿戴设备即将腾飞。未来,在智能一切的时代里,手表、戒指、汽车、桌子等都可以智能化。当通信、收发信息、各类应用和功能成为所有智能装备的标配,未来旅游创新产品的载体就会发生变化。每一次技术载体变化带来的消费转型升级,都是旅游创业的机会所在;无论创业者把目光放在信息收集、资讯筛选还是利用新技术提供一个有效率的预订平台,最终要实现的都是服务的优化与升级。

2.2.3 旅游创业的概念与内涵

1) 创业与旅游创业的概念

(1) 创业

创业一般有狭义和广义之分。从狭义来看,创业就是创建新的企业。例如,克雷斯曼认为,创业即新企业的创建;多林格认为,创业就是在风险和不确定性条件下为获利或成长而创建新型经济组织的过程;科尔提出,把创业定义为发起、维持和发展以利润为导向的企业的有目的性行为,它包括从零基础创办新的企业,也包括从一个有问题的企业开始创建一个重新焕发生机的企业;霍华德·H.史蒂文森认为,创业是不拘泥于当前资源的限制而对机会的追寻,组合不同资源以利用和开发机会并创造价值的过程;奈特认为,创业的本质在于创业者以一定资本处理风险和不确定性的能力;杰弗里·A.蒂蒙斯则认为,创业是一种思考、推理和行为方式,这种行为方式是机会驱动、注重方法和领导相平衡。创业导致价值的产生、增加、实现和更新,不只为所有者,也为所有参与者和利益相关者;张玉利认为,创业是基于创业机会的市场驱动行为过程,是在可控资源匮乏前提下的机会追求和管理过程,是高度综合的管理活动,表现为创业者以感知创业机会、识别能为市场带来新价值的创新性产品或服务为基础引发创业者抓住机会并最终实现新企业生存和成长的行为过程;李伟认为,创业者以一个既定目标为导向,通过运用自己的管理组织、资源整合和环境适应等能力,将市场潜在的机遇或需求与自己创造性的思维相结合,并承担因此产生的各种潜在风险,来达成既定目标的过程(李伟,2019)。创业受机会制约,创业者须有缜密的实施方法和讲求平衡技巧的领导艺术(张秀娥 等,2016)。

从广义来看,创业是我国《辞海》中的解释:开创事业。《孟子·梁惠王下》:"君子创业垂统,为可继也。"《出师表》:"先帝创业未半,而中道崩殂。"《三国演义·第二十回》:"吾高祖皇帝起身何地？如何创业？"这既可以是帝王之业,也可以是百姓家业和个人事业。英文中倾向于使用"Entrepreneurship"一词,翻译为中文的意思是"创业、企业家"。任何一个在不确定情况下开发新产品或新业务的人都是创业者。在创业活动日趋活跃以及对社会经济发展的贡献越来越突出的今天,为了探索创业的本质,弘扬创业精神,更多人使用广义的创业定义。这种创业可以是经济层面的,也可以是公益层面的;可以是个体与企业层面的,也是可以是政府与非营利机构层面的。

总之,创业具有以下内涵:①创业是一种活动,是一种有目的开创新事业但不局限于创建新企业的活动;②创业是一个过程,始于从变化的环境中发现有利于价值创造并回报社会的机会,并经过整合资源使得有用的新创意转化为现实,最后实现价值;③创业是一种思考和行动方式,受机会驱动并以机会而非资源为中心的行动方式,是一种边行动边思考的行动方式,创业者须在方法上全盘考虑并拥有和谐的领导力。

(2)旅游创业

综上可见,有关旅游创业,可以从上述狭义和广义的角度来看待。从狭义的角度来看,旅游创业指旅游企业的创建过程。从广义的角度来看,旅游创业是发展旅游事业或旅游产业的过程。旅游创业蕴含着创业所具有的活动、过程、思考与行动方式等内涵。

旅游创业与旅游创新是两个既有联系又有区别的概念。旅游创新是创业的基础和灵魂,旅游创业是实现创新的过程,是将创新转为商业实践并创造价值的过程。二者密不可分,甚至一些学者将二者混同使用。成功的旅游创业活动一般离不开旅游创新,包括产品、服务、技术、制度与管理等创新。基于创新的创业活动更加容易形成竞争优势。与旅游创新相比,旅游创业更侧重于事业开拓、商业化与财富创造,更加强调机会、顾客和价值创造。

2)旅游创业的特征

旅游创业有以下 3 个显著特征。

(1)行动性

必须贡献必要的时间和大量精力,付出极大努力,尤其很多创业活动的创业初期是在非常艰苦的环境下实现的。同时,创业者须不断学习,并在学习的过程中不断实践、创造和变革。

(2)风险性

创业要承担必然的风险。创业的风险可能有各种不同形式,取决于创业的领域和创业团队的资源。但通常的创业风险主要是人力资源风险、市场风险、财务风险、技术风险、外部环境风险、合同风险、精神风险等。创业者应具备超人的胆识,敢冒风险,勇于承担多数人望而却步的风险事业。

（3）价值性

创业是一个复杂的过程，创造出某种有价值的新事物。这种新事物必须是有价值的，不仅对创业者本身有价值，对社会也要有价值。价值属性是创业的重要社会属性，也是创业活动的意义和价值。

其中，最重要的价值可能是其从中获得的独立自主以及随之而来的个人的物质财富满足。对于追求利润的创业者，经济价值与金钱回报无疑是重要的，对于其中许多人来说，物质财务是衡量成功的一种尺度。通常，风险与回报成正比。创业带来的回报，既包括物质的回报，也包括精神的回报，是创业者创业的动机与动力。

3) 旅游创业的类型

随着创业活动活跃，创业活动的类型呈现多样化。了解创业类型，比较不同类型的创业活动，有助于更好地理解创业活动。旅游创业的分类可以围绕创业者、创业资源、创业行业、创业效果等方面来划分。

（1）根据旅游创业的主体来分

①根据创业者的动机来分。

根据创业者的动机不同，旅游创业可分为以下类型。

a.生存型创业。它是指创业者迫于生存压力，为获得个人基本生存条件，不得已而选择的创业行为。他们属于被动型创业，创业只为谋生，以获得必要的生活来源。大部分创业属于这种类型，受创业定位所限，规模较小，难以做大做强。

b.机会型创业。它是指创业者为抓住现有的机会以实现价值创造而选择的自主创业的行为。一般以政府公务人员、职业经理人、高校教师、科研机构人员、专利技术发明者居多。机会型创业或许是富有梦想和创意的大学生创业的首选。大学生凭借创意、点子、想法来创业，创业概念必须标新立异，在即将进入的行业具有独特性甚至开创性；同时，这些超常规的想法还必须具有可操作性。只有这样，才能赢得市场先机，并吸引风险投资商或者消费者的眼球，进而获取创业所需的其他资源。几乎有所伟大的革命性创意都属于机会型创业，如微软的编程软件、苹果的家庭电脑、雅虎的全球分类网址、Google 的在线搜索引擎、易趣的网上拍卖、阿里巴巴、迪士尼等。

c.两者差异。一是创业动机不同。生存型创业因为没有其他合适的工作而创业。机会型创业因发现创业机会而创业。二是发现商机不同。生存型创业在现有市场中捕捉机会，机会型创业发现了新需求新市场。三是进入市场不同。生存型创业进入现有的小市场，机会型创业面向大市场。四是出发点不同。生存型创业根据自己拥有的资源选择机会，机会型创业对开辟大市场有把握。

②根据创新主体的个体差异与创业活动的发生场所来分。

从这个角度来看，旅游创业可分为个体创业与公司创业。个体创业主要依托于某一特定组织开展创业活动。公司创业主要由已有组织发起创造、更新与创新活动，并由组织中个体或团队推动。个体创业与公司创业的主要差异见表2-2。

表2-2　个体创业与公司创业的主要差异

创业特点	个体创业	公司创业
创业者认知与产权	创业者拥有商业概念;创业者拥有全部和大部分事业	公司拥有商业概念,特别是与商业概念有关的知识产权;创业者或许拥有公司的权益,可能只是很小一部分
创业资源	严重的资源局限	在各种资源的占有上都有优势
创业决策	创业者具有相对独立性;决策迅速;在创业主意上,可以沟通的人少	公司内部创业者更多受团队牵扯,决策时间长;在创业主意上,可以沟通的人多
创业过程	受外部环境波动影响大;在过程、试错和方向改变上具有灵活性	受外部环境波动影响较小;公司内部的规则、程序和官僚体系会阻碍创业者策略调整
创业风险	创业者承担风险;个体的一次失误可能意味着生涯失败;缺乏安全网;低保障	公司承担风险,而不是与个体相关的生涯风险;公司具有更多容错空间,能够吸纳失败;有系列安全网;高保障
创业回报	从理论上看,对创业者的回报是无限的	在公司内,创业者所能获得的潜在回报是有限的

(2)根据旅游创业的行业来分

根据旅游创业进入的行业不同,旅游创业可分为以下类型。

①旅游住宿创业。它是指以提供住宿产品为核心业务的旅游创业,主要包括饭店集团、星级饭店、经济型酒店、客栈、民宿、汽车旅馆、帐篷、露营、房车营地等。

②旅游餐饮创业。它是指以提供餐饮服务为核心业务的旅游创业。

③旅行服务创业。它是指以提供旅行代理服务为核心业务的旅游创业,如在线社区、OTA、旅游App、短视频等。

④旅游景区创业。它是指以提供游览、观赏、消遣、休闲、娱乐为核心业务的旅游景区创业,如自然观光、度假区、主题公园、旅游小镇、乡村旅游与田园综合体、文化博览与创意、运动健身与康体养生、影视城等。

⑤旅游娱乐创业。它是指以提供休闲、娱乐为核心业务的创业,如休闲娱乐、旅游演艺等。

⑥旅游购物创业。它是指以提供购物场所、旅游购物服务为核心业务的创业。

⑦旅游交通企业。它是指以提供交通运输服务为核心业务的旅游创业。如旅游航空、旅游铁路、旅游船运、旅游邮轮、旅游交通租赁等。

⑧旅游智慧创业。它是指以专业知识与技能为支撑向政府、企业或个人提供旅游技术、旅游规划、项目策划、设计方案、市场调查、咨询报告、管理运营等服务的技术与智力型旅游创业。

(3)根据旅游创业的资源来分

根据旅游创业资源不同,芝加哥大学教授阿玛尔·毕海德于2000年出版的《新企业的起源与演进》中从投资和不确定性两个维度构建了投资、不确定性与利润的动态模型。他将原创性创业划分为冒险型创业、与风险投资融合的创业、大公司内部创业、革命性创业,见表2-3。

表 2-3 基于创业资源的创业类型的对比

因素	冒险型的创业	与风险投资融合的创业	大公司内部创业	革命性创业
创业特点	关注不确定性程度高但投资需求少的市场机会	关注不确定性程度低的、市场广阔且发展快速的新型产品或技术	关注少量的、经过认真评估的、有丰厚利润的市场机会,回避不确定性大的市场利基(优势细分市场)	技术或生产经营过程方面实现巨大创新,向顾客提供超额价值的产品或服务
有利因素	创业机会成本低、技术进步等因素使创业机会增多	有竞争力的管理团队,有清晰的创业计划	拥有大量资金,创新绩效直接影响晋升,市场调研能力强,研发投资大	无与伦比的创业计划,财富与创业精神集于一身
不利因素	缺乏信用,难以从外部筹措资金;缺乏技术管理和创业经验	尽力避免不确定性,追求短期快速成长,市场机会有限,资源约束	企业的控制系统不鼓励创新精神,缺乏对不确定性机会的识别和把握能力	大量资金需求,大量前期投资
获取创业资源	固定成本低,竞争不激烈	个人的信誉,股票,及多样化激励措施	良好的信誉和承诺,资源提供者的转移成本低	富有野心的创业计划
吸引顾客的途径	上门销售和服务,了解顾客的真正需求,并全力满足	目标市场清晰	信誉、广告宣传,关于质量服务等方面的承诺	集中全力吸引少数大顾客
成功的基本因素	企业家及其团队的智慧,面对面的销售技巧	企业家团队的创业计划和专业化管理能力	组织能力,跨部门的协调及团队精神	创业者的超强能力,确保成功的创业计划

(4)根据旅游创业的效果来分

克里斯汀等根据创业对市场和个人的影响程度与创业效果,把创业分为4种基本类型:复制型创业、模仿型创业、安家型创业和冒险型创业,如图2-4所示。

图 2-4 基于价值的旅游创业类型

①复制型创业。

这种创业是在现有经营模式基础上的简单复制。例如,某人原先担任某旅行社主管,离职后创建了一家与原有公司相似的旅行社。现实中,这种复制型创业的例子特别多。由于前期经营经验积累,新组建公司成功的可能性很高。但这种类型创业模式缺乏创业精神的内涵,并不是创业研究的主流,创新贡献低。

②模仿型创业。

很多取得巨大成功的创业者,未必都是新领域的第一个"吃螃蟹"的人,而是将其他领域中某些事物启发直接借鉴过来,把一个行业的原创概念复制到另一个行业,就此引申出一个巨大市场。模仿型创业是创业者模仿别人新组建一家相似的旅游企业。其不确定性较高,失败的可能性较大。要获得成功,创业者除了具备创新精神,还要经过专门的系统培训,注意把握市场进入机会。这种创业虽然创新成分不高,给顾客带来新创造的价值也不多,但一旦成功,对创业者命运改变还是较大的。

马化腾的QQ就是一个典型。1993年,毕业于深圳大学计算机系的马化腾选择了自己的专业本行,到深圳润讯做寻呼软件开发工作。由于一个偶然的机会,马化腾看到了基于Windows系统的ICQ演示,他开始思考是否可以在中国推出一种类似ICQ的集寻呼、聊天、电子邮件于一身的软件。1998年11月,马化腾与大学同学张志东注册了腾讯。公司创建3个月后,马化腾和他的同事们终于开发出第一个"中国风味"的ICQ,即OICQ,是QQ的前身。

其实国内很多非常典型的概念都是来自国外的,如很多门户网站最初都步了雅虎的后尘。移植国外模式,是最便捷的创业方式。但由于不是自己的独特创意,往往没有什么门槛,因此,要做必须抢在别人前面。当然也须注意文化差异,对国外概念本土化改造,否则难免水土不服。

③安家型创业。

这种新式创业的创业者个人命运改变并不大,所从事的仍旧是原先熟悉的工作,能不断地为市场创造新的价值,为消费者带来实惠。例如,开发完成一项新产品后,在此技术上,在线旅游企业内部工程师为自己开发新项目,可能脱离原有公司走上团队创业之路,依赖对技术问题的深入理解与以往建立起的关系,来实现个人创业。

④冒险型创业。

这种创业将极大地改变个人命运。创业者从事一项全新的产品经营,个人前途的不确定性很大。同时,由于创造新价值,创业者将面临较高的失败可能性。尽管如此,因为这种创业预期的报酬较高,对那些充满创新精神的人来说仍富有诱惑力。但是,创业者需要高超的能力、适当的创业时机、合理的创业方案和科学的创业管理才可能获得成功。

4) 精益型创业

我们正处在一个空前的全球创业兴盛时代,但无数创业公司都黯然收场,以失败告终。在移动互联网颠覆一切传统产业的时代,创新和创业者要学习的对象是谁? Facebook还是苹果? 乔布斯还是扎克伯格? 来自硅谷的成功创业者埃里克·莱斯给出的答案却是——丰田汽车。不仅如此,他还直接将丰田汽车广为人知的"精益生产"概念延伸,直接变成了一种新型的创业模式——精益创业。

(1)精益创业的概念

它指的是在不确定和复杂的创业环境中,通过投放最小化可行产品(或最简化可实行产品、最小可用产品,Minimun Viable Product,MVP)主动试错和科学验证,然后不断学习和收集有价值的用户反馈,以最低成本产品迭代优化,适应市场的需求和变化。如果产品不符合市场需求,最好能"快速地失败、廉价地失败",而不要"昂贵地失败";如果产品被用户认可,应该不断学习,挖掘用户需求,迭代、优化产品。

(2)精益创业的逻辑

埃里克将精益创业提炼为一个反馈循环:想法—开发—测量—认知—新的想法。根据这种模式,创业的第一步是把想法变为产品,而且这时开发的产品是精简的原型,投入最少的金钱和精力开发出体现核心价值的产品,不要在许多细枝末节上耗费过多精力。当极简功能的产品得到用户认可后,创业者须把控局势,在不断的反馈和循环中测试产品,快速调整和改变,迭代优化产品,挖掘用户需求,达到爆发式增长。在消耗完启动资金之前,新创企业必须以最小的成本、在最短的时间里找到有价值的认知。

(3)精益创业的优点

精益创业的优点在于,一是快速,精益创业模式下,所有创新行为和想法都必须在最短的时间呈现出来,抛弃一切暂不重要的其他功能,把极简的功能展现给客户,无论成功或失败,都能以最快的速度知道结果。二是低成本,过往"十年磨一剑"式长期研发,其最终成果推出后,有可能发现,花费了大量人力、物力和时间所开发出的产品并不是客户所需要的,这种巨大的浪费除了会给创业者、企业带来巨大的经济损失外,还对团队的士气造成巨大打击,不少团队成员会纷纷离开,而精益创业所采用的"频繁验证并修改"策略确保不会在客户认可之前投入过高的成本。三是高成功率,虽然创新充满风险,成功系数低,但不是没有套路可遵循,按照精益创业的模式,从"最小可用品"出发,过程中每一次迭代都可以寻找客户试用,了解客户对产品的看法,寻找产品的不足和客户希望增加乃至修改的功能点,当一路上持续遵循客户的意见开发后,项目组不断纠偏的成果就是产品越来越符合客户需求的产品,而不是开发团队闭门想象的产品。通过持续的"测试—调整"以及快速迭代,能够提升创新的成功率(龚焱,2019)。

(4)精益创业的工具

精益创业的 3 个主要工具是最小化可行产品、客户反馈和快速迭代。

①利用最小化可行产品(MVP)验证产品的步骤。

a.确定等待验证的假设。所谓等待验证的假设,就是那些认为理所当然、一厢情愿的需求。将这些不确定的主观意愿全部罗列出来,按优先性有针对地解决。

b.设计与制作 MVP,即针对天使用户设计与制作一个最小的产品集合。因为天使用户就是一个产品最早那批使用者中最认同产品并希望更多人认同这个产品的人。对于创业者来说,他们就像天使投资一样,对产品和企业有着至关重要的意义。

c.将 MVP 投入使用,测度和数据收集,将数据和预设的指标比较,以验证假设。

d.根据收集到的结果,获取认知、学习与迭代。

在这个验证过程中,有一个关键点那就是速度。用最快的方式获取认知,同时放弃一切无助于认知的功能。也就是说,MVP要求在用户上聚焦天使用户,在产品功能上聚焦于最小级别的产品功能,这是MVP的核心。验证MVP的方法大致包括用户访谈、优化登录页、A/B测试(A/B测试是一种新兴的网页优化方法,可用于增加转化率、注册率等网页指标)、投放广告、众筹、产品介绍视频、预售页面。

②客户反馈。即通过直接或间接的方式从最终客户那里获取针对该产品的最终意见。通过客户反馈渠道了解关键信息,包括客户对产品的整体感觉、客户并不喜欢与并不需要的功能点、客户认为需要添加的新功能点、客户认为某些功能点应该改变的实现方式等。获得客户反馈的方式主要是客户访谈、现场使用、实地观察、众筹与预订等。

③快速迭代。即针对客户反馈意见,以最快的速度调整,融合到新的版本中。在互联网时代,速度比质量重要,不应追求一次性满足客户的需求,而要一次又一次快速迭代,不断让产品更丰满。

(5)精益创业的不足及改进

当然,不少人批评精益创业,如精益创业意味着缺乏规划;精益创业只能做出微创新的东西,很难做出颠覆式创新;偏短期收益而非长期收益;偏局部优化而非全局优化等。

如何在充分发挥精益创业优势的同时克服其固有缺陷?

首先,回归战略思考。精益创业好比GPS,它可以帮助你找出最优路径,但无法帮你确定终点在哪里。所以,创业者一定不能用精益创业代替战略思考。这两者的关系是战略思考在前,精益创业在后。而且,假设一定要基于战略思考,而不基于精益创业。

其次,试错性学习的本质是归纳法,但归纳法一定要与演绎法相结合,而演绎法须提高自己的抽象思维能力。因此,须结合宏观的机制设计理论,学习如何设置机制、如何制定游戏规则,这可帮助我们弥补归纳法的短板。

【知识拓展】

不妨精益创业

下文为大众点评网CEO张涛的创业心得。

我在多个场合都会大力地推荐埃里克·莱斯的《精益创业》。书中所描述的一些关于创业、创新和产品的理念与我在创建大众点评网的过程中碰到的很多问题非常相似,但是,它上升到了理论层面,更加科学化和系统化。

书中有两个重要的内容,即价值假设和最简化可实行产品。价值假设是认为我们创造的产品能够为用户提供价值。展开来说就是,公司会新推出一款产品是因为觉察到市场里面有一批用户对这款产品有需求,但这种需求存在极度不确定性,这时就需用一个最简单的方式去马上验证,即最简化可实行产品,通过最小化的成本消耗产出最精简的产品。在验证过程中,有时会发现这个需求确实存在,或者这个需求存在但是产品的模式及一些做法不一定会被市场接受,那么最简化可实行产品还可以方便地调整各种策略和计划,即使失败还有及时退出的余地。里面有一个关键点就是，希望能让整个验证市场需求的过程非常短。

以大众点评网为例，在建立大众点评网之前，我在美国待了 10 年，2003 年回国后，想在互联网方面创业，当时，美国一个叫"Zagat 餐馆指南"的书很受欢迎，它是通过寄送和回收消费者的调研问卷来收集整理餐馆点评和评分等资料的。而我又是一个比较喜欢吃喝玩乐的人，所以每到一个城市都会打开这本书来看看。但是当时我就在思考这种做法好像有点土，互联网年代为什么还要寄这本厚的调研问卷给消费者，然后让消费者寄回来。所以后来就想回到中国能不能通过互联网的方式与消费者沟通，一方面能够降低费用，另一方面产生的内容也能够聚集一批消费者，而且中国是一个民以食为天的国家，消费者对这方面的内容会感兴趣。从商户的角度而言，他们会跟随着消费者的喜好去走，此外他们又是一个除了开店选址之外没有非常好的营销渠道的行业，这一系列想法串起来，我觉得有机会做一些事。这也是我最初的价值假设。

后来就是验证。我当时唯一想验证的是在中国通过互联网是否真会有人去写点评并且相信这些内容。所以就租了一个几百元一年的服务器，大概用一周做了一个很简单的网页，核心是怎样培养用户写点评。这是最初的最简化可实行产品。在上海做了差不多一年，反响还不错，后来我想开拓其他城市试试能否行得通，就花了差不多大半年开拓了北京和杭州，复制还挺成功，证明这种模式是可行的。所以后面点评逐渐覆盖了更多城市，在品类上从餐馆到休闲娱乐再到购物等。这是大众点评大概的发展过程，和《精益创业》一书中提到的很多理念非常相似，到目前我们仍处在不断假设—验证—再假设—再验证的过程中。

其实，世界上很多真正成功的公司都是从一个小的点做起的。比如 Facebook，它的第一个版本主要目的就是帮助哈佛的学生找男女朋友，当时扎克伯格只花了一两周去编程上线；eBay 也差不多，简单来说，就是一个程序员为热爱收藏的女朋友建的可以与其他人收藏与交流的渠道。亚马逊和沃尔玛也是这样。亚马逊虽是售书起家，但当时创始人的雄心并不只是售书，可能因为美国运输成本相对较低，他就从售书切入，然后慢慢做起来。沃尔玛第一家店开了 17 年，然后第二家开了五六年，之后才逐渐扩大，这是因为在开第一家店时就要把基础打好，模式、运营流程和管理都要做好。

最后，"精益创业"这个概念并不只是对创业者，对其他做事业的人来说都会有帮助。如果你想创业或者成就事业，那么可以尝试一下精益创业方法。

（资料来源：张涛，不妨精益创业。）

【案例介绍】

长隆集团苏志刚创新创业之路

引言：一个农民，却有着超人的市场嗅觉、敢为天下先的魄力及锲而不舍的工匠精神。他透彻地把握了主题公园行业的规律，善于以全球视野整合高端资源，同时扎根本土市场，点点滴滴积累本地化知识和管理经验，最终做出了世界级的主题公园。

苏志刚，1958 年生，广东广州番禺人，长隆集团创始人、董事长，民营企业企业家。2008 年，苏志刚被评为"改革开放三十周年感动广东人物"。他的故事，正是很多人在改革开放大潮中奋勇向前的缩影,体现了广东人在改革开放中敢于尝试、务实、不怕苦的精神。下面了解一下苏志刚的创业故事。

1.辍学务农

苏志刚出生在广州市番禺区大石镇一个贫穷的农民家庭,年纪很小的时候就辍学务农。那时的他,进厂没路,挖煤无门,在为当时的生产队放牛的闲暇时间,他就和弟弟去挖番薯芽、落花生来保持温饱。后来他当上了建筑农民工,去给人盖房子。

2.当小老板卖猪肉

1978年改革开放,成为苏志刚人生的转折点。他在帮一个卖猪肉的家庭盖房子的过程中了解到猪肉的利润很高,便到食品站拿猪肉来卖。这样,他从一个农民转变成了一个小老板。在大石卖了几年猪肉后,他表现出与一般猪肉贩的不同。他觉得仅在大石卖不够,没前途,便骑着自行车到广州流花宾馆、广州酒家这些大酒楼推销他的猪肉,谈成后便给这些大酒楼送猪肉。

3.转向酒店业,实行企业化运营

到1988年时,苏志刚卖猪肉差不多10年了。这10年,他积累起了自己的第一桶金,于是,"不想做一辈子猪肉佬"的苏志刚便告诉自己,不能再卖猪肉了,要做自己喜欢做的酒楼。其后一年时间里,他便一直为这个目标而努力。他先用自己积累的钱买了两亩地,然后向当地农信社贷款5万元筹建酒店。1989年8月,苏志刚的大排档"香江酒家"终于营业了。苏志刚懂食材,从广州有名的大酒店、酒家挖了几个好厨师,香江酒家一炮打响。这标志着他由打游击战的小老板转向了正规的企业化运营。

1992年,已经有了资金和经验积累的苏志刚,利用自有资金和银行贷款,投资1亿元建设了规模大很多的香江大酒店,按三星级标准打造,有100多个住房和40多个包间,是当年广州地区最大的餐饮企业之一。香江酒家开业后,生意一直很火。于是苏志刚于1994年开起了档次更高的香江大酒店。2010年升级蜕变后,30多年品质的地道特色餐饮悉数传承,香江大酒店拥有全新333间卡通动物主题客房、多项趣味亲子互动设施。

4.开办第一家民营的国家级野生动物园

开了两家酒楼,苏志刚没有固步自封。他考虑如何提升自己的价值。他想到了做旅游。广东经济发达,是游客输出大省,广东毗邻港澳,广东人经常出国旅游,视野比较开阔。苏志刚认定旅游是个有潜力的行业。

恰在这时,一些朋友向他建议,可以尝试做野生动物园。一次在与朋友交谈时,苏志刚了解到国内野生动物园几乎是空白。在一瞬间,身为商人的他嗅到了商机,胸怀高远的他很快就意识到了这项事业的意义所在。在经营酒店的过程中,他了解到了很多食客不惜偷吃掉野生动物的"内幕",兴建野生动物园,无疑是一项既可保护野生动物,又有发展前景的事业!一打定主意,苏志刚便四面出击,寻求政府主管部门支持,找专家,出国考察学习。此后,他迅速形成了经营野生动物园的基本思路,就是"大种群的动物展示"。但他身边的人却纷纷反对。反对的理由是,动物园这种项目,历来都由国家补贴来做,不是一般民营企业能做的,别人即使实力比苏志刚大几倍也没胆做这样的项目,因为这涉及资金、人才、技术、资源等方方面面,所面临的困难难以估量。但在经过反复论证后,苏志刚却力排众议,坚持自己的决定。

　　原林业部、动植物检验检疫总局都非常支持苏志刚的探索，甚至派专人到南非，配合引进动物隔离检疫。1995 年野生动物园项目得到原林业部正式批准，1996 年开始征地。为了一鸣惊人，形成轰动效果，苏志刚放弃了"小而全"，选择在珍稀动物大种群上做文章。他认为，只有建立起种群才有声势，也利于繁衍。他一出手就要引进 30 只长颈鹿和一批斑马、猎豹、羚羊、犀牛、长颈鹿、斑马等。

　　1997 年 12 月 26 日，中国第一家民企投资管理的大型国家级野生动物园开业。在苏志刚的长隆野生动物世界出现之前，国内传统的动物园都是几十年一贯制的，即将动物关在铁笼中供游客观看。长隆野生动物世界则率先推出了"动物野生放养"生态概念，让野生动物在自然天地中自由驰骋，而游客则隔着溪流、壕沟，或乘坐观光小火车，或自驾车观赏。这种动物与自然和谐共存的绿色世界，这种集动植物保护、研究、养殖、旅游观赏、科普教育为一体模式，让长隆野生动物世界一炮而红，很快便创下了日接待游客 8 万人次、日接待春游学生 3 万人次全国纪录。

　　1998 年是虎年。他从瑞典引进了两头白虎。白虎当时在中国是稀有的，一下子成为火爆焦点。经过不断繁衍，长隆的白虎达 200 多头，白虎成为长隆野生动物世界甚至整个长隆的象征。"白虎王朝"刚形成，苏志刚又打考拉的主意。但他没想到，从谈判到引进成功总共花了 10 年。三对可爱的考拉仔终于来到广州，苏志刚和长隆团队为考拉准备了世界上最好的"考拉国宾馆"，悉心照料，第二年就产下了一对双胞胎，是 47 年以来世界首例考拉双胞胎。这一繁育奇迹迅速被 CNN、泰晤士报等知名媒体报道，在动物保护界引起轰动。2000 年，全球野生动物贸易的壁垒提高，而长隆因为起步早，建立了规模化种群模式，反而形成了不可动摇的优势。

5. 建立鳄鱼公园与长隆飞鸟乐园

　　苏志刚对产品有着一种永不满足的心态，他总不断自我扬弃、不断超越，不断为消费者提供升级换代、超越预期的产品。

　　鉴于长隆野生动物世界运营良好，1998 年苏志刚投资建设鳄鱼养殖场，大量引进鳄鱼，建立起了目前国内最大的鳄鱼饲养、繁殖基地，并在此基础上建立广州鳄鱼公园，填补了国内大规模养殖鳄鱼及开发利用的空白。

　　2016 年 7 月 1 日，广州鳄鱼公园正式更名为长隆飞鸟乐园。长隆飞鸟乐园拥有 300 多种、近万只珍稀鸟类，是一个集鸟类观赏和科普教育于一体"真正看鸟飞"的主题公园。

6. 成立长隆集团，建立世界级旅游文化品牌

　　1999 年，长隆集团正式成立。自此，在"建设世界级旅游文化品牌"的宏伟目标指引下，苏志刚带领长隆以更快速度发展。

7. 长隆酒店开业

　　野生动物世界成功后，长隆又征了 2 000 多亩建设用地，实施新的发展计划，用 8 个月建成了一个世界最大的夜间动物世界。在野生动物世界和夜间动物园两个园区中间，苏志刚建了中国第一个动物主题酒店。

　　2001 年 12 月，按超 5 星级标准建造的全国首创的动物主题生态酒店——长隆酒店开

业,长隆酒店迅速成为全国最具特色和最受欢迎的主题酒店之一。2009年经过升级改造后,长隆酒店拥有1 500间主题客房,有全国唯一放养白虎、火烈鸟的中庭花园和放养雪虎、天鹅等珍稀动物的巨型动物岛景观,从而享誉业界,连续多年荣获"中国最佳生态主题酒店"大奖。"与白老虎一起共餐",这句广告语让长隆酒店的白虎自助餐厅在广州家喻户晓。

8.长隆国际大马戏

2000年,苏志刚创出了大马戏表演。这个可以容纳1.2万人的全球最大马戏表演场和一台名为《森林密码》的大马戏成为一张永不落幕的广州名片。"白天看动物,晚上看马戏,住宿在动物主题酒店",这一经典线路至此形成,迅速成为当时最受港澳游客欢迎的产品。

2006年1月,承载着苏志刚梦想和诸多美誉的"长隆国际大马戏"正式独立经营,实景式舞台全球最大,马戏表演最奢华,参加演出的动物明星数量最多,参加演出的马戏演员的国籍数量最多,成为国内外闻名的文化娱乐品牌。

9.长隆欢乐世界

在主题公园市场衰退的背景下,苏志刚还以其胆魄拍板,砸下大笔投资兴建具有世界先进水平的长隆欢乐世界,其绝大部分游乐设备均从欧洲原装进口,从垂直过山车、十环过山车、摩托过山车等近百项世界顶尖的游乐设施,到被称为全球最大特技表演的"惊爆危机岛",设计与技术均保持着国际领先水准,长隆成为当时中国设备最先进、科技含量最高、游乐设备最多的超级游乐园。

10.水上乐园开业

2007年5月,拥有众多荣获世界金奖、全球最大、最先进、水上游乐项目最多的水上乐园——长隆水上乐园正式开业。广州长隆水上乐园占地面积为450亩,是由知名公司加拿大白水公司(White Water)以及知名主题乐园设计机构加拿大弗莱克(FORREC)公司联合设计的水上乐园。开业当年,入园人数就达到了140万,创造了游乐园行业的奇迹。长隆从动物世界进入以高科技、娱乐设备和节日气氛营造为特色的游乐园领域。

国际主题景点的业内权威组织 TEA(Themed Entertainment Association)及顾问集团 AECOM Economics 在2013年公布的"全球最佳20个水上乐园"排行榜上,广州长隆水上乐园荣登榜首。2013—2019年,长隆水上乐园连续7年蝉联了这个荣誉,成为中国在世界主题公园业界的标杆。

11.广州长隆旅游度假区成立

2007年,长隆旅游度假区基本成型,并被国家旅游局授为首批国家 AAAAA 级旅游景区。广州长隆旅游度假区拥有长隆野生动物世界、长隆欢乐世界、长隆国际大马戏、长隆水上乐园、长隆飞鸟乐园和长隆酒店、长隆熊猫酒店等多家主题公园及高端度假酒店。先后被评为文化产业示范基地、科普教育基地、中国首批国家 AAAAA 级景区,年接待游客连续多年超过千万人次,位居世界主题景区前列。

为打造更完美的以满足游客主题体验为中心的3.0时代,广州长隆集团在2018年推出又一力作——广州长隆熊猫酒店。这是长隆酒店群中又一座超乎想象力的主题酒店,将宾客带入风靡全国的卡通片《爸爸去哪儿2之熊猫三胞胎童话次元大冒险》。

12.珠海长隆国际海洋度假区正式开业

广东靠海,番禺临海,所以苏志刚一直想做以海洋为主题的乐园。他觉得长隆有世界上最大的陆生动物园,也应该有全世界最好的海洋动物主题乐园。

在考察了很多地方后,2008年,苏志刚选定紧邻澳门的珠海横琴岛。他相信"快乐是未来最大的市场",也发自内心地看好横琴连接港澳的区位优势。他找到国际顶尖的主题公园设计公司,让首席设计师陪着他,一年内跑了世界十几个国家40多座知名主题公园,全面对标世界最好的几大海洋主题公园,然后制定全面超越的规划。

2009年,长隆集团正式启动珠海长隆国际海洋度假区项目。它是一个集主题公园、豪华酒店、商务会展、旅游购物、体育休闲于一体的世界级超大型综合旅游巨无霸,总投资超过200亿元人民币。2014年春节试营业期间,珠海长隆接待游客超50万人次,一举刷新了多项行业之最,比如世界最大的亚克力板、最大的水底观景穹顶、最大的水族馆展示窗、最大的水族箱和水族馆等。

13.谋划清远长隆

对外异常低调的苏志刚正在谋划广州、珠海之外的第三个旅游娱乐综合体。这个综合体在广东清远,以大自然、大生态、大种群、大旅游森林概念为主题。

清远综合体项目的灵感,则出自苏志刚多次考察的南非太阳城。太阳城位于约翰内斯堡西北180公里,因地处干旱内陆气候,所有林木都由人工种植。山泉、瀑布、湖泊全部依靠引水和循环水。南非亿万富翁科斯纳在20世纪70年代中期构思时希望在非洲丛林内建造一个像拉斯维加斯那样的豪华娱乐区,他说:"梦想如果没有行动,永远都不会伟大。"

清远、广州、珠海,这三大综合体将纵向排列在粤港澳90分钟经济圈的轴心上,成为"全旅游"目的地的超级组合,苏志刚的口号就是,"我们是中国的长隆,要打造世界级旅游品牌"。

(资料来源:杨芬、苏志刚,打造"中国迪士尼";齐树峰、苏志刚,从农民工到文化王国领军人。)

【思考题】

1.什么是旅游创新?什么是旅游创业?它们各有什么特征?

2.旅游创新与旅游创业如何分类?分别有哪些类型?

3.旅游创新创业的基本过程有哪几个环节?其基本思路大致如何?

4.创新精神与企业的生命周期有哪些关系?

5.什么是精益创业?它有什么原则与优缺点?

6.你了解哪些旅游创新创业事迹?它们有何特点?属于哪种类型的创新创业?

第3章
旅游创新创业者

【学习目标】

1.了解旅游创新创业者的概念。

2.理解旅游创新创业者的素质。

3.掌握旅游创新创业的能力培养与基本思路。

4.掌握创业团队组建的原则与方法。

【案例导读】

携程四君子

几人一起创业,以朋友始,以朋友终,不仅共同的事业很成功,分开之后各自闯出一片天地还保持很好的友谊的,在旅游界可能只有1例,那就是携程四君子。下面来了解梁建章、季琦、沈南鹏、范敏4人以及他们的创业故事。

1.梁建章

1969年,梁建章出生于上海一个知识分子家庭。他从小有"神童"之称。1985年,16岁的梁建章以初中生身份,直接考入了复旦大学少年班,半年后进入复旦计算机系。梁建章在大学里广泛参与各种活动,交了很多朋友。在复旦待了1年后,他考入了美国乔治亚理工大学,并且用4年时间读完了本科加硕士。

1991年,正在攻读博士的梁建章,放弃了读博,进入甲骨文公司工作,担任研发工程师。1996年,他回国探亲,发现国内出现了火热的创业浪潮和无数商机。回到美国后,他马上向公司申请转岗,从研发部门转到ERP(企业资源规划)部门,并于1997年顺利被派回中国,担任了甲骨文中国区咨询总监。1999年,在朋友介绍下,梁建章认识了季琦,一起开始了辉煌的创业旅程。

2.季琦

季琦1966年出生于江苏南通如东县。小时候,他家里很穷,有时甚至连饭都吃不饱。季琦发誓一定要考上大学。高考时,季琦以全县第二名进入上海交通大学工程力学专业。大学时,他把大量时间花在图书馆,从哲学、文学、诗歌中寻找人生的答案。

1989年,季琦大学毕业,攻读机器人专业研究生,接触计算机,并了解到这个新兴行业的"暴利",于是下了狠功夫扎进去。很快,季琦从一个连开机都不知道怎么开的菜鸟成长为一个熟练掌握电脑使用、装机等技能的达人,甚至还学会了组网技术。随着找他装电脑和组网的人越来越多,他干脆和同学开了一家电脑公司,搞起了兼职。1992年硕士毕业时,他就业于上海计算机服务公司。公司任命他为大项目经理,负责公司大项目业务拓展。季琦的销售才能得到充分发挥。他很快成为销售冠军,并当上了市场部和销售部经理。

1994年,他去硅谷甲骨文公司找同学,第一次见到了互联网,意识到一个新的时代已经到来。此时,国内正在风起云涌,创业大潮已经袭来。1997年9月,季琦决定创业,成立了一家名为"协成"的公司,做系统集成业务。季琦找到之前的客户接单,业务就做起来了。

1999年,季琦认识了梁建章,两人一见如故,很快谈起共同的创业理想。对于创业,他俩倒是很搭配——梁建章懂技术、季琦懂销售和管理。但是还缺一个人,就是懂财务和融资的。于是沈南鹏就出现了。

3.沈南鹏

沈南鹏与梁建章的关系,比和季琦还要久远。在梁建章13岁获得计算机编程大赛一等奖时,同台领奖还有沈南鹏,不过得的是三等奖。

1967年沈南鹏出生在浙江海宁。1985年,就是季琦坐船到上海交通大学上学的那一年,沈南鹏也被上海交通大学应用数学专业录取。沈南鹏在大学积极参加各种社交活动,还当了交大的学生会主席。1989年,为了追逐数学梦想,沈南鹏到美国哥伦比亚大学数学系去读博,但发现自己能力远不足以支撑一个数学梦想。一年后,沈南鹏从哥伦比亚大学退学,转到耶鲁大学商学院去读MBA。1992年毕业,沈南鹏进入了花旗银行。两年后,中国背景+耶鲁商学位+华尔街履历让他成为华尔街公司争夺的香饽饽。在先后经过雷曼兄弟、汉华银行过渡后,他最终于1996年进入德意志银行,担任德意志摩根建富的董事,负责中国资本市场业务。

当梁建章和季琦讨论创业时,沈南鹏已经做投资8年。他非常看好当时已经风起云涌的互联网行业。1999年2月,3人正式讨论创业项目。最终梁建章提出做一个旅游网站。3人一拍即合。沈南鹏出资60万元,占股40%;梁建章和季琦各出资20万元,分别占股30%。由于季琦是自己创业,时间比较自主,他来全职负责公司并领工资每月3 000元;沈南鹏和梁建章还在原公司上班,兼职参与公司运营,不领工资。携程由此起步。

但很快他们又发现一个重大问题:由于3人都不是旅游行业出身,对旅游生意上的事情一无所知,必须找一个旅游行业的合伙人才行,而且这个人必须很牛! 于是分头去找,最后他们找到了"三缺一"的那个"一":范敏。

4.范敏

在4人组当中,范敏一向甘居隐形人的位置。他的座右铭是"做老实人,说老实话,办老实事"。范敏1965年出生于上海,1983年考上上海交通大学工业管理工程专业。在大学,范敏当过学生会主席,是沈南鹏的前辈。1987年大学毕业,他直接保送本校管理学专业读研。

1990年硕士毕业,他选择了当时并不吃香的旅游行业,进入上海新亚集团。当时,该集团几万人,范敏是学历最高的两人之一。他的理由是,越是人才稀缺的地方,越容易冒尖。在基层干了4年后,范敏作为集团代表,被上海市旅游局派往全世界知名的瑞士洛桑酒店管理学院学习1年。留学回来,范敏开始官运亨通,先被提拔为新亚集团酒店管理公司副总经理,后来进一步升为上海旅行社总经理兼大陆饭店总经理。

1999年3月,梁建章3人和范敏谈人生,谈梦想。范敏终于同意共同创业了。从那一刻起,后来被誉为中国企业史上"第一团队"的携程四君子终于组队成功。4人的分工是,沈南鹏担任董事长兼首席财务官,梁建章担任首席执行官,季琦担任总裁,范敏担任执行副总裁。

5.创业起步

1999年5月,携程在上海正式成立。150平方米的办公区,十来号人。除了季琦为了对外交往而拥有单独的总裁办公室以外,起初,梁建章3个兼职的人连办公桌都没有。

刚开始设想的产品,是一个大而全的产品,框架包括3C:Content(内容)、Community(社区)、Commerce(商务),内容涵盖了旅游所涉及的吃、住、行、游、购、娱,几乎等同于今天的携程+大众点评+美团+马蜂窝。

梦想非常美好,但是要做这么一个综合型的平台,网站开发、内容建设和业务拓展所需的成本都是巨大的。原来凑的100万资金很快就"见底"。摆在创始人面前的第一个巨大难题,就是资金。

季琦找到投资机构(IDG)的章苏阳,向他介绍了创业方向、产品和团队与商业计划书。一周后,章苏阳给了准信:IDG决定投资50万美元,对携程的估值是200万美元,IDG占20%的股份。事后,章苏阳说,他根本就没仔细看商业计划书,因为他投资的风格是,第一是投人,第二是投人,第三还是投人。一个抱着这种投资理念的人,看到这样的梦幻创业组合,还有什么可说的呢?

在投资人的要求下,季琦担任CEO(总裁),梁建章改任COO(首席运营官)。1999年10月28日,携程网站正式面世。1999年11月4日,携程拿到了第一张网上酒店订单。当工作人员再三确认这个消息时,整个办公室顿时成为一个狂欢的海洋。但是很快,携程的业务进展就陷入了困境。

6.磕绊

1999年,互联网在中国还是新鲜事物。对消费者而言,大家根本就不知道也不相信可以在网上预订酒店、机票或者旅游行程;而对酒店、景区、航空公司、旅行社来说,他们不知道什么是互联网,以及这个东西能给自己带来什么。2000年初,携程业务进展非常缓慢,根本看不见曙光,50万美元融资很快将要花光。如果不能解决业务拓展和融资两个问题,公司马上就要倒闭。

此时,携程四君子的救亡之道,充分展现了这支梦幻团队的魄力和想象力。他们想出的办法是,直接收购全国最好的酒店预订服务公司,并且用这个作为筹码,去做新一轮融资。2000年1月,携程账上已经没剩几个钱,季琦却去和当时中国酒店预订服务的前五强——现代运通、商之行、金色世纪、国信商盟、百德勤一家家地谈收购事宜。这5家公司每一家的业务量都远超刚刚成立几个月的携程。但是季琦的坚持、携程的团队以及互联网的概念,让商之行最终接受了收购邀约。3月份,双方签下合约,随后,软银领投的450万美元立即汇入了携程的账户。携程的主业终于确定为酒店预订业务(后来拓展了机票预订等其他服务)。从此进入了飞速发展时期。

一直处于兼职状态的梁建章、沈南鹏、范敏,在收购案完成和融资到账后,再也没有了后顾之忧,这才终于分别辞去了原单位的工作,全职进入到携程来。过了半年,现代运通也与携程完成了合并。两笔收购,携程花的现金并不多,主要凭借互联网概念利用携程高估值的股票去置换。而收购现代运通,不仅让携程成为酒店预订行业当之无愧的老大,更让携程拿到了以美国凯雷为主投资的 1 200 万美元。这是互联网寒冬时期罕见的一笔巨额融资。

此后,随着互联网在中国逐渐兴起以及旅游火热,携程的业务数据大幅上涨。2001 年 10 月,携程首次实现了盈利,成为互联网泡沫破裂之后第一家盈利的互联网公司。2003 年,携程在经历过非典的短暂影响后,下半年业务报复性反弹,一举把携程送上了纳斯达克股市。

7.裂痕

与所有朋友之间共同创业一样,携程四君子之间不可能没有矛盾,不可能没有争吵。2000 年,携程业务走上正轨后,管理的短板凸显出来。梁建章觉得季琦的开拓能力很强,但管理能力不强,于是要求公司设立联席 CEO,由他与季琦共同担任。后来进一步要求季琦让出 CEO 位置。于是季琦让出了 CEO 位置,回归到总裁角色。梁建章再次独揽大权。

2002 年,携程决定内部创业,孵化出如家酒店,季琦离开携程,担任了如家的创始 CEO,沈南鹏兼任如家董事长。2004 年年底,以沈南鹏为董事长的董事会提出,为了顺利上市,如家 CEO 应该由一个受过西方教育的职业经理人来担任,季琦被迫离开。虽然季琦仍然是如家的股东和董事,但作为一个被放逐的创始 CEO,他的心里受到沉重打击。

但平心而论,无论梁建章夺权还是沈南鹏放逐,都是从公司利益方面出发做出的决策,不是为个人私利。所以,尽管季琦经历了至暗时刻,但是从感情上,他们几个依然维持了很好的朋友关系。

8.珍重

卸任如家 CEO 不久后,季琦振作精神,做起了汉庭。2006 年,如家在纳斯达克上市;2010 年,汉庭在纳斯达克上市。2020 年,由汉庭更名而来的华住,再次在港交所上市。在连续创业之路上,季琦已经是一个传奇。其他 3 个兄弟,也不遑多让。

沈南鹏于 2005 年功成身退,创建了红杉中国,成为中国风投之王。阿里巴巴、京东、美团、拼多多、滴滴等背后,都有沈南鹏的身影。2019 年,在美国《福布斯》杂志评出的"全球最佳创投人"榜单(The Midas List)中,沈南鹏名列全球第一。

2007 年,梁建章把 CEO 位子交给范敏,自己到美国斯坦福大学读经济学博士。2011 年,他博士毕业,以经济学家身份回到中国,极力推动中国人口政策改革,成为知名的人口学家。2013 年,携程在移动互联网冲击之下遭遇危机,梁建章回归携程力挽狂澜,在携程重新站稳第一位置后,卸任 CEO。目前,梁建章是携程董事长,北京大学光华管理学院教授。

范敏一直坚守在携程的位子上,任劳任怨。他做的是最细致又最不可或缺的管理活,是联合创始人,却长期隐居幕后,甘做隐形人。当其他人一个个离去时,他默默出来担起了 CEO 重担。6 年之后,当公司发展需要时,他配合地退位让贤,让梁建章出来"拯救携程",自己甘愿承受"发展不力""无能"骂名。2014 年起,范敏担任了携程孵化的天海邮轮公司董事长兼 CEO。

9.余音

很长时间以来,人们一直在讨论,好朋友能不能一起创业?朋友创业,最难处理的是感情、理性和利益之间的关系。

携程四人之间，一开始就建立了最高的原则：以共同的事业为大。对于个人利益和权力，他们有足够的格局和智慧来作出对公司最有利的选择。无论股权分配还是权力配置，都是如此。而利益和感情被损害者，也能大度地接受结果。

季琦曾经说："创业要先把最危险、最有争执的利益说清楚，才能坦诚相见。如果连把利益问题算清楚的胆量都没有。那还叫真朋友吗？"范敏也曾经说："对于利益，刚开始不要计较，杀出一条血路再说。"但是到后来，公司上了轨道，就要真计较，不能假计较，一切以商业规则来办事。真计较的一个原则，就是以公司利益为重，而不是个人利益为重。他们都做到了这一点。此外，他们4人之间既有共同的梦想，又各有特点和专长，组成了完美的组合。

梁建章曾经在一个节目上总结携程四君子的特点：季琦激情、范敏专注、南鹏严谨。他的同事帮他补充了一句：建章纯真。有纯真，才有伟大的理想和长久的坚守；有激情，才有锐意开拓的无惧和锲而不舍的坚持；有专注，才能把那些纯真和激情落实下来；有严谨，才能保证干成事而不出事。难怪携程四君子被人称为中国创业的第一团队。

（资料来源：何加盐，携程四君子：中国最美创业故事）

【思考与讨论】

1.携程四君子具有什么样的素质与能力？

2.你觉得携程四君子成功的主要原因是什么？

3.1 旅游创新创业者的概念

创业者一词由法国经济学家坎蒂隆于1775年首次引入经济学。1800年，法国经济学家萨伊首次给出了创业者的定义，他将创业者描述为将经济资源从生产率较低区域转移到生产率较高区域的人。在熊彼特看来，发明者不一定是创新者，只有企业家才有能力把生产要素和生产条件的新组合引入生产体系，实现创新。熊彼特认为，把实现的生产要素新组合称为"企业"，把实现生产要素新组合的人们称为"企业家"。企业家活动的动力是对垄断利润或超额利润追逐，其目的是实现新组合或创新。企业家应具备几个条件：眼光（能看到市场潜在的商业利润）、胆略（敢承担经营风险）、经营能力（善于动员和组织社会资源）。

在欧美学术界和企业界，创业者被定义为组织、管理一个生意或企业并承担风险的人。创业者对应的单词是Entrepreneur，它具有两个基本含义：一是企业家，即在现有企业中负责经营和决策的领导人；二是创始人，通常理解为创办新企业的领导人。总之，创业者指持有有限的资源去发现、创造新的生产价值的个体或团队。

其中，创业者和职业经理人的区别主要在于，创业者为自己打工，职业经理人为他人打工；创业者很自然地将公司当作自己真正的家，职业经理人加班再晚还是会将公司与家严格区分开来；对于创业者来说，赚到一分钱都是自己的，职业经理人不会认为一分钱对公司有多重要;创业者从事的是开拓性工作,通过他们的创业活动,实现了从 0 到 1 的变化;职业经理人则侧重于经营性活动,按照程序、制度开展工作,他们将 1 变成 10 甚至 100;创业者发现机会,创造新事物,而经理人在维持现状的基础上保持事物的持续和演进。

创业者与一般商人相同之处是,创业者也是商人,具有商人的创新、冒险、牟利的特征。他与一般生意人的区别在于,一是社会担当不同,也就是创业者在谋利之外还有更高诉求,如任正非做华为不仅仅是为了个人牟利,因为他在华为的股份不到 2%;二是在企业组织建设和管理规范化上,一般的商人习惯于在生产要素控制、市场牌照获取、交易等短线环节获利,很少考虑组织成长、通过培养人才和管理规范化来获得企业长远发展。而创业者更注重技术创新、企业管理规范化、组织建设、人才培养和企业文化建设,如华为的"虚拟持股制度"是支持企业长远发展的基石。

基于创业者的概念,旅游创新创业者或称旅游创新创业主体,指的是从事旅游创新创业活动、通过有限的资源去发现并创造新的旅游价值的个体或团队。它包括企业与企业家、政府、旅游者、目的地社区与居民、非政府组织与非营利机构、大学生与大众等。

3.2　旅游创新创业者的素质

创新创业是以基于无形智力的企业能力主导基于有形资源的企业能力的运作过程。因此,并不是所有有创业激情的人都可以创业成功。创新创业对创业者有非常严格的素质要素,缺乏创业素质的人,很难取得成功。

一般来说,创新创业者的素质可以包括两方面:基本素质和能力素质(王满四,2018年)。

3.2.1　基本素质

基本素质可包括心理素质和身体素质、思想素质、思维素质、知识素质、经验素质等非心理素质。

1) 心理素质

心理素质是创新创业者的心理条件,包括创业者的自我意识、性格、气质和情感等心理构成要素,主要表现为创新创业精神、务实精神、好奇精神、冒险精神、自信与执着精神、学习精神、忍耐精神等。

(1) 创新创业精神

首先,创新精神指人的创新意识和创新性格。它是创造者和普通人的最大区别。其中,创新意识包括创新愿望和正确的创新动机。一个真正的创新者一般具备以下特征。

①虚心好学、坚持不懈。

②善于发现问题、分析问题和解决问题。

③敢想、敢干、敢于实践。

④百折不挠。

⑤以造福人类为终极目标，而不仅仅追求财富。

⑥自我超越能力。这是突破极限、自我实现的一种能力。自我实现是一个过程，一种终身的修炼，随时随地要求人们改进自己。一个能够自我超越的人，一生都在追求卓越的境界。自我超越的价值在于学习和创造，不断发展和完善自我，向成功迈进。

如爱迪生虽未受过良好的学校教育，但凭个人奋斗和非凡才智，自信，自强，自立，获得巨大成功。他自学成才，以坚韧不拔的毅力、罕有的热情和精力从千万次失败中站了起来，克服了数不清的困难，成为美国发明家、企业家。他发明自动电报帮电机、留声机，实验并改进了电灯（白炽灯）和电话。在他的一生中，平均每 15 天就有一项新发明，他因此而被誉为"发明大王"。

其次，创业精神是创业者最为重要的特征。它指一个人不以当前有限的资源为基础而追求商机的精神。它不简单地体现在创造新企业上，而代表着一种突破资源限制，通过创新来把握机会、创造价值的行为。因此，创业精神也可以概括为，没有资源创造资源，没有条件创造条件，用有限的资源去创造更大资源。企业家的创业精神包含了创新精神、务实精神、冒险精神等其他精神。

（2）务实精神

务实指致力于实在的或具体的事情，讲究实际。《国语·晋语六》："昔吾逮事庄主，华则荣矣，实之不知，请务实乎。"在西方，哲学大师威廉·詹姆斯于 1906 年正式提出务实主义一词（pragmatism）。

务实精神是中国人的传统美德，务实就是讲究实际、崇尚实干。它排斥虚妄，拒绝空想，鄙视华而不实，追求充实而有活力的人生。务实既是一种思想境界，也是一种行为品格。它要求人们依据解放思想、实事求是、与时俱进思想路线，不断地认识事物的本质，把握事物的规律。在这种规律性认识指导下，去做，去实践。

（3）好奇精神

心理学认为，好奇心是个体遇到新奇事物或处在新的外界条件下所产生的注意、操作、提问心理倾向。好奇心是个体学习的内在动机之一，是个体寻求知识的动力，是创造性人才的重要特征。创新创业者一般都具有极强的好奇心，尤其是对创业过程的各种不确定性保持好奇，这是创新创业的动力。有了好奇，才会多注意各种新奇事物，多问几个为什么，才会对现有知识创新，并推动各种创新创业活动。

（4）冒险精神

创业本身是一项冒险活动，必然伴随风险。冒险是三思而行的冲动。冒险精神是创业者与生俱来的一种特质，而且是先天的、不能后天锻炼出来的品质。创业者都善于捕捉普通人所谓的"铤而走险"的机会，他们敢于承担风险，敢为天下先。冒险精神能使创业者敢于大胆决策、大胆实践，敢于大刀阔斧改革以获得新的发展机遇。否则，一切都无从谈起。当然，冒险精神需要强大的心理承受能力，需要胆量和胆识。

（5）自信与执着精神

创业是一种创新，是开创性工作。因此，自信是必不可少的品质。只有自信，才能顶住压力，坚信自己的决策和判断，而不习惯于听命于人。执着是对待自己想向往的东西、喜爱的工作有着锲而不舍的劲头，是对自己的创业目标和信念永不放弃。在创业道路上，只有执着地沿着既定目标和方向前进，才能克服创业道路上的危机与障碍。

（6）学习精神

善于学习也是创新创业者的重要特征之一。心理学上，将学习定义为通过经验引发行为或者行为潜能的相对持久的变化。创业须面对变化的环境和激烈的竞争，创业涉及面广，须考虑的问题很多，如资金、技术、管理、市场、法律、税收、人际关系等，要克服这些条件制约，必须不断学习和积累经验。此外，自省也是学习和进步的过程。创业是一个不断探索的过程，这个过程可能不断犯错。自省，正是认识错误、改正错误的前提。通过学习，人们对特定对象分析和研究来获得新观点、新创意和新成果。

可以从以下几方面强化学习精神。

①选择学习对象，包括一般环境中的学习对象、旅游行业环境中的学习对象、旅游竞争对手的学习对象、旅游客户与旅游消费者。

②加工和改造学习对象，包括3个角度：第一，感觉系统，从感觉开始认识学习对象；第二，记忆系统，记忆会留存过去感知的问题和体验；第三，分析处理系统，用分析、抽象、综合等方法对记忆系统中的信息分析和处理。

③获得创新成果，包括两种成果：第一，创新成果的表现形式，如创新的技术、产品、制度、组织结构、环境等；第二，获得创新成果代表了一个学习创新获得的终结，同时，意味着新的创新活动的开始。

（7）忍耐精神

它是创业者必须具备的素质。筚路蓝缕，指的就是创业不易。正如《孟子·告子下》所云："故天将降大任于斯人也，必先苦其心志，劳其筋骨，饿其体肤，空乏其身，行拂乱其所为，所以动心忍性，曾益其所不能。"可见，忍受肉体上和精神上的折磨是创业者成功路上的必修课。创业者一定要有一种坚忍不拔的定力和意志。

【知识拓展】

创业精神是一种综合的管理理念

霍华德·史蒂文森（Howard Stevenson）教授是哈佛商学院创业研究领域的教父，他将创业精神定义为追寻现有资源范围以外的机遇。它的含义包括3方面。

①追寻，指绝对专注的态度。创业者能察觉转瞬即逝的机遇，在有限时间内展现实力，吸引外部资源。时间一分一秒过去，真金白银不断流失，因此，创业者有一种紧迫感。而成熟公司拥有稳定的资源，面临机遇时选择更多，往往缺乏紧迫感。

②机遇，指在以下一或多方面有所作为。推出创新产品；设计全新商业模式；改进已有

产品,使其质更优、价更廉;发掘新客户群。创业者完全可能兼顾这些方面,例如,用全新商业模式推出一款创新产品。

③现有资源之外,指突破资源限制。初创企业刚起步时,创始人只能掌控现有的人力、社会和财务资源。很多创业者主张自力更生,节衣缩食,万事不求人。固然,一些新创企业可以仅凭一己之力生存下来;但为了长远发展,创始人必须设法引进生产设备、分销渠道、营运资本等外部资源。

创业者不断追求新机遇,但缺少必要的资源,因此面临四大类风险:需求风险,指消费者可能对创新产品或服务不买账;技术风险,指创新方案可能得不到技术支持;执行风险,指创业者可能无法聚拢执行力强的团队;财务风险,指可能无法合理引入外部资金。创业者应承认风险存在的客观性,同时,力图驾驭各种不确定性因素。

于是,创业行动容易陷入死循环:控制风险需要资源,资源却更倾向于进入低风险区域。例如,若想开发、推广一款产品,须向投资人证明技术和市场风险可控,但降低风险本身就需要外部资金。

为避开这个死循环,创业者有以下4种对策。

①精益测试,采取最小规模行动,以最低代价迅速评估风险、测试商业模式可行性。

②分阶段投入,将困难各个击破,在实现阶段目标之前,不占用计划外资源。

③建立合作伙伴关系,借用其他公司的资源,将风险转移给承受风险能力更高或意愿更强的盟友。同理,新创企业可以放弃购买资产,通过灵活租赁资产,将高额固定成本转化为可变成本。

④掌握"讲故事"艺术,向投资人展示,自己的事业能让世界变得更好。如果投资人被你的故事打动,他们将甘冒风险,支持你的事业。乔布斯就是最著名的例子:他特有的"现实扭曲力场"俘获了众多员工、合伙人、投资人,让他们一往无前跟随他追逐梦想。

史蒂文森对创业精神的定义有着现实意义。

首先,他把创业精神理解为一种独特的整体管理观念,而非将其限定于企业发展的某个特定阶段(如初创企业)、某种个人角色(如创始人)或某类精神气质(如激进、独立)。按照这个定义,各类企业,包括大型企业,都可能孕育创业精神。如果你相信,创业精神是全球经济增长的引擎、社会改良的动力,这无疑是个好消息。

其次,这个定义为创业行动指明了方向,创业者可据此控制风险,调动、利用资源。因为资源极其有限,你必须具有创新精神,善于把握机会,并且掌握说服的艺术。"追寻现有资源范围以外的机遇"概括了日常工作的方方面面,鞭策其不断前行。

(资料来源:托马斯·艾森曼,哈佛商业评论。托马斯·艾森曼是哈佛商学院工商管理 Howard H.Stevenson 教席教授,洛克创业研究中心 Rock Centre for Entrepreneurship 负责人之一。)

2)非心理素质

非心理素质包括身体素质、思想素质、思维素质、知识素质和经验素质。

（1）身体素质

它指创业者应该具有健康的体魄和充沛的精力，使其能适应创业的各种外部协调和内部管理的繁重工作。身体素质表现为身体健康、思路敏捷、体力充沛、精力旺盛等。

（2）思想素质

思想素质指人们对社会善美丑恶以及其他现象的认识、行为和做法，包括思想认识、思想觉悟、思想方法、价值观念等。这里指创业者所具有的思想意识、价值观念、强烈的社会责任感、事业心和敬业精神，这些内在动力能够驱使他们以正确的方法做正确的事、拼命工作。

（3）思维品质

思维品质实质是人的思维的个性特征。思维是对事物的间接反映，它通过其他媒介的作用来认识客观事物或借助于已有的知识和经验、已知的条件来推测未知的事物。思维一般包括逻辑思维、形象思维等。在创新创业过程中，尤其要具有创造性思维与创业思维。

①逻辑思维能力指正确、合理思考的能力。即对事物观察、比较、分析、综合、抽象、概括、判断、推理的能力，采用科学的逻辑方法准确而有条理地表达自己思维过程的能力。它可为创新提供必要的工具，使人们在创新时能独立判断和推理、有效分析与科学决策以提高工作效率。提高逻辑思考能力的途径主要有 3 种。

a.建立辩证的思维观点。用普遍联系的观点来看待问题，用辩证思维的发展观来考虑问题，用全面的思维来解决问题。

b.掌握科学的思维方法。首先，采取分析和综合方法，在认识中把整体分解为部分，并把部分重新结合成整体；其次，采取归纳和演绎方法，从个别事实概括出一般性知识，从一般性原理到个别性结论。

c.培养良好的思维品质。思维品质反映了个体智力和思维水平的差异。良好的思维品质应该是深刻、灵活、独创、批判、敏捷和系统的。

②形象思维主要是指人们在认识世界的过程中对事物表象进行取舍时形成的，是用直观形象的表象解决问题的思维方法。它的特点有形象性、非逻辑性、粗略性、想象性等。在企业经营中，高度发达的形象思维，是企业家在激烈而复杂的市场竞争中取胜不可缺少的重要条件。

③创造性思维以感知、记忆、思考、联想、理解等能力为基础，具有综合性、探索性和求新性特征，是一种高级心理活动，人们须付出艰苦的脑力劳动。创造性思维特点有广阔性、深刻性、独特性、批判性、敏捷性和灵活性等。创造性思维内涵如下。

a.创造性思维的本质是发散性思维，即遇到问题时，能多角度、多侧面、多层次、多结构思考、寻找答案，既不受现有知识限制，也不受传统方法束缚。其思维路线是开放、扩散的。它解决问题的方法更不是单一的，而是在多种方案、多种途径中探索、选择。

b.创造性思维具有新颖性，它贵在创新，或在思路的选择上，或在思考的技巧上，或在思维的结论上，具有着前无古人的独到之处，在前人、常人的基础上有新的见解、新的发现、新的突破，从而具有一定范围内的首创性、开拓性。

c.创造性思维具有极大想象力。它无现成的思维方法、程序可循，人可以自由地、海阔天空地发挥想象力。想象力是人类创新的源泉,是创新的火种和出发点,是创新思维的核心能力。它可以帮助人们超越已有知识经验,使思维达到新境界。想象不需要逻辑,其魅力在于它可以将人带入一个虚拟世界,实现现实生活中不可能实现的梦想。想象力的作用就是可以使人享受快乐、享受惊奇、享受自由、享受现实生活中少有的感受。

常见的想象形式包括,一是充填式想象,即认识事物的组成部分后想象,把不完整的东西补足;二是组合式想象,将现有技术、物品、现象等适当地组合或重排,获得具有统一整体功能的新技术、新产品和新形象;三是纯化式想象,抛开关系不大的某些因素或部分,以构成反映本质的简单化、理想化形象;四是科学幻想,幻想各种活动的前景并设想和预见可能遇到的困难和后果,然后采取相应的有效行动。

④创业思维指利用不确定的环境创造商机的思考方式。

它的内涵主要包括以下几个方面。

a.利用手头资源快速行动。创业者应该首先了解自己是谁(身份),知道什么(知识),知道谁(社会网络),即了解自己有哪些手段,然后运用各种手段或资源来创造新企业。它应该是手段驱动,而不是目标驱动,应利用手头资源快速行动,而不能等集齐了各种资源才来行动。

b.根据可承受损失而不根据预期收益采取行动。毕竟任何收益都是不确定的,但失败后可能造成的最大损失是确定的。在采取每一步行动之前,创业者都应该只付出自己能够承担并且愿意承担的投入。在考虑投入时,应综合权衡各种成本,包括金钱、时间、职业和个人声誉、心理成本和机会成本等。

c.小步快走,多次尝试。果断的大步行动可能带来很大好处。不过,除非第一步就迈对,否则它的风险反而带来很大损失。所以下一步行动通常是有道理的,因为能够小步行动,就有机会多次采取行动,成功的概率就高。

d.在行动中,不断吸引更多人加入进来。寻找愿意为创业项目实际投入资源的利益相关者,通过谈判、磋商来缔结创业联盟,建一个自我选定的利益相关者网络,而不把精力花在机会成本上,更不要做大量竞争分析。联盟的构成决定创业目标,随着联盟网络扩大,创业目标会不断变化。

e.把行动中的意外实践看成好事。这实际上要求创业者以积极的态度主动接纳和巧妙利用各种意外事件和偶发事件,在创业过程中创业者无法避免,不应消极对待。很多时候,意外同时意味着新的机会,当然,意外也可能意味着问题。如果可能解决问题,解决方案就会变为资产。

f.把激情当成行动的动力。创业过程中,创业者可能不断尝试,但总会遭遇挫折。这样下来,创业者可能彷徨,不知道自己究竟要尝试多少次、犯错多少次才会成功。因为,创业者需要一个强大的动机来度过这些磨难,这个动机就是激情。激情是一种强烈的情感表现形式,往往在强烈刺激或突如其来的变化之后获得,具有迅猛、激烈、难以抑制等特点。人在激情的支配下,常能调动身心的巨大潜力。长此以往,产生创造性成功的概率就会比较高。

(4)知识素质

它指创业者所应该具有的较丰富的旅游创新创业方面的知识。包括旅游行业知识,经济学、管理学、市场营销、人力资源、财务、企业发展战略等方面的经营管理知识,时政、政策、历史、地理、文学、艺术、计算机、网络基础等基础性和通识类知识,以及其他感兴趣的知识。

(5)经验素质

它指创业者在创业之前与创业过程中积累的有关旅游发展实践与旅游经营管理经验,包括旅游阅历、旅游眼界与旅游感悟等。经验之所以对创业者具有重要作用,因为经验是形成管理能力的中介,是知识升华为能力的催化剂。一个受过良好管理教育的人,只有与创业实践相结合,才能获得创业管理能力,成为成功的创业者。

【知识拓展】

创新思维之父——爱德华·德·波诺

1.爱德华·德·波诺简介

爱德华·德·波诺(Edward de Bono,1933 年 5 月 19 日—2021 年 6 月 9 日),出生于马耳他,是法国心理学家、牛津大学心理学学士、剑桥大学医学博士,欧洲创新协会将他列为历史上对人类贡献最大的 250 人之一。1960 年代以来,爱德华·德·波诺将毕生精力用于创新思维领域拓展和开发,在我们的思维方式上发动了一场革命。他根据对大脑工作原理的理解,建构了世界最庞大、最具有穿透力的思维训练系统,创造出了"水平思维""平行思维""六项思考帽"等广泛应用于企业管理中的思考工具,被誉为"创新思维之父"。

2.爱德华·德·波诺的贡献

波诺的第一部著作是《水平思维的运用》(1967 年),这本书提出了创造力在不可思议的瞬间发生的情况,还提出了再造创造力的方式。从英国到日本,这部畅销书的销售数量都非常惊人。爱德华恰到好处地描述了逃脱我们思维的僵化模式的方法——冲出匣子,打破思维常规,开拓、利用并战胜人类思维绝妙却又僵化的机制。1969 年,波诺成立认知研究基金(Cognitive Research Trust,CORT),用于继续支持他的研究,及把他的研究商品化。1970 年,波诺根据思维理论和丰富的思维技能教学经验,编写了《柯尔特思维教程》(*CORT Thingking*),该教材对世界许多国家都产生了影响。20 世纪 70 年代,波诺引导了一项史无前例的试验。这项试验涉及数千名英国学生和 100 多万名委内瑞拉孩子,并首次将思维列入学校课程表中。20 世纪 80 年代,爱德华提出了平行思维概念,平行思维吸引了教育、商业、政治与法律领域。六项思考帽可以合并水平思维和柯尔特工具,可能是他在全球范围内最流行的方法。

3.六项思考帽

这方法强调从不同角度思考同一个问题,客观地分析各种意见,最后作出结论。六帽子:红、黄、黑、绿、白和蓝。

红色思考帽:从感情和直觉感性地看问题。

黄色思考帽:寻找事物的优点及光明面。

黑色思考帽:从事物的缺点、隐患看问题。

绿色思考帽:用创新思维思考问题。

白色思考帽:提供事实与数据。

蓝色思考帽:整体的思维模式。

4.创新的来源

爱德华·德·波诺认为,创新意味着产生某种过去并不存在的东西。创新有着较为广泛的来源,包括无知、经验、动机、完善性、错误、机会、偶然、风格和被迫创新等,这也适用于旅游创新。

(1)"无知"有助于创新

我们都希望自己广识博闻,并且在长大之后不可能对自己的领域一无所知。那么,如何运用无知来产生创造力呢?爱德华·德·波诺提出了一个解决办法,即只读完刚好足够让人对新事物产生感受的资料,然后停下来自己思考。当产生了一些想法时,深入阅读,并随时停下来回顾自己的想法,进而产生新的想法,这样人就有提高创造力的机会。

(2)经验基础上的创新

与无知的创造相反,源自经验的创造力风险更低、更加可靠,因为它建立在过去成功的基础之上,重复着昔日的胜利。但并没有真正新颖的东西,只能根据经验,对可能的效果预料。

(3)动机所产生的创新

在其他人都满足于既有解决方案时,有的人会去寻找更多替代方案。这类人有着强烈的好奇心和探索欲望,乐于尝试新事物并不断寻求新的方法。随着投入增多,他们很可能有新鲜的创造性想法作为回报。简单来说,许多被视为创新天赋的东西本质上就是创新的动机,大多数被视为具有创新性的人的创造力就来源于此。

(4)完善性创新

运用完善性手法创新的人并不自己产生新的想法,他早就认识到了某个原创性想法的潜力,发展、完善并付诸实施,使这个想法得以实现。

(5)错误、机会和偶然诱发的创新

一些创新是由错误、机会和偶然诱发的。因为在既定界限中,人们难以产生开创性思维。如哥伦布因使用错误的地球圆周测量方法才由最初的目的地印度群岛转到了美洲。

(6)风格

坚持某种风格可以产生一系列新事物,这些新事物可形成大致相同的新式风格。如华侨城的主题公园中,锦绣中华、中华民俗文化村、世界之窗延续了微缩景观的基本风格,三个类似但又不同主题的娱乐项目以及各地欢乐谷系列产品产生。

(7)被迫创新

压力、梦想常常促使人不断创新,在现实生活和工作中,被迫创新是非常常见的。

3.2.2 能力素质

创新创业者所需的能力一般包括创新能力、机会识别能力、策划能力、组织能力、管理能力、营销能力、服务能力等。

1) 创新能力

创新能力简称为创造力,即探索和创造有价值的新知识、新理论、新想法、新事物的能力。创造能力的载体可以是个人,也可以是国家、集体与组织,它涉及多种能力,是综合能力的具体体现。

创新与创业密不可分。创新贯穿于创业的全过程,是创业最明显的标志。创新能力是创业能力的核心。在创业过程中,无论是发现新的创意、捕捉新的机遇、寻找新的市场,还是撰写一份有潜质的创业计划,甚至是创业融资、创办公司和企业运作、管理和控制等,都包含着创新。旅游创新能力主要体现在旅游发展的技术、产品、目标与定位、制度与组织以及环境等创新上。其中,环境创新通过积极的创新活动引导环境朝着有利于企业经营的方向发展。

2) 机会识别能力

机会总是给予善于捕捉机遇的“机会头脑”。在稍纵即逝的“机会”面前,敏捷捕捉、明知决断,是创业者创业的思维基本功。只有具备这种“机会敏感综合征”——以一种近乎病态痴狂的态度去等待、感悟、决断机会的人才能不失时机地创业,成为合格的创业者。

3) 策划能力

“狭路相逢,智者胜,胜在策划。”策划是个人或组织为满足需要和达到目标而构思、计划和实施。它是有目标的创新性思维活动。创新创意是策划的本质特征与灵魂。根据外部环境和掌握的创业机会富有创意地策划,为企业量体裁衣地制订策划方案,对创建企业是至关重要的。策划能力主要体现在创业者如何在制定战略、确定目标、拟订计划、组织指挥和调配人员中果断、科学地决策。

4) 组织能力

创业者作为研究、开发、生产、销售等各环节的协调者、组织者和领导者,必须具有把各项生产要素有机组合起来形成系统整体合力的杰出才能。组织能力是,创业者为了实现组织的利益与目标,运用一定方法和技巧,把来自于不同地区、不同系统、不同职业、不同文化背景以及民族、性别、年龄等均不相同的人组织在一个团结向上的集体之中,使大家朝着一个共同方向和目标努力、奋斗。它一般涉及个人、团队、企业 3 个层面。个人层面的组织能力包括推理思维、创新技能、职业技能、个人效率、沟通技能、人际技能、团队技能、组织与领导技能等。团队组织能力包括团队技能、沟通技能、知识共享能力、领导组织技能、项目管理技能等。企业组织能力是公司竞争力的综合体系,包括核心流程能力、战略管理能力、组织文化能力、企业架构与组织结构等。

5) 管理能力

管理能力与组织密不可分。管理能力从根本上说就是提高组织效率的能力。管理者若要准确地把握组织的效率,须具备下列 5 种管理能力:决断能力、应变能力、激励能力、执行能力、沟通能力等。

①决断能力是人在思维中能够快速、果断作出抉择的技能和本领,如创业者能全面而准确地制定效率标准。

②应变能力指人在外界事物发生改变时所做出的反应。可能是本能,也可能是经过大量思考过程后所做出的决策。如纠正工作水平与标准之间的偏差。应变能力良好,创业者能审时度势、随机应变,对外界环境变化保持敏感,尤其是对创业机会能快速反应。

③激励能力。激励能力是提高主体能力和促进主体能力发挥的能力。创业者不仅要善于激励团队,还要善于自我激励。激励员工,要把员工的"要我去做"变为"我要去做"。作为高层管理者,不仅每天须处理大量事务,还要思考公司的发展和未来。通过自我激励,可以把压力转化为动力。

④执行能力。执行力是管理者具备的最基本条件,一个出色的管理者应该是一个好舵手,遭遇风浪时,临危不惧,身先士卒。执行力体现在完成公司目标的程度上,管理者必须执行公司确立的目标,使目标清晰、具体落实。作为管理者,落实执行力上,最基本的就是严格执行公司的既定目标与规章制度,按时完成各项工作,认真履行组织赋予的职责。

⑤沟通能力。沟通是现代管理的一种有效工具,是政令统一、指挥统一、调动下级积极性的重要手段。沟通可以大大提高不同层次管理者的管理能力。企业内部各部门和基层单位处于相互作用、相互依存状态,管理者在工作中须注意协调部门之间、基层之间、部门与基层之间的相互作用,还要注意与上级、同行之间协调和沟通。沟通更是一种技能,是"情商"高低的具体体现,是比某些知识能力更为重要的能力。不断提高"沟通"水平,就能帮助一个企业以及企业中层次不同的管理者切实提高自身的管理能力。

此外,管理能力还包括社交能力、控制情绪的能力、倾听的能力等。

6) 营销能力

营销能力就是把创新理论和市场营销有机结合起来并在产品、定价、渠道和促销等方面开展改善与革新活动的能力。只有不断提升营销创新能力,在营销理念和营销手段上出奇制胜,才能在复杂激烈的市场竞争中脱颖而出。营销创新要力求做到以下几方面:

①产品创新,包括产品标准、产品品牌与产品服务等。

②定价创新,包括阶段性调整产品的价格;根据对手产品价格动态地调整自己的定价;根据不同地域的市场特征调整定价。

③渠道创新,包括渠道设计和渠道管理。

④促销创新。a.事件营销,即借助有影响力的事件来提高品牌知名度,强化营销。b.柔性营销,通过调整营销活动来适应并满足个性化需求。c.网络营销,在互联网上开展营销活动。

7) 服务能力

服务能力指通过服务意识、服务方式创新从而提高服务效率的能力。

服务能力包括以下几方面。①为客户提供优质的服务,提高服务品质;满足客户的新需求或创造客户的新体验;②使服务适应现代社会的要求,推陈出新;③改善企业内部过程和企业与客户的关系,形成核心竞争力,促进企业发展。

具体来说,要达到优质服务,还应做到以下几方面。①认真负责,急顾客之所急,想顾客之所想,尽量快速工作,不让客户久等,认认真真为顾客办好每一件事。②积极主动,自觉把服务工作做在顾客提出要求之前,做到处处主动,事事想深,事事处处为顾客提供方便。③热情耐心,待客如亲人,面带微笑,态度和蔼,语言亲切,热情诚恳。④细致周到,善于观察与分析顾客的心理特点,懂得从顾客的神情、举止中发现顾客的需求,正确把握服务的时机,效果超乎顾客的期望之上,力求服务工作完善妥当,体贴入微,面面俱到。⑤文明礼貌,有较高的文化修养,语言健康,谈吐文雅、举止端庄、待人接物不卑不亢,尊重不同国家、不同民族的风俗习惯、宗教信仰和忌讳,事事处处表现出良好的精神风貌。⑥研究学习,即努力研究客户心理,学一些客户服务技巧。

【案例介绍】

"旅游创业教父"——季琦

1.季琦简介

季琦,1966年10月出生于江苏省南通市如东县,是携程旅行网、如家酒店联合创始人和汉庭连锁酒店创始人,获得中国酒店业十大创业功勋人物、中国创业企业家10强、上海年度企业家等荣誉称号。1992年,毕业于上海交通大学机械工程系,获硕士学位。

1999年,联合创办携程,任总裁。2003年,携程在美国纳斯达克上市。2002年,联合创办如家酒店连锁,任总裁。2006年,如家在美国纳斯达克上市。2005年6月,创办汉庭连锁酒店。2007年,汉庭酒店接受8 500万美元融资。2010年3月,汉庭在美国纳斯达克上市。季琦成为第一个连续创立三家市值超过10亿美元公司的中国企业家,被中国媒体誉为"创业教父"。

季琦作为新生代企业家的翘楚,对企业上市、公司管理、商业模式、酒店经营、中国的发展以及社会人生皆有独到而深刻的看法。

2.季琦的创业经历

(1)苦难与生活艰辛,激发了季琦对成功的渴望。1966年出生的季琦是个地道的农村孩子,插秧、杀猪之类的农活儿没少干,然而却经常吃不饱。念初中时,季琦一次走了8里路回家吃午饭,结果到家后母亲却说:"家里没吃的,你自己想办法吧。"那时,季琦总想着"发达",而他对发达后的全部想象不过是"到一个遥远的地方吃碗面,然后打车回来"。

(2)读书用功,知识广博,专业扎实。他用功读书,凭借全县第二的成绩,成为上海交大力学系高材生。考上大学后,季琦一刻不敢怠慢,除了研究本专业,还阅读了大量文史书籍。大学四年,季琦在学校图书馆里读了400多本书。

(3)创业基因涌动。创业者的血液里会始终涌动着不安分的基因,读书期间,季琦首次接触计算机,脑子灵光的他很快成为精通软硬件和组网的高手,由此攒下了不少外快。毕业后,季琦人生中第一份工作的地方是家国营计算机公司。据说,他上班第一天,手里拿着大哥大,腰间别着随身听,他拍着顶头上司的肩膀说:"老师,我在这里干不长,没关系,咱们交个朋友,我在这里混两天就走人。"

（4）善于学习。1994年，季琦就辞掉了国企工作，只身赴美，不仅为了增加阅历，更重要的是想寻找新机会，以便回国创业。在美国加州的甲骨文总部，季琦第一次感受到了互联网的神奇："当时用特别早期版本的 Mosaic 浏览器，上到了杨致远刚刚开发的 Search Engine 上，速度非常非常慢，所以我们两人只好一边等一边喝咖啡。不过，当我要查询的信息终于一行行从屏幕上显现出来的时候，我真感到极度兴奋，这东西太神奇了。"

（5）精准识别创业机会。第二年回国后，季琦走上创业之路，心里打定主意要做互联网，创业目的很简单：为了多赚点钱，改善生活。他注意到，20世纪90年代末，中国国内旅游市场收入达两千多亿人民币，同期国际旅游外汇收入为126亿美元，当时，中国市场被世界旅游组织认定为21世纪全球最大的旅游市场。但在业务层面，国内旅行社的营业毛利率不足10%，全国旅行社的总市场占有率不到5%，换言之，占据市场95%的都是散客。此种情况下，如果能为这些自助型旅游的散客提供个性化服务，盈利空间可想而知，季琦敏锐地嗅到互联网旅游服务是他创业的最佳切口。

（6）组建创业团队，创业开始。1999年，在上海鹭鹭餐厅，季琦组了个局。他拉来了时任甲骨文中国区咨询总监梁建章、德意志银行高管沈南鹏以及在旅游行业浸淫多年的上海旅行社总经理范敏。4人各有所长、各司其职，他们4人在互联网江湖上留下了名号——"携程四君子"。1999年10月底，携程旅游网正式上线。

（7）创业转型。在分析了携程的收入构成后，季琦发现，定团业务和卖机票都无法为网站带来持续收入，与两者相比，新兴的酒店预订业务仿佛更像一片蓝海：业务上线仅短短3个月，预订酒店用户已达到15万人，酒店收入占了总收入的80%。酒店预订业务自此被季琦锁定为公司未来的重点发展方向。他有计划地吸纳全国订房业务中的优秀团队，2000年11月，携程收购了当时国内最大的订房中心——现代运通，成为中国最大的宾馆分销商。至此，携程已不再是单纯的网络信息服务供应商，订房产品与信息提供并举。这个战略转向被认为是携程此后快速发展并奠定其行业头部地位的关键一招。

（8）创业经历积累、科学务实、二次创业。携程风头正盛，季琦却抽身而退。季琦发现，在携程的订房业务中，散客旅游偏向选择价廉物美的居住场所，舒适享受型酒店并不讨好。比如，金陵路上的经济型酒店"新亚之星"预定和销售量都名列前茅；再比如，锦江之星甚至都看不上携程的渠道。做经济型酒店连锁经营这一新点子在季琦的脑中生根发芽。为了做好经济型酒店，他拿着一把尺子、一个本子和一个相机，把上海和宁波两地的每家锦江之星都住了个遍。每开一间房，他都要干三件事：拍房间、卫生间的结构设计；和值班经理、保洁阿姨聊聊客源资料和成本结构；量床、门的长宽高。一套流程重复千遍，季琦已经有了比较清晰的概念：经济型酒店房间要紧凑，公共面积要少；客房布置要简洁实用，打造"普通老百姓都住得起"酒店形象。

2002年6月，季琦与国企首旅集团达成合作，"如家快捷酒店"正式成立。7月，第一家如家快捷酒店在北京燕莎开业。依托携程庞大的订房网络和运营能力，借鉴携程的会员制，不到半年，如家的利润率就稳定在了20%左右，成为了人们商旅出差的首选项。2006上半年，如家的净利润达到2 725万元。同年10月，如家在美国纳斯达克成功上市，成为中国酒店业海外上市第一股，构成季琦传奇人生中的第二次上市经历。

（9）三次创业、一辈子的事业。2005年,季琦重新杀回酒店业,创办华住集团的前身——汉庭连锁酒店。2010年3月,季琦带领汉庭酒店集团再次赴美纳斯达克,第三次敲响上市之钟。携程两年,如家三年,都没能拦住季琦的脚步,但到汉庭这里,季琦却有意停住,并向深处走去。季琦说:"在做携程和如家的时候,我时值年盛,满腔热情地关注上市、股价、业绩、预算。现在我真心地希望能从一个连续创业者沉淀、蜕变成一个百年企业的缔造者。我想专注在酒店行业上,脚踏实地把汉庭做成一家百年老店。"2012年,汉庭正式更名为"华住",取"中华住宿"之意,目的就是打造属于中国的世界级酒店集团。

目前,华住集团运营5 000多家酒店,遍布全国400多个城市,拥有80 000多名员工,旗下经营多个知名酒店品牌,包括禧玥、花间堂、诺富特、美居、桔子水晶、全季、星程、宜必思、汉庭、海友等。其中,禧玥是华住集团旗下的高档品牌,酒店以时尚的设计理念、多元化的服务特色打造酒店生活的新方式——繁忙差旅中一段度假式的住宿体验,号称城市中的"空谷幽兰"。花间堂诞生于丽江,以独具特色的花间美学,将高端精品酒店的服务理念与地方民居、民俗等人文特色完美融合,引领国内精品度假酒店品牌的发展。全季是华住旗下针对中档酒店市场的有限服务酒店,以简约而富有品质的设计风格致力于为智慧、练达的精英型商旅客人提供最优质地段的选择。

（资料来源:艾问人物,创业20载,四家上市公司,季琦如何创造奇迹?)

3.3　旅游创新创业的能力培养与基本思路

3.3.1　旅游创新创业的能力培养

如何培养旅游创新创业能力呢?其基本途径就是,学会发现旅游问题、随时构思旅游创意、解决旅游问题。

（1）学会发现旅游问题

我们每一个人都生活在"问题"之中,旅游发展也是如此。问题是一切发明与创新的起点,善于发现问题是科学精神的重要表现。有了问题,思维才有发现,才有动力;有了问题,才有主动探究的愿望。

如何发现旅游发展中的问题?一是要有批判思维与"挑剔"眼光,以高标准来要求旅游发展的实践。二是合理应用所学到的思维方式,如可以从以下两个问题开始。难道只能是这样吗?还能做哪些改变?三是了解市场与社会需求,热爱学习,见识广博。

一般来说,旅游发展中的问题包括供求矛盾问题、旅游需求不足、旅游供给不足、旅游结构问题、旅游产品与服务质量、旅游设施缺乏与老化、旅游交通不便利、旅游信息不充分、旅游交易与经营成本高等问题。旅游问题出现之后,要全面了解旅游问题的属性、影响、规模、现状及解决问题所需的时间和资源,并直接或对照以往经验对问题描述,对解决问题的价值和意义评估,然后决定是回避还是解决,并预期要达成的目标。

(2)随时构思旅游创意

每一次成功的背后,都有"另辟蹊径"的创意。创意是解决问题的"加速器"。如今,创意在社会生活中,尤其在市场经济中,地位显得愈加突出,遍布经济领域的每一个角落,成为一个人取得成功的重要因素。要推动旅游创新创意,须培养创新精神与创新意识,开创想象,培育想象力,不断挑战自己,突破自我。旅游创新可以循序渐进,从模仿创新逐渐到自主创新。

(3)解决旅游问题

创新始于问题提出、创意出现,终于问题解决。创新要把研究和解决问题作为创新的出发点和落脚点,只有创意得到实施、问题得到解决,创新的价值才能实现。问题解决有流程,有方法。掌握了解决问题的流程和方法,创新的成果更容易出现。

3.3.2　旅游创新创业的基本思路

1)旅游创新的基本思路

根据资乔·蒂德与约翰·贝赞特(2020年)的观点,旅游创新可包括4个环节:搜寻、选择、实施、获取。

(1)搜寻

旅游创新的第一阶段是搜寻。我们如何找到创新的机会?有效搜寻,引进创意,保证基因的多样性,可使我们有效地创新。这些创意可能来自于研发、灵感、复制、市场信号、法规、竞争者行为等。下面是旅游创意搜寻的主要策略见表3-1。

表 3-1　旅游创新的搜寻策略

搜寻策略		运行形式
着重于内部的搜寻	内部创新	激发和培育组织内部创新人才
	实现多元化	建立多元化团队和员工队伍
	生成创意	使用创造性工具,产生新的创意
	构想未来	使用预测技术,对未来的可能性探究,并开放创新方案
	公司创业	创建和发展新的企业
着重于外部的搜寻	派遣侦察兵	派遣"创意"猎手,搜寻新的创意触发点
	使用网络	使用网络资源,通过网上社区和现实世界交流
	使用中介作桥梁	将收集创新之网广泛撒到其他行业中,相互联系
	与活跃的用户合作	让用户参与进来,以发现他们改进及发展现有产品和服务的方式
	深度挖掘	研究人们的实际行为,而不是他们所说的
	探索和学习	使用原型法对新现象探索,并以此作为媒介物,引导重要的利益相关者参与到创新过程中
	激活主流群体	为产品和服务的发展带来主流的驱动因素

资料来源:乔·蒂德(Joe Tidd)、约翰·贝赞特(John Bessant),2020年.

（2）选择

第二阶段是选择。我们关心的是战略选择：我们要做什么？做哪些事？为什么？怎么样才能做到差异化而脱颖而出。

创新在本质上是冒险的。因此，对不同机会和市场选择就非常有必要。从备选库中选择最有助于我们成长和发展的创意并开发与商业化。主要从以下 3 方面来考虑。首先，从可供选择的技术和市场机会中，我们可以做什么？其次，基于我们的知识库，我们有什么独特的能力。当然，知识库不一定包含在公司内部，可能建立在外部能力之上。这就须所需的知识、设备、资源形成互补关系。当能够调动内部和外部的竞争力时，战略优势也就产生了。

图 3-1 显示了一个查看创新选择空间的方法。该图的纵轴表示渐进性、突破性这两个创新维度，横轴表示环境的复杂性——旅游要素的数量以及要素之间潜在的相互关系。复杂性增加意味着很难预测未来，因为旅游要素的组合会发生很多变化。由于高度的不确定性，决策的难度愈加明显。

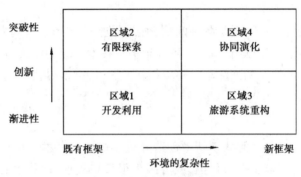

图 3-1　旅游创新选择空间

其中，区域 1 就是在现有旅游发展框架下渐进性创新。它属于常规业务，在稳定条件下的创新，对核心商业模式几乎没有干扰。这是因为现有发展框架的旅游产品、旅游服务与旅游流程创新方面被广泛认可。因此，它主要针对新技术、新理论加以开放利用以进一步改进与完善旅游产品与旅游服务。如酒店针对会议市场，改进会议室，提供会议设施与产品。

区域 2 表示在常规商业模式中进入旅游发展的新领域有限探索。它虽然延伸到了已知知识的边界，但依然在现有旅游发展框架下，已知旅游发展框架确定了今后的发展方向和决策依据。这类选择活动要求更高层面——关键战略投入而非战术性投资。由于探索具有高度的不确定性，在说服决策者时情感因素起了很重要作用。如酒店应用互联网技术提供在线预订服务。

区域 3 表示，在复杂环境中引入新的不同元素以重构旅游发展框架，想出一种新发展模式，将新的元素吸收和整合进去，挑战既有旅游发展体系。如智慧文旅重构旅游发展框架，呈现新的旅游模式。

区域 4 表示前所未有的创新。它表示边界模糊的复杂环境，而创新是旅游利益相关者协同演化过程的结果。它具有突破性的、前所未有的可能性，是围绕未知的既有元素设计新的结构。如引用智慧旅游技术的太空旅游。

（3）实施

旅游创新的第三阶段是实施，即实现创新。在某种情况下，实施阶段可以看作逐渐汇集各种知识并产生创新的过程。投入有限资源做到差异化，将创意变为现实。例如出现新的产品或服务、流程变化或商业模式转变。这个阶段涉及3个核心要素：获取知识、执行项目、创新启动与维持。

①获取旅游知识。在这个阶段，早期各种不确定性逐渐被各种对知识的要求和成本上升的压力所取代。技术和市场研究可以帮助确定在技术上是否可行或有需求。获取知识涉及综合新知识和已有知识来提出解决问题的方案。这很大程度上取决于新概念的性质。如果概念是全新的，创造性活动就有很大的空间。获取知识的途径来自内部研发、技术转让或合作开发等。

②旅游项目执行。它构成了创新过程的核心。通过明确的战略构想与实现这一构想的初步想法，创新市场，为市场投放做准备。其基本挑战来自于在不确定条件下管理项目，并在一定时间与成本预算内交付。

③旅游创新启动与维持。面临各种问题，须启动创新，利用一系列方法来解决各种意料之中和意料之外的难题。在创新活动中，不仅须关注技术问题的解决方案，还要注重旅游产品进入旅游市场所开展的一系列活动。随着创新发展，持续地寻找问题和解决问题，逐渐围绕创新形成相关知识。

（4）获取

第四阶段：获取。我们如何从创新中创造并获取价值与利益？历史上有一些在技术上成功创新的例子，但它们未能提供价值，或者因为很容易实现，被竞争者模仿而失去了竞争优势。从创新中获取价值，须将知识与专利转化为创新，构建旅游发展模式与商业模式，以获取旅游的经济、社会、文化、生态等价值。

2）旅游创业的基本思路

创业的过程，分为狭义与广义两种。狭义的创业过程仅指新企业的创业活动，不包括企业的成长与发展演化过程。广义的创业过程包括从有了创业想法到创立企业再到企业成长与管理，甚至到企业衰退和死亡。这里旅游创业过程是狭义的理解，指从旅游创业意愿到企业创立再到企业进入转型发展期这个过程。它主要包括以下几个阶段：审视创业意愿、坚定创业决心、评估创业机会、构思旅游创意、描绘创业蓝图、撰写创业计划书、整合创业资源、创立旅游企业。

（1）审视创业意愿

创业欲望。欲望是由人的本性产生的想达到某种目的的要求。与普通人的欲望不同之处在于，创业者的欲望往往超出现实，需打破现在的立足点、打破眼前的樊笼才能够实现。所以，创业欲望往往伴随着强大的行为动力和冒险精神。因为欲望，而不甘心，而创业，而行动，这是大多数白手起家的创业者走过的共同道路。

创业意愿指创业的愿望或者创业的想法，强烈的创业意愿表现为创业的冲动。创业意愿是创业过程的起点。为什么一些人想创业,想从事旅游行业的创新创业? 实际上,创业不仅仅是一种职业的选择,更是一种生活方式的选择。他们创业就是为了追求创业的自主、自由的生活方式。当然,不同个体的创业意愿有差异。

(2) 坚定创业决心

创业意愿只是创新行为的前提,创业意愿并不必然导致创业行为。一般在创新决策之前,需进行全面的心理建设和自我评估,要认真思考、反复评估、考虑成熟然后行动(王满四,2018)。

①为什么要创业? 是否有足够的决心? 是否愿意承担风险? 是否愿意或者值得放弃过去的利益?

②是否具备创业者的能力与素质? 是否能承受创业过程的挫折和不确定性? 是具有创业所需要的综合的、全面的素质,还是具备专项特长?

③创业成功的核心资源优势是什么? 具备足够的资本、旅游行业经验、旅游客户资源还是旅游技术创新? 旅游商业运作能力与即将面对的竞争对手相比是否有明显的优势?

④是否有足够的耐心与耐力度过创业期,估计通过多长时间走过创业瓶颈阶段? 自己准备多长时间?

⑤创业的最大风险是什么? 最坏的结果是什么? 我是否能够承受? 不要只想到乐观的方面,对风险要有充分的心理准备,否则,一旦现实状况与想象不一样,就会动摇。

清楚回答以上问题之后,决定是否创业也不迟。

(3) 评估创业机会

一些学者认为,创业就是发现和捕捉机会并由此创造新颖的产品或服务和实现其潜在价值的过程。也就是说,创业是基于识别、发现现实中的创业机会的结果。不过从现实看,创业决策与创业机会识别之间先后关系并没有必然规律。有的人在做出了创业决策之后才开始寻找创业的机会,有的人发现了创业机会后才做出创业决策,有的人有了创业意愿,但却一直下不了决心,或由于各种原因没做最后的创业决策。总的来说,创业机会识别是创业过程中不可缺少的要素与过程。一些创业机会在被发现之前可能看似没有潜力或者潜力很小。在很多时候,被一些风险投资者否定的项目到了另外一些风险投资者那里,却能创造传奇。

(4) 构思旅游创意

旅游创意指针对旅游问题解决与旅游需求转化的、具有创新性甚至原创性的旅游构思。它通过新颖性和创造性构思、想法、点子、观点,提出推动旅游产品与旅游发展的方案,以实现旅游商机,达到旅游发展目标。因此,旅游创意是旅游商机获得的进一步细化,是旅游创业实现的前提与基础。

(5) 描绘创业蓝图

描绘旅游创业的蓝图,即展望未来的希望与前景,包括企业价值、目标市场、企业愿景、使命、发展定位、发展目标、发展规模、发展思路、商业模式甚至制定一份行动规划等。

（6）撰写创业计划书

创业计划书是一份全方位的商业计划，其主要用途是，递交给投资商以便他们能对企业或项目做出评判，从而使企业获得融资。创业计划书一般包括企业概况、产品与服务、行业与市场、发展定位与发展战略、商业模式、营销计划、管理团队与组织计划、财务计划、运营计划、融资方案等。

（7）整合创业资源

创业资源对创业的重要性可以说是不言而喻的。没有必要的创业资源，创业不可能成功；不能有效利用和整合资源，创业举步维艰。获取与整合创业资源一般包括，分析创业者现有资源、资源的缺口与目前可获得的资源供给、制定通过一定渠道获取所需资源的方案。

（8）创立旅游企业

有了创业意愿，也有了创业机会和创业资源，接下来创业活动实施，即创立企业。成立新创企业，须确定企业的性质、管理团队、管理方式，明确企业的核心竞争优势，辨识当前问题和潜在问题，完善企业控制系统。

3.4　旅游创业团队及组建

3.4.1　旅游创业团队的内涵

创业团队是企业成功的关键因素。创业者首要的一项工作就是组建创业团队。

1）创业团队的概念

创业团队有狭义和广义之分。狭义的创业团队指具有共同目的、共享创业收益、共担创业风险的一群经营新成立的营利性组织的人。广义的创业团队不仅包括狭义的创业团队，还包括与创业过程有关的各种利益相关者，如风险投资商、供应商、专家咨询群体。

2）创业团队构成要素

创业团队一般由目标、人员、角色和创业计划四大要素组成。

（1）目标

这是凝聚团队人员的重要因素。

（2）人员

团队的每个成员作为知识的载体，所拥有的知识对创业团队的贡献程度来决定企业在市场中的命运。如果要创建一家公司制企业，就须按规定成立董事会，由公司股东选举监督企业管理的个人小组。董事会一般由内部和外部董事构成。此外，在许多情况下，创业者还须依靠一些专家顾问，与他们互动交流，获得重要的建议与意见。

（3）角色

明确团队成员在企业中担任的职务和承担的责任。

（4）创业计划

制定成员在不同阶段分别要做的工作以及指导计划。

3) 创业团队的类型

这包括两类创业团队:核心式创业团队与圆桌式创业团队(王满四,2018)。

（1）核心式创业团队

它是一种核心主导的创业团队。核心式创业团队＝创业带头人＋创业成员。核心式创业团队由一位非常有能力的创业带头人建立和领导。创业带头人是团队的核心,既是队员,也是教练员,是团队的领跑者和企业文化的创造者。团队核心吸引其他关键管理成员,其他成员围绕这个核心运转。创业带头人的领导能力和技巧,是投资家苦苦寻找的最有价值的东西之一。成功的创业领导人之所以是核心,因为他们对事业忠诚,值得信赖,并且能够营造良好的氛围,帮助大家有效行动和克服重重困难,愿意和团队伙伴、员工们一起分享财富,并为员工绩效和行为表现制定高标准。许多创业者都有一流的思想与创意,但很多却因为三流的实施而失败。这可能是在实施中缺乏经验,疏于管理。

核心式创业团队有几个明显的特点。

①权力过于集中,容易决策失误,风险加大。

②当团队成员之间产生矛盾特别是主导人物与某一团队成员之间发生冲突甚至激化时,成员一般会选择离开,组织的团结受影响较大。

③由于核心主导人物的领导关系,组织的结构较为紧密,向心力和凝聚力强,主导人在组织中的行为对其他个体的影响较大。

④领导人物占主要引导位置,决策程序相对一般团体的决策程序简单,在一定程度上可提高组织效率。

（2）圆桌式创业团队

圆桌式创业团队也称为群体性团队,一般由几个志趣相投的人组成。这种团队的成员之间可能因为经验、专长和共同目标等因素而走到了一起。他们之间没有核心,仅一起发现商业机会和发挥各自专业优势。团队成员能充分运用团队内部分工,参与者发言权较大,相互持有平等关系和团队协作关系。

圆桌式创业团队主要特点包括如下。

①一般集体决策,须大量采集成员的意见和烦琐地沟通才能达成一致意见,决策效率相对较低。

②团队中没有明显的核心,容易结构松散。

③由于地位相似,因此,当意见不一致时,各成员容易产生争执。

④当成员发生冲突时,一般采取积极态度去消除冲突,并沟通和协商,团队的成员不会轻易离开。但成员冲突进一步激化时,若某些成员撤出,整个团队很容易涣散。

3.4.2 旅游创业团队组建的原则

在创业的成功率上,团队创业要高于个人创业。建立一个志同道合、优势互补的团队是创业成功的前提。团队形成的目的是,通过互补,增加信息量,降低信息不足带来的风险。实际上,每个公司都有经营风格,每一个创业团队都有固有的基因。因此,创业者若想组建一支优秀的创业团队,应该明确一些基本原则。

1) 目标一致原则

各团队成员应商讨,确定企业的发展目标及公司愿景,弄清楚企业的奋斗方向。在定目标的时候,须切合企业的实际情况。团队的战斗力是由战略的正确性和团队的执行力来决定的。

2) 精简高效原则

未来节省创业初期的投资,能够以少投入多产出的方式获得成效,创业团队人员应当根据企业的具体规模谨慎选择成员数量,当企业规模不大时,团队人员过多会加大创业的难度和企业负担。

3) 互补原则

创业者选择以团队方式开创企业,其目的就是团队成员之间可以相互取长补短,让问题更好地解决。只有当各成员在各领域都有专长的时候企业运营过程中所需要的经验、技术、知识等才能得以满足并且发挥"1+1>2"协同效应。

4) 动态原则

企业初创期充满了不确定性,刚创立的团队欠缺稳定性。因此,在团队成长和企业发展阶段,内部因素或外界环境因素可能使团队成员有所变化,旧成员离开,新成员加入。团队必须保持平衡动态性,让适合团队的人加入。

【知识拓展】

完美创业团队——唐僧取经团队

有人说:"中国历史上有两个经典团队,一个桃园三结义的刘备团队,另一个是西天取经的唐僧团队。"下面来分析唐僧团队情况及其启发。

1.唐僧取经团队

《西游记》作为中国四大名著之一,其故事不仅包含了博大精深的传统历史文化精髓,还蕴含了丰富的现代创业团队组建之道。他们5人凭借性格、能力的优势互补形成了完美的组合,历经九九八十一难,取得真经。

唐僧作为团队领导,什么都不懂,不会武功,但他知道要取经,目标很专一,始终不忘初心。唐僧是团队领导和核心,他定义了组织的目标战略和组织文化,虽然看起来他并没有什么业务能力,但是他在领导西天取经这件事,没有他取经团队将立刻解散。

孙悟空武功高强,品德不错,属于技术骨干或者营销主力等问题解决型人才,并且没有别的适合人选。没有他,取经团队将困难重重。唯一的遗憾是脾气暴躁,每个单位里都有这样的人。

猪八戒是行政类员工,在团队日益扩大时,一定须对组织建设和管理,否则组织内部的矛盾将影响组织发展。猪八戒这个成员,看起来好吃懒做,贪财好色,不肯干活,最多牵下马,好像留在团队里没有什么用处,其实他还是有很大用处的,因为他性格开朗,能够接受任何批评而毫无负担压力,在项目组中承担了润滑作用。没有猪八戒的组织润滑作用,组织的运作将不那么顺畅。猪八戒虽然滑头,懒一点,但没有他,生活少了很多情趣。

沙僧是后勤保障类员工,是组织进一步扩大后引进的服务力量,作用是挑行李,偶尔帮忙出战等。沙僧解放了组织中孙悟空和猪八戒,让他们能够更好地投入自己的业务中。沙僧是言语不多、任劳任怨、情绪内敛、处世低调的乐天派,总能够充满耐心地应对那些复杂多变的局面。沙僧这样的人在单位里是最多的,不讲人情、理想、价值观,踏踏实实上班。

白龙马是专门为唐僧服务的人员,是唐僧办公、出差用的座驾,身份地位的象征。如果沙僧是后勤部长,那白龙马就是老板的秘书加司机。他平时默默无闻,兢兢业业,行事低调,但危急时刻能发挥自己的作用。

就是这样5个看起来有不少缺点的平凡人,最后历经九九八十一难,取得了真经,创造了奇迹。这种团队是最好的团队,这样的企业才会成功。我们都是平凡的人,平凡的人在一起做一些不平凡的事就是团队精神。

这个故事告诉我们,一个高效的合作团队必须是互补的,包括在性格、性别、年龄、专业、能力、经历、文化等方面,这是团队领导者最关心、最操心的事情之一,因为团队决定成败。

2.唐僧取经团队的启发

我们把《西游记》中角色搬到现实中就可以得出一个结论:要打造一个高绩效的团队,上面的5个角色缺一不可。没有唐僧就没有目标,就没有团队的包容力和凝聚力;没有孙悟空就没有勇于尝试的创新力,就没有勇于担当和变革的能力;没有猪八戒就没有团队的活力和快乐,就没有人与人之间的亲和力;没有沙僧就没有规规矩矩、踏踏实实的执行力,就没有任务的扎实落地。

(1)唐僧——完美型性格的象征

唐僧的兴趣在于探索人的心灵世界,追求至真、至善、至美的艺术品位,能够以缜密的思维和杰出的才华创作美不胜收的惊世之作品。

他是如此严肃认真、注重细节、执着追求真理,有很坚韧的品性和极高的原则性,不达目的不罢休,以至于被观音菩萨视为一个理想的授权对象。他的座右铭是,既然值得去做就应该做到最好。因此,他不在意做得有多快,却绝对在意做得有多好。他代表着工作的高标准以及优秀的团队文化管理。

和唐僧一样,典型的完美型性格的人往往着眼于长远的目标。他们比其他性格类型的人想得多,所以总能够从一个更高层面来看待问题。他们有着异乎常人的天赋,因而表现出哲学、艺术等多方面才华。他们识英雄，颂英雄，为感情挥泪。他们崇尚美德，并且孜孜不倦于探索人生的意义。他们乐于为自己选择的事业做规划，并确保每个细节都能做到完美无瑕。

然而，完美主义倾向使得他们对自己和别人的要求过分严格。由于他们对事物的缺点相当敏感，他们总没法快乐起来，并且容易受到伤害。他们感情内向，过分自责，甚至到了庸人自扰的地步。

（2）孙悟空——力量型性格的杰出代表

他似乎永远充满活力，永远在超越自己的极限。他的字典里有两个重要词：目标和成功。和孙悟空一样，这种性格的人比其他性格类型的人更加崇尚行动。他们通常是组织中的铁腕人物，目光所向，无坚不摧。他们在意工作的结果，对过程和人的情感却不大关心。他们喜欢控制一切，并强硬地按照自己的意愿发出指令。他们显得那么霸道、粗鲁和冷酷无情。

（3）猪八戒——活泼型性格的象征

如果说完美型的唐僧崇尚美德，力量型的孙悟空崇尚行动，那么，活泼型的猪八戒崇尚的则是乐趣。有好事者在互联网上做过调查，猪八戒是《西游记》中最鲜活有趣的人物。

和猪八戒一样，典型的活泼型性格情感外露，热情奔放。他们懂得如何从工作中寻找乐趣，然后在绘声绘色的描述中，回味那些令人兴奋的细节。他们通常是滔滔不绝的故事大王，他们的生活永远多姿多彩。

然而，他们似乎总说得多做得少。只要他们在场，就永远是欢声笑语，可一旦遇到麻烦，他们就会消失得无影无踪。他们似乎是一群永远长不大的孩子，好逸恶劳，贪图享受，不成熟，没有条理，缺乏责任心。

（4）沙和尚——和平型性格的象征

和沙和尚一样，和平型最令人欣赏的特点之一，就是能够在风暴中保持冷静。他们习惯于遵守既定的游戏规则，习惯于避免冲突和考虑立场。他们乐天知命，对生活没有很高的期望和要求，因此，很容易安于生命中的起伏变化。他们如此友好而平静，以至于能够接纳所有麻烦。他们是所有人的好朋友，他们因为天赋造就了良好的人际关系。

然而，他们似乎总是没有主见、不愿负责、缺乏热情。他们不喜欢出风头，总是嘲讽那些处在风头上的人和事。他们总得过且过，以致显得平庸，甚至有些马虎和懒惰。

（5）白龙马——沉稳型性格的象征

与和平型性格类似，白龙马沉稳型性格表现为内敛、低调，在领导面前能够脚踏实地而不总想着表现自己，在团队里能够忠于职守、安心本职工作。但不同的是，白龙马更加任劳任怨、耐力超群，作为秘书与司机，不仅知道老板的一切日常生活及工作内容，而且随叫随到，兢兢业业，行事低调。当领导与团队出现危急时，展现不畏艰险、意志坚定、智慧卓绝的一面，发挥自己特殊才干，为领导与团队排忧解难。

3.小结

从唐僧师徒成功的例子中可以看出，一个优秀的创业团队，就必须要有坚定信念的领导者，同时还要具备不同特征的人才。同时，不同人才之间相互配合。只有这样企业才能不断地发展壮大，在商场上开拓出属于自己的一条成功之路。

（资料来源：搜狐网）

3.4.3　旅游创业团队的激励

1) 团队激励的作用

激励是为了特定目的而去影响人们的内在需要或动机而强化、引导或改变人们行为的反复过程。创业团队激励的作用在于：

①吸引优秀的人才加入团队，使团队不断发展壮大，加强组织凝聚力。

②开发成员的潜在能力，提高素质，促进团队成员充分地发挥其才能和智慧，保证工作的有效性和高效率。

③提高团队的自觉性、主动性和创造性，造就良性创业环境。

2) 团队激励的手段

团队激励须实施合理的分配方案，制定科学、公正、有效的激励机制。主要的激励手段如下。

（1）经济利益激励

首先，将短期经济激励和长期经济激励相结合。短期经济激励主要以传统的现金为代表，长期经济激励以期权为代表。在创立初期，团队内应该签署协议，明确每个团队成员的名义股份以及按服务时间逐步释放原则。比如，技术总监名义股份为 10%，则这些股份应该在其在公司工作 3 年、发挥相应作用后得到。

其次，建立团队合作奖励机制。将个人的一部分报酬尤其浮动薪酬与团队成果有机地结合起来。在年度固定薪酬调整时，考虑个人在团队合作方面的表现。

（2）权力与职位激励

通常，创业者的进取精神极强，创业团队通常是高知群体。他们不仅仅为追求经济利益，也为了得到成就感以及权力和地位上的满足。对于具有成就需要和权力需要的人来说，从成就和权力中得到的激励远远超过物质。同时，从团队的生命周期来看，团队发展到追逐权力的阶段时，团队冲突增加，团队效率降低。因此，在指定激励措施时，须满足目标结合原则，设置目标是关键环节，目标设置必须同时体现企业目标和个人目标。

（3）其他激励

①容许失败。容许失败是积极向上和富有创新精神的典型特征之一。创业过程是一个不断试错的过程，管理者应让一切具有创新精神，当理由与方法正确的时候，即使失败，也是值得鼓励的。

②奖励与处罚相结合。激励不全是鼓励，它也包括负激励措施，包括罚款、降职、降薪甚至淘汰。虽然创业很艰辛，也须奖惩分明。

③激励还须考虑个人贡献价值，且不仅考虑某一阶段业绩，还须考虑整个创业过程的表现。

【思考题】

1.谁在旅游创新创业？他们有什么特征？

2.旅游创新创业者应具备哪些基本素质与能力素质？

3.应如何开展旅游创新创业？它有哪些来源与思路？

4.应该怎么组建旅游创业团队？

5.你知道哪些创新创业人物？他们是怎么创新创业的？体现了什么个人特质？

第4章
旅游创业机会与风险识别

【学习目标】

1. 了解旅游创业机会与创业风险的概念与内涵,了解旅游创业机会的评价方法。
2. 理解旅游创业机会与创业风险的来源与类型。
3. 掌握旅游创业机会的识别方法与旅游创业风险的防范策略。

【案例导读】

小红书在红海中发现商机

1.小红书简介

小红书是年轻人的生活方式平台,由毛文超和瞿芳于2013年在上海创立。小红书以"Inspire Lives 分享和发现世界的精彩"为使命,用户可以通过短视频、图文等记录生活点滴、分享生活方式并基于兴趣形成互动。2019年1月16日,小红书注册用户量突破2亿。2019年10月,小红书月活跃用户数已经过亿,其中,70%用户是90后,并持续快速增长。

美国商业杂志《快公司》(*Fast Company*)发布"2019中国最佳创新公司10强"榜单。其中,美团、阿里巴巴、小红书3家互联网公司位列前三。

2013年创立至今,小红书的确走出了一条其他平台难以复制的发展道路。小红书经历了从攻略分享到经历分享再到生活片段分享社区的平台定位升级,同时,其"社区+电商"模式,让消费者在站内实现了种草、分享到购买的体验闭环。如今,小红书用户所创造的泛生活类UGC(User Generated Content,用户生成内容)内容和消费口碑已经覆盖了全球120多个国家和地区。小红书创始人是如何发现创业机会并创建小红书的呢?

2.小红书创业背景

中国进入21世纪后,随着国民经济快速发展,居民收入稳定增加,旅游需求出现快速增长的趋势。2009年,国务院《关于加快发展旅游业的意见》提出了"将旅游业培育成国民经济的战略性支柱产业和人民群众更加满意的现代服务业"战略目标,并明确指出"以信息化为主要途径,提高旅游服务效率"。由于在线旅游具有交易成本降低、旅客自主化服务、旅客积极互动等优势,因此成为推动旅游经济发展的新兴力量。

2003年,创始人毛文超离开家乡武汉,考入上海交通大学机械电子专业。2007年毕业在即,他同时拿到麦肯锡和贝恩咨询的实习机会,最后,毕业留在了贝恩咨询,做起了令无数人羡慕不已的咨询师。两年之后,他加入了一家私募基金公司,从事投资工作。2011年,在工作4年之后,他拿到斯坦福大学MBA的Offer,去加利福尼亚待了2年。2012年暑期参加了腾讯资助的"创业夏令营",认识了很多投资人。这使毛文超认识到,这时回到国内创业,时机和氛围可能是最好的。2013年,毛文超回到上海,拿到真格基金徐小平等天使投资的启动资金,找到瞿芳,共同创立小红书。

3.小红书创业机会识别——国际旅游购物

2013年,中国在线旅游具有诸多相关的产品:穷游、马蜂窝、去哪儿、面包旅行、在路上、蝉游记、TouchChina、爱旅行、世界邦、孤独星球、未来会、景点特价门票等,但是,这个红海里边,有一个痛点被大家忽略了,那就是购物旅游。

小红书创始人毛文超认为,如果一个热爱旅游的人也是一个热爱购物的人,那么如今市面上各种形式的旅游攻略可能都不太适合。很容易发现,无论在互联网上如何搜索旅游攻略,旅游就只是旅游,没有任何购物攻略,这实在是让购物狂们抓狂的一件事。要说旅游,有大批旅游平台;要说购物,电商平台更是眼花缭乱。但旅游购物偏不是那两个方向,而是这两个窄窄的交集。小红书抓住了这个市场,而且早早认定这个"窄窄的"领域——国际旅游购物有大商机。

4.小红书的定位

当时,两位创始人给小红书的定位明确为,一个提供出境购物信息、分享购物需求和心得的平台,搜集各地达人心得,为出境购物爱好者提供详细的购买攻略。

5.小红书的产品

基于上述定位,小红书提供了两款移动产品:购物攻略与购物笔记。二者既互补,又互有差异。

(1)购物攻略。旅游攻略侧重于目的地跟购物相关的相对静态的信息,如什么品牌值得买,什么商场值得逛,什么时候是打折季等。由住在当地的达人提供,为用户推荐不同国家、地区退税打折出行信息,推荐各地本土品牌特色商品、行程中不可错过的购物场所及地图索引等。

早期,作者都是两位创始人一个个找来的,要么是朋友,要么是朋友的朋友。这些"作者"大多在当地生活多年,对当地购物信息了如指掌。这些攻略提供了目的地性价比最高、最有特色的品牌介绍,同时,将最热门的商圈购物总结成册,一站式答疑解惑。不仅可打印或以PDF形式携带,更能通过App下载后离线阅读。攻略产品能满足那些不爱在网络上分享、晒购物信息的轻度用户的需求。

(2)购物笔记。攻略虽好,可是它是基于事实的静态信息,无法做到信息碎片化,也不能时时更新。于是购物笔记应运而生。购物笔记是小红书团队主要关注的产品,完全是UGC(User Generated Content,用户生成内容)模式的购物分享社区类产品。在购物攻略推出之后,很多用户非常希望看到更多实时变动的动态信息和其他旅行者的购买推荐。如购买iPhone,用户除了知道在哪里买、价格多少之外,还想知道是否须预约、是否限购、排队要多长时间、Air/Mini有没有货、怎么过关等,这些都不是简单的攻略可以解决的。因此,小红书推出了购物分享产品——购物笔记,鼓励大家将自己在海外买好的产品分享到这个平台上,跟同样爱购物的小伙伴们互通有无。它把每天都有变化的、动态的购物情况记录下来,让人们看到"流动"的信息,这就使购物信息丰富化、立体化很多。2013 年 12 月 4 日购物笔记上线后,10 万余人下载了这个免费应用。2013 年 12 月,小红书上线一周后,毛文超前往香港,上传了为朋友代买的 iPhone 5s,结果引来 100 多条留言,包括"限购吗""排队吗""金色有吗""能刷信用卡吗""能刷不是自己名字的信用卡吗"等五花八门的内容。2 个月后春节,社区里挤满了分别从美国、日本、韩国、中国台湾等地海淘整箱 iPhone 5 的心得。那年春节,小红书的系统差点崩溃。七天假期里,用户数量增长了整整 7 倍,而且一分钱推广费也没花。

6.小结

小红书发现出境购物旅游的机会,专注服务特定人群的出境购物社区,提出使用简单、易于操作的产品,强化互动、及时更新和维护,提供最新、最全的境外购物攻略和购物动态,获得了人们的信任,并取得了成功。

(资料来源:小红书官网。)

【思考与讨论】

1.在创立之初,小红书抓住了什么社会需求与痛点需求?

2.基于该需求与痛点,小红书怎样构思? 出台了什么产品?

3.该产品有什么特点? 是否符合社会需求? 是否解决了人们的痛点需求? 为什么?

4.1　旅游创业机会的概念与内涵

4.1.1　旅游创业机会的概念

真正的创业过程开始于创业机会,其核心是旅游商机,而不是资金、战略、关系网络、工作团队或商业计划。

关于创业机会的概念,熊彼特指出,创业机会是把资源创造性地结合起来、满足市场需要并创造价值的一种可能性。柯兹(1997)认为,创业机会的本质是市场的不完全性。哈伯特(1997)认为,创业机会是一些亟待满足且有利可图的市场需求。斯坦福大学的 D.School 将创业机会界定为高效能的顾客潜在需求(王满四,2018)。一些学者认为,创业机会指形成新的手段、新的目标或者新的手段—目标关系以达到引入新产品、新服务、新原材料、新的组织方式的可能性(Eckhardt et al.,2003;Shane et al.,2000)。国内学者刘志阳等(2021)则认为,创业机会(或创业商机)指有吸引力的、较为持久和及时的一种商务活动的空间,是一种能满足尚未满足的有效需求的可能性,它最终表现在能够为消费者或客户创造或增加价值的产品或服务之中。张玉利等(2017)认为,创业机会是预期能够产生价值的清晰的目的—手段组合。

综合上述概念,本书认为,旅游创业机会指对游客具有吸引力的、能满足潜在旅游需求的、预期可创造旅游价值的可能性。

4.1.2 旅游创业机会的内涵

旅游创业机会的内涵,具有以下几个方面。

1)可解决旅游需求与旅游问题的机会

旅游创新创业有机会提供旅游卖点以解决旅游需求与旅游问题。尤其在解决旅游痛点、推出旅游爆点的时候,游客的需求会显现出高度的刚性,从而一片蓝海市场(未知的市场空间)可被开辟。

2)预期可创造高效能旅游价值

旅游创业必须为旅游消费者创造或增加旅游价值,尤其创造高效能旅游价值。是否创造旅游价值有两个判定维度:一是从游客的"量"来看,是否具有规模量或者潜在的可提升的增长空间,从而产生规模经济;二是从游客的"质"来看,是否是高质量客户,即单个客户的利润贡献价值较高。"量"或"质"都可,如可兼而有之,则能实现"高频高效",更好地保障和提升创业机会的含金量以及项目可提升的空间和余力。

旅游商机的重要特征是设想中的旅游产品或旅游服务具备潜在的市场需求。而旅游市场的潜在需求是,旅游产品和旅游服务的增值特征能够为目标客户创造显著的价值。如,旅游目标市场具备成长潜力(例如,预期的增长率可达到20%以上),产品的改善空间足以在相当一段时间内创造高额利润(通常在刚上市的头一年或更长时间内,新产品毛利润在40%),以及良好的现金流等。

3)具有清晰的"目的—手段"组合

清晰的"目的—手段"组合指,旅游创业机会不仅须明晰具体的目的,如解决某一个问题、满足某一类需求,还须制订达成目的的清晰的手段,可将富有创意的商业概念转化为系统性强和可操作性强的旅游产品与旅游服务。

好的旅游创意未必是好的商机。实际上,以商业计划或商业建议等形式呈送给投资者的每100个思路中,通常只有4~5个最后会成为选定对象。在这些被否定的思路中,80%以上在最初的几小时甚至在没被打开商业计划前就被否定。只有不到10%的商机吸引住投资者并要经仔细地审查研究,一般要经历几星期甚至几个月。所以,对创业者来说,学会快速地估计是否存在真正商业潜力以及决定该在上面花多少时间和精力是一项重要的技能。

4.1.3 旅游创业机会的特征

旅游创业机会,具有以下几个特征。

1)旅游吸引性

对游客具有吸引力,是旅游创业机会的前提。旅游创业创意一定要有吸引力。在市场竞争的环境下,旅游吸引力的内涵可表现在以下几个方面。

（1）新颖性

新颖性即新技术、新工艺、新建筑、新设施设备、新装修、新旅游产品、新旅游线路、新服务、新环境等,让人耳目一新,提升旅游动机与旅游体验。

（2）优质性

向旅游市场提供高质量的旅游景观、优质产品和优质服务,把提高和保证产品质量、创立品牌作为竞争的主要策略。

（3）廉价性

低价是硬道理。在质量相同的情况下,低价格就是为客户创造价值。

（4）快速性

在市场竞争中,许多企业都在争新、争优、争廉,但只有快新、快优、快廉才能赢得市场竞争的主动性。如旅游交通快捷、旅游服务快速等。

（5）慢旅行性

慢旅行性能让游客慢慢享受旅程,延长消费时间,从而增加消费,提高旅游收入。如快旅慢游、度假旅游、沉浸式旅游等。

2) 现实可能性

现实可能性是在现实中有充分根据和必要条件就可能转化为现实的可能性。唯物辩证法认为,现实的可能性是由事物内部的主要内容、本质、发展规律所决定的一种可能性。当实现可能性所必需的各种条件的总和全部具备时,现实的可能性即转化为现实。换句话说,旅游创业必须能在现行的商业环境中行得通。有价值的创业机会能让创业者在承担风险和投入资源之后不仅收回投资也创造更高价值。即消费者认为购买的旅游产品或服务比购买其他旅游产品或服务能够获得更高价值,这体现了创业机会的价值性。

3) 时效性

旅游创业具有一定时效,须抓住时机,否则转瞬即逝。也就是说,它必须在机会窗口存在的期间被实施。机会窗口指商业创意被推广到市场上所花费的时间。新产品市场建立,机会窗口就打开;随着市场成长,企业进入市场并设法建立有利可图的地位;在某个时点,市场成熟,竞争者已经有了同样的想法,并把产品推向市场,那么,机会窗口会关闭。因此,特定的创业机会仅存在于特定的时段内,创业者务必要把握这个"黄金时间段",这体现了创业机会的时效性。

4) 有必要的创业资源

创业资源指在创业创造价值的过程中需要的特定的资产,包括有形与无形的资产,它是新创企业创立和运营的必要条件,主要表现形式为人才、资本、技术和管理等。如果没有必要的创业资源,创业机会再好,创业者也无法利用,对于特定的创业者来说,这样的市场机会不能称之为创业机会。

4.2 旅游创业机会的来源

旅游创业机会主要来源于旅游需求、旅游问题、旅游资源的潜力挖掘与创新、旅游制度与政策变革、旅游市场与竞争、创造发明与新技术旅游应用等。

4.2.1 旅游需求

1) 旅游需求的概念

旅游需求指,在一定时期和一定价格条件下为了满足旅游需求,具有一定支付能力的人们愿意购买的旅游产品的数量。

2) 旅游需求的层次

美国心理学家马斯洛认为,人们有 5 个层次的需求:生理需要、安全需要、社会需要、自尊需要、自我实现需要。世界旅游组织(World Tourism Organization, UNWTO)和联合国统计委员会推荐的旅游的技术性统计定义中,旅游目的包括六大类:休闲、娱乐、度假,探亲访友,商务、专业访问,健康医疗,宗教/朝拜,其他。旅游需求特征具有整体性、指向性、多样性、复杂性、高弹性、高层次性、季节性等。因此,除了旅游的目的之外,旅游者的需求还有吃住行游购娱等。

3) 旅游需求的类型

根据旅游需求的特性,大致可以分为 3 类:痛点需求、痒点需求、爆点需求。

痛点是市场不能充分满足的而旅游者迫切需要满足的需求,也就是旅游供给链中的阻碍、瓶颈与关键限制因素,是能够触发人强烈渴求的动机或产生负面情绪的原因。因此,痛点需求是旅游产品/服务亟须解决的问题,而且这种问题往往都是刚需。

痒点是用户/消费者需要的东西,但不是刚需。也就是说,痒点不能解决用户刚需,但能够让用户使用时方便、快捷、舒适很多,体验上升级但起的实际作用不一定很大。

爆点是对市场具有强劲吸引力的卖点。其特点是,与其他卖点相比,同等投入时,游客可获得成倍的旅游体验。

发现并满足旅游需求尤其是旅游痛点与爆点需求,是旅游创业机会最为重要的来源。

4) 旅游需求的影响因素

旅游需求的影响因素包括旅游消费者因素、旅游供给者因素和二者之间的因素。

(1)旅游消费者因素

旅游者消费的因素主要包括主观因素和客观因素。

①主观因素。主要包括旅游者的旅游动机和旅游消费习惯。旅游动机指旅游者为了满足某种需求驱使其产生旅游行动的内在驱动力。随着我国经济飞速发展,居民的生活水平显著提升,人们追求高质量的生活,尤其追求高层次的精神文化生活,旅游动机必然增强。其中,田中喜一将旅游动机归为 4 类:心情的动机、身体的动机、精神的动机和经济的动机。罗伯特·麦金托什将旅游动机分为 4 个类型:身体健康的动机、文化动机、人际动机、地位与声望的动机。克朗普顿(1979)将旅游动机分为 7 种推动型动机与两种拉动型动机,前者包括逃避世俗环境、寻求自我和评价自我、放松、声望、回归、增进亲友关系、加强社会交往,后者包括新奇、教育。Krippemdorf(1987)认为,旅游动机包括消除身心疲惫及康体、社会补偿与社会整合、逃离现实、人际关系、扩展心智、追求自由与自主、寻求自我实现和获得快乐等方面。旅游消费习惯则包含习惯性消费生活、消费态度以及旅游是否为生活必需品等。

②客观因素。涉及以下几方面。a.个人可自由支配收入水平与收入分配状况:理想的收入分配模型为仿槌型,即低收入和高收入人数少,中产阶层人数多,有利于整体旅游需求。b.度假的时间与权利:涉及闲暇时间多少与连续性、时间机会成本等。c.旅游消费政策:鼓励或限制旅游消费,如某些发展中国家对出境游限制。d.人口状况:总人口数、人口结构等影响出游水平与旅游需求。

一般情况下,可自由支配收入、闲暇时间同旅游需求量之间正相关,即可自由支配收入越高、闲暇时间越多,则对旅游需求量越多;可自由支配收入、闲暇时间越少,则对旅游需求量越少。

(2)旅游供给者因素

旅游供给者因素主要包括以下几个方面。

①旅游产品及其质量。涉及观光旅游产品、休闲度假旅游产品、文化旅游产品、各种专项旅游产品等旅游产品的质量、服务水平及发展趋势。一般来说,观光旅游产品是旅游发展的基础,随着社会经济发展,休闲度假旅游产品、文化旅游产品、各种专项旅游产品越来越受欢迎。

②价格水平。不同价格水平对不同细分市场具有不同吸引力。

③其他因素。如供给竞争程度、政治稳定与安全等因素。

一般来说,不同旅游产品的旅游需求随价格变化而变化,具有以下几方面的特点。

①旅游产品档次不同,需求价格弹性不同。作为非必需品,一般来说,经济型旅游产品对价格较为敏感,需求价格弹性较大;豪华型旅游产品对价格不太敏感,需求价格弹性较小。

②旅游产品类型不同,需求价格弹性不同。会议、公务、商务等对价格不够敏感,需求价格弹性小;度假、观光、购物等对价格较为敏感,需求价格弹性大;旅游产品是多种单项产品构成的综合体,各种单项旅游产品的需求价格弹性各不相同,不能一律采用降价策略来吸引游客,须看需求价格弹性情况。

(3)旅游消费者与旅游供给者之间的因素

①比较价格:汇率、货币成本。

②促销努力。

③旅行的时间/费用。

④签证等。

⑤不寻常的事件:政治、军事、外交等冲突或突发事件。

4.2.2　旅游问题

1)发现旅游问题的意义

创业的根本是满足旅游需求,而没满足旅游需求的表现就是旅游问题。寻找旅游创业机会的一个重要途径,就是善于发现和体会自己和他人在需求方面的旅游问题。寻找旅游创业机会的另一个途径,就是勇于面对旅游投诉。在精明的经营者心中,投诉是宝贵的旅游信息资源。以投诉与线索来了解和发现已有旅游产品和服务的不足,找准问题的关键,有针对性地改进原有产品设计,就能找到商机。日本著名的华裔企业家邱永汉先生有一句名言:"哪里有人们为难的地方,哪里就有赚钱的机会。"

2)旅游供求矛盾

旅游供求矛盾是旅游问题的主要表现形式。它包括以下几个方面。

①数量矛盾:接待能力供不应求或供过于求。

②质量矛盾:旅游设施、服务质量与旅游需求、旅游预期不相吻合。

③时间矛盾:旅游供给的常年性与旅游需求的季节性。

④空间矛盾:旅游空间失衡,冷热点分布不均。

⑤结构性矛盾:旅游供给的类型、项目、档次、等级与旅游需求不相适应。

从旅游发展的现状来看,旅游供求的数量矛盾日益转变为质量矛盾与结构性矛盾。

3)旅游典型问题

对旅游企业与旅游目的地来说,旅游问题主要如下:

①旅游吸引力问题。旅游资源、旅游产品、旅游形象、旅游设施、旅游商品、旅游标识、旅游服务、旅游品牌等的吸引力不足与开发建设问题,导致旅游市场开拓困难,游客量与旅游消费不足,旅游经营乏力。

②旅游客源问题。旅游需求、旅游者数量、旅游消费等不足,导致旅游收入有限,企业财务状况不够好。

③旅游定位问题。目标不明确、定位不清晰,导致旅游决策不清晰,旅游发展混乱,旅游体验差。

④旅游商业模式问题。这会导致企业盈利能力差。

⑤旅游承载力与可持续发展问题。如旅游目的地旅游容量不足、文化保护不力、社会就业与公正问题突出、环境污染与破坏严重、环境质量不高等。

⑥旅游要素配套问题。包括基础设施、人才、资金、技术、制度、空间等的配套不协调,导致各部门协同能力不足,整体效益较差。

4.2.3　旅游资源的潜力挖掘与创新

旅游资源(Tourism Resources)指自然界和人类社会凡能对旅游者产生吸引力、可以为旅游业开发利用并可产生经济效益、社会效益和环境效益的各种事物和因素。它的特点具有吸引性、多样性、地域性、可创新性等。旅游资源是旅游开发与发展的重要基础。旅游资源的潜力挖掘和创新可为旅游创新创业提供各种可能性,创造着旅游产品、旅行服务、旅游接待等各种创业机会。

按照不同划分标准,旅游资源可以分成不同类型。

①按产生的原因和属性,可分为自然旅游资源、人文旅游资源。

②按增长情况,可分为不可再生型旅游资源、可再生型旅游资源。

③按旅游功能,可分为观光型、参与型、休闲度假型、购物型、保健休疗型、文化型、感情型等旅游资源。

④按照级别,可分为世界级、国家级、省级、县级旅游资源。

⑤根据国标《旅游资源分类、调查与评价》,旅游资源可分为 8 个主类:地文景观、水域景观、生物景观、天象与气候景观、建筑与设施、遗址遗迹、旅游商品与人文活动。

4.2.4　旅游制度与政策变革

创业机会与制度、政策紧密相关。制度与政策规定着社会成员的行为规范,制度与政策变革则激励或约束着人们的行为,可引导旅游消费、旅游投资、旅游供给行为。如中国的改革开放政策推动中国 3 次创业浪潮;1999 年,中国实行"黄金周",出游人次激增,推动大量旅游商机产生。旅游制度包括正式的与非正式的制度。其中,正式制度以旅游政策为主导。

旅游政策功能主要包括 3 个方面:直接干预、间接诱导、法律规制。

①直接干预。政府以审批制、许可证制、配额制、直接投资经营、价格管制等方式,直接干预产业的资源配置和运行姿态,以实现预定的产业政策目标,如疫情期间暂停收取旅行社保证金。

②间接诱导。各种政策可提供信息服务、技术培训、税收优惠、投融资支持、财政补贴、关税保护、出口退税等,引导企业的市场行为,支持企业的生产经营活动以实现预定的产业政策目标,如小微企业税收减免政策。

③法律规制。以立法的方式,颁布法律、法规严格规范企业的市场行为、产业管理部门的职能、政府执行机构的工作程序、政策目标与措施等,实现预定的产业政策目标,如旅游法的各项规制。

4.2.5　旅游市场与竞争

竞争是旅游企业创立、生存和发展的动力。旅游市场竞争指旅游市场主体之间为争取有利的经济条件和市场条件、获取最大利益而进行的较量和斗争。它包括价格竞争、非价格竞争。价格竞争是通过价格及其调整进行的竞争。非价格竞争主要通过产品的品种、质量、商标、上市时间以及企业的信誉、形象、品牌等进行的竞争。旅游产品的无形性和不可储存性使旅游企业更加注重对市场与客源的争夺。对创业者来说,在现有市场中发现创业机会,是很自然和较经济的选择。一方面,它与我们的生活息息相关,能真实地感觉到市场机会;另一方面,由于总有尚未全部满足的需求,在现有市场中创业,能减少机会搜寻成本,降低创业风险,有利于成功创业。

现有创业机会主要存在于 3 个方面:不完全竞争下的市场空隙、规模经济下的市场空间、企业集群下的市场空缺等。

1) 不完全竞争下的市场空隙

不完全竞争理论或不完全市场理论认为,企业之间或者产业内部不完全竞争状态,导致市场的各种现实需求,大企业不可能完全满足市场需求,中小企业必然具有市场生存空间。中小企业与大企业互补,满足市场上不同需求。大中小企业在竞争中生存,市场对产品差异化需求是大中小企业并存的理由,细分市场以及系列化生产使得小企业更有价值。

2) 规模经济下的市场空间

规模经济理论认为,任何行业都存在企业的最佳规模或者最适度规模问题,超越这个规模,必然效率低下和管理成本提升。产业不同,企业所需要的最经济、最优成本的规模也不同,企业从事的不同行业决定了企业的最佳规模,大小企业最终要适应这一规律,发展适合自身的产业。

3) 企业集群下的市场空缺

企业集群主要指地方企业集群,是一组在地理上靠近的相互联系的公司和关联的结构,它们同处在一个特定的产业领域,由于具有共性和互补性而联系在一起。集群内中小企业彼此间发展高效的竞争与合作关系,形成高度灵活专业化生产协作网络,具有极强的内生发展动力,依靠不竭的创新能力保持地方产业的竞争优势。

商机很多时候是新兴的蓝海项目。但更现实的可能性是在立足当前业已存在的行业和市场的红海中绝处逢生的新蓝海。如果能识别同行竞争对手的问题,并弥补竞争对手的缺陷与不足,自己的创业机会就将出现。即便在竞争激烈的红海市场,现有产品、服务或营销模式总会出现缺陷和漏洞。这就隐藏着人们对该产品的新期盼和未能满足的市场需求。

看看周围的公司,你能比他们更快、更可靠、更便宜地提供产品或服务吗?你能做得更好吗?若能,你也许就找到了机会。

4.2.6　创造发明与新技术旅游应用

1) 创造发明与新技术对世界的影响

世界产业发展历程告诉我们,几乎每一个新兴产业都是技术创新的结果。产业转型、技术创新、产品换代,都会带来前所未有的创新创业机会。16 世纪以来,人类社会进入前所未有的创新活跃期,几百年里取得的科技创新成果超过过去几千年科技创新成果的总和。特别是18世纪以来,世界发生了几次重大科技革命。在科技革命推动下,世界经济发生多次产业革命,社会生产力实现大解放,人们生活水平实现大跃升,从根本上改变了人类历史的发展轨迹。

创造发明与新技术应用,可驱动新产品、新服务,激发新的需求,更好地满足了游客多样化需求,同时带来了一连串新生的创业商机。如第一次工业革命创造了蒸汽机车,近代旅游的开端——托马斯·库克组织的禁酒大会旅行就是使用了火车作为交通工具来开展的。现代大众旅游发展得益空中客机的应用。

21世纪以来,人类社会进入一个前所未有的创新活跃期,新一轮科技和产业革命蓄势待发,其主要特点是,多种重大颠覆性技术不断涌现、科技成果转化速度明显加快、产业组织形式和产业链条更具垄断性。全球创新版图重构和全球经济结构重塑作用将变得更加突出,将给世界带来无限发展的潜力和前所未有的不确定性。随着大数据、云计算、人工智能与物联网等新发明、新技术应用,旅游业会驱动更多更频繁的旅游创新创业诸多在线旅游企业(OTA),这是信息技术与互联网创新及其应用的体现。

2) 运用"互联网+",发展智慧文旅

(1)"互联网+"的内涵与特征

"互联网+"的本质是连接。通过互联网技术,传统行业之间、互联网与传统行业之间、新兴行业与传统行业之间甚至人的智慧、资源、信息、资金全部连接在一起,由此,全新的企业、业态和产业催生,对传统经济社会和人的生活方式产生巨大而深刻的影响。

"互联网+"大致具有以下特征。

①跨界融合。"+"就是跨界,就是变革,就是开放,就是重塑融合。敢于跨界了,创新的基础就更坚实;融合协同了,群体智能才会实现,从研发到产业化的路径才会更垂直。融合本身也指代身份融合,客户消费转化为投资、伙伴参与创新等。

②重塑结构。信息革命、全球化、互联网业已打破原有社会结构、经济结构、地缘结构、文化结构。权力、议事规则、话语权不断变化。"互联网+"社会治理、虚拟社会治理会很不同。

③尊重人性。人性的光辉是推动科技进步、经济增长、社会进步、文化繁荣的最根本的力量,互联网的力量最根本来源于对人性最大限度的尊重、对人体验的敬畏、对人的创造性发挥的重视。例如,UGC(用户生产内容)、卷入式营销(受众卷入到整个营销过程)、分享经济等。

④开放生态。关于"互联网+",生态是非常重要的特征,而生态的本身就是开放的。推进"互联网+",其中一个重要的方向就是,把过去制约创新的环节化解掉,把孤岛式创新连接起来,让研发由人性决定到市场驱动,让努力创业者有机会实现价值。

⑤连接一切。连接是有层次的,可连接性是有差异的,连接的价值是相差很大的,但是,连接一切是"互联网+"的目标。

(2)运用互联网思维,发展"智慧文旅"

所谓"互联网思维",即在(移动)互联网、大数据、云计算等科技不断发展的背景下对市场、用户、产品、企业价值链乃至整个商业生态重新审视的思考方式。它具有用户思维、大数据思维、跨界思维、迭代思维、平台思维、流量思维（粉丝思维）、焦点思维、碎片化思维（时间、地点、需求、知识等碎片化）等思维方式。"羊毛出在猪身上，由狗来买单"等，是互联网颠覆性思维有别于传统思维最形象的概括。互联网入口就是，要获取海量的用户，就须打破地域、行业、人群等限制，抢占互联网入口。"得入口者得天下"，谁领先抢占了互联网入口，谁就抢占了市场先机（任国才 等，2015）。

互联网代表一种新的经济形态，即充分发挥互联网在生产要素配置中的优化和集成作用，将互联网的创新成果深度融合于经济社会各领域之中，形成更广泛的以互联网为基础设施和实现工具的经济发展新形态。如"互联网+传统集市"产生了淘宝；"互联网+传统百货卖场"诞生了京东；"互联网+传统银行"催生了支付宝、余额宝、百度百发、百度百赚、腾讯理财通；"互联网+传统通信"出现了微信/QQ/Facebook；"互联网+传统出租车"催生滴滴出行/Uber；"互联网+传统餐饮"出现了美团/饿了么；"互联网+旅行服务"出现了在线旅游。

智慧文旅是一种以文旅消费需求为中心、以互联网为载体、将数字技术和信息通信技术应用于文旅产业各环节的新产业形态，其本质是将数字技术与文旅产业深度融合（郑聪，2020）。数字化激活了文旅产品资源，促进旅游组织再造和旅游场景革命，赋能公共服务与行业监管部门，推动文旅产业发展模式和业态变革。它的应用主要包括4个方面。

①智慧旅游体验。通过数字化产品和增强现实技术的应用场景，如 VR、AR、交互式迷你游戏等，打造旅游体验新场景，增强旅游活动的互动性、参与性和趣味性，带来更好的旅游+跨界体验。例如数字博物馆、沉浸式体验、线上文博、云旅游、云展览、云直播等。

②智慧旅行服务。包括基于互联网的导航、导游、导览、导购、网上预订、线上咨询、网络营销等线上旅游服务，"一机游"，延伸到虚拟景区、网络直播等新颖的旅行服务。

③智慧旅游营销。通过舆情监控和数据分析，挖掘旅游热点和游客兴趣点，策划旅游产品，从而推动旅游行业的产品创新和营销创新。尤其须注意"长尾效应"中差异化少量旅游需求。在互联网下，只要产品的存储和流通的渠道足够大，需求不旺或销量不佳的产品所共同占据的市场份额可以和那些少数热销产品所占据的市场份额相匹敌甚至更大。因此，须对旅游市场细分，集中力量于某个特定的目标市场，或严格针对一个细分市场，或重点经营一个旅游产品和服务，以创造出旅游产品和服务优势。

④智慧旅游管理。如通过智能测温系统、网络实名预约系统、分时排队预约系统、网络营销系统、大数据监控系统等，智慧旅游将实现现代管理方式革新，全面掌握游客活动信息和企业经营信息等，以实时数据和网络平台辅助旅游管理部门有效决策，文旅行业监管向过程管理和实时管理转变，提升旅游管理能力，提高旅游服务水平。

【案例介绍】

一部手机游云南

2020年12月26—27日，第八届中国旅游产业发展年会在吉林长春举行，揭晓2020年度中国旅游产业影响力案例。其中，"一部手机游云南"项目作为"互联网+旅游"省域实践标杆,获评 2020 中国旅游产业风云榜年度数字文旅创新发展案例。

"一部手机游云南"是由云南省文化和旅游厅、腾讯公司联合打造的全域旅游智慧平台。它的目的是解决云南旅游诸多乱象,为游客提供优质服务,促进云南旅游市场秩序整治和旅游产业转型升级。

该项目基于建设"一个中心+两个平台",即一个云南文旅大数据中心、一个旅游综合管理平台"一部手机管旅游"、一个旅游综合服务平台"游云南"App,从提升游客体验、帮助政府统一管理和提升景区服务能力等角度出发,全方位推动旅游行业创新。依托腾讯云先进的数据处理能力,旅游大数据中心作为"一机游"的"超级大脑",对海量数据统一采集、集中存储、快速处理和应用共享,为"一部手机游云南"构建坚实智慧基础,实现"游客体验自由自在,政府服务无处不在"目标,加速旅游业转型升级。

"一部手机游云南"依托"互联网+旅游服务",通过"游云南"App、微信公众号和微信小程序,全面覆盖游客在云南的游前、游中、游后各项需求,满足和提升游客吃、住、行、娱、购需求和体验,并建设诚信体系、投诉平台,让游客全流程省心、安心、放心。游客到云南旅游,通过 App、公众号和小程序,就可享受吃、住、行、游、购、娱各环节"一键订单""一码通行""一键投诉",享受覆盖游前、游中、游后全过程、全方位、全景式服务。

"一部手机游云南"重点强化了"诚信体系"和"一键投诉"两大核心功能,即按照"诚信经营一路畅通、失信违法寸步难行"原则,构建了企业经营管理的诚信评价指数体系;按照"一键投诉、及时响应、分级受理、联动处置、实时反馈"要求,健全完善了投诉案件分类分级处理机制和横向部门联动机制。建设"一部手机游云南"平台,不断吸纳诚信的市场主体和从业人员,为游客提供优质服务,促进云南旅游市场秩序整治和旅游产业转型升级。

目前,该平台已成功接入 300 多个景区、100 多家景区门票、30 多万家餐饮、约 4 万家酒店、数十万商家信息以及云南各旅行社和导游等全面涉旅信息,打造了全国最完整的涉旅大数据平台。自正式上线运营以来,"一部手机游云南"平台已建设全省市区县 A 级及部分非 A 级景区名片,覆盖全省 90% 的 A 级景区 24 小时实景直播集群,并为超过 100 个景区票务闸机增加人脸识别和一码通行功能。同时,该平台还具有定制专属旅游计划、一键订房、智能语音解说、智能找厕所……如今,在云南旅行的游客通过一部手机,便体验到吃、住、行等多方面智能服务。同时,在助力政府统一协调与管理方面,腾讯云为"一机游"整合各有关部门、涉旅机构、OTA 等多方数据,将全省数据聚合起来,给政府管理提供抓手。比如,旅游大数据中心结合腾讯地图位置数据分析,能够协助政府快速了解景区、餐饮、商铺等客流情况与变化,并通过腾讯云 Raydata 大数据可视化平台,利用 3D 建模,将云南旅游的各种信息多维度地分析与呈现,帮助有关部门清晰、直观地实时监控旅游行业运行情况。

【知识拓展】

德鲁克论创新创业的来源

德鲁克在《创新与企业家精神》一书中,根据一些成功的创新案例,总结、归纳了创新创业的 7 个来源。

1.创新机遇来源一:意外事件

创新是一种有组织、有系统、理性的工作。创新者的所见所闻必须经过严格的逻辑分析,仅凭直觉行事是不够的。意外事件能使我们跳出先入为主的观念、假设和事先确定的事,所以成为创新取之不尽的源泉。意外事件包括意外成功、意外失败与意外的外部事件。没有哪一种来源能比意外成功提供更多创新的机遇。德鲁克认为,这是最容易利用、成本最低的创新机会。

如,麦当劳的创始人雷·克罗克注意到,他的一个客户意外成功。当时,克罗克正在向汉堡包店推销冰激凌制造机。他的客户有一个远在加州某小镇经营汉堡包的店铺,购买了几倍于其店铺规模所需要的冰激凌机器。经调查,他发现了该店铺将快餐作业加以系统化而革新快餐业的经营模式。于是,克罗克买下了该店,并在此基础上将它发展为数十亿美元的企业。

又如,万豪酒店最早做连锁餐饮。一年,华盛顿州的一家餐馆生意意外地火爆。后来一了解,原来餐馆对面是机场,那时候飞机上不提供吃的,很多乘客就来餐馆买快餐带到飞机上。这么一来,万豪就意外地发现了机会,和航空公司合作,搞航空餐厅,取得了成功。

意外事件是将既有专业知识应用于新事物上的机会,想要成功地利用意外事件,一个前提是必须和所在行业的知识和技巧相吻合。无论哪一种意外事件,都要认真分析意外事件背后的原因,说不定会发现创新机会。许多失败不过是错误、贪婪、愚昧、盲目跟风或者设计和执行力不力的结果。但如果经过精心设计、细心规划以及小心执行后仍然失败,那么这种失败常常预示着根本的变化以及随之而来的机遇。

2.创新机遇来源二:不协调事件

所谓"不协调",指现状与事实"理应如此"之类或客观现实与个人主观想象之间的差异。不协调状况包括,某个产业或公共服务领域的经济现状之间不协调;某个产业或公共服务领域的现实与假设之间不协调;某个产业或公共服务领域所付出的努力与客户的价值与期望之间不协调;程序的节奏或逻辑的内部不协调。

我们或许不理解它的本质,但不协调仍然是创新机遇的一个征兆。因为不协调产生了某种不稳定,蕴含了一个根本的"断层",为创新提供了机遇。只要努力,就可以产生巨大效应,重新调整经济社会结构。

比如,集装箱发明与使用。20世纪50年代之前,航海公司都在使劲购买好货船、招聘好船员,他们的想法是,只有船跑得快、船员业务熟练,航运效率才会高,公司才能赚钱。这听起来很有道理,但成本还是居高不下,整个行业都快干不下去了。后来,经研究发现,原来当时影响效率的最大因素不是船和船员,而是轮船在港口闲置、等待卸货再装货太耽误时间。所以大家想办法提高货物装卸的速度,于是就发明了集装箱,航运总成本一下子下降了60%,整个航运业才起死回生。

3.创新机遇来源三:程序的需求

程序的需求与其他创新来源不同,它并不始于环境内部或外部某一事件,而始于有待于完成的某些工作。它以任务为中心,而不以形势为中心。它会使一个行业已存在的程序更趋完善,替代薄弱的环节。同时,它用新知识重新设计一个既有的旧程序。有时,它通过提供欠缺的环节而使某个程序成为可能。

在基于程序需要的创新中,组织中每个成员都知道这一需要。但通常情况下,没有人对此采取行动。而一旦出现创新,它立刻就会被视为理所当然的事物而被接受,并很快会成为标准。

比如,巴西阿苏尔航空公司的机票价格很低,但乘客却不怎么多。后来,他们发现,这是因为乘客到机场很不方便,坐出租车很贵,而坐公交或者地铁又没有合适线路。也就是说,"从家到机场"是顾客出行流程的一部分,但没有有效得到满足。于是,阿苏尔航空开通了到机场的免费大巴,生意一下就好了,成为巴西成长最快的航空公司。

基于程序需要的成功创新,需要5项基本要素:一个不受外界影响的程序;一个薄弱或欠缺的环节;一个清晰、明确的目标;解决方案的详细规范可以清晰地加以界定;大众对"应该有更好的方法"的共识,对此信念的接受度很高。

此外,还须注意几点:一是必须对该项工作深入理解,否则无法确定解决方案的详细规范;二是掌握解决问题所需要的知识;三是解决方案必须符合人们的工作方式,并且人们愿意按照这个方案做。

4.创新机遇来源四:行业和市场变化

有时候,产业与市场结构会延续很多年,而且似乎非常稳定。实际上,市场和产业结构相当脆弱。一个小小的冲击,就会使它们瓦解,而且瓦解速度往往很快。一旦出现这种情况,产业内每个成员都必须采取应对措施,如果延续以前的做事方式,将注定给企业带来灾难。可见,行业和市场变化往往会带来创新的机会,而且所冒的风险相当低。

如,在20世纪60—80年代,汽车行业由本国的汽车厂商所主宰,走向了"全球性"产业。日本针对美国汽车市场,提供车身小、耗油量低、质量控制更为严格的产品,而且能提供更好的销售服务。在1979年"石油危机"中,日本人抓住了机会,获得了非凡成功。

又如,数码技术出现使影像行业发生了很大变化。柯达公司就因为没有重视这个变化,很快就不行了。其实,早在1975年,柯达就发明了第一台数码相机,但它只想着保护自己的传统优势,没有看到这个行业变化带来的创新机会,最后结果很惨。

当一个产业结构发生变化时,该产业中每个成员都应具有企业家精神。每个人须问这样的问题:我的业务是什么?当然,每个成员的回答都会有所不同,而最重要的是,答案都是全新的,这就蕴含了机会。

那产业结构何时会发生变化呢?它有4个比较可靠的指标:一是最可靠、也最容易被发现的就是某项产业快速增长;二是某个产业的产量迅速成长到过去的两倍时,它的认知方式和服务市场的方式就可能不再合时宜了;三是一直被视为彼此之间独立的科技整合在一起了;四是产业的运营方式正在迅速变化。

5.创新机遇来源五:人口统计数据变化

在所有外部变化中,人口统计数据(通常被定义为人口数量、年龄结构、性别组合、就业情况、受教育状况、收入情况等)变化对于什么人、买什么以及购买的数量影响重大,都会带来新的机会。这个很好理解,比如,中国现在的收入快速增长大大提升了各种旅游需求,而人口老龄化则带来诸如康养旅游等发展机会。

6.创新机遇来源六：认知变化

不同人对同一事物认知不同，同一个人在不同时期对同一事物认知也不同。人们可以利用认知的变化来获得创新的机遇。

如前所述，意料之外的成功和失败能产生创新，因为它能引起认知变化。比如，最早人们认为大企业才用计算机，后来意识到家庭也能用，这才有了家用电脑。反过来，如果认知没变化，就可能失去创新。又如，福特公司当年取得成功以后对消费者的认知一直没有变化，一直以为买车的都是男人，汽车声音大，开起来才带劲。结果丰田生产乘坐舒适度高、噪声小的家用轿车以后福特就不行了。

认知变化难以确定是一时流行还是永久改变，难以衡量它所带来的真正后果，因此，利用认知变化来创新时，应从较小的且非常具体的地方做起，而且创新者须拔得头筹，而不是模仿。

7.创新机遇来源七：新知识

知识是凝聚在个人、群体或物品中的以信息为基础的能力或物化的能力。知识有两方面含义：一是把知识看作更具有概括性和表述性的信息，而信息是相互关联的事实——数据、文本、声音和图像等；二是把知识按照潜在的、可观察的行为来定义，它是个人或群体的一种能力，从事或者指导、引导其他人从事一个能够产生对物质对象的、可预见的改变的过程（洪银兴 等，2017）。

知识可以分为外明知识和内隐知识。外明知识指能够以一种系统的方法传达的正式和规范的知识（Allee，1997），而内隐知识是高度个体化、难以形式化或沟通、难以与他人共享的知识（Nonaka et al.，1998）。知识创新是外明知识与内隐知识之间交互作用的一个螺旋式上升过程（唐京 等，2000）。两种类型知识的互动构成了知识转化的4种模式。

（1）知识社会化。这是一种个体共享内隐知识的过程。社会化强调内隐知识的交流是共同活动的。比如，企业的师徒模式不仅是传授含有大量内隐成分的技艺或技能的常规方法，而且是新员工组织社会化的重要阶段。

（2）知识外部化。这是一种表述内隐知识并将内隐知识转译为可理解形式的过程。在实践中，知识的外部化由两个关键因素支持。一是组织内个体内隐知识表达，它是将内隐知识转化为外明知识的过程，这个过程常常包括使用一定技术来帮助组织成员将其观点和意象表达为词语、概念、形象化语言（如比喻、类比或描述）或者图像；二是转译组织之外消费者或专家等的内隐知识为组织易于理解的形式，这个过程可能要求演绎/归纳推理或创造性推论。通过这个过程，内隐知识转化为可理解的概念型知识。

（3）知识联合化。这是一种将外明知识转化为更为复杂的系统的外明知识过程。在这个阶段，关键的问题是知识沟通和扩散以及知识系统化过程。在实践中，联合化阶段依赖3个过程：捕捉和整合新的外明知识；直接传播外明知识，使新知识在组织成员中传递；编辑和加工外明知识（如计划、报告、市场数据等），使其变得更为可用。经过这3个过程以后，外明知识变成了一种运作型知识。

（4）知识内在化。这是一种将新知识（外明知识）转化为组织的内隐知识的过程。个体的内隐知识成为组织内隐知识的整体之部分。个体可以通过行动学习、培训或练习来获得团体乃至组织的内隐知识。在实践中,内部化依赖两个方面:一是外明知识必须具体化到行动和实践中,通过这种实践和行动的反复,外明知识(如战略、技巧、创新等概念和方法)逐渐变得内在化;二是通过做(如模拟和实验)来体现外明知识,从而实现其内在化。内在化组织的内隐知识整合了组织中各成员的知识,成为浑然一体的系统型知识。

德鲁克认为,基于知识的创新是企业家精神中的"超级明星",它既能变得家喻户晓,也能获得财富。然而基于知识的创新之所以不同于其他创新,是由于其基本特征与其他创新有所不同。它的特征如下:

(1)创新所需的时间最长。首先,新知识出现到它成为可应用的技术的时间跨度相对长。其次,从新技术转变到上市的产品、程序或服务需要很长一段时间。比如,德鲁克提到,喷气式发动机早在1930年就发明出来了,但应用到商业航空上是在1958年波音公司研制出波音707客机,中间隔了28年。因为新飞机不仅是发动机,还需要空气动力学、新材料以及航空燃料等多方面知识技术。

(2)基于知识的创新,几乎从不基于一个要素,而基于多种不同知识。如计算机产生至少需要五种知识:一项科学发明——三极管;一项重大的数学发现——二进制;一种新的逻辑——打孔卡设计概念;程序和反馈概念。

在所有必需的知识齐备之前,从事以知识为基础的创新时机若尚未成熟,如果过早创新,势必失败。在大多数情况下,只有各种要素都已广为人知同时可以获得而且在某些地方已经被先行使用,创新才会产生。由于基于知识的创新的特性不同,因此,它的具体要求也不一样。

(1)要对所有必要的要素深入分析。这包括分析知识本身以及经济、社会与认知等。通过分析,找出尚不具备的要素,由此企业家决定设法制造出所缺少的部分。

(2)要有清晰的战略定位。不能以尝试的心理来创新。因为,这种创新往往是激动人心的重大创新,会吸引一大批追随者。这意味着创新者必须一次成功,不可能有第二次机会。而且创新者一般很快就会面临超乎想象的大量竞争者,只要走错一步就会被竞争者超越。基于知识的创新,在定位中有3个重点:一是开发一套系统,然后占领该领域;二是为自己的产品创造市场;三是占据战略位置,专注于关键功能。

(3)基于知识的创新者,尤其基于科学或技术知识的创造性,须学习并实践企业管理。由于基于知识创新的风险很大,所以企业管理比任何一类创新都更为重要。

当然,上面这7个创新来源之间,界线有时候很模糊。企业要系统化创新,大概每隔半年就需看一下自己内部和外部的情况,这时候,可以从这7个方面来检查,看有没有新的创新机会。

4.3 旅游创业机会的识别与评价方法

4.3.1 旅游创业机会的识别方法

与创业机会的来源不同,创业机会识别更多是一个积极主动的过程,是创业者和外部环境(机会来源)的互动过程。在这个过程中,创业者利用各种渠道和各种方式获取并掌握有关环境变化的信息,从而发现现实世界中在旅游产品、旅游服务、旅游资源和旅游组织方式等层面的差距与缺陷,找出创造或改进目的—手段关系的可能性,最终识别并可能带来新旅游产品、新旅游服务、新旅游资源、新旅游组织方式的创业机会。旅游创业机会识别的主要方法如下:

1) 从旅游需求分析中发现商机

许多创业者都是从分析旅游市场需求开始的。市场的"缺口"或"边角"往往蕴含了大量被人们忽略且未被满足的市场需求,充分开发这些机会空间,就一定能够出奇制胜。尤其要关注社会痛点问题。痛点的本质,是用户未被满足的刚性需求。例如,交通堵、打车难是"痛点",打车软件便应运而生;餐馆多、难甄别是"痛点",餐饮点评网站便应运而生。只有发现、分析与解决问题,找到满足消费者需求,为消费者创造价值,才能捕捉到极具市场前景的商机。

例如,1994年,在美国加州的甲骨文总部,季琦第一次感受到了互联网的神奇:"当时用特别早期版本的 Mosaic 浏览器,上到了杨致远刚刚开发的 Search Engine 上,速度非常非常慢,所以我们两人只好一边等一边喝咖啡。不过,当我要查询的信息终于一行行从屏幕上显现出来的时候,我真感到极度兴奋,这东西太神奇了。"第二年季琦从美国回国,心里打定主意要做互联网。同时,他注意到,20世纪90年代末中国国内旅游市场收入达2 000多亿人民币,同期国际旅游外汇收入为126亿美元,当时中国被世界旅游组织认定为21世纪全球最大的旅游市场。但在业务层面,国内旅行社的营业毛利率不足10%,全国旅行社的总市场占有率不到5%,换言之,占据市场95%的都是散客。此种情况下,如果能为这些自助型旅游的散客提供个性化服务,盈利空间可想而知,季琦敏锐地嗅到互联网旅游服务是他创业的最佳切口。

2) 从社会经济发展趋势中判断商机

社会经济发展趋势蕴含着社会需求变化、技术创新、产业结构调整、消费结构升级、思想观念转变、政府政策变革、市场利率波动等。创业者一定要眼界开阔,关注并研究国家宏观经济政策和旅游行业发展态势,这是大势。国家鼓励什么,限制什么,行业未来发展趋势如何,都与创业机会密切相关。同时,创业者如果能够及时了解最新的科技发展动态,持续跟踪产业发展与技术创新步伐,即使不发明新的东西,也会从其推广、应用、销售、维护、开发和咨询等项服务中开发出新的市场机会。

如马云从互联网技术中判断商机。1995 年初,马云受托作为翻译来到洛杉矶沟通落实一起高速公路投资。马云从洛杉矶飞到西雅图找比尔。信仰互联网的比尔领马云去西雅图第一个信息服务公司 VBN 参观。两间很小的办公室里,猫着 5 个对着屏幕不停敲键盘的年轻人。马云不敢碰电脑。公司的人说:"不要紧,你就用吧。"公司的人打开 Mosaic 浏览器,键入"Lycos.com",对马云说:"要查什么,你就在上面敲什么。但要先做个 homepage,放到网上去,然后全世界人都能搜索到了。"马云马上想到应该给海博翻译社做个 homepage。于是海博翻译社成为互联网上第一家中国公司。1995 年 4 月,马云成立了中国第一家互联网商业公司——杭州海博电脑服务有限公司。

3) 从系统分析与资源整合中创造商机

实际上,很多机会是从系统分析中发现的。人们可以从企业的宏观环境(政治、经济、人口、文化、法律、技术、生态环境等)和微观环境(旅游市场、竞争对手、旅游供应商等)调研与系统分析中发现问题与商机,提出解决问题方案,创造性整合资源,探索新技术、新产品、新模式的商业价值,满足旅游需求,并创造新的需求。

【知识拓展】

创业者要不要找风口?

风口指创业或者投资须借势或者顺势而为的一种手段,出自小米手机创始人雷军的一句话:"只要站在风口,猪也能飞起来",说的是在互联网潮流下,人们生活的各个方面因此发生改变,创业者迅速积累起财富。

李彦宏批风口论投机。李彦宏表示,"风口论"充满投机思维,如果大家的思维方式都是找捷径,是很危险的。他表示,中国市场很大,很多机遇出现,整代人都十分幸运,赶上了风口。但他焦虑的不是"什么可以做",而是"什么不做"。他还表示,每一个领域都有竞争对手,"你看到的机会其他人也看到了",他看到的机会和马云、马化腾看到的差不多,比如云计算、人工智能。他说,如果持有"哪有风口就到哪待着去"心态,那么到那儿待的人就太多了,就有可能被人挤跑。所以要看自己喜欢什么、擅长什么,能不能坚持很多年一直做下去。

马化腾为风口搭梯子。马化腾说,过去腾讯出于本能很多事情都是自己做,包括搜索、电商等,"但现在把另外半条命给合作伙伴了,这样才会形成一种生态"。马化腾表示,现在大家都看到了风口,都往风口那儿挤,腾讯也在往那儿挤,但不是想在风口上起飞,而是给这个风口搭一个梯子,或者卖"降落伞""望远镜",以防大家上去后下不来。"我们的心态是回归到自身最核心的平台,这个产业对我们来说已经够大了,我们能做的是给其他产业提供基本的零配件工具,让它们在和移动互联网结合的大浪潮上更方便、飞得更高、飞得更安全。我们的商业模式是赚一层很薄的、但是很宽广的利润,而不会深入到每一个行业。"

(资料来源:李彦宏,"风口论"充满投机思维。)

【案例分析】

共享住宿的创业机会

共享住宿指利用自有或租赁房屋,通过共享住宿平台,为房客提供短期住宿服务。在共享住宿平台中,有文化氛围和设计感的乡村民宿、充满乡野气息的农家乐、极具个性的城市民宿、主打旅游度假的豪华公寓和别墅……这些房源都被囊括在非标住宿大范畴之中,以多元化、个性化、非标化的优势和传统酒店竞争客人。共享住宿是共享经济发展新出现的交易模式,是依托互联网诞生的一个新业态,近年来发展迅速,创新日益活跃。

1.共享住宿的创业机会有多大

正如一千个人眼中有一千个哈姆雷特,每个人出行,都会选择自己喜欢的住宿环境和方式。"到一个陌生的地方去旅行,住酒店还是住民宿?""亲朋好友们趁着周末一起聚一聚,该住酒店还是住民宿?""虽然听过民宿,但从来没住过,会像酒店一样安全和方便吗?"从最早将一张闲置的沙发与住客共享,到如今拥有诸多特色,以民宿为代表的共享住宿正是伴随着这些疑问而产生和不断发展。它还有多大的创业机会呢?

2.共享住宿的优势

与传统酒店相比,共享住宿的供给主体更加多元、服务内容更加多样、用户体验更加社交,共享平台可以降低房东、房客之间的信息不对称和交易风险,提供更好的体验。因此,共享住宿作为酒店之外住宿选择,而并非简单地取代。两种业态相互补充,从不同角度满足用户的住宿需求。酒店更多面向商旅人群,提供标准化的服务、设施,对于商旅场景需求更匹配;而作为"非标住宿""特色住宿",民宿因为其个性化、多样性特点,提供了不一样住宿体验。共享住宿给了用户更多住宿选择。从"共享"的原点出发,人与住宿空间的关系在同时被挖掘、重塑。"共享住宿"兴起让闲置房源资源得到了合理利用,有利于缓解压力。而"共享住宿"的个性化、多样化体验则使出行、住宿、餐饮、管家等服务消费需求快速增长,增加了就业机会,激发了特色旅游、文化体验等方面的消费。

3.共享住宿的市场需求有多大

根据国家信息中心分享经济研究中心发布的《中国共享住宿发展报告(2018)》可知,2017年,中国共享住宿交易约145亿元,比上年增长70.6%,当年共享住宿的参与者约7800万人,主要共享住宿平台的国内房源约300万套。共享住宿拥有不小的市场,从整体上看,目前,共享住宿的用户群以大学生、年轻白领等年轻人群为主。据美团榛果民宿发布的《2019城市民宿创业数据报告》数据显示,"90后"及"95后"民宿用户占比达到65%。这一点,在共享住宿平台小猪的市场调研结果中,也得到了印证:在我国一二线城市,约超过半数的"80后"及"90后"用户曾在2018年选择过民宿、短租、客栈等。共享住宿的用户不断增多,且需求更为多样化。与以往相比,住客选择共享住宿的场景呈现出更加多元的趋势。尽管旅游仍是大家选择民宿、短租的主要原因,但是,聚会、出差、求学、求医等也渐渐成为人们选择共享民宿的原因。

除了一线城市和新一线城市具有强大的民宿消费潜力,一些二三线城市的共享住宿市场也在崛起,榛果民宿数据显示,2018 年比 2017 年民宿消费间夜量增速前十的城市分别是潍坊、阳江、太原等非一线城市。在日益增长的用户市场激发之下,越来越多各具特色的共享住宿房间出现在线上。

4.共享住宿的行业发展状况

国家信息中心分享经济研究中心发布的《中国共享住宿发展报告(2019)》显示,2018 年主要共享住宿平台房源量约 350 万套,较上年增长 16.7%,覆盖国内近 500 座城市,服务提供者人数超过 400 万人。

在共享住宿的平台中,Airbnb 是共享住宿的鼻祖。2015 年 8 月,它正式进入中国,2017 年 3 月有了自己的中文名字"爱彼迎"。2018 年 8 月,彭韬正式上任爱彼迎中国总裁,加速推进爱彼迎"本土化"进程。爱彼迎认为,房东的人格魅力和社交氛围也是共享住宿的"核心消费物",重要性不低于非标房源本身,而且是共享住宿这一业态的持续黏性所在。因此,爱彼迎在中国发展的重心,一直都放在以房东为主的社区建设上。在住宿业务上,爱彼迎的房源已经分层包括 Luxe、Plus 等优质房源。围绕该核心业务,爱彼迎构建了一个庞大的社区,这是其商业模式的独特之处,正在成为其狙击竞争的壁垒。《Airbnb 爱彼迎中国房东社区报告》显示,2019 年,爱彼迎中国超赞房东增长 2.6 倍,专业房东增长 2 倍,Plus 房东增长 9 倍。爱彼迎中国房东群体中,"80 后"和"90 后"房东占比近七成,87%的房东为大学本科及以上,五分之一的中国房东来自创意领域相关行业。这类年轻且高学历的房东,能充分理解和接受爱彼迎的理念,善于沟通,有分享的热情,这和其他完全以盈利为目的的中小民宿、客栈、公寓经营者显著不同。"优秀的社区文化、高度的社区黏性,正是爱彼迎的竞争力优势和核心逻辑。"爱彼迎中国技术负责人石言心说道,爱彼迎倡导科技向善,通过"社区驱动"商业模式,为旅游业发展带来更多可能。

在国内,自 2011 年底主要共享住宿平台纷纷上线,经过近 8 年发展,市场格局已初步形成。爱彼迎、木鸟、途家等企业位列第一梯队,小猪短租、榛果等企业是新增长极,尾巴中小型企业可发掘空间较大。

其中,木鸟短租(又名"木鸟民宿")是分享经济模式下的 C2C 在线民宿短租预订 App,是北京爱游易科技有限公司旗下独立运营的短租房、日租房在线预订平台,于 2012 年 5 月正式上线。木鸟短租房源除城市民居外涵盖别墅、海景房、四合院、木屋、客栈、窑洞等,覆盖全国 396 个城市。小猪短租为短租民宿公寓预订平台,口号为"酒店之外,就住小猪",权力推动品质和服务标准化。途家的定位是"全球公寓民宿预订平台",于 2011 年 12 月 1 日正式上线,旨在搭建一个为房客提供丰富优质的、更具家庭氛围的出行住宿体验并为房东提供高收益且有保障的闲置房屋分享平台。其与爱彼迎最大的不同,就在居住方式、获取房源方式上。爱彼迎主要搭建平台,以 C2C 方式链接个体房东和游客。途家则以自营方式切入市场,保证库存是安全的、可控的、可靠的。对标国际,中国的"共享住宿业"发展相对较晚,但国内共享住宿平台发展迅速,使用共享住宿平台的人越来越多,房源数量和市场覆盖率逐渐增长,市场已初具规模,共享住宿或将成为我国租赁市场上极具发展潜力的产业。

5.共享住宿的问题

美中总有不足,纵观当前共享住宿市场,诸多"乱象"和不少问题出现。在 2019 年 7 月 2

日国家信息中心分享经济研究中心发布的《中国共享住宿发展报告(2019)》指出,当前我国共享住宿发展面临五大问题:多头监管问题突出、市场准入要求未能充分反映新业态特征、数据共享机制不畅、社区关系问题凸显、缺乏长效化监管机制。

消费者对于共享住宿平台的反馈,不乏质疑声。比如,房源图片与实际不符,存在房源造假嫌疑;卫生问题令人担心,床上用品没消毒、房间没清理;消防设施不健全,安全隐患较多;部分消费者担心个人隐私泄露。在不少共享住宿分布的居民区中,房客扰民引发邻里关系不合情况时有发生。其中,如何更好地确保房源的安全和卫生已经成为当务之急。

当然,还有重要的一点,共享住宿的文化氛围仍须继续培养。"分享"模式的难点在于:房东是不是接受平台的理念,能不能把理念传递给游客,游客是否接受理念,能不能正向反馈给房东和平台?所以,文化氛围继续培养,还须"平台、房东、房客"共同营造,平台的作用至关重要,平台要引导房东以分享和社交为乐,房东感染游客,游客给房东正向的积极反馈,加强社区氛围。

6.共享住宿的未来发展空间与发展方向

在国外,民宿兴起很早,但这个行业真正为大多数中国人所知还是移动互联网时代的事。当爱彼迎借助科技的力量迅猛成长在全球到处攻城略地的时候,国内包括小猪、途家和蚂蚁短租在内的"玩家"刚刚接连起步。如今,小猪、途家、榛果和爱彼迎一起,成为了国内共享民宿行业发展最有力的推动者。"我国民宿对住宿行业的渗透率仅为2%,同样的数据在美国是25%,我国民宿行业未来5年仍有6~8倍增长空间,未来年轻用户量会持续增加,消费场景的需求也会持续增加。"榛果CEO冯威赫告诉封面新闻记者。而途家CEO杨昌乐对于行业的未来也持乐观的态度,他认为,这个行业的发展空间仍然很大,远到不了红海状态。

那么,共享住宿未来发展方向在哪呢?

一是共享住宿应实现服务标准化。虽然共享住宿行业房源类型多样、地域分布十分广泛、以个体经营为主、属于"非标准化"的住宿产品,但在服务标准上,行业应制订一套严格规划、为业界互相监督与共同遵守的"服务体系",提高自身专业服务能力和水平,为消费者带来更加安全、有品质的服务。各大共享住宿平台也都有各自的流程设置,用于提供安全和卫生的住宿条件。如小猪从房源上线、房间拍摄到智能设备、安全套装采购安装再到房客接待以及退房后保洁,都可以通过一个系统完成。对于用户所关注的安全和隐私问题,小猪成立了相应的安全委员会,定期有针对地对房源安全排查。美团榛果民宿平台也对房源多重审核验证,对房东及房源的真实性等信息验证。此外,还采取了一些前置的安全保障措施,房东入驻后,平台会为其提供线上和线下的安全知识培训、提醒通知等。在房客下订单时,平台会免费为其购买保险,以防意外造成人身财产损失。

二是对共享住宿产品体验深度挖掘。共享住宿具备多样化、人性化、个性化等特征,应不断打造并成为核心竞争力,打造品牌,打磨精品,不断从文化、非遗、艺术等多个维度挖掘灵感,带给用户更好的体验和美好生活的期许。当然,针对不同场景,共享住宿产品打造也有不同要求,平台和经营者要具体场景具体分析,避免同质化、套路化。对此,小猪、榛果、途家、斯维登都在致力于提升品质、建立服务标准等级体系、提高平台运营效率,同时扩大房源。如小猪在2018年推出了"揽租公社",为房东提供一站式民宿短租经营解决方案,涵盖设计、软装、保洁、商城、物联网设备、智能化管理等,通过智能化众包服务网络,最大程度降低房东的经营门槛;同年 8 月,榛果推出了"星空计划",支持小 B 经营者将自己手里的房源打造成为品牌:品牌民宿 IN 计划、营销工具、供应链支持和房东直销。爱彼迎和途家,也有类似的举措。平台都在推出不同解决方案,开放技术、营销和服务能力等,以此来赋能平台上的民宿主,鼓励他们做大规模。据了解,目前,多个民宿平台上只有 5 套以内房源的房东占比在下降,职业房东、公司化运营的占比在上升。

三是共享住宿行业相关政策清晰化。虽然共享住宿模式逐渐被认可,但在行业的发展中一直缺乏政府监管,各大平台在法律、法规和市场需求的夹缝中艰难地前行。2018 年,小猪、美团榛果民宿等共享住宿平台参与制订了国家信息中心主导出台的《共享住宿服务规范》,该规范是我国共享住宿领域首个标准性文件。主体内容针对共享住宿平台(企业)服务与管理要求、房东要求与规范、对房客的要求等 3 方面做了相关说明,适用于在我国境内提供在线交易的互联网共享住宿平台和房东。同时,文旅部正式发布《旅游民宿基本要求与评价》。这些信号都强烈表明,随着旅游消费需求升级,公众对共享住宿认知水平不断提升,国家对行业政策支持力度加强和科学监管落地,未来共享住宿市场仍将继续高速发展,整体民宿行业有望迎来提质升级,向着"特色化""品质化"方向发展。

四是,共享住宿行业也在探索跳出纯平台模式,将朝着更广的边界发展,共享住宿平台模式也将向"平台+"综合体转型。各家平台在下沉市场、自营业务和赋能民宿主等方面都有方向相似的布局和探索。以下沉市场为例,去年 4 月,小猪在成都成立第二总部,宣布将进一步由城市向乡村、由一二线地区向三四线地区渗透。城市民宿向三四线城市下沉是必然趋势,目前,多数三四线城市收入处于较高水平,居民具备较强的消费潜力,随着消费者的住宿需求多元化,机会也在于此;榛果依靠美团点评,在低线城市增加流量,可以说是从下沉市场成长起来的新贵,美团点评的流量倾斜是榛果今年快速成长的重要原因。自称已经走到"舒适圈"的小猪,则主动求变,希望用几年时间,通过"平台+"战略构建一个特色住宿生态。"平台+"更意味着,单纯的平台业务已无法满足供给端和需求端。要从简单的交易撮合模式进入产业互联网。在乡村,要去解决生态、协同发展、法律法规等问题;在城市,要配合城市改造计划、社区老化等问题。"平台+"就是利用协同网络,把社会资源通过软件、硬件、服务连接在一起,在提供更全品类的同时,根据品类的特点做配套的运营和服务。

(资料来源:艾晓禹,等,共享住宿:从单一住宿到平台共享;吴亚,共享经济大潮退去,共享住宿还能玩得下去吗? 刘发为,共享住宿生命力何在。)

4.3.2　旅游创业机会的评价

1)定性评价

定性评价是不采取数学方法的评价,主要利用专家的知识、经验和判断通过记名表决评审与比较的评价方法。根据评价者的评价标准,它主要有以下方法。

(1)五大问题评价法

Howard 指出,为了充分评价创业机会,需要考虑 5 个方面的问题。

①机会大小、存在的时间跨度、随时间成长的速度等问题。

②潜在的利润是否可以弥补资本、时间和机会成本投资而带来令人满意的收益。

③机会是否开辟了额外扩张、多样化或综合的商业机会。

④在可能的障碍面前,收益是否持久。

⑤产品或服务是否真正满足真实的需求。

(2)5项标准评价法

Justin 指出了评价创业机会的 5 项基本标准。

①对产品有明确界定的市场需求,推出的时机也是恰当的。

②投资的项目必须能够维持持久的竞争优势。

③投资必须具有一定程度高回报,从而允许一些投资的失误。

④创业者和机会之间必须相互合适。

⑤机会不存在致命的缺陷。

(3)5个方面评价法

我国学者冯婉玲指出,可以从 5 个方面来选择创业机会。

①机会的原始市场规模。市场越大越好,但大市场可能吸引强大的竞争对手,因此,小市场可能更友善。

②机会存在的跨度。一切机会只存在于一段有限时间之内,这段时间的长短差别很大,由其商业性质决定。

③期待特定机会的市场规模将随时间增长的速度变化。一个机会可能带来的市场规模将随时间变化,一个机会可能带来的风险和利润也会随时间变化,机会在某些时期,可能比其他时期更有商业潜力。

④好机会一般都有 5 个特点:一是前景可明确界定;二是前景市场中前 5~7 年中销售额稳步且快速增长;三是创业者能够获得利用机会所需的关键资源;四是创业者不被锁定在刚性的技术路线上;五是创业者可用不同方式创造额外的机会和利润。

⑤特定机会对特定创业者而言,具有 4 个方面现实性:一是创业者是否拥有某个创业机会所需的资源;二是是否能"架桥"跨越"资源缺口";三是对于可能遇到的竞争力量至少可以与之抗衡;四是存在可以占有的前景市场份额,甚至自己可以创造市场。

2)定量评价

一般将复杂的问题分解成若干层次,在比原问题简单得多的层次上逐步分析,将人的主观判断用数量形式表达出来。它主要有以下 3 种方法。

(1)标准打分矩阵

标准打分矩阵是 Justin 提出的,它选择对创业机会有重要影响的因素,由专家小组对每一个因素进行最好(3分)、好(2分)、一般(1分)三等级打分,最后求出每个因素在各创业机会下的加权平均分,从而对不同创业机会进行比较。下表列出了 10 项主要的指标,在实际使用时可根据具体情况选择其中的全部或部分因素。标准打分矩阵见表 4-1。

表 4-1 标准打分矩阵

标准	专家评分			
	最好(3 分)	好(2 分)	一般(1 分)	加权平均分
易操作性				
质量和维护性				
市场接受度				
增加资本的能力				
投资回报				
专利权状况				
市场的大小				
制造的简单性				
广告潜力				
成长潜力				

资料来源:王满四,创业基础。

(2)蒂蒙斯评价法

现在公认比较权威的创业机会评价方法是蒂蒙斯提出的机会评价框架。杰弗里·蒂蒙斯是富兰克林·欧林创业学杰出教授与百森学院普莱兹—百森项目主任,有"创业教育之父"称号。

与其他理论不同,蒂蒙斯更多从一个机构投资者或一个旁观者的角度分析,结合机会本身的特点和企业或企业家的特质综合考虑。该框架涉及八大类共 53 项指标,针对不同指标做权衡打分。这八大指标包括行业与市场问题、经济因素、收获条件、竞争优势、管理团队、致命缺陷、创业家的个人标准、理想与现实的战略性差异。虽然受到一些批评,如指标太多、太复杂,但仍是目前比较完整的一个体系。蒂蒙斯创业机会评价框架见表 4-2。

表 4-2 蒂蒙斯创业机会评价框架

大类	指标
行业与市场问题	1.市场容易识别,可以带来持续收入; 2.顾客可以接受产品或服务,愿意为此付费; 3.产品的附加值高; 4.产品对市场的影响力强; 5.将要开发的产品生命长久; 6.项目所在的行业是新兴行业,竞争不完善; 7.市场规模大,销售潜在潜力在 1 000 万元到 10 亿元; 8.市场成长率在 30%~50%,甚至更高; 9.现有企业生产能力几乎完全饱和; 10.在 5 年内能占据市场的领导地位,达到 20%以上; 11.拥有低成本的供应商,具有成本优势

续表

大类	指标
经济因素	1.达到盈亏平衡点所需要的时间为 1.5 年以下; 2.盈亏平衡点不会逐渐提高; 3.投资回报率在 25%以上; 4.项目对资金的要求不是很大,能够获得融资; 5.销售额的年增长率高于 15%; 6.有良好的现金流量,能占到销售额的 20%以上;
经济因素	7.能获得持久的毛利,毛利率要达到 40%以上; 8.能获得持久的税后利润,税后利润率要超过 20%; 9.资产集中程度低; 10.运营资金不多,需求量是逐渐增加的; 11.研究开发工作对资金的要求不高
收获条件	1.项目带来的附加价值的战略意义较高; 2.存在现有的或可预料的退出方式; 3.资本市场环境有利,可以实现资本流动
竞争优势	1.固定成本和可变成本低; 2.对成本、价格和销售的控制度高; 3.已经获得或可以获得对专利所有权的保护; 4.竞争对手尚未觉醒,竞争较弱; 5.拥有专利或具有某种独占性; 6.拥有发展良好的网络关系,容易签署合同; 7.拥有杰出的关键人员和管理团队
管理团队问题	1.创业者团队是一个优秀管理者的组合; 2.行业和技术经验达到了本行业内的最高水平; 3.管理团队的正直、廉洁程度达到最高水准; 4.管理团队知道自己缺乏哪方面的知识
致命缺陷	不存在任何致命缺陷
创业者的个人标准	1.个人目标与创业活动相符; 2.创业者可以在有限的风险下实现成功; 3.创业者能接受薪水减少等损失; 4.创业者认同创业这种生活方式,而不只为了赚大钱; 5.创业者可以承受适当风险; 6.创业者在压力下状态依然良好
理想与现实的战略性差异	1.理想与现实情况相吻合; 2.管理团队已经是最好的; 3.在客户服务管理方面有很好的服务理念; 4.所创办的事业顺应时代潮流; 5.所采取的技术具有突破性,不存在许多替代品或竞争对手; 6.具备灵活的适应能力,能快速地取舍; 7.始终在寻找新的机会;

大类	指标
理想与现实的战略性差异	8.定价与市场领先者几乎持平； 9.能够获得销售渠道或拥有现成的网络； 10.能够允许失败

资料来源：蒂蒙斯，战略与商业机会。

（3）基于潜在需求的评价方法

斯坦福大学的 D.School 将创业机会定义为高效能的顾客潜在需求。基于此，依据标准打分矩阵法，广州大学创新创业学院提出，创业机会的评分可分为 3 个维度，分别是需求性、潜在性和顾客的高效能性（表4-3）。如最终评分值超过 85 分，则创业机会良好；70~85 分，则创业机会一般；低于 70 分，则须慎重考虑创业机会的可行性及创业成功的可能性。基于潜在需求的评价方法见表4-3。

表4-3　基于潜在需求的评价方法

维度		评分等级					评分
需求性 （30分）	痛点	6	12	18	24	30	
	爆点	6	12	18	24	30	
潜在性（30分）		6	12	18	24	30	
顾客的高效能性（40分）		8	16	24	32	40	
总评分							

资料来源：王满四，创业基础。

4.4　旅游创业风险的识别与防范

4.4.1　创业风险的概念

1）创业风险的概念

在创业中，除了风险之外，没有什么是可确定的。创业风险是创业企业在创业过程中遇到的风险，因为创业环境不确定，创业机会与创业企业复杂，创业者、创业团队和创业投资者的能力与实力有限，创业活动与预期目标相脱离。

2) 创业风险的特征

（1）客观性

创业风险是客观存在的，创业企业不论在初创期还是成功期，都无法避免风险。与自然灾害和意外事故相比，企业可以在一定范围内改变经营的风险，降低风险概率与损失，但无法彻底消除。这种客观性决定了我们要正确对待创业风险，积极认识和研究创业风险，以减少风险带来的各种损失。

（2）不确定性

风险是必然的，但发生的时间、空间、损失程度以及风险的内容与形式却有很强的不确定性。风险的不确定性给风险研究带来了一定困难，但也成为风险研究的动力。

（3）可预测性

风险的不确定性在一定程度上使之具有不可预知性。但随机现象也是有概论的。在一定时期内，某些风险发生的概率和损失是可以预测的，是有一定规律的。因此，可以运用科学手段对风险统计分析，风险可以被认识，并加以管理和防范。

（4）损益相关性

创业风险带来的不一定都是损失，也有可能是正面影响。创业者面临的风险与其经营活动密切相关，同一风险对不同创业者会产生不同损益，不同风险给创业者带来的损益也不同，同一创业者由于决策和策略不同，风险带来的结果也不同。因此，在风险管理与防范中，尽量减少企业损失，并扩大其正面影响。

4.4.2 创业风险的来源

创业环境的不确定性、创业机会与创业企业的复杂性，创业者、创业团队和创业投资者的能力与实力有限性是创业风险的根本来源。创业过程往往是将某一构想或技术转化为具体的产品或服务的过程，在这个过程中，存在着几个基本的、相互联系的缺口，在给定的条件下，风险往往就来源于这些缺口。

1) 融资缺口

融资缺口存在于学术研究与商业支持之间，是研究基金和投资基金之间的断层。研究基金通常来自于个人、政府机构和公司研究机构，不仅支持概念的创建，还支持概念可行性的最初证实。投资基金支持将概念转化为有市场的产品原型，这种产品原型有令人满意的性能，创业者对其生产成本有足够了解，并能识别其是否有足够市场。创业者可以研究基金，证明其构想的可行性，但往往没有足够资金将其转化为商品，这给创业者带来一定风险。通常鼓励创业者跨越这个缺口的基金极少，如政府资助计划、专门的对早期项目的风险投资等。

2) 研究缺口

研究缺口存在于创业者根据自己的兴趣所做的研究判断和依据市场潜力所做的商业判

断之间。当一个创业者最初证明一个特定的科学突破或技术突破可能成为商业化产品的基础时,这仅仅是创业者做出的研究判断,在将预想的产品真正转化为商业化产品的过程中,即使其具备有效的性能、低廉的成本和较高的质量,为使产品能从市场竞争中生存下来,创业者仍需要大量复杂且可能耗资巨大的研究工作,从而形成创业风险,而一般创业企业很少会花时间做这些研究,这就造成了研究缺口。

3) 信息与信任缺口

信息和信任缺口存在于技术专家和管理者(投资者)之间,也就是说,在创业中存在两种不同类型的人,一类是技术专家,一类是管理者(投资者)。这两种人接受不同教育,对创业有不同预期、信息来源和表达方式。技术专家知道哪些内容在科学上是有趣的、哪些内容在技术层上是可行的、哪些内容根本是无法实现的。在失败案例中,技术专家要承担的风险一般表现在学术上、声誉上受到影响以及没有金钱回报。管理者(投资者)通常比较了解将新产品引入市场的程序,但当涉及具体项目的技术部分时,他们不得不相信技术专家,可以说,管理者(投资者)是在拿别人的钱冒险。如果技术专家和管理者(投资者)不能充分信任对方或者不能交流,那么这一缺口将会变得更深,风险更大。

4) 资源缺口

没有资源,创业者将一筹莫展,创业无从谈起。在大多数情况下,创业者不一定也不可能拥有创业所需的全部资源,这就形成了资源缺口。如果创业者没有能力弥补相应的资源缺口,要么创业无法起步,要么在创业中受制于人。

5) 管理缺口

管理缺口指创业者并不是出色的企业家,不一定具备出色的管理才能。这种类型的创业者的创业活动主要为,一是创业者利用新技术创业,创业者只是技术方面的专业人才,不具备专业的管理才能,从而形成管理缺口;二是创业者有新的创业思路,但不具备战略规划上的才能或者不善于管理具体的事务,从而形成管理缺口。

4.4.3　创业风险的类型

创业风险是伴随创业过程而产生和存在的,不同风险具有不同性质和特点。

1) 项目选择风险

初创企业一般都面临项目选择风险,创业项目选择是创业的第一步,也是最困难的一步,项目选择不当,整个项目就会失败。项目选择一般要遵循几方面原则:要满足市场需求;要有一定的回报率;要发展国家鼓励和支持的项目;要选择自己熟悉并拥有优势资源的项目。

2) 信誉风险

信誉风险指企业在经营管理过程中由于管理不善或操作不当使企业的信用和名声在市

场、社会上的威信下降或对企业的经营造成不良影响的风险。这主要包括拖欠贷款与税款、违约、价格欺诈、制造假冒伪劣产品、商标侵权、专利技术侵权、披露虚假信息等。

诚实守信不仅是做人的标准,也是企业要遵守的标准。一个企业信誉不好,其产品质量和服务再好也很难获得消费者的信任,在生存与发展中存在更多不确定性。所以企业信誉风险问题是企业须高度重视的问题,企业应当从自身做起,注重自身信誉,建立良好的社会关系和信誉市场,促进社会良性发展。

3) 创业融资风险

创业都有融资需要。但没有哪一种融资渠道是十全十美的,任何融资方式都有风险。这方面的风险主要包括,创业企业融资战略不当引发的风险、融资活动不计成本引发的风险、融资渠道或融资对象不当引发的风险。总之,融资涉及融资的规模、渠道、对象、方式、时机等,融资规模过多或过少、过早或太晚,渠道从不畅通或造成融资成本过高等,都会带来相应的风险。

4) 资金链断裂风险

资金链是维系企业正常生产经营运转所需要的基本循环资金链条,是企业现金流在某一时间点上的静态反映。企业发生债务危机,由于流动资金不足,资金链断裂,进而不能偿还到期债务,造成相关风险。企业在生产经营活动中资金循环要经历采购、生产、销售、分配等诸多环节,哪个环节出现问题都会带来资金链断裂风险。企业运营资金不足、信用风险、结算方式不合理以及投资失误等都可能造成资金链断裂。

5) 人力资源风险

人力资源风险是指企业在经营活动中,由于人力资源的原因而导致经营后果与经营目标相偏离的潜在可能性,即经营后果的不确定性。

人力资源风险主要包括创业者风险、创业团队风险、核心员工流动风险、雇员流失风险等。创业者风险是指创业者个人因素造成的风险,在创业初期,创业者的个人能力和素质会对创业活动是否顺利产生重要作用。创业团队风险指创业团队之间磨合与洗牌过程给创业带来的风险,如没有共同愿景、产生不和谐的关系、不能很好地执行团队规范和纪律、团队角色配置不合理等。核心员工流动风险、雇员流失风险可能造成关键技术、商业情报和市场丢失,而且流失的利益往往都会被同行的竞争对手获得,这样就会带来更大压力和竞争形势。与人力资源有关的风险,大多数是不可保险的,创业者必须重视,注意防范。

6) 技术风险

独特的技术往往是创业企业的关键,甚至是赖以生存的核心。加强对专有技术保护,防范技术风险,成为企业风险防范的重要内容。技术风险主要包括,自有知识产权保护的风险、侵犯他人知识产权的风险、陷入技术纠纷的风险、科技成果转化的风险、制造与工艺的风险等。

7) 产品与服务的责任风险

产品责任风险主要指生产者、销售者和维修者所提供的产品或服务所导致的风险。在现实生活中,因为产品质量缺陷而导致消费者的人身财产伤害屡见不鲜。因为创业企业的产品往往是一些新产品,安全性和可靠性有待于市场检验,所以要特别加强对产品安全性检查,否则可能造成难于弥补的损失。

服务责任风险主要是在为顾客或客户服务过程中对顾客或客户产生的伤害,有的是企业直接引起的,有的则是顾客造成的。对于前一种,企业理所应当赔偿,对于后一种,企业往往要承担一部分责任。

4.4.4　创业风险的防范策略

在不同创业阶段,企业防范的风险是有差异的。

1) 创业准备阶段风险防范

(1) 严格筛选项目

①创业者应当选择自己熟悉的、地域相对邻近的行业,便于沟通和联络。当许多人一窝蜂地抢着进入某一行业时,你一定要保持清醒的头脑,认真分析此行业面临的机遇和风险。

②要对项目充分调研。市场调研可以排查各种风险。因此,一个想创业的人要懂市场,必须学会市场调研,只有深入、细致地调查市场,才能确定创业者是否具备创业过程的客观条件。

(2) 有效保护商业机密

创业者在向潜在投资者介绍项目时,一定要注意对创意保护。虽然创意十分难以保护,但要通过一些有效方法保护,以确保创业中的利益。可以通过商标注册、专利申请、版权保护、保密协议等方式保护。要想真正保护创意与技术,最好的办法就是尽快实施创业计划。越快、越多、越好地解决准备阶段的障碍并实施创业,就越有可能阻止创意和技术被抄袭。

(3) 选择合作伙伴

创业团队的合作伙伴往往能决定创业成功与否。这里的合作伙伴,包括股东、共同经营者、员工和加盟总部等。如果选错合作伙伴,双方一天到晚把大量经历耗费在沟通、吵架和冲突之中,事业肯定不会顺利,甚至失败。对团队人员的职责分工,是每个创业者在创业之初就必须加以思考和界定的,如开发创意、制订目标和制订行动计划、确保计划执行,使企业达到预期的目标等只能由创业者自身行使。最好在创业之初就拟订一份书面合作协议,对合伙人在企业中的法律地位、权利和职责等问题明确规定。

(4) 密切关注资金风险和技术风险

因为在创业准备阶段,最大的风险就是资金风险和技术风险,所以,创业者要尽早考虑融资方法,建立渠道,减少资金风险。同时,创业准备阶段的技术处于概念设计阶段,技术的可行性几乎无法辨别和确定,因此,即使有了资金,也可能因为技术问题而失败。

2) 创业起步阶段风险防范

(1) 抓人、财两个关键

要抓这两个关键,就须建立有效的规章制度。一套完善的规章制度是创业企业生存和发展的根本。最基础的管理制度就是人事管理制度。要制定并实施招聘、考勤、考核、奖惩、薪资等制度,遵守法律法规,保护商业机密,有效防范核心员工流失。要建立健全财务管理制度,制订报销、现金流量、预算、核算和控制成本制度,编制财务计划,加强财务监控。

(2) 降低市场风险

起步阶段市场风险逐步显现和加大。创业者要调研市场,广泛收集客户对产品各项功能的意见和建议,咨询行业协会、政府部门或专家,对产品的技术改进,建立市场风险应对策略和运行机制。

(3) 探索简洁实用的商业模式

很多企业在起步阶段根本没有精力制订完善的企业战略计划,最关键的是,怎样在竞争激烈的市场中生存下来。所以这需要一套简洁而实用的商业模式:公司如何整合各种要素、建立完整有效的运行系统、创造市场价值并形成持续盈利。这些说起来简单做起来难,关键在于先做起来,然后慢慢调整。

(4) 对经营业务不断调整巩固

在复杂多变的内外部环境条件下,现代企业要解决企业经营目标与企业内外部环境条件的动态平衡问题。内部条件决定企业经营活动所能取得的预期效果的可能性;外部条件反映市场竞争、技术、需求的变动趋势,决定了企业的经营方向和利润来源。创业企业在起步阶段要根据内外部条件变化对经营业务不断调整,才能在市场中生存下来并进一步发展。

3) 创业成长阶段风险防范

(1) 完善组织机构,规范决策

创业初期,企业往往针对市场机会做出反应,而不自己创造机会;创业者被环境左右、被机会驱使,而不左右环境、驾驭机会;企业的行为是被动的,而不是主动的、有预见的。而在企业成功之后,企业为了更好地发展,必须建立完善的组织架构,有效地执行决策,有计划地完成目标。创业者或企业应通过其他组织来搭建、完善组织,最大限度地稳定企业的经营。同时还须完善、健全企业的管理制度和规章。

(2) 建立风险责任机制,趋利避害

建立企业风险责任机制,根据企业的控制规划和实施方案,确定相应的责任主体,做到风险管理工作各司其职、各自负责。通过分析,主动预测风险可能带来的负面影响,积极预防相关风险,学会减少风险和转移风险。同时,建立健全完善的风险控制和报告制度,企业内部的风险管理要严格按照既定目标要求和具体标准相应地监控和管理。

(3) 完善激励机制,凝聚人才

人才是企业发展的关键。企业初步成功之后,应建立一套完整、有效的激励机制,既能保障老员工和合伙人的利益,又能吸引新员工、凝聚优秀人才,使企业稳步发展,激励机制要严格执行,让员工感到激励机制确实有效并且是其奋斗的动力。除了激励机制,良好的企业前景对于优秀人才也有很强的吸引力和凝聚力,因此,企业应当维护和提升经营业绩,营造未来前景。

(4)发展核心竞争力,战略制胜

保持核心竞争力是企业持续发展的关键。只有不断发展核心竞争力才能在市场竞争中保持优秀,保有企业活力。

【案例介绍】

ofo 小黄车沉浮录

1.引言

2018 年下半年以来,ofo 小黄车处在了舆论的风口浪尖上。无法按时退押金、深陷多场债务官司、大规模裁员、CEO 上失信名单……负面报道扑面而来,这无一例外向外界暗示着 ofo 小黄车正在经历一场劫难。成立以来的五年间,ofo 小黄车可谓大起大落,从曾经资本市场竞相追逐的宠儿到如今"一片狼藉"。到底什么让 ofo 小黄车深陷"泥潭"?本案例将从公司财务尤其是现金流角度对 ofo 小黄车相关策略分析和探讨。

2.资本宠儿——"不差钱"

2014 年 3 月,出于对自行车的热爱,北京大学在读研究生戴威与 4 名合伙人薛鼎、张巳丁、于信、杨品杰共同创立 ofo 小黄车。创业之初,ofo 小黄车主要聚焦于"骑游项目",但该项目实际上并不成功,前期从唯猎资本融入的 100 万元几乎耗尽,公司账面现金仅剩 400 元,已经到了破产的边缘。在这种捉襟见肘、融资连连碰壁的情况下,戴威最终决定回到学校,做一个平台,把同学的车收起来,然后向外租。

"回归校园"以及"无桩共享"模式打动了投资者,同时扭转了 ofo 小黄车的境遇。2015 年 3 月,唯猎资本决定再投 100 万元给 ofo 小黄车。这笔钱真正挽救了 ofo。彼时,戴威豪言:"我们的目标是在北大校园内推出 10 000 辆共享单车,其中,招募 2 000 辆共享车主,这 2 000 人要干一票大的!"ofo 充满青春气息的亮黄色车身以及戴威充满感召力的宣传,很快得到了北大师生的响应。

2015 年夏,戴威和他的团队成立了北京拜克洛克科技有限公司,戴威担任法人,公司定位于科技推广和应用服务行业,注册资本为 38.515 万人民币。戴威认为共享是一种需要长期培养的习惯,决定自掏腰包先采购 200 辆小黄车投入校园,这样,用户共享了一辆车,就能获得 200 辆小黄车的使用权。

2015 年 9 月,1 000 多辆小黄车解锁后,扫码借车的单量一路上扬,12 月 ofo 日订单接近 2 万笔,共享单车项目终于运转了起来。2016 年春节后,拿到 A 轮融资的 ofo 向北京 20 多所高校扩展,同时,逐步向武汉、上海等南方城市拓展。"投车—订单量增长"模式被验证成立,ofo 小黄车很快向全国高校扩展。此后,ofo 小黄车吹响了进军城市市场的号角,很快海外市场成了 ofo 小黄车的新领地。

由于商业模式新颖、产品低碳环保，迎合如今发展趋势，ofo小黄车及其主要创始人戴威很快就荣誉等身，并且受到了资本重视和追捧。短短3年时间内，ofo小黄车一共获得了融资额约150亿人民币，投资方包括阿里巴巴、滴滴、经纬中国、弘毅投资、中信产业基金等在内的近20家国内外著名私募股权基金。这是ofo小黄车最风光、最"不差钱"的时代，其融资总额超过共享单车市场融资总额的一半。源源不断的资本流入为ofo小黄车后来的"畸形发展"埋下了祸根。ofo小黄车的"野心"逐渐显现，从最初的愿景"骑车时彼此交流，骑行归来，亲如一家人"到如今的"让世界没有陌生的角落"，并且致力于用"共享、信任、开放"理念解决用户最后一公里出行难题，做影响世界的共享出行平台。

3.资本裹挟下的残酷竞争——疯狂烧钱

随着共享单车行业爆发，"赤橙黄绿青蓝紫"各路共享单车品牌纷纷崛起。根据电子商务研究中心监测数据，从2016—2018年，市场上共创立70多家共享单车公司。随之发展而来的却是该行业不同公司之间的激烈竞争，最为显眼的当属两大寡头ofo小黄车与摩拜之间竞争。主要竞争方为了抢夺客户在骑行价格、投放单车数量方面疯狂竞争。

（1）数量战——血流不止

大量投放单车迅速占领市场是ofo小黄车的竞争战略之一。ofo小黄车投资人朱啸虎曾经算过一笔账：最初的一辆ofo成本仅200元，而摩拜的单车成本高达2 000元。也就是说，生产一辆摩拜的钱，可以生产10辆ofo，ofo在投放量上占有绝对优势。ofo希望通过市场渗透打败竞争对手。据公开资料显示，2016年及以前，ofo的投放数量约为100万辆，截至2017年底，ofo的投放量已超过了2 300万辆，远超摩拜以及其他竞争者。在这场残酷的"数量战"中，采购、运营、维护需要大量资金，ofo小黄车血流不止。这给ofo小黄车带来了巨大资金链压力，为财务困境埋下了祸根。

（2）拖欠供应商货款问题频发

ofo的供应商集齐了自行车生产领域的"四大"：富士达、科林、飞鸽、凤凰。在2017年疯狂投产时期，这些供应商几乎所有的产能和技术都投向了ofo，平均每15秒钟就能落地一辆小黄车。供应商与ofo的合作模式大致为，ofo先付30%货款，尾款在30到60天内到账。

如此大规模生产对ofo的资金周转造成了极大威胁。从2017年下半年起，ofo就频频无法按时支付供应商货款。2018年8月31日，上海凤凰（600679.SH）发布诉讼，公告称，其控股子公司上海凤凰自行车有限公司因向法院提起诉讼，要求东峡大通（北京）管理咨询有限公司（ofo运营方）赔付货款6 815.11万元。这是ofo首次被供应商起诉。据《财新周刊》报道，截至2018年5月中旬，ofo对各类供应商欠款约12亿元。

（3）高昂的运维成本

由于ofo车辆数量增加，后期运维成本紧跟着直线上升。共享单车的运维成本主要体现在"找车、修车、调度"3方面。首先，ofo疯狂铺车，ofo小黄车对运维人员的需求大量增加，人工成本激增。其次，低成本战略下生产的ofo单车技术含量低、质量差。ofo初期采用机械锁，虽然成本低廉，但是这种机械锁车的短板是安全性低，容易损坏或变成"僵尸车"。

而此时，摩拜已经有了相对成熟的智能锁设计经验和用户出行大数据信息，大势所趋之下ofo不得不使用成本高昂的智能锁。2017年10月，哈罗单车创始人杨磊接受腾讯科技采访时曾表示,一辆哈罗单车的日均运营成本是 0.2 元,而 ofo 一辆单车的运维成本则是 1.5 元。据《财经》杂志报道,到 2018 年 5 月,ofo 单月成本为 2.5 亿元,其维成本高达 1.3 亿元。2018 年 6 月,ofo 才宣布,在完成共享单车智能锁设备改造后,每辆小黄车综合运营成本已从 2017 年 1.5 元/天降至 0.2 元/天。按照 2017 年底 ofo 投放量 2 300 万辆估算,2017 年运维成本需要 125.925 亿元,即便 2018 年成本下降,也需要 79.75 亿元。

4.价格战——丧失稳定的自我造血功能

战争开始之初,ofo 小黄车推出充 100 元送 100 元优惠活动,而摩拜随即推出充 100 元送 110 元优惠活动。2017 年 6 月,摩拜推出了免费骑月卡活动,每次骑行 2 小时内免费,30 天内无限次免费骑行。在"免费骑"活动即将结束之时,摩拜单车于 7 月推出了"2 元 30 天"和"5 元 90 天"月卡。8 月,ofo 小黄车紧随其后推出了"1 元骑 30 天"活动,同时推出各种免费联名卡,时不时还推出免费周卡、小额折扣券等活动。只有更便宜,没有最便宜。据用共享单车户反馈,"一年下来,除了押金基本上没怎么花钱"。这就意味着 ofo 小黄车租金方面的收入几乎为零。不稳定的业务收入(现金流入)使得 ofo 小黄车丧失了自主造血功能。这场近似于烧钱的价格战持续了近 1 年时间,烧断了许多小型共享单车企业的资金链。

2018 年 2 月后,摩拜、ofo 小黄车纷纷上调价格,免费骑行消失得无影无踪。除了用户骑行费用,ofo 在盈利模式上还做了多方面尝试。ofo 陆续推出了车身广告、App 端内广告以及 App 短视频广告等业务。2018 年 6 月,ofo 宣布包含车身广告、App 端内广告、企业绿卡的 B2B 各项业务的总营收已超过 1 亿元,此时 B2B 事业部仅成立 2 个月。这个成绩看起来很可观,但与 ofo 的运维成本相比,不过杯水车薪。

5.挪用押金——缺钱

共享单车发展过程中一个无法绕过的问题是"押金问题",这几乎是共享单车"开始疯狂"和"后来崩溃"的根源。由于共享单车普遍采用的是"一人一押",而非"一车一押",这种模式导致的必然结果是押金余额会远高于公司的实际资产。2018 年下半年以来,当 ofo 小黄车负面新闻缠身时,大量押金用户申请退押金,排队人数直接高达 1 000 多万人,对应押金规模超过 10 亿元。信任是相互的,用户愿意缴纳押金本就体现了用户对于企业的信任,而押金的所有权始终都是用户的,押金并不是企业的经营资产,但是,ofo 却利用了用户的信任来为自己的运营决策失误买单。

6.最后的挣扎——拼命找钱

2017 年年底,曾经一直致力于推动摩拜和 ofo 合并的投资人朱啸虎以 30 亿美元估值将 ofo 的股份出售给阿里和滴滴,选择更实际的套现离开。阿里拿了大部分,包括朱啸虎手中的董事会席位和一票否决权,接手朱啸虎的股份后,阿里在 ofo 的持股比例为 10% 左右。滴滴还迅速扶持起了青桔单车。

2018 年 3 月,ofo 小黄车完成了 E2-1 轮融资,融资金额高达 8.66 亿美元。此轮融资由阿里巴巴领投、灏峰集团、天合资本、君理资本、蚂蚁金服共同跟投,采取股权与债权并行融资方式。其中,阿里巴巴提供给 ofo 的是一笔 17.66 亿人民币的抵押贷款。

然而,在共享单车领域,阿里并没有完全钟情于 ofo 小黄车。2018 年 3 月,阿里持续加码哈罗单车(已更名为"哈啰出行"),并推出全国免押政策,这成为其快速崛起的杀手锏。

官方数据显示,哈罗单车日订单量已突破 2 000 万,超过 ofo 与摩拜的总和。为了活下去,戴威只能继续寻求投资。遗憾的是,戴威寻求再投资的过程并不顺利。

7.结束语——自行造血才是王道

ofo 其实出生在了一个好时代,资本大量涌入让 ofo 一时迷失了自我,管理者不再考虑如何通过精细化运营来与对手竞争,甚至不考虑盈利,做的只有不断投放和补贴,这加速了 ofo 崩溃。光鲜靓丽的融资历史只能代表过去的辉煌,ofo 小黄车不能一直依靠资本,更不能简单地依靠押金池,锻炼自己的造血功能才是重中之重。年轻的戴威本来拿了一手好牌,却没有精打细算利用手中的资源,并且在各路现金流疯狂注入中迷失了自我,昔日的共享单车行业龙头老大、互联网领域的创业明星落到了今天这个局面。

(资料来源:彭镇,等,ofo 小黄车沉浮录——基于公司财务视角的分析。)

【思考题】

1.旅游创业机会来自哪里?

2.如何识别旅游创业机会?

3.旅游创业机会的评价可采取哪些方法?

4.怎么识别与防范旅游创业风险?

5.你了解到的旅游创业人物是怎么发现与评价创业机会的?

6.在生活与旅行中你遇到过哪些问题与困难?旅游行业中,游客有哪些投诉与抱怨?其中是否存在创业机会?

第5章
旅游产品创意

【学习目标】

1. 了解旅游产品创意的技巧。

2. 理解旅游产品创意的主要方法。

3. 掌握旅游产品创意的原则与流程。

【案例导读】

爱彼迎(Airbnb)的创意与发展历程

Airbnb 是 AirBed and Breakfast(Air-b-n-b)的缩写,中文名是爱彼迎。它成立于 2008 年 8 月,总部设在美国加州旧金山市。Airbnb 是一个旅行房屋租赁社区,用户可通过网络或手机应用程序发布、搜索度假房屋租赁信息并完成在线预订程序,被时代周刊称为"住房中的 EBay"。

1.创始人简介

爱彼迎两位联合创始人——布莱恩·切斯基(BrianChesky)和乔·杰比亚(Joe Gebbia)是罗得岛设计学院的学生,他俩相识已久,因共同的体育爱好而结缘,Conair 公司的实习项目是他们的首度合作。两人力图创新,常常在工作室通宵达旦。后来,他们的工程师朋友——毕业于哈佛大学的软件工程师柏思齐(Nathan Blecharczyk)加入了进来,成为网站的合伙人。3 人各有分工,杰比亚负责网站设计,柏思齐负责网站技术问题,而布莱恩·切斯基则承担了领导公司的重任。

2.创业缘起——面临的问题

2007 年 9 月,杰比亚的两个室友因房东涨租突然搬走。杰比亚一时很难找到房客,于是劝说切斯基搬往旧金山和他共住。切斯基刚到就听到一个坏消息:房租已经上涨到 1 150 美元,且一周内付清,他们可能租不起这套公寓了,切斯基的银行账户里仅有 1 000 美元。他俩就一直绞尽脑汁盘算如何凑齐房租。

3.初步创意与实施

一个想法冒了出来:利用国际工业设计协会。美国工业设计师协会理事会一年举行两次的世界大会,定于 10 月下旬在旧金山举行,届时几千名设计师齐聚这座城市,酒店住房将吃紧,房租也会上涨。他们突发奇想:何不利用公寓闲置的空房为参会者提供食宿服务呢?当时,杰比亚的壁橱里恰好存有供露营活动使用的 3 张充气床垫。这套三居室比较宽敞,客厅、厨房以及空余的卧室都可供出租。他们的报价很低,甚至免费提供早餐,他们把这则广告投放到参会者常去阅读的设计圈博客里。他们搭建一个网站,命名为"充气床垫与早餐(Airbed and Breakfast)",介绍他们的服务项目,说明申请流程,列明设施清单——以80美元单价出租每张充气床垫以及一些生活设施。几天后他俩就接到了几笔订单,一周赚了1 000多美元,解决了房租问题。

4.调整理念

他们把注意力转向创办一家真正的公司,于是邀请杰比亚以前的室友柏思齐。柏思齐来自波士顿,是一位天赋极高的电信工程师。经过周密讨论,理念日趋完善:当会议举办地周边住宿紧张时,为与会人员提供短租房源。他们深知各种会议常常使周边酒店客满为患,寻求住房的需求就应运而生。他们决定调整计划,改称为简化版爱彼迎,其理念更精简,特色更明晰,技术障碍更少。他们将眼光瞄准了SXSW音乐节,让爱彼迎网站以全新的姿态出现,试图掀起一场舆论热议。他们精心制作网站,宣称能解决会议期间的订房问题,并在其他科技博客里刊登广告。

SXSW音乐节期间产品推介获得了一些成效。亲自使用网上平台,切斯基发现了支付程序的一些缺陷,须创建一个更加精细的支付系统。因为他不止一次忘记去自动柜员机取钱,他入住陌生人家里的两晚十分尴尬,而房东没理由相信他确实有钱支付。在SXSW音乐节上,切斯基和杰比亚建立了重要的人脉网。他们遇到了Justin.tv初创公司的首席执行官年仅25岁的迈克·赛贝尔。那时,赛贝尔刚组建完Y Combinator,这是由企业家和风险投资家保罗·格雷厄姆共同创立的著名项目,旨在发展初创公司。

几位创始人坚持不懈改进创意,于是爱彼迎网站的新理念成形了,其内容丰富广泛。它不再聚焦于酒店客房售罄的会议期间,而将是一个预订民宿像预订酒店一样便捷的网站。这意味着他们必须建立一个复杂的支付系统,可以让客户在线支付;这同时意味着他们需要一个审查系统和一个功能更强大的网站。

5.提升理念

与此同时,切斯基和杰比亚与"天使"投资人见面。当时,公司市值150万美元,3位创始人正在寻找一个愿意花15万美元购买公司10%股份的投资人。当时,这是一个高风险的创意,没有人想要触碰它。

3位创始人毫不气馁,不断完善他们的产品。2008年8月,在丹佛举行的民主党全国代表大会召开前,他们已巧妙地设计出加速在线支付的方法,升级了审查和运行系统,提出一个新的营销口号:居住民宿的旅行。切斯基、杰比亚和柏思齐第三次推出了他们的网站。

由于坚持不懈和不断接洽,他们获准在著名科技博客网Tech Crunch上宣传,文章标题是"充气床垫与早餐革新住宿模式"。作者埃里克·施恩菲尔德写道:"充气床垫和互联网在手,人人都能成为房东。"切斯基和盟友们很善于利用媒体,3位创始人不走寻常路,专找当地最小型的博客,因为他们觉得博客越小,自己越能得到关注。他们在社交媒体上发布了几个故事,引起了多米诺骨牌效应:国家级媒体也报道,其中,包括政治新闻网站(Politico)、《纽约日报》《纽约时报》等。宣传策略起效了,业务接踵而至:800人注册了房源,80位顾客预订了房间。但这次成功又只昙花一现。大会结束后,网站访问量锐减。

6.不断推出新创意——Obama O's 的麦片

为了吸引更多顾客,他们重启之前的计划,即给网站上的"房东"送去免费早餐,再由房东提供给房客。毕竟,早餐是公司名称的一部分,也是经营模式的重要部分。他们盯上了麦片——针对民主党大会,他们根据总统候选人的姓名,想出了一款名为 Obama O's 的麦片,随后设计出麦片盒,添加广告语:"早餐在改变"和"碗里的希望"。另外还增加了叫作 Cap'n Mc Cain's 的共和党版盒装,广告语为"每一口都与众不同"。

他们封好盒子,从吸引媒体注意开始,希望通过最后一搏使大家关注这家快要倒闭的公司。他们决定不间断地用宣传号召打动科技记者们,但这些记者通常不会把麦片放到桌上。如果记者们将麦片盒放在桌上或编辑室的书架上,其他记者就会留意到,这样他们的情况也许能好转。

这个小技巧起作用了:媒体记者们吃完麦片,盒子随之到处流散。Obama O's 3 天内销售一空。人们在亿贝和克雷格网站转售麦片盒,售价高达 350 美元(Cap'n Mc Cain's 麦片却无人问津)。他们还清了债务,但最初的创业网站仍然没有顾客访问,公司核心业务带来的收益不足 5 000 美元,而麦片销售却盈利两三万美元。

7.融资历程

2008 年 11 月一个夜晚,当切斯基、杰比亚和赛贝尔共进晚餐时,赛贝尔建议他们申请加入 Y Combinator 融资训练营。但训练营的面试并不顺利。几位创始人阐述了创业思路,投资人格雷厄姆抛出的第一个问题便是"怎么会有人做这样的事情? 为什么? 他们有什么毛病吗?"

就在他们准备收拾东西回家时,杰比亚拿出了麦片递给格雷厄姆。格雷厄姆谢过他的好意,但有几分尴尬——他以为他们特意为自己买了一些麦片,并作为别具一格的礼物送给他。他们讲述了 Obama O's 麦片背后的故事,是自己亲手制作并售卖了这些麦片,这也是他们为公司筹集资金的方式。格雷厄姆惊叹道:"噢! 你真是打不死的小强,你们创办的公司不会垮掉。"

投资人格雷厄姆决定向他们提供名额,他后来告诉切斯基,当时是麦片打动了他。他说:"若能打动人们花费 40 美元去购买一盒价值 4 美元的麦片,你也能吸引人们到陌生人家里的充气床垫上休息,也许你能做到。"进入训练营后,3 位创始人获得了 2 万美元启动资金。作为回报,他们须让渡公司 6%股份。

8.深挖用户,调整模式

2009 年 1 月,格雷厄姆询问了他们当时的用户数量,他们说不太多——大概 100 个。格雷厄姆安慰他们不用担心,拥有 100 个忠实用户比拥有 100 万个"勉强凑合"的客户要好得多。接着,他又问起这些用户的情况:准确而言,他们身在何处? 3 位创始人回答主要集中在纽约市。格雷厄姆停顿了一下,接着将他们的话重述了一遍道:"也就是说,你们人在山景城(加利福利亚州的一个城市),而用户却在纽约市?"他们面面相觑,然后回答:"是的。""那你们还待在这里干什么?"他反问道,"到纽约去,去找你们的用户。"随后他们联络了用户。

接下来的 3 个月里,杰比亚和切斯基每周都会飞去纽约,步履艰难地走过深深的积雪,挨家挨户地与注册用户会面或者试住。柏思齐则留在后方编写程序代码。切斯基和杰比亚很快便发现了两个痛点:用户的出租定价和照片拍摄问题。当时用户的拍摄技术较差,甚至很多人不知道如何正确上传房屋照片。于是他们决定派专业摄影师前往每个出租者的家里免费拍摄。他们没有资金,切斯基只得从之前罗得岛设计学院的朋友那里借来一台相机并亲自上阵。

这些经历让他们重新审视以前狭隘的视角。他们取消了提供早餐的要求,增加了出租整套住所的选择。格雷厄姆早已注意到这家公司早期模式的缺陷,借助这次机会,他建议他们从公司名中删除 Air Bed,以扩大市场潜力。于是他们购买了域名 Airbanb,但它看起来太像 Air Band(空气乐队),最终他们选择了 Airbnb。

预订量开始攀升,小幅升至每天 20 笔订单。纽约用户群的登门拜访以及游击战式的市场营销初见成效。预订量增加,收入随之增多。几周后,他们实现了"拉面盈利"(格雷厄姆把最低盈利点称为"拉面盈利",即创业者筹集到足够解决温饱的资金,哪怕只够买便宜的拉面),接着完成了既定收入目标——每周 1 000 美元,那是 3 个月以来他们贴在镜子上的盈利目标。在劳什街公寓的屋顶上,他们打开香槟庆祝这次成功。

9.获得红杉资本投资、飞速发展

2009 年 1 月,经济严重萧条,风险资金已经枯竭。鉴于当时的投资条件,格雷厄姆让整个团队只关注一件事情:通过"演示日"谋求出路。这是一项每年举办两次的活动,最新一代的创业者会向投资者们陈述自己的商业规划。那场"演示日"定于 3 月举行,他们还有 3 个月准备时间。

2009 年 4 月的一天,红杉合伙人格雷格·麦卡杜来了,红杉曾投资了谷歌、苹果、甲骨文等公司。无独有偶,麦卡杜碰巧花了一年半时间对假期房屋租赁业务深度分析,对此他了如指掌。

麦卡杜对 3 人为房东和房客打造平台的想法印象深刻,被他们处理信任危机的社交机制所打动。他说这些理念"远远超出了传统度假租赁业务的思维模式,我清楚地看到,他们解决了一些如何将房东和房客成规模地集中起来的问题"。大约在同一时间,这 3 位创始人与 Youniversity 风险投资公司磋商。几周后,爱彼迎的 3 位创始人收到了来自红杉 58.5 万美元的风险投资协议(其投资回报约为 45 亿美元),加上 Youniversity 投资的 3 万美元,总计 61.5 万美元。这份投资协议使公司的估值上升到 240 万美元。这份投资的重要性不言而喻。

切斯基说:"从红杉投资我们的那一刻起,创业火箭就起飞了,我们已经没有回头路了。"比金钱更重要的是如何合法化。遭遇无数次直接的拒绝和否定后,硅谷最负盛名的投资公司对爱彼迎的支持,证实了 3 人一路走来所取得的成就,这让他们信心倍增。切斯基说:"这是目前为止最重要的,创业最大的敌人其实是自信心和决心不足。"

当年 8 月,他们的订单量由每日二三十笔飙升到 70 笔。他们推出一些新颖、独特的房源来吸引眼球,比如树屋、冰屋和圆锥形帐篷等。红杉资金注入,他们每人得到 6 万美元年收入,与之前买不起牛奶、只能靠麦片果腹的日子相比,这份收入无疑是丰厚的。2012 年,切斯基这样描述爱彼迎的起步阶段:令人兴奋,事后想起来还很怀旧和浪漫,但当时绝非如此,实际上很胆战心惊。

(资料来源:利·加拉格尔,等.爱彼迎传:打造让用户热爱的产品;徐珊.爱彼迎的前 18 个月。)

【思考与讨论】

1.你觉得爱彼迎创意的核心是什么？与同行的其他产品相比，它有什么特点或差异？

2.爱彼迎的创意是怎么产生的？它抓住了什么样的需求？

3.爱彼迎的创意是不是一蹴而就的？它经历了什么样的过程？创始人是怎么不断克服困难并不断完善创意的？

5.1　旅游产品创意的流程

旅游创意指针对旅游问题解决与旅游需求转化的、具有创新性甚至原创性的旅游构思。它通过新颖性和创造性构思、想法、点子、观点，提出推动旅游发展的方案，以转化为旅游创业机会，实现旅游发展目标。依据斯坦福大学 School 的产品设计理论，适当优化，确定旅游创新创意的基本步骤和流程。

5.1.1　抓准旅游问题

即观察旅游产品的使用者。观察旅游者的使用环节与使用状况，找出可能的使用问题。观察与感受产品与服务的消费对象，并跳出习惯的枷锁，避开视而不见的盲点，敏锐地观察出有趣的或主要的信息，用以贴近旅游者的真正需求。创业机会识别的本质是关注人本身，"以人为本"创业观念，重视用户的需求，使创业者把更多目光从产品、服务转移到旅游者，创造出更人性化的产品。身为创业者，亲自体会用户面临的问题，才能够真正让产品与服务解决旅游者的问题。

5.1.2　识别旅游需求

旅游市场需求是旅游创意的基础。旅游创新创意能否经受市场考验、实现商品化和市场化，须找到满足市场需求的点。旅游需求点包括旅游需求的痛点、爆点甚至痒点。旅游需求点判断的标准大致有几方面：旅游产品可解决旅游问题的程度、旅游产品新颖有特色的程度、旅游产品吸引力大小和旅游价值高低、旅游产品功能结构优化的程度、旅游产品安全可靠的程度、旅游产品使用方便快捷的程度、旅游产品可美化生活和提高生活质量的程度等。其中，旅游需求痛点与旅游产品可解决旅游问题的程度高度相关，旅游需求爆点则与旅游产品新颖与特色、旅游产品吸引力、旅游价值等高度相关。当然，最基本的要点则是考察旅游产品的使用性能与旅游价值是否大于价格，也就是要看它的性价比。

具体而言，旅游需求识别的步骤是，找出可能的消费问题，分类，归纳与整理，识别出旅游者在心中底层的核心需求（可能使用者都无法清楚地表达出来），发现旅游者的潜在需求，进一步地帮助他们解决这些需求问题。

5.1.3 创意旅游设想

旅游创意设想是想出满足潜在旅游需求的概念产品或服务,也就是创新、创造出新的旅游产品或服务。在此阶段,尽量帮助旅游者解决问题。我国古代军事家孙子在其名著《孙子兵法·势篇》中指出,"凡战者,以正合,以奇胜。故善出奇者,无穷如大地,不竭如江河。"旅游创意设想须思维超常和构思独特,以出奇制胜。这可以从创意构思新颖性、创意构思开创性、创意构思特色性等考察。

在创意设想过程中,可注重以下几点。

1)注重"旅游+"跨界融合

注重"旅游+"跨界融合,即注重融合农业、工业、交通、文化、科技、教育、艺术、影视、环境、卫生、体育、健康、航空等产业与要素的特点与优势,催生旅游新产品、新业态和新模式。

2)注重差异化与标准化相结合

标准化是为在一定的范围内获得最佳秩序对问题或潜在问题制订共同的和重复使用的规则的活动。旅游行业的诸多标准,是指导旅游行业发展的重要规范。比如酒店、民宿、旅游景区等都有相应的标准,旅游创新创意可基于一定这些标准创造差异性。

3)秉承工匠精神,追求极致,提升旅游品质

工匠精神是一种职业精神,是从业者的一种职业价值取向和行为表现,包含敬业、精益、专注、创新等方面。在旅游创意中,须以工匠精神做好旅游规划与设计,力求旅游精品;以工匠精神做到精细化、精心化、精准化服务与管理,追求极致,提升旅游品质,为顾客提供满意的、超值的、惊喜的与难忘的个性化服务。

【案例介绍】

张家界不断探索旅游创意

张家界作为世界遗产地与 AAAAA 旅游景区,具有独特的石英砂岩峰林地貌景观,一直在不断探索创意创新。

2006 年,俄空军特技飞行队在张家界表演特技飞行、空中加受油、穿越天门洞三大空中绝技,不仅吸引观众超 10 万,也产生了巨大的宣传效应。

2008 年,3D 大片《阿凡达》在张家界取景,2010 年《阿凡达》上映之后,其中悬浮山"哈利路亚山"的原型"南天一柱"(又名"乾坤柱")正式更名为"阿凡达哈利路亚山",由此,张家界成为网红旅游地。

2011 年 10 月 1 日,张家界玻璃栈道正式对游客开放。它悬于山顶西线,长 60 米,最高处海拔 1 430 米,栈道除了每隔 1 米左右用钢筋混凝土搭一截支架外,全部是透明度极高的钢化玻璃,游客可透过玻璃桥看到美丽的风景。2016 年 8 月,张家界大峡谷玻璃桥"云天

渡"开放。它位于湖南省张家界大峡谷景区栗树垭和吴王坡区域内,桥面长 375 米,宽 6 米,桥面距谷底相对高度约 300 米。这座全透明玻璃桥是一座景观桥梁,兼具景区行人通行、游览、蹦极、溜索、T 台等功能。世界各地游客蜂拥而至,每天限量 8 000 人上桥让"抢门票"之潮愈发狂热。

疫情时期,2021 年 9 月,谭咏麟、李克勤、林志炫、许茹芸、郁可唯 5 位歌手齐聚张家界,参与#湖南卫视带你游张家界#直播活动。5 位嘉宾分别从自己的视角推介了张家界独有的好山、好水、好景、美人、美歌、美食,展示了土家打溜子、土家织棉等张家界非遗文化的深厚底蕴,并热情与现场的观众互动。

5.1.4　制作旅游原型

这是将旅游创意的概念产品可视化的过程。制作旅游原型是让创业者和使用者沟通的一种方式。借由制作原型产品,可避免创业者对于设计的产品仅限于抽象的描述,而将脑海中的想象实体化,确认自己的想法是可以被执行的。在制作原型时,须灵活掌握一些常识和技巧。

①旅游原型可以灵活多样。凡可以探究设计构想、评估、推动的有形物体或无形影像,都是原型。

②旅游原型是创业构想的一个形式。原型可以从具体的形式中学习,获悉构想的长处和缺点,然后进一步完善,做出更细致、更精炼的原型。

③旅游原型可在短期内不断重复评估和改进。

④初期的原型应该快速、粗糙、便宜。便宜到"用过"即丢都不可惜。所谓"用过"指达成评估、改进目的之后。

⑤旅游原型必须接受测试。但不一定非得有实体。剧本、影片甚至即兴表演都可以做出成功的原型。

5.1.5　测试旅游体验

这是呈现用户实际体验的过程。制作旅游原型之后,最重要的就是立刻找旅游者来试用。利用原型与旅游者沟通,透过情景模拟测试是否适用于旅游者,并可以重新定义问题与需求。透过旅游者的反映,改进解决办法,并更加深入地理解旅游者。

5.1.6　循环

循环即重复上述各步骤,不断观察、归纳原因、评估对策和迭代优化。当然,存在另一种可能,即原型在测试中发现短板及瓶颈,而且非常难以突破。那么此时可能要果断放弃该创业机会,重新开创新的创业机会识别流程。

5.2　旅游产品创意的原则

旅游创意的原则是旅游创意决策时应遵循的准则或规范。旅游创意的原则主要包括市场原则、创新原则、文化原则以及相对较优、时效性、效益性、不轻易否定、不简单比较等。这里重点介绍前三者。

5.2.1　市场为基

市场为基指的是,旅游市场需求是旅游创意的基础。旅游创新创意最后的成果,必须经受市场严峻考验。

旅游创新创意经受市场考验,实现商品化和市场化,须找到满足市场需求的点,即旅游需求点,它包括旅游需求的痛点、爆点甚至痒点。满足旅游需求点判断的标准大致有几方面:旅游产品可解决旅游问题的程度、旅游产品新颖有特色的程度、旅游产品吸引力大小和旅游价值高低、旅游产品功能结构优化的程度、旅游产品安全可靠的程度、旅游产品使用方便快捷的程度、旅游产品可美化生活和提高生活质量的程度等。其中,旅游需求痛点与旅游产品可解决旅游问题的程度高度相关,旅游需求爆点则与旅游产品的新颖与特色、旅游产品吸引力、旅游价值等高度相关。当然,最基本的要点则是考察旅游产品的使用性能与旅游价值是否大于价格,也就是要看它的性价比是否优良。

近年来,旅游创新模从以生产者为中心的创新模式转向以用户为中心的创新模式,以旅游者为中心的旅游创新趋势出现。在旅游创意中,旅游消费者从自身的旅游经历、旅游感悟与旅游实践中,有诸多旅游创意的新思维、新思路、新点子,对原有产品修改,甚至设计出新的旅游产品与旅游线路。因此,旅游创新创业可以大量吸取这些旅游消费者的创意与设计。比如旅行服务大致形式如下。

1) 自助游

自助游,即旅游 DIY,由游客决定行程。它是游客自己设计路线,自己安排旅途中的一切。即,在旅游市场,所有产品都明码标价,由游客根据自身条件(包括时间、预算、身体状况等)自由选择服务组合的旅游类型。旅游中所涉及的吃、住、行、游、购、娱全由自己搞定,操作起来比较烦琐,但却摆脱了从前旅行社预先安排的行程模式,更加随心所欲,自由自在,充满了多元化个性元素。自助游不是年轻人的专利,也不是省钱旅游的代名词。

2) 自驾游

自驾游简单地说就是自己驾驶汽车出游,属于自助旅游的一种。自驾游具有自由化与个性化、灵活性与舒适性及选择性与季节性等内在特点。车辆包括轿车、越野车、房车、摩托车和自行车等,以私有为主,也可以借用、租赁及其他。驾车的目的具有多样性和随意性,最终决定权在于车主或出行团队。自驾游组织形式多样,主要分以下几种:自主组织的自驾车出游、旅行社组织的自驾车出游、汽车俱乐部或其他俱乐部组织的出游。

3) 半自助游

半自助游是一种介于旅行社的参团游与背包客的自助游之间的旅游方式,一部分时间须参加旅行团的集体活动,另一部分时间自由活动。

4) 自由行

自由行是目前比较流行的旅游方式。它是由旅行社安排的以度假和休闲为主要目的一种自助旅游,产品以机票+酒店+签证为核心,精心为游客打造一系列套餐产品。自由行没有导游,饮食由游客自行安排。自由、方便,时间安排可以随意调整,行程上游览可以随心意改变。一般选择自由行的旅行社都会提供一份攻略,这样就省去了自己做攻略的时间。

5) 定制旅游

定制旅游是可以完全为旅游者量身定制,一人成团,专车专导。它最早开始于自助游,由于受生活水平、受教育程度、交通条件等影响,旅游者对旅游内容的要求越来越高,行程安排日益个性化。旅游者可以自己任意安排出行时间,入住自己喜爱的酒店,乘坐自己喜好的车辆。只要旅游者有想法,定制游都将竭尽全力满足其要求,真正做到随心所欲。定制旅游形式大致分 3 种:一是单项组合定制,如自由行的机票+酒店;二是主题定制,如有具体行程和主题,其实就是针对小众的特色旅游线路;三是完全 C2B 定制,客人提出具体需求,商家对接,如,高端定制作为一种时尚的高端个性化消费方式应运而生,它能按照高端消费者对旅游苛刻的要求,量身策划与设计。

6) 私家团

私家团属于一种有限定制旅游,即"行程固定,标准可定"。"行程固定"指由资深团队从客户需求出发,设计符合当季旅游主题的行程,是基本固定的;"标准可定"指客户可根据自己的实际需求定制自己的出行标准、行程的出发时间以及游玩时间。参团人员一般为亲朋好友,如家庭度假(2~5 人)、亲友结伴(6~9 人)、朋友聚会(10 人及以上);可以独立成团,有专车专导;提供个性化服务,行程由资深团队设计,在游玩过程中客户可以适度调整;在出游前、中、后全过程中,旅游管家提供专属服务。

5.2.2 创新为本

创新是旅游创意的根本。创新是推动旅游不断发展的源泉。通过创新,可开发更快、更新、更好的产品。创新尤其强调首创性与独创性,力求做到人无我有、人有我新、人新我换、人换我转。在思路的选择、思考的技巧或者思维的结论上,须具有着前无古人的独到之处,在前人、常人的基础上有新的见解、新的发现、新的突破,从而具有一定范围内首创性、开拓性。旅游创新可从以下 3 个方面着手。

1) 创造旅游差异

旅游创意贵在创新,具有新颖性。而其中最为关键的是创造旅游产品差异化。这是旅游创新创意的使命。差异化本质是相对于同质化或者成本优势而言的一种竞争手段或者产品定位。它指在同类产品的生产和经营中不同企业所提供的产品所具有不同特点和差异。其策略是利用匠心独具的构思、先进的科学技术和施工程序、新奇奥妙的原料配方、别具一格的服务形式设计出一种与众不同的产品。

(1)旅游差异化的内涵与表现

旅游产品差异化,主要表现在以下几个方面。

①旅游资源差异化。旅游资源作为旅游产品的重要构成部分,是旅游产品差异化的重要来源。

如同为花岗岩地貌景观,由于形成年代与条件不同,黄山、三清山、华山、泰山等花岗岩地貌景观各具特色。黄山花岗岩地貌景观为高山尖峰型花岗岩地貌景观(黄山—三清山型),受冰川刨蚀,山势俊俏,以高山深谷、悬崖峭壁、奇松、怪石、云海等为主要特征。三清山花岗岩地貌景观,与黄山相比,在一个相对较小的区域内地势高低悬殊,断层、节理及裂隙异常发育,风化剥蚀和流水冲刷形成了其所特有的花岗岩峰林景观。泰山花岗岩地貌景观的化学风化作用较强,以浑圆雄厚山体与陡坡、崖壁组合景观为特色,以雄伟著称。华山花岗岩地貌景观以构造切割冲刷侵蚀作用为主,以高峰陡崖绝壁山体景观为特色,以险峻著称。旅游资源差异化,须对旅游资源比较,找到旅游资源的特色。

②旅游产品地理位置与区位条件差异化。因旅游产品的地理位置差异化,消费者购买时间、方便程度、运输成本等方面也差异化。旅游产品的差异往往就是不同地方的地方性。地方性指一个地域在自然环境、人文历史、文化背景、风俗传统等各方面形成自己区域所独有的、区别于其他地域的特质。它往往是吸引旅游者的核心因素。某同一类要素由于具有地方烙印也会显示其独有的特点。同一家品牌酒店在不同城市不同地理位置具有不同分店,造成了产品差异,如,广交会威斯汀位于广交会场馆的旁边,参展商只须步行几分钟就可到达目的地——广交会场馆,区位条件非常优越。

③旅游产品物理属性差异化。产品的用途本质相同,但性能、构造、外观等有所不同,直接影响产品的使用。

如迪拜的布尔吉·阿勒阿拉伯酒店(帆船酒店)是世界上第一家七星级酒店,因其外形像一张鼓满风的帆而得名。酒店建在海滨的一个人工岛上,是一个帆船形的塔状建筑,一共有56层,其建筑采用双层膜结构,造型轻盈、飘逸,具有很强的膜结构特点及现代风格,将浓烈的伊斯兰风格和极尽奢华的装饰与高科技手段、建材完美结合。它拥有202套复式客房、200米高的可以俯瞰迪拜全城的餐厅。该酒店的设计者是汤姆·赖特(Tom Wright)。他的创意理念是建筑要成为地标,必须依靠简单而独特的形状,比如判断一个地标,只需几笔就能画出来。迪拜一面是沙漠,一面是波斯湾,这给汤姆·赖特团队带来了灵感,他们想到了海上的船帆,外形简单而独特,寓意明显,适合作为地标性建筑的设计蓝本。最后成果就是世人现在所看到的帆船酒店,其外形酷似一艘鼓满风全速前进的三角帆船(阿拉伯船的一种)。帆船酒店不仅是一座建筑,更是一个景观,像航行在大海中的一只帆船,和天空、大海、沙滩一起形成一幅和谐优美的风景画,给人非常震撼的视觉冲击力。

④旅游产品功能与服务等差异化。旅游产品差异的核心在于功能与服务,如旅游活动、旅游接待、旅游信息与咨询、旅游线路、信用支持、技术维修、对客户投诉的响应、使用寿命等方面的服务差异。

如陕西袁家村主打关中美食,主营的就是家常便饭、野菜和粗粮,给人们做出最营养的饭菜。又如,携程作为在线旅游行业的领头羊,倡导一站式旅游服务;携程可面向全球用户提供一套完整的旅行产品、服务及差异化的旅行内容;能够提供超过 120 万种全球住宿服务、480 多家国际航空公司以及超过 31 万项目的地内活动,并与超过 3 万家其他合作伙伴一起满足客户不断变化的需求;用户可以通过携程的平台预订任何类型的旅行,包括目的地内活动、周末短假及短途旅行、跨境旅游及商务旅游等。

⑤旅游产品文化内涵差异化。旅游文化一般包括有关旅游的精神文化、物质文化与制度文化等。其中,精神文化指属于精神、思想、观念范畴的文化,如旅游发展愿景、理念、概念、价值观念、宣传口号、旅游形象、旅游符号等;物质文化指人类创造的物质产品体现出的文化,包括旅游技术、旅游设施设备、旅游商品等;制度文化是人类为了自身生存、社会发展而主动创制出来的有组织的规范体系,包括旅游企业的正式与非正式制度。

如贵州花溪夜郎谷,1996 年,宋培伦在花溪区郊外承包了 300 亩地,用 20 余年,建成了一座心中的奇幻城堡。夜郎谷的灵感来自于贵州的傩戏文化。傩戏是一种古老的戏剧,人们戴着面具表演。夜郎谷是石头艺术的智慧结晶,蕴含着深厚的文化底蕴及情感追求。

⑥旅游产品定位差异化。不同产品的定位不同,定价不同,其档次不同,消费群体因此而有差异。如广州长隆与佛山长鹿,前者定位于中高端,后者定位于大众化。

⑦旅游产品形象、品牌、商业网络与营销差异化。即使产品本身并无稀奇之处,通过形象塑造、营销宣传、广告包装等树立产品的独特品牌,达到差异化效果。如,"桂林山水甲天下"为桂林塑造了独特的旅游形象,使它和其他旅游地在认知上就具有很大的差异性,从而引起旅游消费者对这桂林旅游产品的偏好。同时,赠送礼品、配送附件、有奖销售、送积分等,造成顾客在产品选择上的差异等。

(2)旅游差异化的九大方法

定位理论的创始人之一、营销大师杰克·特劳特认为,制造差异化有九大方法,可为旅游差异化提供基本思路。

①成为第一。人们认为第一个是原创,其他都是仿冒者。原创意味着具备更多知识和专业化程度,这就是可口可乐"正宗货"获得消费者响应的原因。成为第一,你自然就会与众不同。如果你能坚持住,并击退模仿者,就会获得巨大成功。

②拥有特性。拥有一个特性可能是为一个产品或一项服务实施差异化的第一方法。企业时常试图模仿领导品牌,但正确的方法是找一个相反的特性,并以此同领导者较劲。给竞争对手加上"负面"特性,是建立特性的行之有效的方法,我们把这种方法叫作为竞争对手重新定位。比如,宝马针对奔驰是这样做的:顶级驾驶机器对抗顶级乘坐机器。

③领导地位。领导地位是一种为品牌确立信任状的最直接方法,预期顾客可能因此相

信关于你品牌的所有言论。一些领导品牌不想谈论领导地位,这对于它们的竞争对手来说是再好不过的事情了。一个企业的强大凭借的并非产品和服务,而是它在顾客心智中占据的位置。

④经典。经典具有让你的产品脱颖而出的力量,因为拥有悠久历史看起来天然地具有心理上的重要性,这让人们选择时有安全感:如果这家企业不是最大的,它肯定是资历上的领导者。比如,百威时不时地谈论自己的经典,称自己是"始于1876年的美国经典窖藏啤酒",这听上去就很吸引人。经典的一个重要方面是来自何处,创业者应该学会利用地域经典的力量。

⑤市场专长。人们把专注于某种特定活动或某个特定产品的公司视为专家,会认为它们必定有更多知识和经验(有时超过它们的实际水平)。成功的专家品牌必须保持专一性,不能追求其他业务,否则会侵蚀顾客心智中的专家认知。一旦迈向其他业务,专家地位就可能让位于人。大众汽车公司曾经是小型汽车专家,后来推出了大型车、开得更快的车以及休闲车。如今,日本车主导了小型汽车市场。

⑥最受青睐。我们的经验表明,顾客不知道自己想要什么。更多情况下,他们好比是跟着羊群移动的羊(从众行为)。利用"最受青睐"作为差异化,就要向顾客提供"别人认为什么是对的"。耐克是运动鞋第一品牌,主要凭借的就是大量著名运动员最爱穿它的运动鞋;雷克萨斯是热销的豪华车,凭的就是Power(美国满意度评价的权威机构)的顾客满意度调查。

⑦制造方法。很多人认为,"人们关心的不是产品的制造过程,而是产品能给他们带来什么用处。"问题是,在很多品类中,大量产品能给人带来一模一样的好处,相反,产品的制造方法往往能让它们变得与众不同。正因为如此,我们喜欢关注产品本身并找出那项独特技术。产品越复杂,创业者就越需要一个神奇成分把它同竞争对手的产品区别开来。并且,一旦找到了差异化,就要不遗余力地炫耀它。

如委内瑞拉一个番茄酱大品牌叫潘派罗,它去除了番茄的皮,从而使口味和颜色更好,而它的大的竞争对手在生产过程中都没有这么做。这是个有趣的概念,潘派罗利用"去皮"带来了质量和口味认知。

⑧新一代。新一代产品带来的心理反应是显而易见的,企业应想方设法推出新一代产品,而不是试图推出更好的产品,前者才是差异化之道。强大的领导者要用新一代产品攻击自己,这方面没有人比英特尔公司做得更好。吉列不断推出新一代剃须刀片,也采用这种方法主导市场的例子。让新产品"突破"老产品是很重要的,因为这样才能让顾客相信这的确是新技术。新老产品之间差别越大,新产品就越容易销售。微波炉和传统烤炉之间竞争就是例子。如果你之前推出过"新一代"产品,你在推出后面的新一代产品时,就会有巨大的信任状。

⑨热销。一旦你的产品热销起来,你就该让整个世界知道你的产品是多么火爆。口碑在营销中是一股强大的力量,通常指一个人把一个热点告诉另一个人。如果你的品牌很热,或者销售的增长幅度高于竞争对手,它抵达一定高度就能获得所需的推动力。"热销"战略的妙处在于,它为品牌建立一个长期差异化概念做了预备,它让消费者相信你成功背后的故事。

2) 创造旅游体验

体验的含义包括：一是亲身经历，实地领会；二是通过亲身实践所获得的经验；三是查核、考察。可以从以下几个方面来理解旅游体验。

(1) 体验经济

约瑟夫·派恩在 1994 年出版的《体验经济》一书中预测，未来经济发展属于体验经济时代。体验经济追求用户积极的自我感受满足，重视消费过程中用户的自我体验，主要特征表现为感官性、个性化和参与性等。用户对产品的需求不再局限于功能满足，更多地注重用户的心理需求等。没有任何一个公司希望自己的产品或服务沦落到初级产品。因为这意味着产品差异消失，利润微不足道。它只能依靠降价、降价再降价来吸引顾客。这是一条无可奈何的道路。而出路就在于"体验化"，须从产品经济、服务经济向体验经济转变。

体验经济从生活与情境出发，塑造感官体验及思维认同，以此抓住顾客的注意力，改变消费行为，并为商品找到新的生存价值与空间。它是以服务作为舞台、以商品作为道具来使顾客融入其中的社会演进阶段。由于服务经济逐步商业化，人们的个性化消费欲望难以得到彻底满足，人们把注意力和金钱的支出方向转移到能够为其提供价值的经济形态，即体验经济。体验经济还与一个重要的概念有关，即顾客损失。

$$顾客损失＝顾客的真正需要－顾客勉强接受的现实$$

如何创造体验经济？其方式主要包括以下几种。

①在低成本的基础上，对服务定制化，营造积极的体验。

②理解顾客损失，洞悉顾客接受的现实及其真正需要之间的差距，满足每个顾客的特定需求。

③营造难忘体验，激发客户惊喜，这是顾客体验最为重要的元素。

④工作即演出，在特定时间、特定场合和特定观众基础上确定最有利的表演形式并表演。

⑤顾客即产品，改变自我，让自己进入另一种状态，产出一种能够超越任何产品、服务或体验本身，让自己成为体验输出的一部分。

(2) 用户体验

体验经济的核心就是用户体验。关于用户体验的定义较多，其中，最具影响力的是 ISO 9241-210 给出的定义：人们关于使用或期望使用的产品、服务和系统的所有反应和结果。该定义指出，用户体验是用户与产品交互过程中产生的心理感觉、肢体感觉以及情绪和生理反应等为用户所带来的结果。用户、产品或服务、交互环境是影响用户体验的 3 个因素。

用户体验可用 3 个指标衡量：产品可用性、用户情感体验及用户诉求。

①产品可用性是在某个考察时间内产品正常运行的概率或时间占有率的期望值，是衡量产品在投入使用后实际使用的效能，是产品的可靠性、可维护性和维护支持性的综合特性。

②用户情感体验指个体对自己情感状态的意识，反映了情绪的生理变化。从设计角度

来看,可将用户的情感需求整合到设计要素中,建立用户主观情感感受和感知设计要素的关系,找出影响用户情感满意度的产品设计要素。

③用户诉求指在体验过程中产品给用户带来一定的价值获取感,如享乐性、身份象征、纪念性、自我提升等。

（3）旅游体验

科恩较早讨论了旅游体验方式,他把其视为一种现象学的分类方法,因为每一个旅游者所感兴趣的各种新异的文化景观、社会生活以及自然环境都具有不同意义,现象学分类的基点就建立在对这种意义的分析的基础上。旅游者的一次旅游体验在多大程度上代表着"对中心的追求"（Quest Forthe Centre）以及这个中心的性质,构成了科恩做这种分析的核心。基于此,科恩将旅游体验方式划分为 5 种:休闲的方式（The Recreational Mode）、消遣的方式（The Diversionary Mode）、经验的方式（The Experiential Mode）、实验的方式（The Experimental Mode）和存在的方式（The Existential Mode）。

谢彦君（2005）把旅游体验视为旅游现象的硬核,它包括具有结构张力之下的补偿性旅游体验、寻找精神家园的遁世性旅游体验、认知性旅游体验、另类色彩的极端旅游体验。陈才（2010）借鉴马斯洛需求理论层次,将旅游体验的深度结构分为感官体验、身体体验、情感体验、精神体验、心灵体验。通过不同类型的活动,创造与深化相应的旅游体验。

【案例介绍】

行走的夜间画廊 DPIRANG

它是韩国首尔多媒体制作团队 Mill 的"Forgotten Doors"数字主题公园系列第一个作品"DPIRANG,The Colored Mountain",2020 年 10 月,在统营南望山雕塑公园开放。这是目前韩国最大、最长的数字媒体公园,为游客提供了深度体验。

统营著名的东悬崖壁画村藏身于统营港中央市场后侧,与南望山雕刻公园对望。东悬崖壁画村的壁画每两年更新一次,而这些被抹去的壁画会在南望山 1.5 千米长的数字步道上的神奇光影中重现。DPIRANG 以统营著名壁画村东菲郎和西菲郎为主题,结合了最新的媒体数字技术和光影技术,打造沉浸式视觉空间。

整个夜游项目共有 15 个主题空间,包括光网、神秘瀑布、老山茶花、秘密工坊、图画之海和闪闪发光的森林等,以景观照明、全息投影、3D 投影、激光等构成。

光网:树木、山石都被色彩填充出富有生命力的形状。以 LED 灯带编织成的光网,与波光粼粼的树木一起迎接人们。

Pirang 小精灵:入口处,一直守护这里的 Pirang 小精灵会向人们介绍这里的特色。它与夜间来这里体验光影的人们一起寻找消失的壁画,这也是此次旅程的目的。

神秘之门:我们要通过一扇被人们已经遗忘的神秘之门进入 DPIRANG 世界,整个大门以投影画面为主,由神秘的雕像、魔法元素与藤蔓元素构成。

闪闪发光的森林:当遗忘之门被打开时,一片闪闪发光的森林出现。

老山茶花:古老的山茶花树与光影交织,散发出新的生命气息。

神秘瀑布：进入该空间的那一刻，便有瀑布的声音和平静的音乐。自然岩石为基，涓涓流水声与投影画面形成数字瀑布。

秘密工坊：秘密工坊是此次最大的艺术空间装置，以统营著名艺术家的作品为蓝本，创作出无数沉浸式视觉艺术空间。

统营市民文化会馆：统营市民文化会馆披上了五彩的灯光。

图画之海：岩石上的流淌着大海的波涛，海洋里各种奇怪的机关等着人们。

（资料来源：行浸式夜游.韩国最大的数字媒体公司 DPIRANG，数艺网。）

3) 创造旅游需求

旅游业高质量发展不仅要满足人民群众日益提高的旅游文化需求，还要不断创造旅游需求。创造旅游需求指的是，通过各种调研方法，不断深入挖掘旅游者的本质需求，采取各种手段创造合理的旅游场景，让旅游产品解决旅游者的问题，让旅游者感受到旅游产品的温度。想成为成功的需求创造者，就要把思维方式从劝说人们购买产品升华到人与人之间深入理解，升华到从客户的双眼和情感角度看世界。伟大公司的重要标准之一，就是提供在国际上风行的产品和服务并且持续地创造需求。

如何创造需求？美国管理学者斯莱沃斯基在其著作《需求：缔造伟大商业传奇的根本力量》中提出了六大关键要素。

（1）魔力

创造无法割舍的情感共鸣。市面上大部分的产品都是好产品，但只有那些能与用户产生情感共鸣的产品才具有魔力。斯莱沃斯基提出了一个魔力公式。

$$魔力 = 卓越功能 \times 情感诉求$$

从这个公式可以看出，好的产品必须拥有卓越的性能，还须具备情感方面的诉求，才能够为客户创造良好的情感体验。

（2）麻烦

解决顾客没开口告诉你的困扰。每个没必要存在的步骤以及每个引起用户失望的结果，都会引起用户的困扰。无论在哪个领域，对于尚待实现的潜在需求，麻烦都是最先出现的提示线索，所以，我们要关注产品的易用性，减少给用户带来的不必要麻烦。例如，美图秀秀成功在于解决了广大女生在学习修图方面的麻烦，从而使得美颜不再是一件复杂的事情。

（3）背景因素

看似无关的因素左右产品成败。为了解决用户的问题，我们做产品时须全盘兼顾，考虑所有相关因素。每一个附加步骤、每一个多余限制、每一个额外部件，都有可能决定一款产品的成败。产品的后台资源与消费需求是共同成长、相互依存的，所以，我们须在现有的资源里面构建完善的后台因素。

（4）激发力

让"潜在"需求变成"真正"需求。产品刚上市的时候，大多数用户都会怀疑产品的可用性，从而处于观望态度。我们须不断地努力，使人们采取行动，让潜在的需求变成真正的需求。例如,苹果的耳机和笔记本可以和手机共享连接,苹果的生态链被创造。用户在拥有苹果手机后很难不选择购买苹果的其他电子产品。

(5)45度精进曲线

缓慢的改进就等于平庸。用户的需求是不断深入、不断升级、不断变化、不断消失的。构建一款魔力产品,从来都不是一次成型的。产品被市场接受只是第一步。面对高速变化的市场,缓慢的改进就等于平庸。这就须不断对产品优化迭代,以最快的速度跟上时代的脚步,进而打开更新的市场。使进步的坡道足够陡峭,才能快速匹配用户需求,这就是45度精进曲线。一个产品,只有每个利益相关者都成为需求的协同创造者,真正陡峭的提升力才能实现。

(6)去平均化

一次增加一类顾客。一款产品核心功能多就是少,要懂得取舍,不要试图打造一款大而全、能够满足所有用户的产品。产品设计首先要关注的是核心用户的需求,并按照核心用户的需求取舍产品功能。满足所有人需求的方法,不是满足一个统计学上的"平均需求",而是"去平均化"以满足每一类人的"差异化需求"。我们做不到"每一类",但可以做到一次增加一类、不断丰富。例如,长隆集团旅游产品不断演化与发展,就是不断创造需求,每建设一个新产品,就增加一类需求。

5.2.3 文化为魂

文化指人类在社会历史发展过程中所创造的物质财富和精神财富的总和。文化是旅游的灵魂,旅游是文化的重要载体,没有文化的旅游是没有魅力的。因此,旅游创新创意须以文化为魂,尤其须融入文化主题与文化IP。

1)塑造特色鲜明的文化主题

旅游主题是旅游活动中不断展示或体现出来的一种理念或价值观念,关系到旅游创意的目标与所突出的特色,是旅游创意的中心与灵魂。它有助于强化旅游特色,寻求竞争优势;有助于找到差异性,促进旅游形象宣传与旅游营销;有助于深化旅游者的认知,提高旅游体验与满意度。旅游主题可分为以下类型。

(1)旅游资源与旅游产品视角的旅游主题

根据旅游资源与旅游产品的特点,旅游景区与旅游目的地的旅游主题大致可划分为以下类型:山水文化、历史文化、民族民俗文化、宗教信仰文化、现代时尚文化、休闲度假文化、社交与情感文化、文学艺术、产业文化、创意文化等。

(2)旅游市场视角的旅游主题

从旅游市场角度来划分的旅游主题,主要包括:

①性别角度的旅游主题,如女性、男性主题。

②年龄角度的旅游主题,如青少年研学主题、老年人康养主题等。

③职业角度的旅游主题,如公务员、企业白领等涉及的会议、培训、教育与奖励旅游等。

④婚姻视角的旅游主题,如单身、情侣与家庭等主题。

(3)旅游体验视角的旅游主题

人的意义贯穿于人的心灵、思想、感官、身体、情感、生活与生产等之中,由此,文化主题归为以下7类。

①心灵型文化主题。它是以信念、信仰、理想、自由、自我实现等为主导意义的旅游,如宗教圣地朝拜、红色旅游、公益旅游等。

②学习与思想型文化主题。它是以满足好奇心、探寻文化真实性、提升审美能力、学习与增长知识、激发人的思维与思想、追求真理等为主导意义的旅游,如自然审美、文化教育、修学研学、文化创意等旅游。

③感官型文化主题。它以人的视觉、嗅觉、听觉、味觉、触觉、动觉等感官体验为主,如视觉的美、雄、奇、惊、险、秀、幽、旷等。

④身体型文化主题。它是以强身健体、修身养性、休闲放松为主导意义的旅游,如美容、美颜、美体、食疗、疗养、保健、运动、康体、健身等旅游。

⑤情感型文化主题。它是以促进社会交往、维系情感与爱为主导意义的旅游活动,如亲情、友情、爱情、祭祖、思乡、怀旧、念古、感恩、家国情怀等旅游。

⑥生活型文化主题。它是追求差异化的、幸福快乐生活的旅游,如参与刺激、冒险、娱乐、电影、音乐、艺术、美食、户外运动、第二家园度假等。

⑦工作与生产型文化主题。它是与工作与生产活动有关的旅游,如专业访问、商务旅游、志愿旅游等。

(4)综合视角的旅游主题

旅游主题划分角度多种多样,有的还把上述几个角度综合,如,携程旅游网推出的主题游产品就综合了上述各主题的特点。具体如下:

①爸妈游。祈福拜佛、古镇游玩、桂林山水、红色之旅、世界遗产、养生休闲、游轮之旅。

②亲子游。上海迪士尼、游乐园、探险体验、海洋公园、民俗体验、表演秀、影视基地、名校。

③蜜月游。浪漫海岛、豪华酒店、购物血拼、全球婚礼。

④户外活动。全球户外、滑雪徒步、登山潜水、越野自驾、游艇帆船、高空项目、高尔夫、骑行房车、露营海钓。

⑤摄影旅行。旅拍写真、全球摄影、动物观察、蜜月婚拍。

⑥深入自然。自然探索、极地探索、自然野奢。

⑦人文节庆。禅修养生、宗教文化、体育赛事、深度人文。

⑧带娃出游。冬令营、K12(基础教育)插班、亲子海岛、亲子玩雪。

2)挖掘创建特有的文化 IP

随着中国旅游从景点时代进入全域旅游时代,旅游目的地的核心吸引物不再是传统的旅游景区,拥有旅游 IP 的旅游产品与旅游服务越来越受到新一代旅游者欢迎和追捧。

（1）旅游 IP 的概念

从字面上看，IP 是知识产权（Intellectual Property）的缩写，是一个法律意义上的专业术语。知识产权是文化资产的主要形式，是权力拥有者对智力劳动成果所享有的民事权利，是一种无形资产。随着文化产业实践发展，IP 被赋予各种丰富的内涵，在承载形象、表达故事和彰显情感的文化生产过程中和一种经过市场验证的情感载体和一种有故事内容的人格权。而人格权是民事主体专属享有的、以人格利益为客体、为维护民事主体的独立人格所必备的固有民事权利。

旅游 IP 是一种有着高辨识度、自带流量、强变现能力、长变现周期的旅游符号。旅游 IP 涉及主题公园 IP、影视旅游 IP、动漫旅游 IP、综艺旅游 IP、地方文化 IP、旅游名人 IP、博物馆 IP、旅游住宿 IP、旅游美食 IP 等。美国迪士尼乐园、英国杜莎夫人蜡像馆、日本熊本熊，国内长隆旅游度假区、华强方特、常州恐龙园、宋城、帐篷客野奢度假酒店等，是旅游 IP 的典型代表。一个主题鲜明的旅游景区、一条风情浓郁的休闲街区、一个让人向往的美丽乡村、一家风格迥异的民宿客栈、一组量身定制的旅游产品，都可以成为"旅游 IP"。

【案例简介】

迪士尼主题乐园的 IP

迪士尼主题乐园是塑造旅游 IP 最成功的例子。美国迪士尼从动漫开始，塑造了包括米老鼠、唐老鸭、白雪公主、冰雪女王等经典形象，将卡通形象深刻印在人们的脑海，然后逐步发展出版、电影、主题公园、衍生产品，设立了"迪士尼"电影、"迪士尼"赛事、"迪士尼"乐园等系列主题，到达主题无限商业化的境界，就造就了多维度、超时空的强大 IP 主题。在迪士尼乐园中，设计者把唐老鸭、米老鼠、白雪公主等经典卡通人物形象用于景区开发中，成了连接景区和旅游者之间的情感桥梁，从而吸引消费者。而且，迪士尼根据消费者对其文化的多方需求，全方位不断地生产创意，不断丰富旅游文化，生产了一系列可延展的文化产业产品，源源不断地产生形象经济。

（2）旅游 IP 的特点

一个具有独创性的旅游 IP，应该具备以下几个特点。

①专属权利。IP 是经过完整的法律程序、最终为法律所认可并受到法律保护的财产权利或者是经过长期的发展、已得到受众所认同的文化权利，具有专属性和排他性。

②高附加值。由于 IP 需要漫长的智力创作和严格的申报确认过程才能形成，因此 IP 总体是稀缺的。在市场经济条件下，物以稀为贵，IP 拥有更高附加值，IP 产品可以获得比普通产品更高的溢价。

③人格魅力。IP 形象通常是拟人化的，有立体形象、性格、情感等，体现人格化魅力。

④自带粉丝。由于 IP 独有的品牌属性和优异的品质保证，IP 产生了一批稳定的追随者。这批 IP 追随者，在互联网时代称呼为"粉丝"。

【案例简介】

华强方特

华强方特是一个从主题乐园创意设计、研究开发、内容制作、施工建设到市场运营全产业链运营的旅游企业。它踏足文化科技领域十余载，打造了"创、研、产、销"一体化文化和科技产业链，拥有高达 500 余项自主知识产权专利。

2007 年，华强方特第一个主题乐园品牌——方特欢乐世界建成营业，全新的高科技体验令游客耳目一新，给中国主题乐园带来了一场旋风。此后，华强方特通过创新形式再现中国传统文化中的民间故事、神话和传说，打造了多个以中华文化为主题的主题乐园——方特东方神画。方特东方神画的重点项目《女娲补天》，通过故事改造、视觉设计、科技手段三大创意阶段，采用虚实景结合、动感车辆等技术手段，打破传统影视的第四堵墙，使游客以主人公的身份加入项目剧情。方特主题乐园内汇集了大量脍炙人口的中华经典故事，《梁祝》《牛郎织女》《大闹水晶宫》《西游传说》等主题项目，彰显了华强方特"讲好中国故事"的智慧和实力，同时，让主题乐园实现了真正意义上的合家欢。当前，华强方特正稳步推进美丽中国三部曲项目，践行"用 IP 讲好故事"理念，"方特东方神画"将与"复兴之路""明日中国"主题园区一起构成展现中国过去、现在和未来发展的三大主题乐园品牌。

与此同时，《熊出没》是华强方特一大 IP，也是目前中国知名的动漫品牌。《熊出没》系列动画片以超 1 800 亿次网络视频点击量稳居中国动漫网络点击排行榜榜首，《熊出没》1~4 部电影累计票房 14 亿，多次打破国产动画电影票房纪录。现有方特主题乐园中可以看到《熊出没》景区：还原熊出没生活场景的《熊出没山谷》、熊出没主题项目《熊出没剧场》、熊出没舞台剧等，优质 IP 与主题乐园共赢发展。《熊出没》不仅在电影院、主题乐园有着优秀的表现，而且授权产品达 3 000 多款，在全世界范围内宣传、发行和销售。在国际上，衡量动画品牌是否是超级 IP，有 3 个指标：IP 能否通过电影院、授权产品、主题乐园 3 个渠道获得盈利。而《熊出没》俨然已经成为中国原创知名动漫 IP。

（3）打造旅游 IP 的要点

①创造旅游价值。价值观是原创 IP 内容是否具有开发和传播价值的第一标准。IP 的载体作为文化商品，表达社会共同认同的核心价值。只有具有开发潜力的 IP 内容得到受众的认可，才有可能集聚更大范围的"粉丝效应"。

②塑造旅游主题。创造一个有多维度开发价值的 IP 主题，就是打造一个具有制高点、有无穷创造与转化空间的旅游主题。旅游主题可突出旅游 IP 的灵魂与主线，体现旅游 IP 的内涵，使旅游 IP 具有整合力、集聚力、吸引力。创业者可以综合旅游发展定位、旅游资源特点、地方文化特色与市场需求来确定旅游主题。

③构建可视性。可视化形象是 IP 内容的核心部分。个性鲜明的人物形象、景观形象与符号形象是旅游 IP 的基本单元。可视化的旅游 IP 形象要新颖、独特、简洁、富有魅力，体现旅游品牌的定位、价值、理念与个性，具有强辨识度，可供游客认知并留下整体印象。

④开发旅游故事。IP 的最大特点是源于故事。故事是具有共鸣性的内容表达。正由于旅游 IP 富有创意、具有很强的故事性、饱含情感,因而具有可体验性并打动观众。在旅游 IP 创造中,不仅应赋予它故事资源,还应该将故事以旅游化手段展示在游客面前,提供可体验的故事情境,"身临其境""沉浸式体验"便是旅游 IP 在旅游供给中的价值体现。

⑤强化互动性。如何加强 IP 吸引力并使其最终形成自带流量的价值,是旅游 IP 创造的关键。增强互动性和参与感,增强游客对于 IP 的认同感,形成强烈的粉丝效应。粉丝在认同 IP 的价值后,予以免费分享和互动交流,延续 IP 生命力,这将会成为 IP 的最大价值。在整个 IP 系统下,参与带有表演性质的项目、手工 DIY、高科技产品传感交互式体验等,都具有强互动性旅游体验,都能成为强化旅游 IP 认同感的途径,最终使 IP 价值等于甚至大于品牌价值。

⑥打造引爆性。在基本的旅游功能都已具备的前提下,最需要某种力量来引爆项目。这种引爆力量可能是主题,可能是故事,可能是形象,可能是互动,也可能是它们的复合功效,形成视觉、听觉、嗅觉、味觉、触觉、动觉等多种体验的综合性产品和内容。考虑破题的方式必须是创造性的,一锤定音,一步到位。可引爆的旅游 IP 可吸引受众,并形成忠诚度和热情度都非常高的"粉丝"。

⑦扩展延展性。在旅游 IP 核心内容的基础上,对故事进一步延伸,打造可延展的产品,形成多元化、多维度、N 次开发的文化创意产业链,从而增加受众,并将更多受众转化成"粉丝"。进一步孵化与开发旅游 IP,将更多普通受众转化为超级"粉丝",通过"粉丝"的忠实消费,最大化开发 IP 价值,不断深化和强化"粉丝效应",进而延长 IP 的生命周期与变现能力。

⑧增强可信任性。信任是 IP 变现的核心条件。任何一个 IP,无论多么优秀,如果不能形成信任,就无法交易和变现。当 IP 引爆形成流量之后,就可创造一种氛围与场景,粉丝就会对 IP 的内容、评价与体验等产生信任,从而交易商品和服务。其中,主要的交易场景包括微信打赏、直播打赏、广告变现、电商交易、线上培训等。

⑨提升可运营性。旅游 IP 运营可对接一定资本,通过一定商业模式来获取利润。

【知识拓展】

乡村旅游 IP 系统开发有"7 招"

在讨论乡村振兴时,我们往往注重硬实力,其实文化软实力提升更不可或缺。其中,文创正在以全新的文化生产方式在乡村振兴中发挥其讲故事能力。从美丽乡村到美好乡村转化的过程中,如何文创赋能让乡土不土、让乡愁不愁呢?这就须通过 IP 构建一个完整的文创体系。IP 有助于传承和创新乡村的文化血脉,优化和重塑乡村的产业体系,提升乡村品牌价值,延展消费边界,提升二次消费。其中,内容挖掘、产业孵化和运营变现是 IP 的三大维度,"占位、故事、形象、营销、产品、场景、变现"7 个环节则是打造超级 IP 的不二法宝(刘晓波,2019)。

第一,占位置。其实就是做定位,"一村一品"是很好的体现。乡村产业空间不大,文化载体有限,因此,须聚焦,把事情做好、做到极致。其核心就是站在地域文化、名品资源基础之上创造 IP,通过旅游发展定位,以符号化载体来表达文化内涵,以重新宣传和树立当地新文化名片。

第二,讲故事。在洞悉每一个成功的乡村品牌时,不难发现,每个品牌的背后都有源于本土文化精神的力量。首先,须回归乡村文化,回归乡土本身,思考 IP 想传达出什么概念。其次,设计 Logo。它是什么性格? 它有什么喜好? 它有什么特长? 最后,也是最重要的,价值观。因为只有把这个想明白,才能赋予产品以价值观与价值主张,使其具有长久的生命力。

第三,长样子。这是一个讲究颜值的时代,尤其是文创。满足极简的设计、时尚的表达、鲜明的人格,才会形成高识别的 IP 符号,有了高识别的 IP 符号,IP 形象才统一,IP 形象统一,IP 管理才统一。这里要提醒的是,在做 IP 设计的时候,要避免 Logo 就是 IP、过多注重设计本身、不停做加法以及朝令夕改等误区。

第四,攒名气。其实就是营销文创品牌。从内容、推广、爆品、电商、跨界 5 方面培育粉丝,做大流量。匠心做好内容,自发形成口碑传播;把事件、展览、活动等运用年轻化方式推广,找到传统文化跟年轻人对话的路径;不断推出好玩、走心的爆品,同时,制造热点,提高关注度,产品足够好就是最好的营销;利用淘宝、天猫、抖音、文创众筹等增大品牌流量入口;和年轻品牌创意跨界合作,从而让营销呈现 1+1>2 效果。

第五,卖产品。现在市场已经变了,但是所匹配的产品却依旧面临市场规模小、产量小、成本高、销售天花板低、季节性强、在地消费弱等难点,因此,乡村文创商品开发不仅要考虑产品本身,更重要的是系统化解决二次消费产业问题。所以,在做文创开发的时候,一定要回归到乡村、回归到整个体系。围绕有用、有趣、有文化做文章,开发的产品使用场景越多,越能够触动诉求点,转化率就会越高。差异化是乡村文创竞争力的根本,只有这样,品牌才更容易获得消费者青睐,形成强势。内做价值,外塑形象。切忌大而全,投资大风险也大,也不能以生产为导向,忽略游客真实诉求。

第六,搭场景。旅游文创产品跟商超产品(在商场、超时卖的产品)最大的区别在于体验式消费,产品就是体验,体验就是情感,有情感就消费。将 IP 打造成乡村主题全域化体验项目,一方面,构建复合化文创业态空间,形成在地的人气地标,从而活化业态,实现二次消费升级;另一方面,为游客提供能够深度体验、参与互动的 IP 体验空间,提升景区品牌价值,促进景区业态融合。

第七,建渠道。通过建立乡村文创产品立体销售渠道,构建乡村文创线上、线下购物平台,实现变现,做大品牌。文创 IP 不是设计出来的,而是持续运营的结果;文创并非独立开发,而是系统化打造乡村产业;文创产品要围绕实用化、在地化开发,更好地提高消费转化率;优先在地化消费,解决淡旺季持续盈利能力。从品牌、产品到产业化升级,文创 IP 将助力乡村旅游消费升级,触达更多消费者的心智。

【案例介绍】

故宫文创

故宫的游客每年达 1 500 多万,但喜爱故宫文化的人不一定有机会来故宫看看。以往故宫文化产品注重历史性、知识性、艺术性,但由于缺少趣味性、实用性、互动性而缺乏吸引力,与大量社会民众消费群体特别是年轻人的购买诉求距离较大。而如今,故宫变了,变得越来越年轻,越来越时尚,越来越具有科技感。故宫正在"逆生长",越来越受年轻人欢迎。曾经宫门高筑的故宫博物院,逐渐以时尚的面貌融入普通人的生活。

故宫文创兼具故宫文化底蕴和流行时尚元素,无论是故宫的大门还是房顶的脊兽,皇帝御批亦或某块牌匾等,都成了研发团队取材的宝库,除了实体文创产品,故宫在网络上也打开了宫门,各类 App、新媒体传播故宫文化内容,一文一图就想让人点赞,故宫淘宝吸了不少忠实粉。故宫通过文创让故宫文物"活"起来,让更多人"把故宫文化带回家"。2017 年,故宫博物院自营、合作经营和品牌授权,文创产品收入超 10 亿,文创产品种类接近 1 万种。如绛雪轩、隆宗门外、御花园南侧、冰窖、咖啡厅旁边……故宫里销售文创产品的商店达 10 余家,这些商店有一个共同的"招牌"——来自故宫的礼物。朝珠当耳机、顶戴花翎成了防晒伞、"朕就是这样的汉子"折扇、"格格钓金龟婿"书签、"朕知道了"胶带等一系列"萌系"文创类产品让无数人路转粉,成为文青潮人们必须 get 的潮流单品。

故宫文创成功的原因,主要有以下几点。

1.故宫善于学习

其实,第一个利用中国文物的文化资本来做创意产业运作的,既不是故宫淘宝,也不是故宫文创,而是台北故宫博物馆。2002 年以来,从翠玉白菜到肉形石,被数十万件国宝级文物承载起的台北故宫博物院成为了台湾文创产业发展的先锋。台北故宫博物馆文创产业成功是台湾文创发展的缩影。故宫文创产业在这样背景下应运而生。故宫博物院院长单霁翔在一次公开发言中表示,其实,北京故宫文创成功就是从老前辈台北故宫博物馆那里学来的,台湾实地考察由他和副院长亲自带队。

2.故宫深挖宫廷要素,做好产品研发与创意

第一,经过多年院藏文物整理形成的 25 大类 180 余万件文物藏品,成为文化创意研发最宝贵的文化资源。故宫的建筑、文物、历史故事等都成了研发团队取材的宝库。

第二,故宫文创定位于礼物,体现了故宫的匠心,因为礼物是送礼者与受礼者彼此传递信息、情感、意愿的载体。核心是要让消费者对传统文化感兴趣、认同,把礼物带回家。在注重产品文化属性的同时,强调创意性及功能性,观众期望与文化创意产品升级互动,人们真实感受和正确理解故宫博物院所传递的文化信息。故宫希望通过文创让故宫文物"活"起来,让更多人把故宫文化带回家。

第三,深度挖掘丰富的明清皇家文化元素及其蕴含的文化价值。故宫努力为故宫找到一个符合当代人喜欢的建筑、文物、历史故事时尚表达载体。无论故宫的大门还是房顶的脊兽,皇帝御批亦或是某块牌匾,深度发掘其中特色并将其应用于受市场欢迎的载体,是故宫文创成功的关键。据说,当年,台北故宫博物馆制作的"朕知道了"纸胶带就脱胎于从 15.8 万件宫中密档朱批中遴选出来的文化符号——"朕安"和"知道了"。研发人员查阅大量史书资料,以确保所用词汇不与史料背离,同时,突显"朕"这一皇帝自称在表达感情时的可爱亲切之感,从而拉近"御用产品"和平民百姓的距离,刺激购买欲。北京故宫的研发人员也遵循同样模式,对文献史料整理,摘取有潜力成为爆款的"御用"名句,然后把这些词句添加到帽子、眼罩、钥匙扣、折扇等上面,赋予这些产品新的创造力。

第四,将"故宫大 IP"与时尚相融合。故宫从细节之处做设计,把故宫传统的文化元素植入时尚新潮的当代工艺品中,让优秀的文化传统与时尚完美地结合。多年来,故宫博物院文化创意产品研发已经卓有成效,风格多样的文化产品已经蔚然成系列,受到了各年龄段观众欢迎。

第五,故宫文创在注重产品文化属性的同时,强调创意性及功能性,观众期望与文化创意产品升级互动,人们真实感受和正确理解故宫博物院所传递的文化信息。

3.走出了独特的 O2O 模式

O2O 是 Online to Offline 的缩写,即在线离线/线上到线下。为了让更多人把故宫的礼物带回家,故宫走出了一条独特的 O2O 模式。故宫通过自媒体的营销方式与粉丝用户线上互动,带给大家惊喜,深得新时代网民的心,从而在互联网消费市场上越战越勇。故宫淘宝推出的一系列颇具特色的文创产品,凭借精良的设计、大开的"脑洞",成为文创界的"网红"。

2014 年 8 月,一篇名为"雍正:感觉自己萌萌哒"的文章刷爆朋友圈,内文里配上了动态版的雍正行乐图,让大众第一次以娱乐的眼光、幽默的角度看这位以为人狠辣而闻名历史的君主,从此,故宫淘宝开启了停不下来的"卖萌"宣传之路。后来,故宫淘宝的微博账号以及微信账号陆续发布多篇名为"朕生平不负人""够了!朕想静静""朕有大招赐予你""你们竟敢黑朕?""朕是如何把天聊死的"这样以讲历史史实之名、行宣传售卖之实的广告贴,文内多配上颠覆形象的君王的新形象。2018 年 12 月,故宫淘宝微博官宣:"故宫彩妆,明天见。"故宫口红刷爆朋友圈并不是故宫第一次以接地气的方式出现在人们的视野。从乾隆表情包开始,故宫给人的印象,已不再是冰冷的红墙绿瓦,更像一个不甘寂寞的老头子,通过互联网进入千家万户。这样的宣传模式拉近了与受众的距离,增加了互动感,既向各年龄层受众科普了小众历史故事,又将自己的新产品宣传出去,一石二鸟。

(资料来源:鹿一百@知中 ZHICHINA。)

5.3 旅游产品创意的方法

法国著名生理学家贝尔纳说:"良好的方法能使我们更好地发挥天赋才能,而拙劣的方法会阻碍才能发挥。"旅游创意的人们不仅须具有积极的求异性、敏锐的洞察力、创造性的想象、活跃的灵感和新颖的表述等创造性思维,还须掌握一些具体的创意方法,以高效完成各项任务。

5.3.1 抓准问题环节的方法

这一环节主要关注两个方面:一是贴近高效能客户,亲自体旅游者面临的问题;二是关注人本身,目光从产品转移到旅游者身上。

1) 同理心法

(1) 同理心法的含义

同理心也为换位共情、设身处地理解、感情移入、神入、共感、共情。泛指心理换位、将心比心,即人们设身处地的认同和理解别人的处境、情绪和感情。人们须站在别人的立场上换位思考,用别人的角度来看待事物,体验他人的感受。注意共情不是同情,而是善解人意。同理心法打破了推己及人、想当然的思维定式,对于创新有重大意义。

(2) 同理心法的优点

①换位共情是有想象力的表现。

②可以看到观点的另一面,更容易发现问题,真正了解他人的需求。

③感同身受更容易促进思考、激发创造潜能。

④为满足他人需求而激发创意,使创新更具有人性和人情味。

⑤树立人们的自我意识,体验他人的喜怒哀乐而不是妄加议论。

(3) 同理心法的培养方式

培养同理心的方式主要是多学习、多观察、多询问和多尝试。

①最直接的是听旅游消费者的声音。一些旅游投诉、旅游者建议、旅游论坛、旅游自媒体或者旅游产品的使用测评里、朋友圈等,包含用户对旅游产品/服务的评价、抱怨、吐槽、嫌弃。这些自然流露的信息里,往往埋藏着许多珍贵的宝藏。

②最全面的是去分析旅游消费者的数据。利用大数据去判断来自旅游消费者的各种反馈、浏览痕迹、操作痕迹,用数据去理解他们行为背后的动机。这需要极其辩证的思维和丰富的阅历、经验,所得到的结果相对全面而准确。

③最深刻的是亲自去体会感受。在体验产品或服务的过程中,尝试以自身的感受去理解旅游消费者的感受,思考、分析为什么会产生这些问题,怎样才能解决这些问题。若有机会,做一名志愿者,为那些与自己经历不同的人服务,了解他们的处境,增强自己的换位共情能力。

(4) 同理心法的培养步骤

①倾听自己的感觉。同理心的起点是倾听自己的感觉,假如无法触及自己的感受,要想体会别人的感受就太难了。因此,你必须能发掘自己的感受,能体会这些感受。

②表达出自己的感觉,重要的是选择表达感受的方式。如用一句完整的话以尊重的态度向他人表达自己的不同见解。

③倾听旅游者的感觉。自己的感受与表达方式不再干扰你倾听旅游者后,你才能体会他人的感觉。

④用体谅来回答旅游者的感觉。你一听到旅游者的感觉就会发出某种反应,并让对方认为你听进去了且能体会他的感觉。

2) 市场调查法

市场调查法是一种组织有关人员调查、分析市场的方法。市场调查法的步骤如下。

①明确市场调查的目标,确定调查的方向,设计调查方案。一个完善的市场调查方案,一般包括调查的要求、调查对象、调查地区范围、调查方法、调查时间、调查地点、资料的收集和整理方法。

②资料收集与实地调查。组织领导实地调查工作,协调、控制实地调查工作。收集各种资料和数据,包括第一手资料和第二手资料。其中,第二手资料主要有,企业内部资料,这是做具体研究最重要的资料来源;旅游报刊、杂志、网络、调研专辑;政府发布的有关信息、文件和统计年鉴。

③撰写调查报告。这须借助一定统计分析技术,将整理后的资料和数据分析、解释有关市场的细分、选择定位、营销等,得出结论,提出合理化建议。

根据调查的手段、途径与分析方法,市场调查可分为以下几种。

(1) 观察法

观察法指创业者根据一定目的、研究提纲或观察表并用自己的感官和辅助工具直接观察被研究对象从而获得资料的一种方法。科学的观察具有目的性和计划性、系统性和可重复性。观察法的作用是扩大创业者的感性认识;优点是获取第一手资料,得出的结果真实性较高;缺点是受时间、观察对象、观察者自身等限制。由于人的感觉器官具有一定局限性,观察者往往要借助各种现代化仪器和手段,如照相机、录音机、显微录像机等。观察法的具体步骤如下。

①观察法准备阶段。创业者要明确观察的使命、主要任务和观察流程,准备初步的观察任务清单作为观察框架。

②观察阶段。创业者对产品或服务使用的旅游者观察。在观察中,要适时做记录。

③面谈。根据观察情况,最好选择部分旅游者面谈,因为他们了解自己对旅游产品或旅游服务的需求。确保所选择的面谈对象具有代表性。

④合并工作信息。检查最初的任务或问题清单,确保每一项都已经被回答或确认。把所收集到的各种信息合并为一个综合的工作描述,这些信息包括观察者、旅游者、有关工作的书面材料。同时须注意随时获得补充材料。

⑤核实工作描述。把上述描述信息分发给产品与服务使用的旅游者,并附上反馈意见表。根据反馈意见,逐步、逐句地检查整个观察描述,并在遗漏和含糊地方做出标记,尽可能地补充工作描述的遗漏和明确其含糊的地方,形成完整和精确的工作描述。

(2) 访谈法

访谈法指访员和受访人面对面地了解受访人的心理和行为的心理学基本研究方法。访谈法运用面广,能够简单而叙述地收集多方面工作分析资料。访谈法的优点是可以对工作者的工作态度与工作动机等较深层次的内容有比较详细了解;缺点是访谈法要专门的技巧,须受过专门训练,比较费精力费时间,工作成本较高,收集到的信息往往已经扭曲和失真。访谈法的一般步骤包括:①设计访谈提纲;②恰当提问;③准确捕捉信息,及时收集有关资料;④适当回应;⑤及时记录,一般还要录音或录像。

(3)问卷调查法

问卷法是国内外社会调查中较为广泛使用的一种方法。问卷指为统计和调查所用的、以设问的方式表述问题的表格。问卷法就是创业者用这种控制式的测量对所研究的问题进行度量,从而搜集到可靠资料的一种方法。传统问卷法采用邮寄、个别分送或集体分发等多种方式发送问卷,目前普遍使用电子问卷。调查者按照表格所问来填写答案。一般来讲,问卷较之访谈表更详细、完整和易于控制。问卷法的主要优点在于标准化和成本低,缺点是答卷质量无法保证。

问卷一般由卷首语、问题与回答方式、编码和其他资料4个部分组成。

①卷首语。它是问卷调查的自我介绍部分。卷首语的内容应该包括,调查的目的、意义和主要内容,选择被调查者的途径和方法,对被调查者的希望和要求,填写问卷的说明,回复问卷的方式和时间,调查的匿名和保密原则,以及调查者的名称等。为了引起被调查者重视和兴趣,争取合作和支持,卷首语的语气要谦虚、诚恳、平易近人,文字要简明、通俗、有可读性。

②问题与回答方式。它是问卷的主要组成部分,一般包括调查询问的问题、回答问题的方式以及对回答方式的指导和说明等。

③编码。所谓编码,就是对每一份问卷、问卷中每一个问题和每一个答案都编定唯一的代码,并以此为依据对问卷数据处理。

④其他资料。这包括问卷名称、被访问者的地址或单位(可以是编号)、访问员姓名、访问开始时间和结束时间、访问完成情况、审核员姓名和审核意见等。这些资料,是对问卷审核和分析的重要依据。此外,有的自填式问卷还有一个结束语,结束语可以是简短的几句话,对被调查者的合作表示真诚感谢,也可稍长,顺便征询一下对问卷设计和问卷调查的看法。

3) 旅游资源调查与分析

按照国家标准《旅游资源分类、调查与评价》(批号 GB/T 18972—2003,标准号 GB/T 18972—2017),旅游资源调查与分析的主要内容如下。

(1)旅游资源的概念与分类

旅游资源是自然界和人类社会凡能对旅游者产生吸引力、可以为旅游业开发利用并可产生经济效益、社会效益和环境效益的各种事物和因素。旅游资源单体是可作为独立观赏或利用的旅游资源基本类型单独个体,包括"独立型旅游资源单体"和由同一类型的独立单体结合在一起的"集合型旅游资源单体"。依据旅游资源的性状,即现存状况、形态、特性、特征,旅游资源分为稳定的、客观存在的实体旅游资源与不稳定的、客观存在的事物和现象。

旅游资源的结构分为主类、亚类、基本类型,共 8 个主类、23 个亚类、110 个基本类型。其中,主类包括地文景观、水域景观、生物景观、天象与气候景观、建筑与设施、历史遗迹、旅游购品与人文活动。

（2）旅游资源的调查

①基本要求。a.保证成果质量,强调整个运作过程的科学性、客观性、准确性,并尽量做到内容简洁和量化。b.充分利用与旅游资源有关的各种资料和研究成果,完成统计、填表和编写调查文件等。c.调查方式以收集、分析、转化、利用这些资料和研究成果为主,并逐个对旅游资源单体现场调查核实,包括访问、实地观察、测试、记录、绘图、摄影,必要时采样和室内分析。

②旅游资源调查分为旅游资源详查和旅游资源概查,其调查方式和精度要求不同。a.旅游资源详查。适用于了解和掌握整个区域旅游资源全面情况;应完成全部旅游资源调查程序,包括调查准备、实地调查;应对于全部旅游资源单体调查,提交全部旅游资源单体调查表。b.旅游资源概查。适用于了解和掌握特定区域或专门类型的旅游资源;要求对涉及的旅游资源单体调查。

（3）旅游资源评价

①总体要求。按照本标准的旅游资源分类体系对旅游资源单体评价;本标准采用打分评价方法;评价主要由调查组完成。

②评价体系。本标准依据"旅游资源共有因子综合评价系统"赋分。本系统设"评价项目"和"评价因子"。评价项目为"资源要素价值"、"资源影响力"、附加值。

a.评价项目和评价因子用量值表示。资源要素价值和资源影响力总分值为 100 分,其中,资源要素价值为 85 分,分配如下:观赏游憩使用价值占 30 分,历史科学文化艺术价值占 25 分,珍稀或奇特程度占 15 分,规模、丰度与概率占 10 分,完整性占 5 分。资源影响力为 15 分,其中,知名度和影响力占 10 分、适游期或使用范围占 5 分。

b.附加值中"环境保护与环境安全"分正分和负分。

c.每一评价因子分为 4 个档次,其因子分值相应分为 4 档。

③计分与等级划分。

a.计分。对旅游资源单体评价,得出该单体旅游资源共有综合因子评价赋分值。

b.旅游资源评价等级指标。依据旅游资源单体评价总分,将其分为 5 级,从高级到低级分为如下。

五级旅游资源,得分值域≥90 分。

四级旅游资源,得分值域≥75~89 分。

三级旅游资源,得分值域≥60~74 分。

二级旅游资源,得分值域≥45~59 分。

一级旅游资源,得分值域≥30~44 分。

此外还有未获等级旅游资源,得分≤29 分。

其中,五级旅游资源称为"特品级旅游资源";四级、三级旅游资源被通称为"优良级旅游资源";二级、一级旅游资源被通称为"普通级旅游资源"。

5.3.2 识别需求环节的方法

本环节的主要目的是找出引发问题的原因,寻找与旅游需求相契合的点,发现旅游消费者最底层的核心需求。定义需求环节可以使用用户参与法和世界咖啡馆法。

1) 旅游者参与法

旅游者参与法指定义产品需求时邀请旅游者参与、倾听旅游者意见、充分考虑旅游者的需求。旅游者参与定义产品需求不仅为产品设计的思维和工作方式带来改变,也为产品设计提供了更为广阔的观察视角和研究手段。旅游者不再被动地从不同产品设计方案做选择、表述观点,而真正参与产品设计,与产品设计师一起设计产品,甚至完全设计产品以解决旅游问题,实现旅游产品的多样化需求。

一般的旅游者参与法,大致流程如下。

①从发现问题环节受访的旅游者中遴选重点客户。

②重点客户参与座谈。

③倾听及收集重点客户对旅游产品与旅游服务背后的真实需求信息。

④核实旅游需求信息。把上述旅游需求描写信息分发给重点客户,再次核实,形成完成和精确的需求描述。

⑤产品设计师或者重点客户亲自设计旅游产品。如云南大理旅游者产品设计大赛,就采用旅游者参与法。只不过它是赛事。

2) 世界咖啡馆法

世界咖啡馆法是一种集体的对话方式,适应于创造共识和解决问题,强调尊重和鼓励每个参会者的独特见解。咖啡桌主持人引导 4~5 人的小团队对话,且不断移动参与者的桌次,以交换、分享与散播不同角度、不同心境的想法。关键问题引导与温馨会谈气氛营造,能够使与会者有更深的共识及解决问题的方法与行动。

在定义需求环节使用世界咖啡馆,应坚持的原则如下。

①明确会议主题,即找出引发问题的原因,发现消费者最底层的核心需求。

②营造愉悦的空间,让参与者尤其是重点用户感觉到舒适愉悦。

③邀请成员充分参与,鼓励人人贡献、分享。

④交互激荡并连接不同观点。

⑤一起聆听、洞察问题,凝聚深层的共识。

⑥分享共同的发现,集体智慧显性化。

5.3.3 创意设想环节的方法

1) 旅游商业生态系统

旅游商业生态系统指以组织和个人的相互作用为基础、以旅游产品和服务提供为中心组成的旅游经济联合体。其中,组织和个人包括旅游供应商、旅游生产商、旅游销售商、旅游服务中介、旅游投资商、政府、旅游消费者、旅游社区与当地居民、旅游协会、非营利机构与非政府组织等旅游利益群体。这些不同旅游利益主体在商业生态系统中担当不同功能,各司其职,形成相互依赖、相互制约、共生共存的生态系统。

在创意设想环节使用商业生态系统法,主要目的是,旅游商业系统分析,避免限于创业者自身的资源创意设想,大大限制创意设想的空间范围,直接影响创意设想的质量效果。相反,应具有开放系统思维,应用商业生态系统法,将创业者自身的资源结合到可以联盟的所有资源,在此基础上思考创意设想。

在创意设想环节,使用商业生态系统法,应坚持的原则如下。

①求同存异。在商业生态系统中,不同旅游利益主体利益驱动虽不同,但身在其中组织互利共存,资源共享,注重社会、经济、环境综合效益,共同维持系统延续与发展。

②目标一致。破除资源能力壁垒就是打破传统的行业界限,整合不同行业的资源,从而增加各自的市场机会。

2) 创意列举法

人们要创新,就须善于寻找新的契机,同时,要不断观察学习,吸收他人的创新观点,将其转化为自己的创新意识。创意列举法指新的创意通过列举一系列相关问题或建议而被开发出来的方法。它主要分为属性列举法、希望点列举法、优点列举法和缺点列举法。其中,缺点列举法是人们使用最为普遍的创意列举法。创意列举法的分类见表 5-1。

表 5-1　创意列举法的分类

类型	说明
属性列举法	一种创意思维策略,在创造的过程中,先观察和分析事物的属性特征,然后针对每项特性提出改进的构想
希望点列举法	不断提出理想和愿望,针对这些理想和愿望创新,寻求解决问题的对策,以实现这些理想和愿望
优点列举法	逐一列出事物的优点,从而寻求解决问题、改善对策的方法
缺点列举法	列举和检讨缺点和不足,找出解决问题的方法和改善的对策

3) 头脑风暴法

头脑风暴法由美国 BBDO 广告公司的奥斯本 1939 年首创,该方法主要由价值工程工作小组人员在正常融洽和不受任何限制的气氛中以会议形式讨论、座谈,打破常规,积极思考,畅所欲言,充分发表看法。

(1) 头脑风暴的机理

根据奥斯本及其他研究者的看法,头脑风暴的激发创造性思维的机理主要有以下几点。

①联想反应。联想是产生新观念的基本过程。在集体讨论问题过程中,每一个新的观

念,都能引发他人联想。相继产生一连串新观念,产生连锁反应,形成新观念堆,为创造性解决问题提供了更多可能。

②热情感染。在不受任何限制的情况下,集体讨论问题能激发人的热情。人人自由发言、相互影响、相互感染,能形成热潮,突破固有观念的束缚,最大限度地发挥创造性思维能力。

③竞争意识。在有竞争意识情况下,人人争先恐后,竞相发言,不断开动思维机器,力求有独到见解,获得新奇观念。

④个人欲望。在集体讨论解决问题过程中,个人的欲望自由,不受任何干扰和控制,是非常重要的。头脑风暴法有一条原则:不得批评仓促的发言,甚至不许有任何怀疑的表情、动作、神色。这就能使每个人畅所欲言,提出大量新观念。

(2)头脑风暴法的原则

①庭外判决原则(延迟评判原则)。对各种意见、方案的评判必须放到最后阶段,此前不能对别人的意见批评和评价。认真对待任何一种设想,不管其是否适当和可行。

②自由畅想原则。欢迎各抒己见,自由鸣放,创造自由、活跃的气氛,激发参加者提出各种荒诞的想法,使与会者思想放松,这是智力激励法的关键。

③以量求质原则。追求数量,意见越多,产生好意见的可能性越大,这是获得高质量创造性设想的条件。

④综合改善原则。探索取长补短和改进办法。除提出自己的意见外,鼓励参加者对他人已经提出的设想补充、改进和综合,强调相互启发、相互补充和相互完善,这是智力激励法成功的标准。

⑤突出求异创新,这是智力激励法的宗旨。

⑥限时限人原则。

(3)头脑风暴法的组织形式

①会议要明确主题。将会议主题提前通报给与会人员,让与会者准备。小组人数一般为10人左右,小组最好由不同专业或不同岗位者组成。时间一般为20~60分钟。设主持人1名,主持人只主持会议,对设想不作评论。设记录员1~2人,要求认真将与会者每一设想不论好坏都完整地记录下来。

②会前准备。参与人、主持人和课题任务三落实,必要时可训练。会前要强调会议的原则与纪律。

③设想开发。主持人公布会议主题并介绍与主题相关的参考情况,与会者突破思维惯性,大胆联想。同时,主持人控制时间,力争在有限时间内尽可能多地获得创意性设想。

④设想分类与整理。一般分为实用型和幻想型两类。前者指如今技术工艺可以实现的设想,后者指如今的技术工艺不能实现的设想。

⑤完善实用型设想。对实用型设想用脑力激荡法再论证、进一步扩大设想的实现范围。

⑥幻想型设想再开发。对幻想型设想,用脑力激荡法再开发,可能将创意的萌芽转化为成熟的实用型设想。这是脑力激荡法的关键步骤,也是该方法质量高低的明显标志。

4) 检核表法

检核表法是采用一张一览表对需要解决的问题逐条核计进而从各角度诱导出各种创意设想的方法。其中,最常用的是奥斯本检核表,它几乎适用于所有类型的创新活动,因此,享有"创新方法之母"称号。

奥斯本检核表法以提问的方式,根据创造或解决问题的需要,列出一系列提纲式提问,形成检核表,然后对问题讨论,最终确定最优方案。该方法主要引导主体在创造过程中对照9方面的问题思考以便于启迪思路、开拓思维想象的空间、促进人们产生新设想和新方案的方法。奥斯本检核表的九大问题见表5-2。

表 5-2　奥斯本检核表的九大问题

序号	检核项目	说明	举例
1	能否他用	是否有其他用途?保持不变的情况下能否扩大用途?稍加改变时有无其他用途?	夜光粉是一种用量少、用途不广的发光材料,过去多用于钟表和仪表上,后来用途扩大,人们设计出了夜光项链、夜光玩具、夜光钥匙扣、夜光棒、夜光纸等
2	能否借用	能否从别处得到启发?能否借用别处经验与发明?过去有无类似的东西可供模仿?谁的东西可以模仿?现有的发明能否引入其他创造设想之中?	易拉罐发明之前,人们只能在瓶盖上挖洞,然后用管子吸,既费力又不方便。后来,技术人员结合与借用了蛤蜊张口原理、凤仙花荚果开口的结构和火山口的形成原理,发明了易拉罐
3	能否改变	能否做出某些改变?改变一下会怎样?可改变形状、颜色、味道吗?能否改变型号、模具或运动形式?改变之后,效果如何?	寺庙招待香客的"鸡鸭鱼肉",是用大豆、豆腐等材料制作的,惟妙惟肖
4	能否扩大	能否扩大适用范围?能否增加使用功能?能否增加长度、厚度、强度、频率、速度、数量、价值?	广州旅游线路有 1 日游、2 日游、3 日游、多日游,增加了旅游天数,旅游活动相应增加
5	能否缩小	能否变小、变短、变轻、变薄、拆分甚至省略某些部分?能否浓缩化、省力化、方便化?	广东深圳华侨城的锦绣中华、世界之窗,都是国内外名胜古迹的微缩景观
6	能否替代	能否用其他材料、原件、方法、工艺、功能等来代替	采取水泥仿制材料与图案来替代木质建筑、栏杆、台阶
7	能否调整	能否变化排列顺序、位置、时间、速度、计划、型号?内部原件可否交换?	广东东莞诸多酒店因客人减少而将客房改为康体健身场所
8	能否颠倒	能否正反颠倒、里外颠倒、目标手段颠倒?	国外有人设计了上下颠倒的房屋
9	能否组合	能否原理组合、材料组合、部件组合、形状组合、功能组合、目的组合?	古北水镇由文化展示体验区、主题酒店、精品酒店、民宿客栈、独立餐厅、商铺、配套服务设施组合而成

5）类比创新法

它是根据两个或两类对象之间在某些方面的相同或相似而推出它们在其他方面也可能相同的一种思维形式和逻辑方法。这种方法富有创造性，有利于自我突破。其核心是异中求同、同中见异，从而产生新知，取得创造性成果。这种方法的关键是，已知事物与未知事物比较，从已知事物的属性推测出未知事物也具有某种类似的属性。根据类比的对象、方式不同，类比创新法大致可分为直接类比法、拟人类比法、幻想类比法、对称类比法、因果类比法、仿生类比法、综合类比法。类比创新法的分类见表5-3。

表5-3　类比创新法的分类

分类	说明	举例
直接类比法	从自然界或已有成果中寻找出与创意对象类似的东西或事物	蚂蚁寻食与电脑计算法——蚁群优化计数法，在程序中设计虚拟的"蚂蚁"
拟人类比法	使创意对象"拟人化"，通过创意者与创意对象的某种要素认同、一致，使自我进入角色，体现问题，产生共鸣，从而获得创意	鲁班从草叶的边缘割破手指中获得类比发明锯子；纳克医生设计听诊器方案的类比：两个小孩玩跷跷板，一个小孩轻敲跷跷板，一个贴耳听
幻想类比法	将幻想中的事物与要解决的事物类比，由此产生新的思考问题的角度；借用科学幻想，神话传说的大胆想象来启发思维	收缩自行车的创意来自于如意金箍棒的幻想类比；人类幻想像鸟一样自由飞翔，创造发明了飞机、飞艇等飞行工具
对称类比法	自然界许多事物存在对称关系，如物理学上的正极、负极；镜中人和镜外人等	万物生长依靠阳光，农学家从"阳光农业"类比到"月光农业"，农作物经过不同时间和角度的月光洗礼，会有不同收获

6）十二口诀法

口诀法是我国学者许立言、张福奎等在奥斯本的检核表基础上加以创造而提出的一种思维技法。它既继承，又大胆创新，同时通俗易懂，简便易行，便于推广。十二口诀法见表5-4。

表5-4　十二口诀法

序号	口诀	含义
1	加一加	加高、加厚、加多、组合等
2	减一减	减轻、减少、省略等
3	扩一扩	放大、扩大、提高功效等
4	变一变	改变形状、颜色、气味、音响、次序等
5	改一改	改缺点、改不便、改不足等
6	缩一缩	压缩、缩小、微型化
7	联一联	原因和结果有何联系，把某些东西联系起来
8	学一学	模仿形状、结构、方法、学习先进

续表

序号	口诀	含义
9	代一代	用其他材料代替,用其他方法代替
10	搬一搬	移作他用
11	反一反	能否颠倒一下
12	定一定	定界限、标准,能提高工作效率

5.3.4　制作原型环节的方法

这个环节的主要目的是将旅游创意的概念产品可视化,其方法大致有精益法和可视法。

1) 精益法

精益法的核心思想是消除浪费,以较少人力、较少设备、较短时间和较小场地创造出产品或服务的原型,不断提升优化,以此越来越接近用户的需求,创造用户确实需要的东西。初期,原型制作应该快速、粗糙、便宜,方便不断评估与改进。所以,精益法正适合应用。

2) 可视法

可视化指产品原型必须接受测试,但不一定非得有实体,剧本、影片甚至即兴表演都可。利用上述方式将产品原型可视的方法,就是可视法。

可视法的意义如下:

①展现全貌。原型涉及多个元素,其中,一个元素会影响多个其他元素。如果不采取可视法,则无法窥其全貌,也无法真正讨论。

②增强理解,便于对话、探索与交流。

③简化复杂化,增强审视。

5.3.5　测试体验环节的方法

这个环节的目的是呈现使用者的实际体验,将设计的产品或服务原定的各种假设,使用者实际体验从而获得实证性认识,以确定产品或服务的好坏优劣及未来改进的方向。它大致的方法有代表性重点客户法和利基市场法。

1) 代表性重点客户法

意大利经济学家维尔弗雷多·帕雷托提出的帕雷托定理,也称"八二开规则"。这个规则表明,事物80%起因于另外20%。将它应用到客户管理中表明,公司80%的销售收入来自于仅占总数20%的客户,公司80%的利润来自于仅占总数20%的客户。通常情况下,最直观的做法,是将公司中销售排名最靠前的承担了80%销量的20%的客户列为重点客户,很多公司都会按照销售额这个指标来区分客户的重要性。它们是与企业关系最为密切、对企业价值贡献最大并且未来有可能是最先使用公司新产品的一部分客户群体。

代表性重点客户测试步骤如下：

①确定测试体验的目的以及测试形式。

②根据测试的目的,挑选重点客户。

③客户测试,并建立客户意见反馈机制。

④分析客户反馈意见,并依次对产品或服务迭代优化。

2) 利基市场法

利基市场是在较大细分市场中具有相似兴趣或需求的一小群顾客所占有的市场空间。利基市场,英文是 Niche Market,中文是那些高度专门化的需求市场。Niche 来源于法语。法国人信奉天主教,在建造房屋时,常常在外墙上凿出一个不大的神龛,以供放圣母玛利亚。它虽然小,但边界清晰,洞里乾坤,因而后来被引来形容大市场中的缝隙市场。大多数成功的创业型企业一开始并不在大市场开展业务,而识别较大市场中新兴的或未被发现的利基市场而发展业务,从而进一步形成持久的竞争优势。

利基市场客户测试就是把公司的客户细分,并深度测试,用以了解不同年龄或性别等因素对产品的不同需求。其测试步骤如下：

①确定测试体验的目的以及测试形式。

②根据测试的目的,挑选利基市场客户。

③客户测试,并建立客户意见反馈机制。

④分析客户反馈意见,并依次对产品或服务迭代优化。

5.3.6 循环往复环节的方法

重复以上步骤,不断观察,归纳原因,评估对策和迭代优化。其方法参照上述 5 个环节。

5.4 旅游产品创意的技巧

旅游创意的技巧主要是"势""时""术"三者巧妙运用。

5.4.1 巧妙利用"势"

"势"是客观存在的,标示着事物发展的形势、态势、趋势,具有一定规律性。《孙子兵法》有言:"善战者,求之于势。"可见,对"势"的认识和考量,影响着事物前进的方向和行动取得的成效。在旅游创新创业过程中,认清形势、感知态势、洞悉趋势,学会顺势而为、应势而变,不仅有利于从整体上把握创新创业所处的时代方位,也有助于从局部、微观处精准发力,更好地掌控时度效,以实事求是态度创造性落实创新创业举措。

1) 借势

借势即借他人之势为我所用。旅游创意可及时抓住广受关注的社会新闻、事件、政策以及人物的明星效应等,结合企业或产品在传播上欲达到之目的而展开的一系列相关活动。借势具有以下具体策略。

（1）借旅游资源之势

借旅游资源之势指要发挥地方旅游资源的优势,甚至要借助旅游资源所处的地理位置、地形地貌、山形水势、建筑形态等来策划创意旅游产品。

（2）借关联产品之势

旅游产品之间总是可相互借用与合作的。如围绕旅游景区周边发挥旅游产品的互补性特点建设交通、民宿、餐饮、购物、娱乐等各种设施。

（3）借政策之势

政府出台的政策对旅游业发展至关重要。如乡村振兴政策推动了乡村旅游、乡村民宿、乡村餐饮、田园综合体等。

（4）借时间之势

这指的是借助某一特定的、有特殊意义的时间创意。如,2000 年各地举办"迎千禧年活动";国内黄金周旅游营销活动等。2021 年,中国共产党成立 100 周年,文化和旅游部推出"建党百年红色旅游百条精品线路",其中,广东省"红色广州·革命之城""奋进大湾区·逐梦新时代""岭南文化·人文遗存"等 3 条线路入选;井冈山开展"寻访红色足迹、传承红色基因"研学旅行等活动。

（5）借事件之势

如各地借助 1999 年昆明世博会、2008 年北京奥运会、2010 年广州亚运会、2016 中国 G20 杭州峰会等事件的旅游营销与宣传;1999 年,云南丽江利用昆明世博会分会场的"势",举办了第一届东巴文化艺术节,面向世界宣传东巴文化,使当年游客量达 280.4 万人次,而 1996 年才刚过百万。

（6）借消费者自身之势

如国外旅游地借"中国出境市场"、国内旅游目的地借"长三角、珠三角市场"之势;国外免税店针对中国游客推出购物优惠政策、中文导购、中文专场促销外,还建立了中文域名的网址供中国游客提前了解各种优惠信息。2020 年,由于疫情原因,针对内地市场,澳门特区政府和澳门航空推出了机票买一赠一促销,和携程、飞猪等平台联合推广酒店、机票套餐优惠活动,还为内地游客准备了"消费券",内地游客来到澳门以后,买东西、逛街、吃饭都可以享受优惠。

（7）借互联网平台之势

平台经济是数字经济时代背景下的新的经济模式,既是传统经济组织升级,又是传统经济形态革命。互联网平台可以大量减少人力、物力,降低了成本;此外,突破了时间和空间限制,交易可以在任何时间、任何地点,从而大大提高了效率。根据"长尾理论",旅游企业只要定位明确、抢占有利的"边缘"市场、利用互联网平台、疏通销售渠道、生产真正为细分市场所欢迎的旅游产品、形成规模,定能够在市场激烈的竞争中找到自己的位置、创造出辉煌的业绩。

(8) 借名人效应之势

借助古今名人,如毛泽东、孙中山、孔子、莫言等以及网红、大V"带流量"等,建设项目,营销旅游,发展旅游。

【案例介绍】

诺贝尔文学奖获得者莫言故里旅游发展

自从2012年获得诺贝尔文学奖以后,莫言人气暴涨,其老家的房子变成了旅游景点,如今免费对外开放。

莫言旧居建于1912年,历史超过百年。莫言1955年出生,1976年参军,在这里生活了大约22年,直到1988年在县城买房,才从旧居中迁出。自从1990年以后,这座房子就闲置了,无人居住。

不过,随着莫言获得诺贝尔文学奖,这座旧居进入人们的视野,变成一处炙手可热的旅游景点。房子内陈设一如几十年前,还有不少当年莫言使用过的物品。莫言获奖后,这里游客不断,小长假期间每天数百人来到这里,墙角的砖头和墙皮都被抠掉。莫言旧居旁边就是莫言小学,莫言就是在这里上完小学的。学校门口还挂着当年的一块"高密县(现为"高密市")河崖人民公社大栏小学"牌子,颇有年代感。走进五年级二班教室里,莫言的座位在第一排,教室的布置和几十年前一样——陈旧的桌椅、简陋的讲台、许多教学用具和宣传画。小学里还有一座莫言文学印象馆,介绍了莫言的文学历程。童年时贫苦的生活激励着这位作家辛勤创作,使其取得骄人的成绩。

(资料来源:作家莫言的老家闲置20多年后突然爆红成了旅游景点,新浪网。)

2) 顺势

顺势即顺应潮流。潮流浩荡,顺之则昌,逆之则亡。这是大自然的法则,也是人类社会的规律。改革开放取得巨大成功的原因就在于,改革开放内审中国情势,顺应了中国人民要发展、要创新、要美好生活历史要求;外察世界大势,中国主动到经济全球化汪洋大海中游泳,契合了滚滚向前的和平合作、开放融通、变革创新时代潮流。

(1) 顺应旅游消费之势

在疫情期间,国内旅游消费出诸多新变化:小规模、自组织、家庭型、开放性旅游方式受到广泛青睐,户外休闲产品、个性化定制产品、小团深度游产品迎来增长新机遇;微旅行、慢休闲、深度假旅游模式成为越来越多人的消费选择;疫情提升了人们对在线旅游认知度与接受度,高科技、跨界化、网络化、专业化将成为旅游业未来发展的主要特征。

(2) 顺应科技发展之势

随着第四次产业革命到来,大数据、量子计算、人工智能、互联网、区块链等新一代信息技术迅猛崛起,数字平台如火如荼发展,全要素生产率显著提升,数字经济成为驱动经济社会变革、推进全球经济增长的先导力量。数字经济跨越空间界限,将经济活动扩大至全球,降低信息获取成本和传统经济交易成本,提升了经济增长动力和效率。2019 年,全球数字经济规模达到 31.8 万亿美元,数字经济占 GDP 比重增至 41.5%,产业数字化占数字经济比重高达 84.3%。2019 年年底,74 家数字平台企业全球市场价值超 100 亿美元,价值总额达 8.98 万亿美元。

因此,须综合利用科技创新成果,加快数字化转型升级步伐,促进文旅产业与数字经济深度融合,推动文旅产业向数字化、网络化、智能化发展,这是旅游产业未来发展的重要方向。推动旅游业数字化转型升级,要树立以消费者为中心理念,围绕新需求、新消费模式寻求创新。其核心是提升消费者的体验和运营管理的效率,发展智慧旅游体验、智慧旅游服务、智慧旅游营销、智慧旅游管理。

(3)顺应文旅融合之势

文化与旅游深度融合,真正实现"以文塑旅、以旅彰文"。一方面,文化空间应成为旅游消费的新场景,要把餐饮住宿等消费业态科学有序地融入文化场所与空间中;另一方面,旅游空间应成为文化传播的新舞台,把传统文化、艺术表演等带入旅游场所,让艺术走向民众,让民众了解艺术。为此,应创造性转化、创新性发展、社会化推动、技术性赋能、体系化集成、全民性参与,进行一场旅游系统大变革,让文化成为旅游的灵魂,让文化自觉、文化自信成为经济发展的内在支撑。发展以文化为内容的定制旅游业态、研学旅游业态以及以自然教育为目的的旅游业态(厉新建,2020)。

(4)顺应旅游业高质量发展之势

旅游业高质量发展是满足人民群众日益增长的旅游需要的发展,是"创新、协调、绿色、开放、共享"五大新发展理念有机融合的发展。旅游业高质量发展是,旅游业发展方式由粗放、外延向集约内涵转变,旅游产业结构由供求不平衡、低端化向合理化与高度化转变,旅游业增长动力由要素投入转变为更注重创新与创意驱动。

3)转势

转势指的是将无势变为有势,将劣势转为优势,将危机转为机遇。我们须全面把握"势"和"变"、处理"危"与"机"、提供思想指引,为化危为机注入强大动力。如,1996 年丽江地震,1997 年申遗成功,从此成为旅游名城。20 世纪 90 年代初,丽江的游客并不多,1994 年才几十万人次。直到 1996 年"2·3 大地震",丽江的知名度才真正提升。当时,丽江古城正在申报世界文化遗产,古城的受损情况吸引了国内外媒体。同时,丽江地区政府利用灾后重建,建设旅游基础设施,丽江古城被修缮一番。丽江变大灾难为大机遇,迎来了大发展。

2020 年以来,疫情给旅游业造成危机,但应看到危机背后的机遇。如"云旅游"可成为未来常态方式。尽管旅游线下体验感本质不可取代,但线上可作为非常时期或淡季时解决方案,补足产业链线下不完备。同时,觉醒健康意识,改变食品、生活习惯,所以未来包括饮食结构、体育锻炼、社交方式、康养保健、医药生物、医药医疗等大健康行业肯定会持续发展。疫情结束后,未来很长一段时间内,以"康养+"为核心的休闲娱乐或度假将是一个趋势;养生保健行业将继续保持高昂的增长势头。

4）造势

造势即制造声势。在旅游创新创业活动中，采取举办活动或制造事件，通过大众传播媒介引起社会大众或特定对象注意，制造对自己有利的声势，达到旅游品牌推广、旅游营销策划目的。旅游造势的方法有很多，如广告、新闻发布会、新产品推介会、展览、会议、研讨、旅游节庆与事件、文化创意项目、拍摄电影电视、网红、歌曲、起诉、拍卖、软文、视频等。

【案例简介】

海南岛欢乐节营造旅游度假氛围

海南岛欢乐节从 2000 年开始举办，每年 11 月举行，长达 2~3 个星期；这个时候国内其他地方，尤其是北方可能寒风呼啸或雨雪霏霏了，而海南温暖如春，正适宜旅游度假，可吸引大量旅游者。海南岛欢乐节的特点是"旅游搭台，唱旅游戏"。欢乐节在各市县、由旅游界为主并吸引社会各方面参与举办的各种旅游和娱乐活动，为国内外游客提供了宽松欢快的旅游度假环境，塑造了海南"欢乐海岛、度假天堂"旅游形象。

2020 年（第 21 届）海南国际旅游岛欢乐节，以宣传旅游新业态、营销旅游新产品、推出旅游新线路、创造旅游新效应为核心，以提高旅文结合度、提高国际化水平、提高民众参与度、提高市场影响力为目标。与往年相比，这次活动更加丰富多样，分为开幕式系列及主体活动、海口主会场活动、市县分会场活动、全域旅游欢乐主题月活动、六大主题旅游线路等五大板块，分别在海口主会场和三亚、儋州、琼海、万宁、陵水 5 个分会场同时举办，推出涵盖会议展览、文化艺术、体育赛事、优惠促销等在内的 170 余项精彩活动，包括 2020 年（第 5 届）海南世界休闲旅游博览会、2020 年（第 6 届）海南国际旅游美食博览会、2020 年海南国际旅游装备博览会、2020 博鳌文创周、2020 海南锦·绣世界文化周、2021"自贸港之声"新年音乐会、"锦尚添花"古典民族音乐会、2020 BMW 越山向海人车接力海南年终巅峰赛、2020 年海南沙滩运动嘉年华、2020 腾讯数字文创节（TGC）、"育新机·开新局·扬国漫"2020 中国动漫产业年会、海南国际啤酒节等，"旅游+文化+体育"特点更加突显。

5.4.2　及时抓住"时"

时即时间、时机、机会与机遇。"时"是可遇不可求的，因为它来去不定，转瞬即逝。所以时机难以把握，最为复杂。一方面，旅游时机具有偶然性，这是指偶然性蕴含于自然与社会经济发展的现象、事件及其规律之中；另一方面，旅游时机有旅游业的特殊性，各种节假日、社会活动与社会热点为旅游创造了机会。

（1）旅游发展中"时"

①社会节假日，包括法定节假日与传统节日。中国法定节日主要有元旦、国际劳动妇女节、植树节、国际劳动节、中国青年节、国际儿童节、建党节、建军节、教师节、国庆节等；中国传统节日主要有春节、元宵节、清明节、端午节、七夕、中秋节、重阳节、腊八节等；世界主要节

日有圣诞节、复活节、佛诞节、开斋节、巴西狂欢节、加拿大枫糖节、情人节、护士节、美国母亲节、美国父亲节、万圣节、愚人节、莎士比亚戏剧节、敬老节、玫瑰节、老人节、意大利狂欢节、仲夏节等。

②重大社会活动，指在社会上具有一定影响的重大活动，如各种体育盛会、政治与外交活动、教育文化活动等。体育盛会主要有奥运会（夏季、冬季）、亚运会、全运会、少数民族体育运动会以及足球、篮球、排球、羽毛球、乒乓球、网球、游泳等体育赛事；政治与外交活动主要有中国"两会"、联合国大会、G7、G20、上海合作组织会议等；文化教育活动主要有联合国教科文组织的世界遗产大会、世界环境日、中国旅游日、国际电影节以及各地文化、教育活动与旅游节等。

③社会热点。这是公众关心、议论的焦点，往往是旅游策划创意的最佳切口。如，日全食、月全食等自然现象，环境保护、乡村振兴等政策热点，教育、养老、健康、健身等民众热点。

（2）及时抓住"时"的要点

①未雨绸缪，时刻准备。也就是说，平时要积势、蓄势、谋势，才可能在机会来了的时候抓住机会。如，"黄金周"作为大众出游的主要节点，旅游项目的策划创意须提前做各种准备，避免因准备不充分而资源短缺、人手不足、管理混乱等。如，2012年国庆节期间，由于准备不充分，华山景区内提供的中巴车运力不足，晚上8点，上万名游客仍滞留山上；2021年端午节假期，泰山由于索道、客运专线车运力有限，使乘索道、乘车游客等候时间较长，专线旅游车通行效率降低、游客中心秩序短时混乱。

②细心观察，准确预测，一旦时机到来，就抓住良机。洞察力或预测力并非天生，平时须积累、培养。好的创新创业者，只要细心观察环境，对人们通常不太注意的情况和细节多加留意，不放过任何暗示着机会的微小变化，就能发现许多机会。除了敏锐，还须具有分析与辨识的能力，探察到任何征兆时都能够从中准确地预测时机。有时，甚至还能凭借积累的观察结果，推演出时机运行的大致轨迹，从而找到隐含的规律，把握时机。

③独特创意，别开生面。这个指的是，当机会来临时，需要独特的旅游创意来达到目的。为什么对于同样的机会，有的人不屑一顾，有的人却视为珍宝？人只有具有创造性思维，他的眼光才会独到，才能捕捉到事物的细微方面，并运筹帷幄，创造出最佳的旅游创新创意时机。

【案例介绍】

少年丁真，成为顶级流量，带动旅游宣传

一个甜野少年和他的小马"珍珠"，给2020年冬天带来一场浪漫的风暴。

丁真，有着一张纯真、帅气、野性的脸，眼神清澈而羞涩，干净得能看到星星，这样一个罕见、原生态的美少年，在短视频平台露脸后，瞬间折服了无数国内外网友，成为"新晋顶流"。流量时代，一切以数据说话。一系列数据表明，将丁真称为"顶流"不为过。

走红后的丁真于11月18日开通微博，粉丝数量已经突破100万。在短视频平台，"双十一"那天让丁真走红的第一个短视频的总互动量（即转发+点赞+评论，下同）已超过300万。11月19日，丁真开通抖音账号，目前拥有346.6万粉丝，获赞878.9万；小马"珍珠"的

抖音账号则拥有 5.4 万粉丝,获赞 13.1 万。在抖音丁真相关话题中,播放量破亿的话题有 6 个,播放量破千万的话题有 31 个,其中,#丁真#话题相关视频播放量已超过 12.3 亿次。然后看社交媒体。截至发稿,@理塘丁真 的 6 条原创微博总互动量超过 435 万,@珍珠 number1 的原创微博则获得近 32 万互动量。据不完全统计,仅 11 月 28 日当天,至少 6 条与丁真相关的话题进入微博实时热搜榜。

就在大家关注丁真未来是否会向着"网红"大军进击之时,官方消息让网友们了解了他的发展方向——丁真已经和四川省甘孜州理塘县文旅体投资发展有限公司签约,成为该公司的正式员工。据了解,理塘文旅公司是理塘县国资委下属国有公司。正是在此期间,甘孜文旅联合制作发布了旅游宣传片《丁真的世界》。宣传片中,丁真是甘孜当地淳朴民风、独特民俗的具象。而宣传片外,丁真是备受关注与讨论的流量焦点。这正是丁真的独特之处,他的独特在于内容与流量完美融合。

从连日来引发的现象级讨论与传播热度来看,丁真和他的小马几乎跑赢了今年旅游目的地营销的大市场。一时间,全国各地纷纷借丁真"蹭热度",四川甘孜成为最大赢家(或许还有"躺赢"的西藏)。

(资料来源:少年丁真,一夜成名后的旅游形象大使成长之路,搜狐网。)

5.4.3 灵活运用"术"

术指的是方法,即灵活运用一定的方法来旅游创新创意与构思。这里主要强调几点。

1)合理定位

定位是旅游创新创业的核心内容。

2)以人为本,以情感人

以人为本,以情感人即旅游创意须注意维护人的主体地位,维护人的尊严,保障人的基本权利,满足旅游需求。同时,旅游产品要与旅游者的灵魂产生情感共鸣,这样的旅游产品才具有魔力,才能得到回报。

3)出奇制胜

如菲律宾一则旅游广告,告诫游客要小心"九大危险",吸引了许多游客的目光,游客纷纷驻足阅读,以便防范。然而,游客读完全文,却会心一笑,恐惧情绪荡然无存,并对菲律宾的旅游资源及服务留下深刻印象。原来,这则广告幽了人们一默,正话反说,它要告诫的"九大危险"是,小心购物太多,因为这里货物便宜;小心吃得太饱,因为这里食品物美价廉;这里的阳光充足,小心被晒黑;小心潜入海底太久,记住勤出水换气;因为名胜古迹太多,小心胶卷不够用;上下山要小心,因为这里山光云影常使人不顾脚下;菲律宾的姑娘热情美丽,小心坠入爱河;小心被亚洲最好的酒店、餐馆宠坏;小心对菲律宾着了迷而舍不得离去。

【案例介绍】

澳大利亚昆士兰招聘"世界上最好的工作"——大堡礁看护员

澳大利亚昆士兰的大堡礁连绵延伸昆士兰州海岸线 2 600 千米，当中包括超过 2 900 个独立珊瑚礁及 900 个岛屿，是世界最大的珊瑚礁生态系统。这个入选《世界遗产名录》的地方孕育多种不同野生动物，包括鲸鱼、海豚、海龟及超过 1 500 种鱼类。大堡礁是极为热门的旅游胜地，每年约 2 百万游客到访。

2009 年初，澳大利亚昆士兰旅游局为宣传大堡礁，发展当地旅游业，通过互联网招聘岛屿看护人员。被录取者不仅可享受碧海银沙的梦幻生活，而且 6 个月合约的薪金可达 15 万澳元(约合 70 万人民币)，并能免费居住海岛别墅以及享受免费往返机票。这个被称为"世界上最好的工作"吸引了全球 30 万人上网浏览，导致网站瘫痪。

1.招聘

在昆士兰州旅游局的官方网站右下角，有一个"The Best Job in the World"(世界上最好工作)的图片链接，点击进去即可看到详细的招聘启事。据网站介绍，这项工作任何人都可以申请。

报名截至 2009 年 2 月 22 日，昆士兰州旅游局将选出 11 人并将其邀请到岛上现场面试，并最终选出一位幸运者。6 个月合同将于 2009 年 7 月 1 日生效。

看护员工作时间比较有弹性，其主要职责是探索大堡礁的群岛，以更加深入地了解大堡礁。看护员须通过每周的博客、相簿日记、上传视频及接受媒体的跟踪访问等向昆士兰旅游局(以及全世界)报告其探奇历程。这将是一个最难得的、致力宣扬大堡礁美妙的群岛的机会。其他职责或包括(并不止于)如下：

喂鱼——大堡礁水域有超过 1 500 种鱼类。试想象各式各样珍贵鱼类蜂拥而上的场景会多么震撼! (不用担心，不会要求喂每一条鱼!)

清洗泳池——泳池虽然装有自动过滤器，但如水面上有一片飘落的树叶，那下水清洗泳池绝对是畅泳的好借口!

兼职信差——探险旅程期间，可参与航空邮递服务，这将是在高空俯览大堡礁美景的绝佳机会。

在大堡礁上居住本身已相当吸引人，更何况成功的申请者于 6 个月合同期内可获取 $150 000澳元薪金。往返经济舱机票(距申请人所在国首都最近的机场)、住宿、在哈密尔顿岛上的交通费、合同期内旅游保险、电脑、上网服务、具录影功能的数码相机、往来大堡礁岛屿间的交通均全部由昆士兰旅游局提供。

申请者不同方面经验均会获考虑，但成功的申请者须有良好的沟通技巧、良好的英语听写能力，喜欢探索、冒险，乐意尝试新鲜事物热爱大自然，有良好游泳技巧、热爱浮潜及潜水。

2.招聘结果

澳大利亚昆士兰当地时间 2009 年 2 月 23 日上午 9 时 59 分，"世界上最好的工作"全球招聘活动正式截止。全球共 34 684 人申请该工作，来自中国的申请者就有 503 位。"世界上最好的工作"的工作内容是在汉密尔顿岛上度过6个月时光,将探索大堡礁水域上各岛屿的经历通过网站和视频博客等一系列渠道报道给全世界观众。

由于申请者数目大大超过昆士兰旅游局的预估,旅游局只能增加额外人手来处理申请资料。昆士兰旅游局代理局长沈俐介绍,在最后48小时内,共7 500份申请涌入,使最后的申请人数达到了34 684位。其中,以美国人最多,共有11 565人,随后依次是加拿大人(2 791人)、英国人(2 262人)以及澳大利亚人(2 064人)。来自中国的申请者共有503位。

昆士兰州旅游局将于格林威治时间3月2日23时59分在网站上公布前50人初选名单,随后这50名初选者产生11名候选人。其中,10人由昆士兰旅游局及其国际市场的代表选出。第11人是外卡候选人,将通过网络投票选出。这位外卡候选人将同另外10位由昆士兰旅游局及其国际市场代表挑选出来的申请者一起于5月飞往汉密尔顿岛,参加最终选拔活动。最后胜利者的名字将于5月6日宣布。最终获胜者为来自英国的慈善基金募集人本·索萨尔见。

【思考题】

1.如何理解旅游创意的市场原则、创新原则与文化原则?

2.旅游创意有哪些流程? 不同流程应掌握哪些方法?

3.旅游创意有哪些技巧?

4.你觉得旅游发展中存在哪些问题与困难? 能否针对这些问题与困难,提出创意方案?

第6章
旅游定位与旅游战略制定

【学习目标】

1.了解旅游定位与旅游战略的概念与内涵。

2.理解旅游定位与旅游战略的影响因素。

3.掌握旅游定位的思路与方法以及旅游战略制定的框架与决策方法。

【案例导读】

裸心的发展定位

1.引言

谈到中国的民宿,莫干山是绕不开的话题。莫干山民宿又与南非人高天成(Grant Horsfield)和他的妻子叶凯欣十多年前在这里创办的裸心第一个度假村品牌裸心乡密切相关。裸心乡这样一个被誉为"洋家乐"的度假产品首先在当地实现了示范效应,发展到后来名噪一时的裸心谷、裸心堡,再到即将在苏州和南京开业的裸心泊、裸心岭,不仅令高天成本人取得了商业上的巨大成功,也令民宿业成为支撑整个莫干山地区的主导产业。与此同时,无论在长三角地区,还是长三角以外,民宿热方兴未艾。

2.裸心的缘起与创建

南非商人高天成拥有开普敦大学商学院 MBA 学位。他基于在英国和南非逾10年企业管理经验,来到中国上海创业。在上海这个大都市里,虽然到处都是机会,但到处都是压力,而太多的人愿意牺牲生活来换取成功。高天成无时不怀念南非美丽的自然山水和健康精彩的生活,开始寻找可以休憩放松的地方。

如果不是遇见了他的建筑师太太,就是裸心谷的设计师叶凯欣,高天成差一点回到南非。在上海生活2年后,繁重紧张的生活让他向往大自然,一直寻找心中理想的度假目的地。2004年,他骑行去曾经是外国殖民时代的避暑圣地——莫干山,因为迷路,偶遇了一个让他一见钟情的小村庄。这个村庄叫三鸠坞,坐落着一栋栋早年西方人盖的别墅,房屋结构都还完好。别墅大多闲置着,看来有点破旧了。他发现,莫干山乡间的宁静非常适合都市人休闲度假,但档次偏低的农家乐无法满足这样的需求。高天成觉得这是一个商机,认为莫干山的农舍与当地自然、人文环境浑然一体,通过旧物利用和空间设计,就能满足中高端人群的休闲度假需求。高天成说:"和我一样,现在很多中国人也有'深层回归自然'需求,尤其是上海、北京这样的大城市居民。于是我把南非'生态度假村'的形态引入中国,希望能建成一个让繁忙的都市人静下心来休养生息的地方。"2007年,他一一找到这些农舍的主人,说服了村主任,找上了地方干部。他租下一些没人住的农舍,在不改变原有房屋结构、不破坏整体风格的基础上融入低碳、环保装修理念,将其改建为度假村,取名"裸心乡",意思是回归纯朴、好玩、热情的初心,让自己和太太、朋友能够重归大自然,享受友情、亲情,在简单的快乐中重寻身心的平衡。由此,"裸心"系列度假村引领了中国民宿的发展。2007年,裸心乡终于诞生,不断有客人。

3.裸心的发展理念与定位

裸心创始人高天成认为,裸心是一种精神,是一种回归自然的生活方式。创造裸心,是在创造内心渴望的空间、内心想要的体验,目的是让所有客人体验大自然、呼吸新鲜空气、体验阳光和雨雪。不仅要创造舒适美观的空间,更关注即将生活在其中的人们是否在入住期间拥有美好的回忆,这些才是裸心故事和温度的源泉。

裸心旅程开始于2007年,是提倡"快活裸心,返璞归真"生活方式引领者,让人们从旗下的高端度假村、共享办公空间、健康生活等领域体验裸心品牌的清新、乐活、绿色、精彩。裸心旅程开发了"宿、食、乐、漾、宴、聚、特"系列产品。

裸心自身归纳的3条选址原则:①没有人能破坏度假村,这是首要原则;②"要安静",即旁边不能有公路等噪声源;③离重要城市不超过2.5小时车程。

因此,裸心谷选址在自古以来就富饶的浙江莫干山地区,这里处在华东地区最富庶的沪宁杭金三角的中心部位,也是中国四大避暑胜地之一。在近代以来,莫干山一直是外籍人士度假的首选场所,在民国政府时期,莫干山是官员贵客们的重要避暑胜地。因此,莫干山从近代以来,一直拥有国际化氛围,这为其未来升级发展做了铺垫。

4.裸心的愿景

裸心致力于成为生活方式领军品牌,为人们提供清新乐活、绿色精彩的体验。

5.裸心的发展历程

2007年,浙江省德清县莫干山裸心乡。规模为8栋农舍改建而成的度假屋。

2011年,浙江省德清县莫干山裸心谷。裸心谷是裸心首个获得绿色建筑国际奖项LEED最高荣誉铂金认证的高级度假村,也是中国第一家。裸心谷拥有121间客房,包括宽敞豪华的树顶别墅、温馨的夯土小屋。裸心谷中心拥有一座优美的马厩,能让人们尽情享受与马匹一起的欢乐时光。还有树顶别墅露台理疗浴缸、无边泳池、三家风格迥异的餐厅、放松身心的裸叶水疗等。

2015年,泰国普吉岛裸心帆。它就是Arabella号,拥有5间套房、可容纳10人的70英尺豪华双体帆船。停靠在安达曼海,将带着游客自由奔放地四处冒险,放胆航向一个个其他旅行方式无法到达的神秘海域,游客将跟着Arabella号度过一趟终生难忘的旅程。

2015年,上海联合办公品牌裸心社。2015年,在上海中心区域,8家裸心社成立,迅速发展成为沪上联合办公空间的领军品牌。个人和公司都能在裸心社交流,"合坐"一张桌,"合作"一个项目,"合做"一个梦想。创业者、中小企业和跨国大公司都能在裸心社自由地合作,线上线下都带来无限价值。

2017年,浙江省德清县莫干山裸心堡。裸心堡的前身是苏格兰传教士医师梅滕更建立的城堡式别墅。裸心将第一个度假村裸心乡的农舍与城堡式别墅一同改建成 95 间各有千秋的客房。裸心堡内有地穴、瘾室、王室、花旦和帮主 5 间主题套房,还有 30 间位于悬崖边的崖景套房、25 间奢华小院和 30 间厢房。同时还有餐厅、水疗、无边泳池、馥郁城堡花园、岩石剧场和精彩的户外活动。在裸心堡的建筑设计上,裸心秉持采用多种先进的环保工法,对大自然的能源馈赠做到物尽其用。这些开创性环保工法包括有效节能的地源热泵和太阳能板以及可以水循环利用的环保污水集中处理系统。裸心堡的建筑灵感起源于欧式城堡的美学,萃集了当初梅滕更医师建立的"莫干山一号别墅"的黄金时代的艺术时尚元素。自地窖逐级至上,每层的设计风格从中世纪粗犷逐步趋向摩登优雅,象征着两大风格、两个文化、两种时代碰撞与交融。裸心堡最大的灵感来自于欧洲城堡的建筑语言:外形粗犷、私密、居高临下。

2018 年,裸心社与 WeWork 强强联手。裸心社自 2018 年 4 月起已经逐步并入中国 WeWork。

2020 年,江苏苏州太湖裸心泊。裸心泊是裸心以江南水乡意境为灵感倾力打造的高端度假村,坐拥蕴含深厚水乡文化的苏州太湖湖畔。它拥有 92 间各具特色的主题客房、2 个特色餐厅、世界级的裸叶水疗中心以及能体验传统手工艺的苏艺村。裸心泊以"苏泊水境"为特色,推出了丰富多样的水岸活动,带来不同季节的度假新体验。

2021 年,河南郑州伏羲山裸心园。裸心园是裸心携手河南美景集团共同倾力打造的裸心度假村,位于郑州伏羲山。它为洛阳、少林寺、开封等古都所环抱,位于中原文化长廊的核心位置,在得天独厚的伏羲山间,尽享天人合一的自然山居之境。

2021 年,江苏南京无想山裸心岭。裸心岭位于南京市溧水区无想山国家级森林公园核心景区内,地理位置得天独厚。在风景如画的景区中,度假村将设计、建造 97 间客房,点缀在壮阔的草坪和溪流边。度假村还设有水疗中心、中餐厅、西班牙特色酒窖和餐厅、临湖会议中心。此外,农场、薰衣草花海等多个室内外活动区域,也将帮助裸心岭成为最值得期待的深度体验旅游休闲和会议活动目的地。

6.裸心的成就与影响

裸心始终以自然为灵感,坚持可持续发展理念,以独具风格的创意设计、极致用心的品质、创新的环保实践、充满创意的活动、卓越的客户体验获得了业内外的众多认可。其中,裸心旗下 2011 年开业的裸心谷是中国首个获得美国绿色建筑协会 LEED 国际建筑铂金级认证的高端度假村,除了是炙手可热的度假目的地,更曾两度登上《纽约时报》,被评为中国除了长城之外 15 个必去的旅游目的地之一。裸心堡度假村则源自偶然发现的百年前苏格兰城堡遗址,并历时 4 年予以重建,现在以裸心度假村之姿,唤醒其动人的历史并续写辉煌的未来。2017 年开业至今,裸心堡已经获得了诸多奖项,成为莫干山的地标度假村。裸心度假村平时入住率大约 70%,节假日爆满。

经过多年发展,莫干山民宿作为一种新的旅游业态不仅扬名国内外,也带动了当地金融、客运、餐饮、建筑装修和农业特产等领域,拉动了县域经济转型,使得旅游产业俨然已经成为当地支柱型产业。2018 年,莫干山已经聚集了 550 多家民宿,其中,56 家为精品民宿。2018 年春节期间,莫干山接待国内外游客 17.83 万人次,实现旅游收入 1.96 亿元,其中,民宿接待游客 5.46 万人次,直接营业收入达 6 100 万元。

（资料来源:裸心度假官网;解码莫干山民宿:民宿产业使德清县年盈利 22.7 亿元,搜狐网。）

【思考与讨论】

1.裸心提供了什么产品与服务? 与类似的产品与服务相比,这些产品与服务有什么特点与优势?

2.裸心经历了什么样的发展历程? 它是怎么不断发展壮大的?

3.你认为,裸心的发展与壮大和哪些因素有着紧密的关联? 裸心是如何制定企业发展定位与战略的?

6.1 旅游定位与旅游战略的概念与内涵

6.1.1 定位与战略的概念与内涵

1) 定位的概念与内涵

定位在《辞海》的意思是,用仪器测量以确定位置或经测量后所确定的位置,引申为对人物所下的论断或评价。在商业领域,定位(Positioning)一词最早是由杰克·特劳特(Jack Trout)于 1969 年发表的《定位是人们在如今的仿效市场上所玩的游戏》一文中提出来的。特劳特认为,定位是对未来的潜在顾客的心智所下的功夫,也就是把产品定位在未来潜在顾客的心中。1972 年,艾·里斯和杰克·特劳特撰写题为"定位时代"的系列文章时,宣称定位时代来临,由此被称为"定位之父"。

1981 年,他们出版的《定位》指出,定位要从一个产品开始。该产品可能是一种商品、一项服务、一个机构甚至是一个人,也许就是你自己。……但是,定位不是你对产品要做的事,定位是你对预期客户要做的事。定位就是你在预期客户的头脑里如何独树一帜。1996 年出版的《新定位》强调,定位是对大脑的定位,不是对产品的定位,市场营销的最终战场是大脑。在《什么是战略》中,特劳特认为,定位是如何在顾客的心智中实施差异化并使品牌进入心智并占据一席之地。中国邓德隆(2005)将定位概括为,让品牌在顾客的心智中占据最有利的位置,使品牌成为某个类别或者某种特性的代表品牌。这样,当顾客产生相关需求时,便会将该品牌作为首选。它不仅反映了企业的优势与劣势,也反映了竞争对手的优势与劣势。

定位理论是在营销的独特的销售主张论(Unique Selling Proposition,USP)理论与品牌形象论(BI)的基础上发展起来的。USP 是罗瑟·瑞夫斯(Rosser Reeves)在 20 世纪 50 年代首创的。其基本要点是,每一则广告必须向消费者说一个主张,必须让消费者明白,购买广告中的产品可以获得什么具体的利益。所强调的主张必须是竞争对手做不到的或无法提供的,必须说出其独特之处,在品牌和说辞方面是独一无二的,强调人无我有的唯一性。品牌形象论(Brand Image)是大卫·奥格威(David Ogilvy)在 20 世纪 60 年代中期提出的创意观念。他认为,品牌形象不是产品固有的,而是消费者联系产品的质量、价格、历史等而形成的。每一品牌、每一产品都应发展和投射一个形象。形象经由各种不同推广技术特别是广告传达给顾客及潜在顾客。消费者购买的不止是产品,还购买承诺了的物质和心理的利益。在广告中,诉说的产品的有关事项对购买决策常比产品实际拥有的物质上的属性更为重要。

同时,定位理论反哺相关理论。如在营销领域,定位概念于 20 世纪 70 年代被菲利普·科特勒吸纳整合进《营销管理》,成为现代市场营销理论体系中 STP-4P 营销战略规划的重要一环,即定位(Positioning)。STP 理论,即市场细分(Segmentation)、目标市场选择(Targeting)和定位(Positioning);4P 理论,即产品(Product)、价格(Price)、渠道(Place)、促销(Promotion)。在竞争理论方面,作为商业管理界公认“竞争战略之父”的迈克尔·波特,在1980 年出版的《竞争战略》吸纳了定位概念,提出了战略定位的概念。随着定位概念发展与延伸,定位内涵日益丰富,战略定位、文化定位、功能定位、品牌定位、市场定位、产品定位、形象定位、国家定位、区域定位、城市定位、组织定位、个人定位等日益成为热点问题。定位论与 USP、品牌形象论比较见表 6-1。

表 6-1　定位论与 USP、品牌形象论比较

属性	独特的销售主张论(USP)	品牌形象论(BI)	定位论
产生时间	20 世纪 50 年代	20 世纪 60 年代	20 世纪 70 年代
核心主张	强调产品具体的特殊功效与利益	塑造形象、长远投资	创造心理位置,强调第一
方法和依据	实证	精神和心理满足	类的独特性
沟通的着眼点	物	艺术、视觉效果	心理上认同

2) 战略的概念与内涵

在西方,战略“Strategy”一词源于希腊语“Strategos”,意为军事将领、地方行政长官。后来演变成军事术语,指军事将领指挥军队作战的谋略。在中国,战略一词历史久远,“战”指战争,略指“谋略”“施诈”。春秋时期,孙武的《孙子兵法》被认为是中国最早对战略全局筹划的著作。战略,现泛指带有全局性和长远性的重大谋略。战略实现有一个必要条件:战术。战术指的是影响战略实施所必需的详细行动。战术只为实现战略的手段之一。实现战略胜利,往往有时候要牺牲部分利益。战略的特点具有以下几个方面:战略是关系全局的指导方针;战略是实现目标的手段与途径;战略必须以实力和资源为条件;战略是一种艺术和科学。

在商业领域,战略已形成了很多研究,大多数教科书将战略定义为,企业为了获取与组织目标、使命相契合的经营成果而制订的高层管理计划。同时,它也具有其他一些界定。

①作为计划与模式的战略。它包括组织针对未来制订的计划以及根据过去的模式来制定的战略。

②作为深思熟虑的战略与涌现的战略。它包括预先构想的战略以及没事先明确计划但是在运行过程中实现了的战略模式。

③作为定位与展望的战略。在一些人看来,战略就是定位,即特定产品在特定市场中的定位;在另一些人看来,战略就是展望,是一个组织做事的基本方式。

④作为一门学科的战略管理。人们常常把战略管理理解为制订方案、观察执行和过程控制的循环阶段,并按这些步骤相应的顺序实施。可见,战略的内涵还是比较丰富的。

3) 战略定位的概念与内涵

战略定位起源于肯尼斯·安德鲁斯的研究。1971年,安德鲁斯在《公司战略概念》一书中所提出的战略理论及其分析框架一直被视为现代企业竞争战略理论研究的起点。安德鲁斯的战略理论奠定了现代战略理论的坚实基础,形成了战略规划的基本理论体系。安德鲁斯针对企业当时面临的战略问题,提出了战略制定四要素理论、资源能力与外部环境相匹配的思想以及战略规划的过程观。安德鲁斯认为战略应包括四要素:市场机遇(可以做什么)、公司资源与能力(能够做什么)、个人价值与报负(想做什么)和社会责任(应该做什么)。战略就是实现四者的契合。他将战略定义为"企业的决策图式,它决定企业的目标、意图与任务,制定实现这些目标的基本政策与计划,界定企业的业务范围,决定企业的性质以及要为股东、员工、顾客和社区做出什么贡献"(商迎秋,2011)。后来,明茨伯格在回答"什么是企业战略"问题时认为,它可以包括产品及过程、顾客与市场、企业的社会责任与自我利益等任何经营活动和行为。

迈克尔·波特认为,战略就是形成一套独特的运营活动,创建一个价值独特的定位。从本质上讲,战略定位要回答的问题是创造什么价值,实质就是选择与竞争对手不同的运营活动。战略定位的目的是实现公司的发展目标,而要实现发展目标,公司必须获取和保持经营优势,而经营优势则来源于对目标客户、产品和服务以及运营模式3个方面问题的决策。定位实际上成为企业与环境之间的一种中间力量,使企业的内部条件与外部环境匹配。尽管企业环境的范围广泛,包含着社会、政治、经济、历史、文化因素,但企业环境的最为关键的部分就是企业投入竞争的一个或几个产业,产业结构强烈地影响着市场竞争规则以及企业竞争战略。因此,一个企业的战略目标就是使企业在产业内部获得最佳位置,并影响和作用于各种市场竞争力量来保护这一位置。例如,在豪华汽车市场,奔驰定位于"尊贵",宝马则定位于"驾驶",沃尔沃定位于"安全",法拉利定位于"速度",它们创造不同差异化价值,创造不同顾客。

一般来说,企业战略定位理论构架应该包括3个维度,即"做什么""如何做""谁来做"。在这3个维度中,"做什么"是"如何做"的前提,"如何做"是"做什么"的基础,而"谁来做"则是两个维度的保证,也是两个维度之间互动互适的桥梁。"做什么"实际上是企业战略定位的目标问题,它所回答的是企业战略的3个基本问题:企业的业务是什么? 应该是什么? 为什么? 这3个基本问题的核心在于,顾客是企业的根本基础(李庆华,2004)。

6.1.2　旅游定位与旅游战略的内涵

1) 旅游定位

（1）旅游定位的内涵

旅游定位是旅游企业在预期消费者的头脑中占的位置。具体来说,它指通过什么方式和途径为哪些客户提供什么产品和服务的决策以获取和保持经营优势、实现旅游战略目标。旅游定位揭示了旅游企业想成为什么、想做什么、想为谁服务等基本问题。它决定着未来的发展方向,公司的资源分配与经营决策。

旅游定位主要包括以下内容:规定企业的使命和目标,定义企业的价值;关注全部商业机遇,决定主要的业务范围和发展方向;确定企业的竞争对手;确定哪些客户是至关重要的,哪些是必须放弃的;确定须获取的资源和形成的能力,在不同业务之间分配资源;确定各种业务之间的配合,保证企业总体的优化等。

（2）旅游定位的类型

确切地说,旅游定位涉及旅游价值定位、旅游目标定位、旅游业务定位、竞争对手定位、旅游市场定位、旅游产品定位、旅游主题定位、旅游形象定位、旅游品牌定位等。

①旅游价值定位。旅游价值定位解决可创造什么旅游价值问题。价值是企业可通过其产品和服务向消费者与利益相关者提供的价值。它主要是为旅游者创造的旅游产品功能、旅游服务体验、旅游品牌价值、旅游关系价值等以及为股东、员工与社会创造的经济、社会、文化、生态等价值,如创造企业经济价值、提高员工福利、营造良好的工作氛围、促进文化传承、保护生态环境、担当社会责任等。企业创造的价值往往体现于企业的价值观、愿景、使命、宗旨、产品与服务等方面,回答了企业存在的基本意义。如华特迪士尼公司在中国致力于创造高品质娱乐体验,并在中国打造本土及迪士尼系列人物。

②旅游目标定位。旅游目标定位解决旅游发展的前景、规模、范围、方向与水平的问题。一般它可体现为两方面:愿景与发展目标。愿景是由组织领导者与组织成员共同形成、对组织未来发展情景的意象性描绘,是企业最终想要成为的样子或达成的境界,体现了组织与个人的理想与抱负。它可解决"我们想要成为什么样的企业"问题。愿景受到领导者及组织成员的信念和价值观、组织的宗旨等影响,可引导与激励组织成员的行动和行为。如阿里巴巴的愿景为,不追求大,不追求强,追求成为一家活 102 年的好公司;旨在构建未来的商业基础设施;让客户相会、工作和生活在阿里巴巴。

发展目标与发展愿景紧密相关,略有区别。一般来说,愿景一般是长远性、意象性最终目标,而发展目标是愿景具体化,是对未来旅游发展应该达到目的的总体说明。发展目标有总目标与分目标,如企业在区域、行业、财务、文化、社会、生态等方面具体目标。从时间上,发展目标可分为近期、中期、远期目标。如深圳华侨城的战略发展目标是,中国文化产业领跑者、中国新型城镇化引领者、中国全域旅游示范者,具有全球竞争力的世界一流企业。

③旅游业务定位。旅游业务定位是解决旅游经营范畴与产品品类的问题。业务一般体

现于企业的使命之中,是企业创造价值、达成愿景的途径与工具。如携程面向全球用户提供一套完整的旅行产品、服务及差异化旅行内容。如小红书以"Inspire Lives 分享和发现世界的精彩"为使命,用户可以通过短视频、图文等记录生活点滴,分享生活方式,并基于兴趣形成互动。

④竞争对手定位。竞争对手定位解决旅游发展如何进行差异化问题。定位的本质是选择与竞争对手差异化活动,或以差异化方式完成相似的经营。确定竞争对手,有助于旅游企业找到差异化业务、产品、市场、形象与品牌。如广州长隆作为后起之秀,把紧邻的深圳华侨城视为竞争对手,由此差异化竞争,如开拓动物、马戏、海洋等业务与主题。

⑤旅游市场定位。旅游市场定位解决为谁服务与服务对象问题。科特勒认为,市场定位是公司设计出自己的产品和形象,从而在目标顾客中确定与众不同的有价值的地位。"与众不同"指该产品有独特的个性,从而与竞争产品有明显的差异;"有价值"指产品的这种个性和差异与目标顾客的需求相吻合,以达到定位的有效性。两者互相统一,缺一不可,所以定位并非单纯等同于标新立异,而要考虑市场的需求特征。与此同时,定市场,还包括确定目标客户,即为哪些客户提供产品和服务?这是企业如何选择目标客户群的问题。如美国西南航空公司等廉价航空公司为囊中羞涩的旅客提供航空服务,降低运用成本,长期大量提供便宜票。

⑥旅游产品定位。旅游产品定位解决旅游企业向目标客户提供什么产品与服务问题,涉及旅游产品的设计、创造和交付问题。市场定位强调了企业在目标市场心目中占据的位置以及在满足市场需求方面的独特优势。而产品定位是在完成市场定位的基础上企业选择用什么样的产品来达到企业希望在目标市场消费者心目中形成的位置。产品定位是企业对选择怎样的产品特征及产品组合以满足特定市场需求的决策,是对市场定位的具体化和落实。它以市场定位为基础,受市场定位指导,但比市场定位更深入和细致。旅游产品定位一般须确定旅游产品的功能、用途、质量、档次等。

如华侨城主题公园的旅游产品,大致经历了一个不断迭代发展的过程:微缩景观型主题公园——锦绣中华、民俗文化村、世界之窗;互动游乐型主题公园——欢乐谷连锁主题公园;生态旅游度假区——东部华侨城旅游度假区、泰州溱湖旅游度假区、昆明阳宗海旅游度假区、华侨城秦皇岛旅游度假区;都市娱乐目的地——深圳欢乐海岸、顺德欢乐海岸、宁波欢乐海岸等。

⑦旅游主题定位。旅游主题定位解决旅游发展主线与特色问题。旅游主题是旅游活动中不断展示或体现出来的一种理念或价值观念。旅游主题有助于强化旅游特色,寻求竞争优势;有助于找到差异性,促进旅游形象宣传与旅游营销;有助于深化旅游者的认知,提高旅游体验与满意度。如美国拉斯维加斯的威尼斯酒店和澳门威尼斯人度假村酒店都是以威尼斯水城为主题的综合性度假酒店。

⑧旅游形象定位。旅游形象定位解决旅游形象如何传播问题,即确定旅游企业与目的地在市场中的位置、在公众眼中的位置和形象、在同行中的位置和社会中的位置。传播指两个相互独立的系统之间利用一定的媒介和途径所进行的、有目的的信息传递活动。信息传播过程是一种信息分享过程,双方都能在传递、交流、反馈等一系列过程中分享信息,在双方

的信息沟通的基础上取得理解，达成共识。从定位角度来看，旅游形象是在对旅游企业或旅游目的地的价值、目标、主题和产品等要素提炼的基础上通过一定渠道和措施传播到受众并使之对旅游区产生某种感知并做出有利于该旅游企业或旅游目的地的旅游消费决策。旅游形象是通过对旅游理念、旅游行为、旅游视觉等方面标准化、规则化使之具备特有性、价值性、长期性、认知性的一种识别系统总称，即 CIS（Corporate Identity System）体系。

如宋城集团致力成为中国文化航母与中国大型文化旅游综合体打造者。在视觉上，宋城仿宋代风格，主体建筑依据北宋画家张择端的长卷《清明上河图》，并按照宋书《营造法式》建造，还原了宋代都市风貌，以《宋城千古情》大型歌舞为景区核心，上演百场演艺秀。公司以文化演艺、旅游景区、主题酒店等为主业，确立了"宋城""千古情"等品牌。旗下宋城演艺是中国演艺第一股，形象宣传口号为"给我一天，还你千年！"

⑨旅游品牌定位。旅游品牌定位与旅游形象定位都属于旅游传播层次的定位。品牌定位的理论来源于定位之父、全球顶级营销大师杰克·特劳特首创的定位理论。旅游品牌指消费者对旅游产品和旅游服务的特性、品质、声誉等形成的综合性认知，从而在心智中占据一定位置的综合反映，一般包括知名度、美誉度、忠诚度等。旅游品牌定位是旅游企业对特定的旅游品牌在文化取向及个性差异上的商业性决策。其本质是旅游品牌拥有者的产品、服务能为目标受众带来同等或高于竞争对手的价值，包括功能性利益和情感性利益。它的载体是用于和其他竞争者的产品或服务相区分的名称、术语、象征、记号或者设计及其组合，增值的源泉来自于消费者心智中形成的关于其载体的印象。品牌定位包括市场定位、价格定位、形象定位、地理定位、人群定位、渠道定位、平台定位等。一旦选定旅游企业与目的地，就要设计并塑造自己相应的产品、服务、品牌及企业形象，以争取目标消费者认同。

如华侨城集团立足于"优质生活创想家"品牌定位，培育了康佳、欢乐谷连锁主题公园、锦绣中华·中国民俗文化村、世界之窗、东部华侨城、欢乐海岸、深圳华侨城大酒店、威尼斯睿途酒店、OCT-LOFT 华侨城创意文化园等行业领先品牌。

【知识拓展】

定位的心智模式与原则

特劳特认为，定位是对未来的潜在顾客的心智所下的功夫，也就是把产品定位在未来潜在顾客的心中。心智模式指深植我们心中关于我们自己、别人、组织及周围世界每个层面的假设、形象和故事并深受习惯思维、定式思维、已有知识的局限。心智模式是简化的知识结构认识表征，人们常用它来理解周围世界以及与周围世界进行互动，它影响着人们的观察、思考、决策和行动。1996 年出版的《新定位》提出了五大心智模式与对应的定位原则，加上里斯先生强调的"心智分类存储"规律，构成定位理论的基础。六大心智模式基于认知心理学，相互独立、简单明了，赋予了定位理论"科学"的一面。

（1）大脑的有限性与数一数二原则。心智只能接受与其现有认知相符的信息，对其他信息一律排除，这是由人这个机能有限的肉体大脑所决定的。人类心智不仅拒绝接受与其现有知识或经验不符的信息，也没有足够的知识和经验处理这些信息。根据哈佛大学心理学家乔治·米勒的研究，普通人的心智无法同时处理 7 件以上事情，每类产品与品牌，难以记住 7 种以上产品名称。要应对"心智容量有限"，我们可以应用"数一数二原则"，争取成为品类中数一数二的大品牌。如果该品类已经由众多品牌占据，那么无明显革新性的品牌就难以取胜，比如，在群雄割据的手机品类，没有明显差异化的联想手机、格力手机就毫无机会可言。

（2）大脑厌恶混乱与逻辑原则、简单原则。混乱的及复杂的信息会引起心智排斥。混乱与复杂是两个问题，混乱是无序、无逻辑，应对原则是"逻辑原则"，比如我们的定位品牌故事，就是对定位的逻辑式展开，达到将品牌及定位传达至消费者心智并得到认可的结果。而应对复杂则是"简单原则"，如，聚焦到一个强有力的差异化概念时，产品品项也可能集中于单一。

（3）大脑缺乏安全感与信任状原则。在有限的心智与无限的信息侵袭的矛盾中，心智疲于应付，致使缺乏安全感。因此，消费者总倾向于感性而非理性，比如跟风购买、赶潮流、从众心理。应对"心智缺乏安全感"须遵循"信任状原则"，在运营及传播中为品牌匹配各种信任状，如展示企业的传统与文化、高性能产品、制作工艺、销量等以打动顾客。

（4）大脑不会改变与顺应认知原则。妄图轻易改变心智固有认知的信息会引起心智排斥。应对"心智不愿意轻易改变"要遵循"顺应认知原则"，比如，柯达在消费者心智中代表了胶卷，尽管柯达公司发明了数码相机，用一个老品牌延伸至新品类仍然在消费者认知中处于了劣势。

（5）大脑容易失去焦点与聚焦原则。不聚焦的混乱信息会引起心智对原有定位信息排斥。丧失焦点的主因是品牌延伸。而专家品牌可以聚焦于一种产品，让商家传达的信息更加锐利，有助于很快打入顾客的心智。应对原则为"聚焦原则"，在品牌设定上，企业应将产品聚焦某一卖点。我们赋予品牌的内容越多，该品牌在顾客心智中就会越模糊。很多中国品牌在全球市场上并不出色，是因为违反了最重要的定位法则，那就是聚焦定律。随着市场变得越来越大，产品线应该越来越窄才好，比如，联想生产电脑，品牌名也叫联想，笔记本也叫联想，智能手机也叫联想，平板电脑也叫联想，全球化的时候，他们所有产品都叫联想，在全球市场出售的时候都用联想这个品牌名。而对比一下苹果公司，苹果 Macbook 是电脑，iPod 是音乐播放，iPhone 是手机，iPad 是平板。

（6）心智分类存储与品类原则。这是归类机制的直接表现，也是品类概念的直接源头。它应对的原则为品类原则。品类是市场营销当中最为重要的部分，首先是品类，然后是品牌！人们总是按照归类来认知品牌的。租车、咖啡、汉堡、搜索引擎等都是按照这样搜索方式来排列品牌的。如可口可乐是可乐的第一个品牌，谷歌是搜索引擎的第一个品牌等，一旦一个品牌进入人们的心智当中就再也难以改变。比如谷歌目前试图把业务从搜索引擎转到做智能手机，它采用了大量广告来推广，但目前的市场占有率非常惨淡，只不到 1%。

2）旅游战略

基于战略的相关概念与内涵。旅游战略可界定为，对未来旅游发展所要达到的目标采取的具有决定性全局意义的手段。它一般包括旅游发展的战略定位、战略指导思想、战略重点、战略阶段与战略措施。

（1）旅游战略定位

旅游战略定位是旅游发展的战略层面的定位。它关注形成一套独特的运营活动以创建一个价值独特的定位。它涉及旅游定位的各方面，尤其是要确定旅游的价值、目标、业务、产品、市场等的定位。

（2）旅游战略指导思想

旅游战略指导思想指导旅游战略制定和实施的基本思路与理念，是整个战略谋划的灵魂。它包括战略理论、战略分析、战略判断、战略推理，直至形成战略思想、战略方针，是贯穿战略管理始终的战略思维过程，对确定战略目标、寻找战略重点和采取战略措施十分重要。战略指导思想一般要具有满足市场需求的思想、系统化思想、未来思想、竞争对抗思想、全员思想等。

（3）旅游战略重点

旅游战略重点是旅游发展过程中对全局性、长远性具有重要影响作用的关键领域，如关键性资源、关键性产品、关键性市场、关键性研发、关键性设施建设等。它一般在深入调查研究的基础上用全局的观点和系统的方法从局部与整体的关系、眼前利益与长远利益的结合上确定重点。战略重点不是一成不变的，它随着形势、任务以及力量对比变化而变化。战略指导者必须善于通观全局，审时度势，实事求是地及时调整战略重点。

如对旅游景区企业来说，旅游战略重点有以下方面：鲜明的旅游形象、合适的目标市场选择、增加旅游消费、延长游客逗留时间、克服旅游季节性问题、运用现代化的先进的信息系统、旅游业从业人员的培训和教育、促进对自然环境的道德责任、保护和改善野生生物的栖息地、利用自然环境质量和保护扩大对游客的教育机会等。

（4）旅游战略阶段

旅游战略阶段是根据旅游发展的目标与环境的变化在指定发展战略过程中划分的阶段。不同战略阶段，其战略目标不同，发展环境不同，因而采取的战略也须有针对性。

（5）旅游战略措施

旅游战略措施是实现旅游发展战略目标的方法和手段，也就是通常所说的具体战略。旅游战略须抓主要问题、抓关键要素、抓基本思路，如市场多元化战略、文旅融合战略、乡村振兴战略等。

6.1.3 旅游战略的特征

1) 旅游战略的一般特征

旅游战略一般具有以下几个特征。

（1）全局性与复杂性

旅游战略是根据旅游总体发展的需要而制定的，它所追求的是整体效果，因而是一种总体决策。全局由若干局部所组成,战略制定、实施和评价都是复杂的系统工程。

(2)稳定性与动态性

旅游战略制定的着眼点在未来而不是目前,须考虑长远效益,因此,旅游战略实施过程具有较强稳定性。但是,如果内外部环境发生较大变化,旅游战略必须能够随之修改,因此,战略又具有动态性。

(3)收益性与风险性

旅游战略的目标是达成旅游发展的愿景和未来目标,因此,对旅游企业自身而言,旅游战略能够带来显性或隐性的收益。同时,随着环境动态性增强,许多事物具有不可预测性,环境的不确定性因素增多,因此,旅游战略制定及实施具有一定风险性。

2)有效旅游战略的特点

作为一个有效的旅游战略,它一般具有以下特点。

(1)独特的价值诉求

就是企业能提供与竞争对手相比具有很大差异的价值。价值诉求主要有 3 个重要的方面:你准备服务于什么类型的客户?满足这些客户什么样的需求?你们会寻求什么样的相应价格?

(2)清晰地取舍

确定做哪些事,不做哪些事。制定战略的时候要考虑取舍,这样可以使竞争对手很难模仿。取舍非常之重要,有所为,有所不为。企业常犯的错误就是想做的事情太多,不愿意舍弃。

(3)为客户精心设计的价值链

一方面,产品、营销、支付等价值链都必须和对手不同,这样才能有特色,否则只能在运营效率上竞争;另一方面,在价值链上的各项活动,必须是相互匹配并彼此促进的。比如,西南航空的低成本模式为什么难以模仿?因为它的优势不是某一项活动,而是整个价值链一起作用。竞争对手要想模仿不能只模仿一件事情,而要把整个战略都模仿过去。

(4)连续性

任何一个战略必须要实施 3~4 年,否则就不算是战略,如果每年都对战略改变的话,就等于是没有战略,而是跟时髦。这并不意味着永远一成不变,首先,要不断地寻找先进的做法,其次,总要寻找更好的方式来实施战略。如果有了新的技术,那么就要问,如何用这个技术使战略变得更有效呢?

6.1.4　旅游战略的类型

旅游战略管理中存在着许多可供选择的战略类型,这不仅因为企业决策者的视角不同,而且因为企业具有不同层面、不同内在特质和外部环境,会在不同条件下选择不同战略。从层次上来看,战略可分为总体战略、竞争战略与职能战略。

1) 总体战略

总体战略是企业层面的战略,是有关企业整体的发展方向、由公司层管理者制定的战略。按照总体战略的特点,它又可分为发展战略(或称为增长战略、扩张战略、进攻战略)、防御战略、收缩战略(含剥离、清算等)。

其中,发展战略是一定时期内对企业发展方向、发展速度、发展质量、发展重点及发展能力的重大选择、规划及策略。其目的就是解决企业的发展问题,实现企业快速、健康、持续发展。它以发展作为核心向导,引导企业不断开发新产品,开拓新市场,采用新的管理方式、生产方式,扩大企业的规模,增强企业竞争实力。这一般包括密集型战略、一体化战略和多元化战略。

(1) 密集型战略

这也称为加强型成长战略,指企业充分利用现有产品或服务的潜力,强化现有产品或服务竞争地位的战略。密集型战略包括市场渗透战略、市场开发战略、产品开发战略。其中,市场渗透战略是现有产品和现有市场进行组合的战略,它强调发展单一产品,试图通过更强的营销手段而获得更大市场占有率,目标是通过各种方法来增加产品的使用频率;市场开发战略是现有产品和新市场组合的战略,是指将现有产品或服务打入新市场的战略,其主要途径包括开辟其他区域市场和细分市场;产品开发战略是新产品和现有市场进行组合的战略,这种战略是在原有市场上通过技术改进与开发研制新产品,这可以延长产品的寿命周期,提高产品的差异化程度,满足市场新的需求,从而改善企业的竞争地位。

(2) 一体化战略

一体化战略指企业通过具有优势和增长潜力的产品或业务沿其经营链条的纵向或横向来延伸业务的深度和广度以扩大经营规模、实现企业成长的战略。一体化可避免价格战,降低进入壁垒,可增强企业的市场控制力与影响力。它包括横向一体化与纵向一体化。

①横向一体化(水平一体化)指在企业通过收购、兼并、特许经营、战略联盟等方式联合同类产品生产企业以扩大经营规模的成长战略。它源于企业对规模经济和范围经济的内在追求。

例如,万豪国际酒店集团公司(Marriott International)是一家国际酒店管理公司,于 1927 年创立,总部位于美国马里兰州贝塞斯达。1927 年,J.Willard Marriott 开设了只有 9 个座位的根汁汽水店,并逐渐将之发展成为 Hot Shoppes 连锁餐厅。自从 2016 年万豪集团收购了喜达屋(SPG)酒店集团之后,万豪拥有遍布全球 120 个国家和地区的超过 6 000 家酒店和 30 个品牌。

②纵向一体化(垂直一体化)是将公司的经营活动向后扩展到原材料供应或向前扩展到销售终端的一种战略行为。其中,前向一体化是企业向前(产业链下游)扩展到销售终端,后向一体化是企业向后(产业链上游)扩展到原材料供应。酒店的纵向一体化可有计划地整合饭店业相关产业链上的上游的资源供应商,如客房用品公司、餐饮用品公司、在线采购网等和下游的产品或服务分销商,如旅行社、订房公司、订餐网站、会展经销商等。纵向一体化动

因主要源于企业分工与专业化生产的协作,节约交易费用与组织费用。纵向一体化既保持了双方经济上的独立地位从而维持了双方的市场交易性质,又能通过组织的协调有效地约束双方的机会主义行为。

分工与专业化生产来源于斯密定理。斯密定理就是市场规模限制劳动分工假说。即经济增长源于劳动生产率提高;劳动生产率提高源于分工和专业化程度加强;分工和专业化程度加强来源于市场规模扩大。由此,经济获得长期快速增长。

节约交易费用与组织费用来源于科斯定理。科斯定理认为,只要财产权是明确的,并且交易成本为零或者很小,那么,无论在开始时将财产权赋予谁,市场均衡的最终结果都是有效率的,实现资源配置的帕累托最优。根据科斯定理,市场机制运行、一切制度安排的产生及其变更都离不开交易费用的影响。科斯定理发现了交易费用及其与产权安排的关系,提出了交易费用对制度安排的影响,为人们在经济生活中作出关于产权安排的决策提供了有效的方法。

③一体化战略的不足主要包括:一是带来风险,纵向一体化会提高企业在行业中的投资,提高退出壁垒,从而增加商业风险(行业低迷时该怎么办);二是提高了成本,纵向一体化迫使企业依赖自己的场内活动而不是外部的供应源,而这样做所付出的代价可能随时间推移而变得比外部寻源还昂贵;三是不利于平衡,纵向一体化不利于价值链的各阶段平衡。

(3)多元化战略(混合一体化)

多元化战略指企业进入与现有产品和市场不同的领域。由于战略变化如此迅速,企业必须持续地调查市场环境,寻找多元化机会。当现有产品或市场不存在期望的增长空间时,企业经常会考虑多元化战略。多元化包括相关多元化与非相关多元化。

企业多元化的优点:分散风险,当现有产品及市场失败时,新产品或新市场能为企业提供保护;更容易从资本市场中获得融资;在企业无法增长的情况下找到新的增长点;利用未被充分利用的资源;发挥企业形象、声誉与品牌优势。

多元化战略的风险:一是原有经营的产业可能受到削弱,加大了市场整体风险;二是产业进入风险,企业在进入新产业之后必须不断地注入后续资源,去学习这个行业来塑造企业品牌;三是内部经营整合风险,新投资的业务会通过财务流、物流、决策流、人事流给企业以及企业的既有产业经营与模式带来全面的影响,须整合。

如阿里巴巴集团采取的是多元化战略。其相关多元化业务包括淘宝网、天猫、聚划算、全球速卖通、阿里巴巴国际交易市场、1688、阿里妈妈、阿里云、蚂蚁金服、菜鸟网络等,非相关多元化业务涉及传媒、影业、音乐、健康、物流、云计算、大数据、零售、电动车、机器人、预订(飞猪)、移动浏览器、数字地图等。

【案例介绍】

携程发展中的重大并购与发展历程

携程旅行网创立于1999年,总部设在中国上海,员工超过30 000人。作为中国领先的综合性旅行服务公司,携程成功整合了高科技产业与传统旅行业,向超过3亿会员提供集无线应用、酒店预订、机票预订、旅游度假、商旅管理及旅游资讯在内的全方位旅行服务。下面为携程重大并购与发展历程。

1."携程四君子"时期

这个时期,季琦任总裁,梁建章任首席执行官,沈南鹏任首席财务官,范敏任执行副总裁。

2000年11月,并购北京现代运通订房中心。

2002年3月,并购北京海岸航空服务有限公司。

2.总裁范敏任主导

2008年4月,携程收购中软好泰。

2009年,战略投资EZtravel,促进两岸旅游业务深度拓展。

2010年2月,投资永安旅游有限公司旗下旅游业务。

2010年3月,收购汉庭连锁酒店集团和首旅建国酒店管理有限公司的少数股份。

2010年3月,携程收购中国古镇网。

2011年1月,战略投资订餐小秘书。

2012年4月,战略投资大美旅行。

3.总裁梁建章任主导

2014年1月,战略投资途风旅行网。

2015年5月,战略投资艺龙旅行网,并与百度达成股权置换交易,完成对去哪儿网的控股。

2015年10月,与百度达成股权置换交易。

2016年1月,战略投资印度最大旅游企业MakeMyTrip。

2016年10月,战略投资旅游百事通。

2016年11月,收购英国机票搜索平台天巡。

2017年11月,收购Trip.com。

2018年4月,战略投资Boom Supersonic。

2019年9月,与Naspers完成换股交易,成为MakeMyTrip最大股东。

（资料来源：携程官网。）

2)竞争战略

竞争战略是有关业务针对竞争对手采取的战略。它由被誉为"竞争战略之父"的美国学者迈克尔·波特于1980年在其出版的《竞争战略》一书中提出。它可包括3种基本战略:成本领先战略、差异化战略、聚焦战略。

(1)成本领先战略

成本领先战略指企业通过有效途径降低成本使企业的全部成本低于竞争对手的成本甚至是在同行业中最低的,从而获取竞争优势的一种战略。公司成本较低,意味着当别的公司在竞争过程中已失去利润时这个公司依然可以获得利润。赢得总成本最低的有利地位通常要求具备较高的相对市场份额。总成本领先地位非常吸引人。尽管质量、服务以及其他方面也不容忽视,但贯穿于整个战略之中的是使成本低于竞争对手。

低成本战略要求对成本给予高度的重视,须比对手更有效地进行价值链活动,控制产生与增加成本的行为,如改进设计、简化产品、节约材料、降低人工费用、生产创新及自动化以及在抓紧成本与管理费用的同时最大限度地减少研究开发、服务、推销、广告等方面的成本费用。

低成本战略又可分为两类:一是低成本战略,将产品或服务以市场上可选的最低价格提供给广大消费者;二是最佳价值战略,为广大消费者提供市场上性价比最好的产品和服务,旨在以更低的价格为消费者提供与竞争对手同等质量的产品和服务。这两种战略都针对大众市场。

【案例简介】

美国西南航空的低成本战略

如美国西南航空,是一家总部设在美国得州达拉斯的航空公司。与美国其他竞争对手相比,美国西南航空以“廉价航空公司”而闻名,其低价格政策使飞机成为真正意义上城际间快捷而舒适的“空中巴士”。而低票价是以高效率和低成本战略赢得市场的。这不仅可另辟蹊径去占领潜力巨大的低价市场,还明智地避免了与美国各大航空公司正面交锋。同时,它在低价格的同时还保持优质服务,飞机维护和飞行操作标准超过了美国联邦航空管理局的要求,安全纪录也相当好。

美国西南航空采取得低成本的主要方法:飞机上不提供费事费人的用餐服务;登机牌是塑料做的,用完后收起来下次再用;只开设中短途的点对点的航线,没有长途航班,更没有国际航班;时间短,班次密集;一般情况下,如果旅客错过了西南航空公司的一班飞机,完全可以在1小时后乘坐该公司的下一班飞机;高频率的飞行班次方便了那些每天都要穿行于美国各大城市的旅客;和航空公司之间代码共享,提供更好的联程服务等。

(2)差异化战略

差异化战略是将产品或公司提供的服务差异化,树立起一些全产业范围中具有独特性的东西。成功的差异化战略意味着更好的产品灵活性、很好的兼容性、更低的成本、更优越的服务、更少的维护、更大的便利。产品开发就是体现差异化优势的一种战略。成功的差异化战略允许企业对产品收取较高的价格,同时得到消费者的忠诚,因为消费者可能十分喜爱这些差异化特点。这些差异化特点包括优质的服务、备件的可用性、技术独特、产品性能、使用寿命、易用性、名牌形象、商业网络等。最理想的情况是公司在几方面都有其差别化特点。

差别化战略如果成功地实施,就成为在一个产业中赢得高水平收益的积极战略。当然,推行差别化战略有时会与争取占有更大市场份额的活动相矛盾。推行差别化战略往往要求公司对于这一战略的排他性有思想准备。这一战略与提高市场份额不可兼顾。在建立公司的差别化战略的活动中总伴随着很高的成本代价,有时,全产业范围的顾客即便都了解公司的独特优点,也并不都愿意或有能力支付公司要求的高价格。

一般地,差异化战略在以下情况下可能特别有效。存在多种方法来使产品或服务实现差异化,而且很多消费者能感受到这些差异化的价值;消费者需求和对产品的使用十分多样;技术变革十分迅速且竞争快速地围绕着产品特征展开。

【案例简介】

四川海底捞的差异化战略

四川海底捞餐饮股份有限公司成立于 1994 年,是一家以经营川味火锅为主、汇聚各地火锅特色为一体的餐饮品牌火锅店,海底捞火锅一直秉承"服务至上、顾客至上"理念,致力于打造全球年轻人都喜爱、能够参与的餐桌社交文化。它以创新为核心,有着自己的物流配送基地和底料生产基地,坚持"无公害、一次性"的选料和底料熬制原则。海底捞火锅发展至今,已成为一个海内外的品牌企业,融会巴蜀餐饮文化"蜀地、蜀风"浓郁的优质火锅品牌。海底捞的差异化除体现在它的食物,更体现在它无微不至的服务方面。在海底捞在服务的过程中,消费者时时刻刻都在体验海底捞所带来的优质的服务。去过这家火锅店的人想必会留下深刻印象:你若没有预订,踩着饭点去吃饭,几乎都要排队,一排就要半小时甚至 1 小时。在海底捞排队或许会感到是一种享受,其间,可以上网、下跳棋、下象棋、下围棋、玩扑克牌,有的地方甚至还有麻将可打;瓜子、水果、饮料、点心随时奉送,如果需要,专人为你擦皮鞋,女士还可涂指甲等,服务不胜枚举;当被叫到号的时候,很多人带着欣喜的心情走进餐厅,扑面而来的是人声鼎沸的如集市般热闹的就餐场景,只见服务生一个个小跑着,累得满头大汗,一旦看到顾客,马上露出一个发自内心的微笑,就像见到亲人或好友时那种喜悦的微笑。当点菜的时候,服务生会提醒可以点半份,还会告诉已经点得差不多了,再多就是浪费。和一些餐厅的服务员拼命推荐大餐形成了鲜明对比,此时顾客已不得不对这家餐厅产生好感了。对戴眼镜的顾客,服务员还会给送上一块柔软的眼镜布,手机套也会备用。结账的时候,尽管不会很便宜,但顾客会觉得很值,下次还想来,甚至介绍朋友来。

总之,海底捞不仅将产品和服务完美地结合在一起,同时发挥各自优势,就成了大家口口相传的"海底捞"。海底捞几乎不利用折扣吸引消费者,只是利用了其产品的独特和服务的独特使消费者得到高满意度,当消费者得到了高满意度,就会将海底捞火锅的信息尤其他的独特之处告诉朋友、亲友,进而吸引了更多消费者,达到口碑营销的效果。

(3)聚焦战略

聚焦战略主攻某个特殊的顾客群、某产品线的一个细分区段或某一地区市场。市场渗透和市场开发可以为这类战略带来聚焦优势。虽然低成本与差别化战略都要在全产业范围内实现其目标,聚焦战略的整体却是围绕着很好地为某一特殊目标服务这一中心建立的,它所开发推行的每一项职能化方针都要考虑这一中心思想。这一战略依靠的前提思想是,公司业务的专一化能够以更高的效率、更好的效果为某一狭窄的战略对象服务,从而超过在较广阔范围内竞争的对手们。

聚焦战略又可分为两大类：一是低成本聚焦战略，为小部分市场提供最低价格的产品或服务；二是最佳价值聚焦战略，为小部分客户提供市场上性价比最高的产品或服务。最佳价值聚焦战略，也被称为"集中差异化"，旨在为一定范围内的消费者提供符合他们的品位与需求，而且优于竞争对手公司的产品或服务。这两类战略都瞄准小市场，不同的是，前者提供最低价的产品或服务，后者提供较高价格但颇具档次的产品或服务，顾客因而能体会到产品的性价比。迈克尔·波特的 5 种战略，如图 6-1 所示。

基本战略

市场规模	成本领先	差异化	聚焦
大型市场	成本领先——低成本； 成本领先——最佳价值	差异化	—
小型市场	—	差异化	聚焦——低成本； 聚焦——最佳价值

图 6-1　迈克尔·波特的 5 种战略

聚焦战略的适宜的条件包括，具有完全不同的用户群，这些用户或有不同需求，或以不同方式使用产品；目标利基市场很大，有利可图且持续增长；在相同的目标利基市场中，其他竞争对手不打算实行重点集中战略；企业的资源不允许其追求广泛的细分市场；行业中各细分部门在规模、成长率、获利能力方面存在很大差异，某些细分部门比其他部门更有吸引力。但聚焦战略常常意味着限制了可以获取的整体市场份额，必然包含着利润率与销售额之间互以对方为代价的关系。

3) 职能战略

职能战略又称职能支持战略，是按照总体战略或业务战略对企业内各方面职能活动谋划。职能战略是为企业战略和业务战略服务的，所以必须与企业战略和业务战略相配合。职能战略描述了在执行公司战略和经营单位战略的过程中，企业中每一职能部门所采用的方法和手段。比如，企业战略确立了差异化发展方向，要培养创新的核心能力，企业的人力资源战略就必须对创新鼓励；要重视培训，鼓励学习；把创新贡献纳入考核指标体系；在薪酬方面加强奖励各种创新。经营单位战略。一般来说，职能战略包括以下几个方面。

①生产运营型职能战略。它是企业或业务单元的基础性职能战略，从企业或业务运营的基本职能上为总体战略或业务战略提供支持，包括研发战略、筹供战略、生产战略、质量战略、市场战略、产品战略、形象战略、营销战略、品牌战略、物流战略等。

②资源保障型职能战略。它是为总体战略或业务战略提供资源保障和支持的职能战略，包括投融资战略、财务战略、人力资源战略、信息化战略、知识管理战略、技术战略等。

③战略支持型职能战略。它是从企业全局上为总体战略和业务战略提供支持的战略，包括组织结构战略、企业文化战略、公共关系战略等。

6.2　旅游定位与旅游战略制定的影响因素与分析

分析旅游战略的影响因素的目的主要是理解旅游发展所处的环境和相对竞争地位。

6.2.1　旅游定位与旅游战略制定的影响因素

旅游定位与旅游战略的因素包括旅游发展的外部因素与内部因素。

1) 旅游发展的外部因素

旅游发展外部因素分析的目的是形成一张清单,该清单涵盖对旅游发展有利的有限机会和应该避免的威胁,从而识别出能够付诸实践的关键因素。这使企业在指定战略时主动或被动地回应这些因素,从而利用外部机会发挥优势,或使潜在威胁的影响最小。外部因素主要可分为 5 类:经济因素,社会、文化、人口和自然环境因素,政治、政府和法律因素,技术因素,竞争因素。

（1）经济因素

经济因素指影响企业经营活动的一个国家或地区的宏观经济状况,主要包括经济发展状况、经济结构、居民收入、消费者结构等。

①经济发展状况包括国内生产总值及其趋势、国外与全球经济状况、价格波动、利率、税率、通货膨胀率、旅游产业发展状况及其趋势等。

②经济结构包括一、二、三次产业构成的产业结构,所有制经济成分构成的所有制结构,旅游行业之间比例的旅游行业结构,旅游地区发展之间区域结构,等。

③居民收入包括可自由支配收入、不同地区和消费群体的收入差距。

④消费者结构包括不同类型的旅游消费比例、旅游消费偏好、旅游消费模式等。

（2）社会、文化、人口和自然环境因素

社会、文化、人口和自然环境因素涉及面很广,主要包括以下几个方面。

①社会因素中城市化、城乡建设、交通、教育、医疗卫生、闲暇时间等。

②文化因素中民族、宗教信仰、风俗习惯、生活方式、文化遗产、文化保护与传承状况。

③人口因素中总人口及其增长率、生育率、出生率、死亡率、平均寿命,人口流动与移民,年龄结构、性别结构、阶层结构、非农与农业人口等人口结构,生活条件与居住环境,储蓄情况,等。在人口因素的分析中,尤其要分析旅游需求的特征与趋势以及人们对旅游的态度等。

④自然环境因素包括自然旅游资源、环境质量、节能减排、绿色发展、环境污染及污染控制等。

（3）政治、政府和法律因素

政治、政府和法律因素包括,政治因素,如政局、战争情况、国外投资的政治条件;政府因素包括旅游政策、财税政策、出入境政策;法律因素包括旅游法以及与旅游相关的法律、法规等。

（4）技术因素

技术因素对企业发展影响巨大。企业可以不断采用新技术、新工艺、新设备、新材料,用先进的科学技术改造原有的生产技术和生产手段,设计和制造生产效率更高的新工具和新产品,提升旅游产品质量;全面提高劳动者的道德素质和文化技术素质,提升旅游服务;综合运用现代科技成果和手段,提高旅游管理水平,提升旅游效率。

（5）竞争因素

事实上,旅游产业的竞争是非常激烈的。在竞争分析中,波特的"五力模型"是制定旅游产业战略时常用的竞争分析工具。按照波特的观点,既定产业的竞争本质由五大因素构成,五大因素分别为,同行企业之间竞争、潜在竞争对手进入、潜在替代产品开发、供应商的议价能力、购买者的议价能力。

①同行间竞争。在5个竞争因素中,同行间竞争作用往往最为显著。只有当企业具有比竞争对手更大的比较优势时,其战略才会成功。企业改变战略可能招致对手对抗性报复,如降价、提高质量、增加特色、提升服务、扩大担保、增加广告等。

竞争企业之间引起激烈竞争的条件主要为,竞争公司数量众多、竞争企业规模相当、竞争企业能力相仿、产品需求下降、产品或服务价格下降、消费者可轻松转换品牌、市场退出壁垒高、市场进入壁垒低、竞争企业固定成本高、产品容易变质、竞争对手产能过剩、消费者需求下降、竞争对手有多余库存、竞争对手提供类似的产品或服务、产业兼并现象普遍。

②潜在竞争对手进入。潜在竞争对手指暂时对企业不构成威胁但具有潜在威胁的竞争对手。潜在竞争对手有一定的进入壁垒,如规模经济、品牌忠诚、资金要求、分销渠道、政府限制及其他方面障碍,如技术专利、专业知识与经验等。

一般可以从下述方面来辨识潜在竞争对手。不在本行业但能够轻易克服行业壁垒的企业;进入本行业可产生明显协同效应的企业;行业战略的延伸必将导致加入本行业竞争的企业;可能前向整合或后向整合的客户或供应商;可能发生兼并或收购行为的企业。如在线旅游行业中,美团、阿里、京东等都是从其他行业进入的。

识别出市场中潜在进入的新公司,必要时果断出击。同时,集中精力在已有的优势和机会上把自己的事情做好。当威胁很大时,现有企业应设法捍卫和巩固自身地位,采取相关抵制措施,如降价、扩大担保、增加产品特色、提供融资优惠等。

③潜在替代产品开发。两个处于不同行业中的企业,可能由于所生产的产品是互为替代品而在它们之间产生相互竞争行为。这种源自潜在替代品会以各种形式影响行业中现有企业的竞争战略。首先,现有企业产品售价以及获利能力,将由于潜在替代产品能被消费者方便接受而受到限制;其次,由于替代品生产者侵入,现有企业必须提高产品质量或者降低成本来降低售价或者使其产品具有特色,否则其销量与利润增长的目标就可能受挫。总之,替代品价格越低、质量越好、用户转换成本越低,其所能产生的竞争压力就强。

④供应商的议价能力。供应商主要提高投入要素价格与降低单位价值质量的能力,来

影响行业中现有企业的盈利能力与产品竞争力。供方力量的强弱主要取决于他们所提供给买主的是什么投入要素,当供方所提供的投入要素价值构成了买主产品总成本的较大比例、对买主产品生产过程非常重要或者严重影响买主产品的质量时,供方对于买主的潜在讨价还价力量就大大增强。如果供应商力量太强影响利润或供应商不可靠,可以通过一体化战略,企业获得对供应商的控制或所有权。另外,越来越多零售商与供应商结成为战略伙伴,降低研发与物流成本,推出新一代产品,提高原材料的质量并减少损坏率,为自身与供应商节约成本。迈克尔·波特的五力竞争模型如图 6-2 所示。

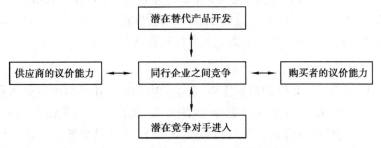

图 6-2　迈克尔·波特的五力竞争模型

⑤消费者的议价能力。购买者主要压价与要求提供较高的产品或服务质量的能力,来影响行业中现有企业的盈利能力。一般来说,满足如下条件的购买者可能具有较强的讨价还价力量。卖方行业由大量规模较小的企业所组成,消费者转换到其他竞争品牌或替代产品的成本较低;消费者对于商家来说特别重要或者购买者的总数较少但每个购买者的购买量较大,占了卖方销售量的很大比例;商家面临的消费需求下降;消费者知道商家的产品、价格和成本;消费者对是否购买或者何时购买比较谨慎。

迈克尔·波特在《竞争战略》中提出产业分析的一般模式。这种分析方法扎根于产业组织理论中经典的"结构—行为—效果"(SCP)模式。波特认为,产业内部竞争状态取决于 5 种力量的共同作用力,产业竞争状态决定了企业的行为及其战略,从而最终决定了竞争的强度和最终利润能力。

【知识拓展】

关于竞争者的关键问题

1. 主要竞争对手的优势是什么?

2. 主要竞争对手的劣势是什么?

3. 主要竞争对手的目标和战略是什么?

4. 当前,主要竞争对手最有可能如何应对影响我们所在产业的环境?

5. 主要竞争对手承受本企业各种替代战略冲击的能力如何?

6. 本企业用备用战略抵抗主要竞争对手有效反击的能力如何?

7. 相对于主要竞争对手,本企业的产品或服务定位如何?

8. 在何种程度上,新企业会进入,现有企业会退出?

9.什么关键因素导致了我们目前在这个产业中的竞争地位?

10.近年来,主要竞争对手的销售和利润在产业中的排名有何改变? 为什么这样改变?

11.在本产业中,供应商和分销商之间关系如何?

12.替代产品或服务在多大程度上对这个产业的竞争对手构成威胁?

2)旅游发展的内部因素

企业内部环境分析的内容包括很多方面,如企业管理(计划、组织、激励、人事和控制)、营销、形象与品牌、财务与会计、生产与运营、研发与管理信息系统、组织结构以及资源条件、组织文化、价值链、独特竞争力等。下面主要介绍后面几种。

(1)资源条件

资源理论认为,为取得并维护竞争优势,企业的内部资源比外部因素更加重要。企业内部资源包括区位条件、物质资源、人力资源、组织资源、旅游资源与旅游产品等。其中,区位条件即企业所在地理位置具有的自然与社会经济条件,尤其是交通条件及其与客源市场的空间联系。物质资源指具有物质形态的固定资产,包括土地、房屋、设施设备、工具器具、技术、原材料等。人力资源指一定时期内组织中能为企业所用且对价值创造具有贡献的员工、教育、培训、经验、智力、知识、技能、体力和能力等的总称。组织资源包括企业结构、规划过程、信息系统、专利、商标、版权和数据等。旅游资源与旅游产品主要指企业内部所包含的各种旅游资源与旅游产品的类型、价值、组合、吸引力等。

资源理论的基本假设前提是,企业在制定战略时,应首先考虑内部资源的组织、种类、数量及性质,应开发和寻找企业的独特资源与能力,并不断维护和强化这些资源。当其他企业无法复制特定战略时,该战略的实施企业就可以获得竞争优势。有价值的资源应具有以下特征:稀有、难以模仿、不易替代。资源越稀有、越难以模仿、越不易替代,企业的竞争优势就越大,而且持续的时间越长久。

(2)组织文化

组织文化或称企业文化,是组织在学会对外适应环境、对内实现一体化的过程中形成的行为方式。人们认为该方式行之有效,并将之作为理解、思考和感觉事物的正确方式传授给组织新成员。该定义强调了企业在做战略决策时匹配外部与内部因素的重要性。

组织文化概况塑造工作场所的因素,它们微妙、难以捉摸。它可以成为企业的主要优势或劣势。在企业文化中,组织文化可形成各种文化产品。它包括价值观、信念、仪式、礼仪、符号、神话、故事、传说、语言、比喻、象征、英雄故事、处事方式等。企业可以利用这些文化产品,影响并指导战略制定、实施和评价。

(3)价值链

企业竞争优势不来源于企业产品或服务的某个单一环节,而是贯穿于从投入到产出的全部过程中。企业产品的价值是每个环节都参与创造的结果,从投入到产出的每个环节创造的价值增值,构成企业的利润。竞争者价值链之间差异决定了竞争优势的差异所在。价值链分析指企业确定全成本的过程。这里的全成本涉及从购买原材料到加工生产制造再到销售产品等相关活动发生的成本。价值链分析的目的是,找到价值链中存在低成本优势或劣势的地方,帮助企业更好地认清自身的优劣势,并保持自身的竞争优势。

(4)独特竞争力

独特竞争力指不容易被竞争者超越或模仿的企业优势。企业的一般竞争力,如营销竞争力、研发竞争力、理财竞争力、产品竞争力等,只是企业某一方面的竞争力,而企业核心竞争力却是处在核心地位的、影响全局的竞争力,是一般竞争力的统领。从企业核心竞争力不同表现形式角度可将企业核心竞争力分为3类:核心产品、核心技术和核心能力。它们之间关系密切,产品来自技术,技术来自能力。企业可以利用其独特竞争力获取竞争优势。企业制定战略的部分原因在于,改善企业劣势,设法将其转化为优势甚至变成独特竞争力。所有企业都应该价值链分析,开发和培育核心竞争力,并将这种能力转变为独特能力。核心竞争力是企业特别擅长的价值链活动,当核心竞争力可带来主要竞争优势时,它就是一种独特竞争力。

6.2.2 旅游定位与旅游战略制定的分析方法

采用一定方法来分析旅游发展的内外部因素,可为旅游战略定位与旅游战略措施选择提供基础。

1)优劣机威(SWOT)分析方法

SWOT分析法是20世纪80年代由美国旧金山大学的韦里克教授提出来的,是一种常见的战略分析方法。SWOT分析方法又称为态势分析法,它对被分析对象的优势、劣势、机会和威胁等加以综合评估与分析,来制定被分析对象的战略,以达到所要实现的目标。SWOT分别代表Strengths(优势、强项)、Weaknesses(劣势、弱项)、Opportunities(机遇、机会)、Threats(威胁、挑战)。从整体上看,SWOT可以分为两部分,即外部环境因素和内部能力因素。

SWOT分析制定战略的依据如下:

①优势发挥。以现有优势为重点的系列,如重点产品和重点项目(现有优势旅游产品)、重点市场(现有优势旅游市场)、重点设施与配套服务建设等。

②弱项强化。以薄弱环节为重点的系列,如重点产品和重点项目(目前较弱但潜力巨大的旅游产品)、重点市场(目前不成熟但潜力较大的市场类型和市场区)。

③抓住机遇。如政府政策、法规、技术变革、市场趋势等导致的机遇。

④回避威胁与挑战。根据上述分析,列出企业的关键外部机会、关键外部威胁、关键内部优势、关键内部劣势,并将内部优势与外部机会匹配,将结果填入SO战略对应的单元格;将内部劣势与外部机会匹配,将结合填入WO战略对应的单元格;将内部优势与外部威胁匹配,将结果填入ST战略对应的单元格;将内部劣势与外部威胁匹配,将结果填入WT战略对应的单元格;由此可形成4种战略:SO战略、WO战略、ST战略、WT战略。运用这个方法,可以对旅游发展所处情景全面、系统、准确地研究,有助于制定旅游发展战略和战术。

在应用时需注意几点:一是列出的战略尽量具体且量化;二是列出的战略是可供选择的

战略,不一定实施;三是 SWOT 分析呈现的是静态分析,难以揭示其动态发展及其因素背后的原因。SWOT 分析矩阵见表 6-2。

表 6-2　SWOT 分析矩阵

	优势——S:列出优势	弱点——W:列出弱点
机会——O:列出机会	SO 战略:发挥优势,利用机会	WO 战略:利用机会,克服弱点
威胁——T:列出威胁	ST 战略:利用优势,回避威胁	WT 战略:减少弱点,回避威胁

2) 战略地位与行动评价(SPACE)矩阵

战略地位与行动评价矩阵(Strategic Position And Action Evalution,SPACE)主要分析企业外部环境及企业应该采用的战略组合。SPACE 矩阵包含的因素见表 6-3。该矩阵 4 个象限分别表示企业采取的进取、保守、防御和竞争 4 种战略模式。其矩阵的建立步骤如下:

表 6-3　SPACE 矩阵包含的因素

内部战略地位	外部战略地位
财务态势(FP)	环境稳定性态势(SP)
投资收益 财务杠杆率 流动资金 营运资本 现金流 库存周转率 每股净收益 市盈率	技术变革 通货膨胀率 需求变化 竞争产品的定价空间 市场进入壁垒 竞争压力 易于退出市场 需求的价格弹性 商业风险
竞争态势(CP)	产业态势(IP)
市场份额 产品质量 产品生命周期 顾客忠诚度 能力利用程度 技术保密 对供应商和分销商的控制	增长潜力 盈利潜力 财务稳定性 杠杆程度 资源利用率 易于进入市场 生产效率、产能利用率

①选择构成财务态势(FP)、竞争态势(CP)、环境稳定性态势(SP)和产业态势(IP)的一组变量。

②对构成 FP 和 IP 的各变量给予从+1(最差)到+6(最好)的评分值。而对构成 CP 和 SP 的轴的各变量从-1(最好)到-6(最差)的评分值。

③将各数轴所有变量的评分值相加,分别除以各数轴变量总数,从而得出 FP、CP、SP 和

IP 各自的平均分数。

④将 FP、CP、SP 和 IP 各自的平均分数标在各自的数轴上。

⑤将 X 轴的两个分数相加,将结果标在 X 轴上;将 Y 轴的两个分数相加,将结果标在 Y 轴上;标出 X、Y 数轴的交叉点。

⑥自 SPACE 矩阵原点到 X、Y 数值的交叉点画一条向量,这一条向量就表示企业可以采取的战略类型。

SPACE 矩阵要按照被研究企业的情况而制定,并要依据尽可能多的事实信息。根据企业类型的不同,SPACE 矩阵的轴线可以代表多种不同变量。如投资收益、财务杠杆比率、偿债能力、流动现金、流动资金等均被普遍认为是衡量企业财务实力的决定性因素。SPACE 矩阵如图 6-3 所示。

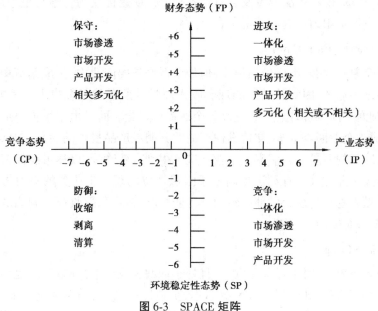

图 6-3　SPACE 矩阵

3) 波士顿矩阵(BCG)

波士顿矩阵(BCG Matrix)由美国著名的管理学家、波士顿咨询公司创始人布鲁斯·亨德森于 1970 年创立。波士顿矩阵认为,企业的各自主经营的事业部(或利润中心)共同组成了企业的业务(或产品)组合单元,可以通过市场份额和产业增长速度来描绘各事业部的差异。波士顿矩阵有利于多部门企业考察不同业务单元的相对市场份额地位和产业增长速度来管理业务组合。相对市场份额地位指一个事业部在其所在产业拥有的市场份额(或收入)与该产业最大的竞争对手拥有的是否份额(或收入)的比值。波士顿矩阵的 X 轴表示相对市场份额。通常,X 轴的中位值设定为 0.5,表示公司的市场份额为本产业龙头企业的一半。Y 轴代表整个产业的销售额增长率,以百分百表示。Y 轴产业增长百分百通常分布在 −20%~20%,中位值为 0.0。两个因素的组合构成了 4 个象限,形成了 4 个不同性质的业务类型。

（1）问题业务（Question Marks）

它位于第Ⅰ象限，处于高增长的产业中，相对市场份额较低。这说明它市场机会大，前景好，但市场营销上存在问题。这类业务部门的现金需求量大，但是现金创造能力差。其财务特点是利润率较低，所需资金不足，负债比率高。针对这些问题业务，公司必须决定到底是采用强化战略（市场渗透、市场开发或产品开发）来扶持它们还是直接将它们卖掉。如果要扶持，最好选拔有规划能力、敢于冒风险、有才干的负责人。

（2）明星业务（Stars）

它位于第Ⅱ象限，处于高速增长的产业中，相对市场份额很高，须得到大量投资，便于保持或加强其在市场上具有的主导地位。该类部门可采取前向一体化、后向一体化、横向一体化或市场渗透、市场开发、产品开发及合资经营战略。明星产品的管理与组织最好由对生产技术和销售两方面都很内行的经营者负责。

（3）现金牛业务（Cash Cow）

它位于第Ⅲ象限，相对市场份额很高，但处于低增长的产业中，是成熟市场中的领导者。它之所以叫现金牛业务，因为其带来的现金收入超过其所需的现金投入。其财务特点是销售量大、产品利润率高、负债比率低、可以为企业提供资金。而且由于增长率低，企业无须增大投资，因而成为企业回收资金、支持其他产品尤其明星产品投资的后盾。今天的现金牛业务往往来自于昨天的明星业务。现金牛业务应该得到有效管理，以尽可能保持其强势地位。产品开发或相关多元化战略有利于提高处于强势地位的现金牛业务的吸引力，其经营者最好是市场营销型人物。当现金牛部门转而处于弱势时，应当采取收缩或剥离战略，否则它可能进一步变弱，甚至成为"瘦狗"。

（4）瘦狗业务（Dogs）

它位于第Ⅳ象限，相对市场份额低，并且处于低增长或零增长的产业，也称衰退类业务。其财务特点是利润率低、处于保本或亏损状态，负债比率高，无法为企业带来收益。这类业务往往是企业清算、剥离或通过收缩而消减的对象。如果业务部门首次沦为瘦狗，收缩战略可能是最佳选择。这因为大规模的资产和成本消减之后许多瘦狗业务又获得了新生成为富有活力的盈利部门。

波士顿矩阵（图6-4）的优点主要在于，它促使人们关注企业各业务部门的现金流、投资特性和企业对不同业务的需要。许多业务部门都会随着时间推移而发生改变。通常情况下，业务部门按逆时针方向转变，即不断地从搜狗业务转变为问题业务，继而从问题业务转变为明星业务，从明星业务转变为现金牛业务，从现金牛业务转变为瘦狗业务。在某些情况下，可能按如下顺时针方向演变：明星业务变为问题业务，问题业务变为瘦狗业务，瘦狗业务变为现金牛业务，现金牛业务变为明星业务。不管怎么变，企业都应对努力使自身的业务单元组合都转变为各业务所在产业的明星。

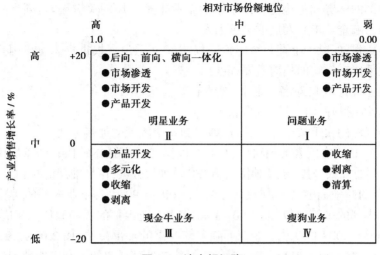

图 6-4　波士顿矩阵

4) 内部-外部(IE) 矩阵

内部-外部矩阵(Internal-external Matrix)是在由美国通用电气公司提出的多因素业务经营组合矩阵基础上发展起来的。多因素业务经营组合矩阵又称市场吸引力—经营实力矩阵(GE 矩阵),经营实力表明企业的竞争能力(内部因素),而市场吸引力表明企业所处行业的发展状况与发展趋势(外部因素)。IE 矩阵与 BCG 矩阵都成为多业务矩阵。不同的是,IE矩阵用内部因素与外部因素取代该矩阵中的竞争能力和行业吸引力。IE 矩阵与 BCG 矩阵的相似之处是,都用图示来标注企业各业务的所在位置,都被称为业务组合矩阵。同时,两者也有一些区别:两者的坐标轴不同;IE 矩阵要求更多部门信息。

IE 矩阵(图 6-5)基于两个矩阵,即内部因素评价矩阵(Internal Factor Evaluation Matrix,IFE 矩阵)和外部因素评价矩阵(External Factor Evaluation Matrix,EFE 矩阵)。内部因素评价矩阵是一种对内部因素分析的工具,外部因素评价矩阵是一种对外部环境分析的工具。其分析步骤如下。

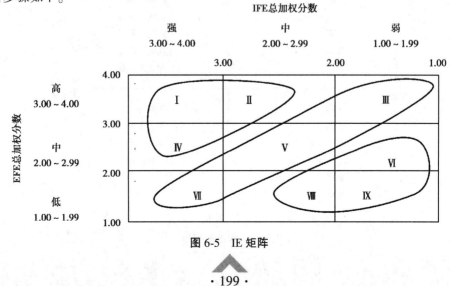

图 6-5　IE 矩阵

①列出内部的优势和劣势两方面中影响企业未来发展的关键因素,列出外部的机会和威胁两方面中影响企业未来发展的关键因素。

②依据重要程度,赋予上述每个因素以权重(0.0~1.0),权重标志着该因素对于企业在生产过程中取得成功影响的相对重要程度。

③按照企业现行战略对各关键因素的有效反应程度为各关键因素打分,范围为0~4分,"4"代表反应很好,"1"代表反应很差。

④用每个因素的权重乘以它的评分,即得到每个因素的加权分数。

⑤将IFE、EFE所有因素的加权分数相加,以得到企业的IFE、EFE的总加权分数。

⑥根据上述总加权分数,在X轴标记的IFE总加权分数;在Y轴标记的EFE总加权分数。

在IE矩阵的横坐标中,IFE加权评分数为1.00~1.99代表企业内部的劣势地位,2.00~2.99代表企业内部的中等地位,而3.00~4.00代表企业内部的优势地位。相应地,在纵坐标上,EFE加权分为1.00~1.99代表企业面临着较严重的外部威胁,而2.00~2.99代表企业面临中等的外部威胁,3.00~3.99代表企业能较好地把外部威胁的不利影响减到最小程度。

可以把IE矩阵分成具有不同战略意义的3个区间。首先,落入Ⅰ、Ⅱ、Ⅳ象限的业务应被视为增长和加强的部门。所以强化战略和一体化战略是这种业务部门的首选。其次,落入Ⅲ、Ⅴ、Ⅶ象限的业务是须巩固和维持的部门,市场渗透和产品开发是这类业务常用的战略。最后,落入Ⅵ、Ⅷ、Ⅸ象限的业务则应当收获和剥离。成功的企业应该努力使自身的业务组合落在IE矩阵的第Ⅰ单元格或其附近的区域中。

5) 大战略矩阵

大战略矩阵(Grand Strategy Matrix, GSM)是采用竞争地位与市场增长两个指标来构建模型。公司业务的任何部门都可以按照这一思路,在GSM中找到自己的位置。大战略矩阵如图6-6所示。

图6-6 大战略矩阵

首先,落入第 I 象限的企业具有非常好的战略地位,应继续集中力量于当前的市场和产品,即市场开发、市场渗透、产品开发是适当的战略选择。若企业拥有过剩资源,则可采用后向一体化、前向一体化、横向一体化。同时,相关多元化则有利于降低企业因过分倚重某种产品而产生的产品线过窄的风险。此外,若需要,甚至可以采取冒险的进攻行动。

其次,落入第 II 象限的企业须仔细评价当前采用的市场竞争方法。虽然所在产业正在增长,但企业却不能有效参与竞争。这些企业须判断当前采用的竞争方法为何无效,并明确企业应当怎样变革才能提高自身的竞争力。鉴于落入第 II 象限的企业处于高速增长的产业中,通常强化战略应该是企业的第一选择。不过,如果企业的特色能力或竞争优势不足,横向一体化便成为理想的备选方案。此外,剥离或清单也值得考虑。剥离可成为公司收购其他企业或为回购股票提供所需资金。

再次,落入第 III 象限的企业在增长缓慢的产业中处于劣势竞争地位。这类企业必须迅速大幅度变革,以避免形势恶化和清算。首先,企业应该考虑收缩战略,即大幅度消减成本开支和减少资产。另一种战略是,将资源从现有业务领域转移到其他业务领域。如果所有尝试都宣告失败,这些企业职能剥离或清算。

最后,落入第 IV 象限的企业具有较强的竞争力,但处于增长缓慢的产业之中。这些企业的典型特征是,现金流量大,增长潜力有限。因此,相关和不相关多元化都是可行的战略。通过多元化战略,这些企业能够在具有更大前景的领域拓展业务。另外,它们也可以采取合资经营。

6.3　旅游定位的思路与技巧

6.3.1　旅游定位的基本思路

1) 摸清现状,行业定位

摸清现状就是把行业发展的现状、问题与趋势等弄清楚。行业定位指创业者创业机会分析,选择要创业的行业。企业的选择行业有两种:一是企业现在所处的行业,二是新行业。企业现在所处的行业和世界上任何事物一样,也存在产生、发展和消亡的过程,即经历一定行业周期。由于不同行业具有不同特点,其周期的长度差异会很大。一般来说,行业周期可划分为 4 个阶段:初期发展阶段、迅速成长阶段、成熟阶段和衰退阶段。

(1) 行业定位的基本选择

行业定位的基本选择有进入新行业、退出原行业、保留在原行业内 3 种。

① 进入新行业。对于新创企业而言,只能是这一选项。从原则上说,在新行业周期的前 3 个阶段,企业都可以进入。就进入有利性来说,各阶段有所不同。在行业初期发展阶段进入,进入者属早期进入者,负有行业创业的使命,技术、市场均不成熟,要技术和市场基本创

新,风险较大,但竞争不激烈。在行业迅速成长阶段,行业处于最活跃的时期,技术尚不定型,变化和进步快,市场已有了初步开拓但仍在迅速扩张阶段。由于此阶段的技术、市场及行业的不稳定性,提供的机会最多,但风险较大,技术有迅速被更替的可能,市场地位容易易主。在行业成熟阶段,行业竞争格局已基本形成,此时,后进入者已很难取代行业主导企业地位,但在行业发展空间较大的情况下,仍可取得一定地位。

②退出原行业。原则上,企业所在行业发展的四阶段中都可以退出,但一般来说,在前三个阶段退出往往由于竞争失利而采取的被动行为;在第四阶段退出是有计划的主动撤退。

③保留在原行业内。一般情况下,在行业发展的前三个阶段中可保留在行业内。即使在第四阶段,若行业衰退是一个缓慢的过程,持续时间很长,仍可采取保留策略。

行业定位可以在以上3种策略中选择1种或其中的组合:保留在原行业中,不进入其他行业;保留在某行业中,进入其他行业,多元化经营;退出某行业,进入另一行业。

(2)行业定位选择的因素

行业定位选择时,须对企业内外部环境条件科学分析。

①外部因素分析。在外部环境分析中,尤其要对行业吸引力的5个关键要素认真评估,以寻找企业发展的机遇。这5个关键要素是市场容量、市场增长率、行业盈利能力、人员来源、法律与监管水平。如果行业市场广、市场增长率高、行业盈利能力强、人员来源广、法律及监管水平宽松,则行业的吸引力高,企业定位于这样的行业,将会获得比较好的业绩。与此同时,企业的行业定位还受进入和退出障碍制约。当进入壁垒过高、障碍过大时,企业要慎重地在进入新行业和保留在原行业中选择。由于投资规模过大、转换成本过高等原因,企业退出障碍往往很大,此时,企业很难退出,若必须退出时,宜采取缓慢退出的策略。企业行业定位时,要受战略指导。此外,企业制定的长期战略决定了企业行业定位的基本取向,而行业定位是重要的战略决策,因此,行业定位不能孤立进行,要从企业总体战略出发综合分析和决策。

②内部因素分析。在内部环境分析中,要考虑企业的优势:第一,若企业在基本的技术创新或市场创新方面拥有优势,可在产业发展的第一阶段进入;第二,若企业在改进基本技术和扩大市场方面拥有优势,可在第二阶段进入;第三,若企业在工艺创新、降低成本及市场营销方面拥有优势,可在第三阶段进入;第四,若企业在前三个阶段失利并很难立足或失利又可利用其他优势寻找到新的产业机会,则可考虑退出;第五,若企业在行业中勉强维持,在第四阶段宜尽早退出;第六,若企业拥有行业优势且行业衰退期长,则可在第四阶段保留或进行跨行业经营。

2) 游客为本,市场定位

市场定位是旅游战略定位的基础,是在目标客户心目中树立的产品独特形象。其实质是使此企业与其他企业严格区分开来,使顾客明显感觉和认识到这种差别,从而在顾客心目中占有特殊的位置。这决定了产品开发与企业发展的方向。

(1)分析目标市场的现状,确认本企业潜在的竞争优势

这一步骤的中心任务是要回答以下3个问题:一是竞争对手产品定位如何?二是目标

市场上顾客欲望满足程度如何以及确实还需要什么？三是竞争者的市场定位和潜在顾客的真正需要的利益要求企业应该及能够做什么？

要回答这 3 个问题，企业市场营销人员必须通过一切调研手段，系统地设计、搜索、分析并报告有关上述问题的资料和研究结果。

回答上述 3 个问题，企业就可以把握和确定自己的潜在竞争优势在哪里。

(2) 准确选择竞争优势，对目标市场初步定位

竞争优势表明企业能够胜过竞争对手的能力。这种能力既可以是现有的，也可以是潜在的。选择竞争优势实际上就是一个企业与竞争者各方面实力相比较的过程。比较的指标应是一个完整的体系，只有这样，才能准确地选择相对竞争优势。通常的方法是分析、比较企业与竞争者在经营管理、技术开发、采购、生产、市场营销、财务和产品等 7 方面究竟哪些是强项、哪些是弱项。借此选出最适合本企业的优势项目，以初步确定企业在目标市场上所处的位置。

(3) 显示独特的竞争优势和重新定位

这一步骤的主要任务是，企业要通过一系列的宣传促销活动，将其独特的竞争优势准确传播给潜在顾客，并在顾客心目中留下深刻印象。首先，企业应使目标顾客了解、认同、喜欢和偏爱本企业的市场定位，在顾客心目中建立与该定位相一致的形象。其次，企业通过各种努力强化目标顾客形象，保持目标顾客的了解，稳定目标顾客的态度和加深目标顾客的感情来巩固与市场相一致的形象。最后，企业应注意目标顾客对其市场定位理解出现的偏差或由于企业市场定位宣传上的失误而造成的目标顾客模糊、混乱和误会，及时纠正与市场定位不一致的形象。

例如，长鹿旅游休博园是位于广东顺德的国家级 AAAAA 旅游景区。在 2000 年创建之初，对竞争对手与行业分析，找准了大众家庭休闲市场与多元混合市场，以岭南历史文化、顺德水乡风情农家生活情趣、大型机动游乐、童话动物王国、炫酷舞台表演为特色，建设成为集吃、住、玩、赏、娱、购于一体的综合性度假区。

3) 找到战略基点，差异化定位

战略基点就是战略制定的基础或重点，在此基础上可差异化定位。下面是 3 种不同差异化定位方法。

(1) 基于品类差异化定位

这基于产品或服务品类选择而不基于客户细分战略定位。当企业针对外部市场竞争形成独特的内部运营活动而提供出最好的特定产品或服务时，基于品类的定位就具有经济上的合理性。

例如，广州正佳广场是一个知名的商业购物中心，也是国家 AAAA 级旅游景区。正佳广场作为零售业态，打造空中剧院、正佳极地海洋世界、正佳自然科学博物馆、正佳雨林生态植物园等旅游项目，凭借"从购物中心到城市中心文化旅游目的地建设"入选"2020 年旅游集团融合创新发展十大案例"。正佳广场迄今调整过两次定位。一次是 2008 年，正佳广场从

初开业"亚洲体验之都"模糊定位转变为"家庭时尚体验式购物中心"。最大的动作是引入快时尚和加大餐饮比例,把玩具反斗城、ZARA 旗下副牌等都引进来。自此,正佳广场的流量入口转变,家庭人群、年轻时尚人群都爱逛正佳。另一次则在 2013 年,此时大量商品交易转到互联网,线下零售受到巨大冲击,正佳广场于是再次转型,全新的定位是"城市中的旅游目的地"。城市的流量入口在旅游,纵观纽约、伦敦、东京、曼谷等超级城市,无一不靠旅游创造流量。新的定位确定后,正佳广场筹建了关于旅游、文化的基础设施,如海洋馆、演艺剧院、极地海洋世界、热带雨林、博物馆、广府一条街等。

此外,基于品类差异化,还可以针对产品特色与用途定位。例如,对于饭店企业来说,这些优点或用途可以是本饭店的建筑风格、坐落地点、服务项目、服务质量、房间和装潢的设计与质量、场地和设施或者这些方面产品特色的任何组合。例如,广州东方宾馆是广州一家五星级酒店,基于浓郁的岭南历史文化风格和优美的园林环境,定位于国际豪华都市园林酒店。

(2)基于需求差异化定位

这和瞄准某个客户细分市场传统概念相接近。定位的第二个基点是满足某类特定客户群的大部分或者所有需求。当一套与竞争对手不同的运营活动能够最佳地满足客户群各有不同的需求时,基于需求的定位就成立。一些客户群比其他客户群对价格更敏感,需要不同产品特性,需要不同量的信息、支持和服务。

例如,青年旅舍成立于 1932 年,致力于为青年和学生旅游者提供"安全、卫生、友善、舒适、经济、环保"的住宿服务,定位于没有歧视的经济实惠的住宿设施。青年旅舍不是经济型酒店,所以不提供酒店式服务;青年旅舍提倡简朴及精神方面的高质素生活;青年旅舍帮助努力帮助自己的人;青年旅舍鼓励关注自我成长、关注社会、关注自然;青年旅舍倡导浪漫的理想主义旅游观。青年旅舍的经营目标是,通过旅舍服务促进青年间的文化交流,从身边做起,从小事做起,实践环保,履行对自然、对社区、对青年教育的社会责任。从而促进世界可持续发展。青年旅舍的经营理念和标准是友善(Welcome)、清洁(Cleanness)、安全(Safety)、隐私(Privacy)、舒适(Comfort)、环保(Environmental)。青年旅舍的定位及其与其他住宿设施的比较见表 6-4。

表 6-4　青年旅舍的定位及其与其他住宿设施的比较

定位维度	国际青年旅舍	商务宾馆/酒店/招待所
经营理念	通过旅舍服务,鼓励世界各国青少年尤其是那些条件有限的青年人认识及关心大自然、发掘和欣赏世界各地的城市与乡村的文化价值,并提倡在不分种族、国籍、肤色、宗教、性别、阶级和政见的旅舍活动中促进世界青年相互了解	"顾客就是上帝"或无明确理念
经营目标	1.推广"读万卷书,行万里路"教育理念,寓教于游,寓教于乐,以轻松的形式将文化与传统的精华通过潜默化,引导青年自助及助人; 2.培育青年的社会意识、个人意识、文化意识、对多元文化的包容意识、环保意识; 3.获取相对较低的合理利润	获得最大利润

定位维度	国际青年旅舍	商务宾馆/酒店/招待所
网络及品牌	1.网络覆盖 100 多个国家和地区； 2.品牌有近百年历史,已在 70 多个国家注册,并适用于加入马德里条约的所有国家； 3.其品牌在世界特别在青年人中享有极高声誉； 4.目前,国际青年旅舍联盟已在大陆完成了相关品牌的注册,其品牌、商标等受中国相关法律保护	1.各自为政,或网络松散,或覆盖面小； 2.高档品牌网络范围窄,使用者数量少;中低档品牌目前大多为地区性品牌,缺乏国际知名品牌
目标市场	1.青年人,特别是青年学生(包括团体)； 2.背包旅游者； 3.家庭	商务客、度假客或无明确目标市场
提供服务	1.服务对象主要以会员为主； 2.除提供住宿及餐饮服务外,还组织丰富多彩的会员活动及文化交流活动； 3.配合教育部门、青年组织、旅游部门以及有关户外、环保等俱乐部开展活动； 4.提供自助游咨询服务； 5.其国际订位系统为会员提供世界各主要城市的旅舍预订服务； 6.代售国际青年旅舍会员卡	1.主要以提供住宿、餐饮及商务配套复务为主； 2.无统一会员体系及定位网络
质量监控	1.IYHF 及各国家(地方)协会制定关于旅舍硬件及服务的统一标准； 2.IYHF 及地方协会定期年审、暗访及抽样检查； 3.IYHF 通过各加盟旅舍派发国际免邮资意见卡； 4.IYHF 定期国际会员意见调查,并向协会和旅舍反馈； 5.IYHF 定期国际会员意见调查,并向协会和旅舍反馈,各国代表机构亦通过多种渠道收集用户反馈和意见建议	星级酒店由国家和地方旅游部门年审;其他酒店或招待所无系统和统一的质量监控体系
宣传促销	1.通过覆盖全球的 IYHF 网络,并用英、德、法、西四国文字宣传； 2.会员国间的网页及会员刊物的相互介绍;会员口碑宣传； 3.多种新媒体平台宣传和推广	1.无覆盖全球的宣传促销网络； 2.促销手段一般通过旅游广告、宣传手册、旅游交易会等促销活动宣传促销
价格	便易实惠,持会员卡入住全球 YHA 青年旅舍还可享受 10% 的优惠	价格较高,价格随行就市波动大

(资料来源:YHA®青年旅舍官网。)

(3)基于接触途径差异化定位

定位的第三个基点是依据不同接触途径细分客户。虽然这些客户的需求是相似的,但接触他们的最佳运营活动配置具有竞争差异性。接触途径可以根据客户地理位置或客户规模来设定,或者根据需要举行一系列运营活动、接触到顾客的其他因素后设定。例如,如果企业营销努力特别是通过公关活动,同某一社会阶层或社会名流建立起较为经常的主顾关系,则会为某些类型的顾客所关注,如酒吧吸引球迷看球。

无论定位基于产品品类、客户需求、接触途径,或基于这三者的综合,都需要一系列针对外部市场竞争而特别设计的内部运营活动。因为定位是什么取决于供应方行为,或者说取决于运营活动差异,而不取决于需求或者客户方差异。特别是,基于产品品类和接触途径的定位完全不依靠任何客户差异。然而在实践中,产品品类或接触途径的差异通常伴随着需求差异。

【知识拓展】

如何找准位置,凸显差异化

定位是企业在目标受众的心智中占据的一个特定位置,形成差异化竞争态势。如何找准位置,凸显差异化? 下面6个问题有助于思考这一问题。

1.处在什么位置上?

定位是一种逆向思维。它不从你自己开始,而从预期客户脑子里观念开始。它不问自己怎么样,而问在预期客户心目中已有的位置。

2.想拥有什么样的位置?

在回答这个问题时,可以从长远的角度设想一下想拥有的最好的位置。关键词是"拥有"。最好把自己的专长集中在某一点上,树立自己是某方面专家这个独一无二的地位,而不是一个样样都会的通家。

3.谁是必须要超过的?

假如你提出的定位会同一个在定位上领先的企业直接对抗,那就别提它了。绕开一个障碍胜过克服它。退回来,去找一个别人还没有牢牢占领的位置。在从自己的角度上审视形势要花多少时间,就必须也花同样时间从对手的角度来考虑形势。不光从自己的角度看问题,还要从市场竞争的角度考虑。

4.有足够的资金吗?

成功定位的一大障碍是,企图做不可能做到的事情。想在人们头脑里占上一席之地是要花钱的。确立地位要花钱,地位确立之后想要维持下去也要花钱。可采取的办法是,缩小你面临的问题的地位范围,即一个市场接一个市场推出新产品或新概念,而不是一下子在全国或全球范围里铺开。在资金有限的情况,在一个城市里花过头,也比在几个城市里都没花够强。如果能在一个地方取得成功,以后总能在其他地方开展这个宣传活动,前提是第一个地方要选得合适。

5.能坚持下去吗?

为了应付变化,从长计议十分重要。确定基本定位之后,就要坚持下去。定位是一个累积的概念,是一种注重广告长期特性思考。必须年复一年地钉在那儿,大多数成功的公司很少改变计划。"产品延伸"陷阱是反面例子,在搞产品延伸时,实际上是在削弱基础地位。一旦失去它,就会像脱锚的船一样漂泊不定。

6.与你自己的地位相称吗?

为自己打的广告与地位相称吗? 创新精神本身毫无价值可言,它只有在为定位目标服务的时候才能发挥其效应。在制定战略后,须很好地执行。

4) 积极稳妥,确立战略目标

(1) 积极稳妥,权衡战略的 4 个要素

战略定位制定,首先须权衡战略的 4 个要素"可做什么、想做什么、能做什么、该做什么"之间的关系。首先,"可做什么"体现了市场机会。它是基于企业发展所面临的外部机会判断。在一个特定的历史时期,哪些可做,是有客观规律性可循的。顺势而为,往往可以事半功倍。其次,"想做什么"体现了个人价值与抱负。它包括一个企业的使命、愿景和目标。再次,"能做什么"体现了公司实力。能做是对企业自身资源和能力的判断。企业能否将战略贯彻到位,关键在于是否拥有与所制定战略相匹配的能力。最后,"该做什么"体现了社会责任与社会担当。它指组织承担的高于组织自己目标的社会义务。

(2) 战略目标陈述,确立战略定位

企业的战略目标规定企业的使命和目标,定义企业的价值,决定主要的业务范围和发展方向。战略目标主要体现在愿景、使命、发展目标与价值观的陈述之中。不同企业的陈述在篇幅、内容、表述形式以及具体程度上存在差异,但都为未来描绘蓝图、确定发展目标、指明发展方向。价值观反映了企业为消费者、员工、股东、社会创造的价值以及相关的立场与态度。

愿景是"我们想成为什么"。愿景陈述是依据企业对社会的贡献而形成的成功的企业目标形象。它更接近于一种出于感性的陈述,对企业终极目标的美好图景描述,是引导目标逐一实现的理想。这份描述不应该是抽象的,它应该尽可能具体地描述组织的期望,同时提供制定策略与目标的基础。强而有力的愿景提供组织中每个人共同的精神结构,协助形塑出不明确的未来愿景。因此,愿景要能表明企业及全体员工的努力方向。它要用一句简洁的话说明这个目标是值得自夸、骄傲的东西。企业愿景是正在尽力实现的最终目标,那么发展目标就是比较具体、详细的目标,甚至一些细分目标可以用数字化的指标来表示。

使命回答了"我的业务是什么?"这一基本问题。对这一基本问题回答,须涉及进一步的追问。一般认为,使命陈述应该包括 9 个方面(弗雷德·戴维,2012)。

①顾客。企业的顾客是谁?

②产品或服务。企业的产品或服务是什么?

③市场。从地域角度考虑,企业在哪些地区具有竞争力?

④技术。企业的技术紧跟时代步伐吗?

⑤关注生存、发展与盈利能力。企业能够实现业务增长并获得合理的财务收益吗?

⑥理念。企业的基本信念、价值观、志向和伦理道德倾向是什么?

⑦自我认知。企业独特的竞争能力或主要竞争优势是什么?

⑧关注公共形象。企业是否对社会、社区和环境事项承担责任?

⑨关注员工。员工是企业有价值的资产吗？

与此同时，使命陈述还具有9个特征。

①内容概略：不包括货币数量、数字、百分之百、比例或指标。

②长度不超过250词。

③振奋人心。

④可以识别企业产品的用途。

⑤表明企业承担社会责任。

⑥表明企业对环境保护承担责任。

⑦包括上述9个要素。

⑧可调和。

⑨可持续。

【案例简介】

缤客(Booking)的战略目标陈述

缤客于1996年成立于阿姆斯特丹，当年的荷兰小型初创企业现已发展成为全球规模最大的旅游电子商务公司之一。缤客的使命是，探索世界，我们在你身边；游世界，更简单。

缤客通过投资科技，为数百万用户提供顺畅无阻的难忘旅行体验、一系列交通选择以及各种精彩住宿。从民宿到酒店，应有尽有。无论成熟品牌还是各种规模的初创企业都能受益于缤客。作为全球知名旅游平台，缤客帮助世界各地的住宿吸引全球游客，实现业务增长。

缤客支持43种语言，房源已超过2 800万，其中，民宿、公寓和其他特色住宿房源超过620万家。无论你想去哪里，你想做什么，缤客提供7天24小时全天候客服支持，让一切变得容易。

5) 文化为魂,构建独具魅力的旅游文化

文化为魂，要构建独具魅力的旅游文化，它一般包括有关旅游的精神文化、物质文化与制度文化等。其中，精神文化指属于精神、思想、观念范畴的文化，如旅游发展愿景、理念、概念、价值观念、宣传口号、旅游形象、旅游符号等；物质文化，指人类创造的物质产品体现出的文化，包括旅游技术、旅游设施设备、旅游商品等；制度文化是人类为了自身生存、社会发展的需要而主动创制出来的、有组织的规范体系，如旅游企业的正式与非正式制度。

【案例简介】

融创中国的旅游文化

融创中国，成立于2003年，创始人为孙宏斌。它在构建旅游文化方面颇有建树，2020年，获得第十一届中国最佳文化旅游大奖。其旅游文化建设主要包括以下方面。

1.企业愿景

融创中国以"至臻·致远"为品牌理念,致力于通过高品质的产品与服务,整合优质资源,为中国家庭提供美好生活的完整解决方案。

2.主要产品

融创中国坚持地产核心主业,围绕"地产+"全面布局,下设融创地产、融创服务、融创文旅、融创文化、融创会议会展、融创医疗康养六大战略板块。业务覆盖地产开发、物业服务、会议会展、旅游度假、主题乐园、商业运营、酒店运营、医疗康养、IP开发运营、影视内容制作发行等。其中,融创文旅作为"中国家庭欢乐供应商",融创文旅高起点布局文旅产业,为满足中国家庭对旅游度假的多元需求,提供了不同欢乐场景,主要包括融创文化旅游城、融创旅游度假区等业务板块,具备设计、建设、运营完整的体系能力。截至2019年底,融创文旅已布局10座文旅城、4个旅游度假区、26个文旅小镇,其中涵盖41个主题乐园、46个商业及近100家高端酒店。

3.核心价值观

使命般的激情;共同发展、分享成功;适应变化、主动变革;信任并尊重每一个人;实现卓越的团队精神;持续超越客户期望。对核心价值观的坚守是融创能持续发展的核心竞争力之一,企业价值观反映了融创用什么样的方式做事和如何做选择。核心价值观一致,每位融创员工不论何时、身处何处都能在统一的语境下沟通,在统一的工作氛围中工作。融创倡导在工作中学习与成长,而这些成长更加促进了每个人对组织的认同感、归属感。

4.融创范儿

融创范儿是融创人的价值观在做事风格上具体的表现,是日常工作思考逻辑的总结,也反映了融创用人的标准,融创就是一群具有融创范儿的人聚合在一起为共同的目标努力的组织。如,做事原则为"想得明白,干得坚决";员工关怀,做好每一件"有温度的小事",令员工觉得企业更像自己"第二个家",有一种暖暖的情感维系,渐次而生。

5.融创学院

融创极为注重文化传承与内部人才发展。融创学院的体系设计与传统企业大学不同,为了实现对人才的全周期管理与支持,学院下设了三大业务模块:企业文化模块,如文化传承、雇主品牌等;人才管理模块,聚焦核心人才如创想家的全周期管理,晋升、绩效管理等;以及传统企业大学的人才培养模块。融创学院通过破冰计划、营销军校等一系列优质培养项目,持续赋能各级人才,打造具有"英雄"灵魂、拥有团队精神、高度认可公司文化的内生型人才梯队。

6) 发挥优势,创造旅游价值链

战略有赖于独特的运营活动。它意味着有目的地选择一整套不同于竞争者的运营活动以创造一种独特的价值组合。竞争优势与核心能力的来源是价值链——各种价值活动。这需要企业整合内部各种资源,发挥外部机遇,建立价值链的特色,使得模仿变得非常困难,竞争者不仅得模仿一个特色,而且得模仿整个价值链的特色。价值链的意义就是要保证每个活动的一致性、互补性,调整活动间的同步与支援补给。使所设计的一连串活动都能相互支援。价值链的设计原则就是带来竞争优势,增加核心的难度。

【案例介绍】

首旅集团的发展定位与发展战略

首旅集团成立于1998年,是以旅游商贸服务业及相关产业为核心的战略性投资集团。它以"中国服务"为统领,聚焦主业,围绕主业优化国有资本布局,以"精彩生活方式服务商"为愿景,秉持市国资委对集团的四大功能定位,树立"立足首都,辐射全国,品牌引领,资本助力,智慧赋能"集团新使命。形象宣传口号为"首旅集团,用心服务每一刻,精彩生活每一天。"

首旅集团打造"品牌+资本+技术"三大核心能力,实施"调结构、促协同、育先机"经营策略,优化产业布局,形成"文娱、商业、住宿、餐饮、出行"五大战略业务单元。同时,抓住目前消费市场关注内容和体验、"轻资产+重内容"趋势,布局"内容"和"服务"战略业务单元,打造与现有产业的协同效应,最终形成首旅集团"5+1+1"战略业务新格局。

目前,首旅集团旗下拥有"首旅酒店""王府井""首商股份""全聚德"4家上市公司。集团资产规模超1 300亿元,在《中国500最具价值品牌榜》和全国大型旅游集团排名中位居前列。

文娱战略业务单元以"首寰投资""首旅景区""康辉旅游""华龙公司""北京展览馆"为核心,聚合旅游度假目的地及旅行社获客资源,采用轻重资产结合、标准化、重协同的理念不断拓展文娱战略业务单元布局,深化内部协同效应。

商业战略业务单元以"王府井集团"为重要载体,发挥"首商集团""古玩城"多品牌集合优势,集聚首旅集团旗下相关商业零售企业,积极构建现代商业新模式。

住宿战略业务单元以"首旅酒店"为载体,打造中国最具影响力的国际化酒店管理集团;"首旅置业"成为以提供服务产品为目的的物业资产供应商和运营商;"丰盛世纪"物业资产将实现在城市核心区域的内在价值。

餐饮战略业务单元以"全聚德""东来顺"等中华百年老字号企业为代表,充分体现传承与创新,全面提升餐饮品牌价值和市场影响力。

出行战略业务单元以"首汽集团"为依托,致力于打造中国汽车出行服务领军品牌,不断引领和满足未来汽车经济高端化、个性化服务需求,力争成为中国顶级汽车后市场供应商。

(资料来源:首旅集团官网。)

6.3.2 旅游定位的技巧

旅游战略定位主要技巧如下:

1)领先定位

领先定位就是争当第一,将自己定位于行业领头羊。抢先占领制高点,我是第一个,我就是领导者!这是最好的定位策略,是进入心智的最佳捷径。人们都会记得第一,连第二都很少记得住。为什么第一最重要,因为顾客的心智是有限的。据美国营销学会统计,在顾客的大脑里,能记得住的同类品牌,不会超过 7 个。

这个"第一",包括多个维度之最。一是在旅游行业的地位处于领袖地位;二是在旅游资源或旅游产品方面稀有程度之最,包括唯一、第一、一流等特性;三是区域层次之最,即全球性、全国性、区域性之最;四是不同属性之最,如最美、最大、最奇、最高、最古、最优等。2005年,《中国国家地理》杂志评选的"中国最美的地方"类型包括山、湖泊、森林、草原、沙漠、雅丹地貌、海岛、海岸、瀑布、冰川、峡谷、城区、乡村古镇、旅游洞穴、沼泽湿地等。

如深圳华侨城采取的就是领先定位的方法,它定位为中国文化产业领跑者、中国新型城镇化引领者、中国全域旅游示范者、具有全球竞争力的世界一流企业。可见,华侨城定位于"国内第一、世界之一"。

2) 抢先定位

与领先定位相似的,还有一个抢先定位。抢先定位指企业在进行定位时力争使自己的品牌第一个进入消费者的心目中抢占市场第一的位置。与其诉求产品比人家好,不如抢先进入某个市场。经验证明,第一个进入人们心目中的品牌,一般难以被替代,比第二的品牌在长期市场占有率方面要高较多。抢先定位与领先定位都是争取第一,其区别主要在于,前者更注重定位的时机——抢先,通过抢先来获得领先的地位;后者更注重定位的品质——争当行业最佳。

在任何产品的类别中,领导品牌几乎都是第一个进入潜在顾客脑海的品牌,比如电脑业的 IBM、可乐业的可口可乐。第一台普通纸复印机是施乐推出的,第一台微型激光打印机是 HP 推出的,第一把安全剃须刀是吉列推出的,如今它们都是领导品牌。人们倾向于认为第一个进入脑海里的产品是最好的产品,而定位运作是一场认知战,而非产品战。

抢先定位策略就是,抓住接受群体容易先入为主的特点,借助网络广告宣传产品、服务以及企业形象,在消费者心目中占据领导者的第一位置。这种策略适用于新上市的产品以及老产品进入新市场,产品、品牌进入导入期时,运用差异化策略,通过视频网络广告去刺激受众者的感观,在消费者某个心理区隔上占据领导位置,引导消费者购买,使产品在同类中具有领先优势。

例如,江苏周庄是最早开发旅游的江南水乡,早在 20 世纪 90 年代,采取抢先定位方法,提出周庄为"天下第一水乡"定位。

3) 比附定位

比附定位即依附于行业处于领先地位的品牌来确定自身市场地位的一种定位策略。其实质是借势定位或反应式定位。借竞争者之势,衬托自身的品牌形象。在比附定位中,参照对象选择是一个重要问题。一般来说,只有与知名度、美誉度高的品牌作比较,才能借势抬高自己的身价。它具有几种形式。

(1) 甘居第二

就是明确承认同类产品中另有最负盛名的品牌,自己只不过是第二而已。这种策略会使人们对公司产生一种谦虚诚恳的印象,相信公司所说是真实可靠的,同时迎合了人们同情弱者的心理,这样消费者对这个品牌的印象会更深刻。美国阿维斯出租汽车公司定位为"我们是老二,我们要进一步努力"之后,品牌知名度反而得到很大提升,赢得了更多忠诚客户。

(2)攀龙附凤

具体来说,就是首先承认同类产品中已卓有成就的品牌,本品牌虽自愧弗如,但在某一地区或在某一方面还可以与这些最受消费者欢迎和信赖的品牌并驾齐驱、平分秋色。如,苏州市因其小桥流水人家的水乡古城特色而有"东方威尼斯""东方水都""东方水城"之称。

(3)进入高级俱乐部

公司如果不能攀附第二名,也可以利用模糊数学手法,借助群体的声望,把自己归入高级俱乐部式品牌群体中,强调自己是这一群体的一员,从而提高自己的形象和地位,如世界500强、中国旅游集团20强等。如美国克莱斯勒汽车公司宣布自己是美国三大汽车公司之一,使消费者感到克莱斯勒和第一、第二一样都是知名轿车,同样收到了良好的宣传效果。

比附定位具有几方面的优势:①有利于品牌迅速成长,更适应品牌成长初期;②比附定位有利于避免受到攻击,防止失败。

4) 对比定位

对比定位,即与竞争品牌客观比较找出其缺点或弱点作为竞争品牌的对立面来确定自己市场地位的一种定位策略。对比定位须注意两点:第一,选的对手一定要强大,一般为行业领先企业,这样对立才有意义;第二,定位的品牌主张要与竞争品牌背道而驰,而且反差越大越有效!

例如,真功夫能在20多年发展成为国内中式快餐品牌的领导者,成为国人中式快餐的首选,最大的原因是真功夫找到了符合自身的定位,并且努力去执行。真功夫做定位的第一步就是明确竞争对手。当时,国内快餐行业的老大、老二是肯德基和麦当劳,而且都是西式快餐,中式快餐如同一盘散沙,完全没有品牌意识。如果真功夫做西式快餐,基本很难超越肯德基和麦当劳,唯开辟新的赛道才有新机会。真功夫运用了对立定位,提出"凡是他们做的我们都反对",麦当劳、肯德基主打炸薯条,真功夫就主打"蒸",从而打出了"营养还是蒸的好"经典广告与定位,营养健康成为其产品的核心概念和品牌的核心价值。同时,真功夫从品牌的IP形象入手,以李小龙的动漫形象作为品牌IP,利用李小龙的人气为品牌赋能,将"真功夫=中式快餐"植入顾客的心智中去,还能让真功夫品牌变得更生动。

5) 逆向定位

当大多数定位都是以突出产品的优异之处的正向定位,采取逆向定位反其道而行之,反而能够使定位获得意外的收获。逆向定位作为差异化策略的一种,成功关键是,既找到与众不同的切入点,又能迎合消费者的观念,即所谓"意料之外,情理之中"。只有把握了这个平衡点,才能取得革命性成功。

例如,七喜汽水刚上市时,被可口可乐和百事可乐打压得喘不气来。七喜临危不乱,以

"非可乐"作为定位策略,让饮料业巨头可口可乐一时措手不及,成功地成为美国继两乐之后的第三大饮料商。

但要注意的是,逆向定位策略是在消费者的头脑中找到已经存在的但尚未被竞争对手抢占的制高点,而不要试图去改变人的观念、徒劳地创造位置。

6) 空隙定位

空隙定位就是针对市场中没有供给的市场价值与相应产品,实现新品类抢先定位,在更细分的领域抢占第一。

比如宋城集团旗下的宋城演艺定位于中国演艺第一股。"千古情"系列演出创造了世界演艺市场的 5 个第一:剧院数第一、座位数第一、年演出场次第一、年观众人次第一、年演出利润第一。

7) 重新定位

原有定位已不适应于新环境时,重新定位。在长期内,企业可能须不断重新定位。

当美国所有航空公司都效仿美国航空(American Airlines)多级舱位和多重定价的时候,西南航空重新定位为"单一舱级"的航空品牌,成为闻名的"廉价航空公司"。它以低成本战略赢得市场,为旅客提供服务需求:低票价、可靠安全、高频度和顺便的航班、舒适的客舱、旅行经历、一流的常旅客项目、顺利的候机楼登机流程以及友善的客户服务。很快,西南航空从一大堆跟随者中脱颖而出,1997 年起,连续 5 年被《财富》评为"美国最值得尊敬的公司"。

8) 特色定位

特色定位是一种差异化定位策略,基于市场需求情况与本身条件分析,是利用产品鲜明特色占领市场最有利地位的定位方法。实践证明,特色定位策略很容易成功,而一旦成功将给企业带来丰厚的收益。例如,一些企业追求高质量、高价格,突出高品质的高端定位,而另一些则突出平民化,走大众化格调,虽然非常平淡,但也可以成功。

【案例介绍】

万豪国际集团酒店品牌定位

万豪国际集团由威拉德和爱丽丝·马里奥特于 1927 年创立,在家族式管理的一路引领下,创始人所坚持的原则深植于企业文化之中,清晰引领着万豪集团的前进方向。尽管不断发展变迁,但其重要的核心信念却从未改变,即以人为本、追求卓越、勇于创新、诚实正直及感恩回报。

目前,万豪酒店集团拥有万豪(Marriott Hotels & Resorts)、JW 万豪(JW Marriott Hotels & Resorts)、万丽(Renaissance Hotels & Resorts)、万怡(Courtyard)、万豪居家(Residence Inn)、万豪费尔菲得(Fairfield Inn)、万豪唐普雷斯(TownePlace Suites)、万豪春丘(SpringHill Suites)、万豪度假俱乐部(Marriott Vacation Club)、丽思卡尔顿(Ritz-Carlton)、W 酒店等 30 多

个品牌 7 000 多家酒店,覆盖 131 个国家和地区。主要品牌定位情况如下:

1.丽思卡尔顿酒店:以尊贵服务和特色体验,缔造经典传奇。

2.瑞吉酒店:置身精致而奢华的享受中,用时尚品位定义每一次入住。

3.JW 万豪酒店:全情投入的专业员工,呈献难忘的尊尚体验。

4.W 酒店:用大胆的设计,诠释现代豪华感,呈献别具一格的住宿体验。

5.艾迪逊酒店:将美食饮品、娱乐体验与创新设计融为一体,艾迪逊酒店打造出新颖而时尚的酒店风格。

6.万豪酒店:提供精致的空间和服务,开启充满灵感和创意的精彩旅程。

7.喜来登酒店:不仅提供贴心的服务和创新的环境,更致力于打造超越期待的住宿体验。

8.万豪度假会:致力于在全球范围内提供多样化、高品质的度假住宿和服务。

9.Delta 酒店:专注服务细节,呈献与众不同的体验。

10.艾美酒店:为充满好奇与创意的旅行者提供更具地域特色的客房和美食。

11.威斯汀酒店:创新健康计划,摆脱旅途疲惫,舒畅身心,焕发活力。

12.万丽酒店:改变传统商旅的乏味,用特色体验放飞想象力,打造身心愉悦的商务之旅。

(资料来源:万豪旅享家,万豪酒店集团官网。)

6.4　旅游战略制定及决策

6.4.1　旅游战略制定的综合框架

战略制定者永远无法采纳能让企业获益的所有备选方案,因为实际上存在无数能让企业获益的战略活动以及无数能够实施这些战略活动的方法。因此,企业务必综合考虑各种方案的优缺点以及成本与收益,建立一套易于管理、最具有吸引力的备选方案。

战略制定可以分为 3 阶段,可整合相关的技术,以帮助战略制定者拟定、评价和选择战略。

第一阶段是输入阶段,运用到的工具包括外部因素评价(EFE)、内部因素评价(IFE)以及竞争态势矩阵(CPM)。这阶段概括了制定战略所需的基本输入信息,战略制定者须主管地将信息定量化,结合内外部因素的相对重要性,在输入矩阵中做出一些小的决策,以有利于战略制定者更有效地构建和评价备选战略方案。在确定适当的权重和评分时,战略制定者须有良好的直觉判断能力。

第二阶段是匹配阶段,这个阶段采用的方法有 SWOT 矩阵、战略地位与行动(SPACE)矩阵、波士顿(BCG)矩阵、内部—外部(IE)矩阵、大矩阵(GSM)。根据输入阶段所得信息,将外部机遇、风险与内部优势、劣势相匹配。内外部关键因素相匹配是有效制定战略的关键。

第三阶段是决策阶段,只运用一种技术,即定量战略计划矩阵(Quantitative Strategic

Planning Matrix,QSPM 矩阵）。QSPM 矩阵采用第一阶段输入信息,对第二阶段提出的可行战略方案客观评价。它能揭示各备选战略的相对吸引力,可以客观地指出哪种战略是最佳的。

6.4.2　旅游战略的决策与选择

前面的战略分析方法与匹配技术为公司制订战略提供了备选方案。如何从多种备选方案中决定执行哪一项战略,就涉及战略制定的第三阶段——战略决策阶段。旅游战略决策可以采取定量战略计划矩阵（QSPM 矩阵）方法。

QSPM 利用第一阶段及其第二阶段分析结果来战略评价。战略制定者将第二阶段制定的各种备选战略的相对吸引力评分,每个备选战略的吸引力可以通过确定各内外关键因素的累计影响计算出来。评分的依据是各战略是否能使企业更充分利用外部机会以及内部优势、尽量避免外部威胁及减少内部弱点。评分高低反映其战略的最优程度。

QSPM 矩阵的构成要素包括关键因素、备选战略方案、权重以及吸引力评分、吸引力总评分、吸引力总评分合计。其步骤如下:

①在 QSPM 的左栏列出公司的关键外部机会与威胁、内部优势与弱点。这些信息直接从 EFE 和 IFE 矩阵中得到。QSPM 中应至少包括 10 个外部和 10 个内部关键因素。

②给每个外部及内部关键因素赋予权重。这些权重应与 EFE 和 IFE 矩阵中相同。

③考察第二阶段（匹配阶段）矩阵,并确认企业可考虑实施的备选战略。将这些战略填入 QSPM 的顶行中。在可能的情况下,将战略方案划分为互不相容的若干组战略。

④确定吸引力分数（Attractiveness Scores,AS）,以数值表明各战略所在备选战略方案组中的相对吸引力。通过逐个内外关键因素,对如下问题回答,并给出吸引力评分。该因素是否影响战略方案的选择？如果回答"是",就将这一因素对各战略方案的影响力比较。具体而言,吸引力评分是针对某一特定影响因素给出的战略方案相对于其他战略方案具有的吸引力分数。吸引力评分的范围:1＝没有吸引力;2＝有一定的吸引力;3＝有较强的吸引力;4＝有很强的吸引力。如果对上述问题回答"否",该关键因素对给定的具体战略方案没有影响力,因而不须对该组战略评分,不评分的在表中以横线"—"表示。

⑤计算吸引力总分（Total Attractiveness Scores,TAS）。TAS 等于权重乘以吸引力分数。吸引力总分越高,备选战略方案的吸引力就越大。

⑥计算吸引力总分和（Sum Total Attractiveness Scores,STAS）。STAS 是通过将 QSPM 中各战略纵栏的吸引力总分相加得到的。它表明了在各组供选择的战略中,哪种备选战略最具吸引力。在考虑所有影响战略决策的外部及内部因素的情况下,分数越高,对应战略的吸引力越大。给定备选战略方案的 STAS 的差异,说明了各战略方案相对于其他战略方案的可选择性。

QSPM 矩阵的优点与局限性如下:

QSPM 的一个优点是,可以对一组战略依次或同时考察。例如,公司能使用这一方法依次对公司总体战略、事业部战略、职能战略做出评价。而且在 QSPM 中能同时评价的战略或战略组数量不受限制。

QSPM 的另一个优点为,它要求战略制定者在决策过程里将有关的外部以及内部因素结合起来考虑。建立 QSPM 能避免关键因素不适当地被忽视或偏重。QSPM 使人们注意到影响战略决策的各种重要关系。虽然在建立 QSPM 过程里需要一些主观性决策,但这些次要的决策可能使最终战略决策质量更佳。QSPM 经过适当修改便可用于大型和小型的和营利及非营利性的组织,实际上可以被应用于任何类型组织。QSPM 尤其可以提高跨国公司战略决策水平,可以同时考察很多关键性因素和战略。它也已经被成功地应用于一些小型企业战略决策里。

QSPM 并非没有局限性。首先,其总要求直觉性判断与经验性假设。权重及最优程度分数确定都要依靠主观判断。尽管这些判断所依据为客观信息。但不同战略分析专家可能应用相同方法得出不同结论。这一种差别由于他们的经验以及微妙的直觉的不同。QSPM 的另一个局限性为其结果的科学性取决它所基于的信息和匹配分析的质量。QSPM 矩阵表见表 6-5。

表 6-5 QSPM 矩阵表

关键因素	权重	备选战略方案					
		战略 1		战略 2		战略 3	
		AS	TAS	AS	TAS	AS	TAS
关键外部因素: 机会因素、 威胁因素	具体因素的权重						
关键内部因素: 优势因素、 劣势因素	具体因素的权重						
总计	1.0						

【案例介绍】

万达集团战略转型

1.万达集团简介

万达集团创立于 1988 年,已发展成为以现代服务业为主的大型企业集团,旗下包括商管集团、文化集团、投资集团,其中,商业中心、影视、体育、儿童产业等处于世界行业领先地位。

(1)万达商管集团是全球领先的商业运营管理企业,主要包括万达广场、万达商业规划研究院与万达酒店及度假村。万达广场作为中国著名品牌,从 2000 年至今,已发展成为集社交、文化、旅游、美食、娱乐、购物于一体的第四代万达广场,成为人们美好生活中心。截至 2020 年,已在全国 31 个省、自治区、直辖市的 200 多座城市开业 368 座万达广场。万达酒店及度假村形成酒店设计、建设、管理的全产业链,拥有奢华酒店品牌万达瑞华、豪华酒店品牌万达文华、高端酒店品牌万达嘉华、高端优选酒店品牌万达锦华和超中端酒店品牌万达美华等7个品牌,截至2020年,已开业酒店104家,计划开业酒店超过170家。

(2)万达文化集团是中国领先的大型文化企业,旗下影视集团形成影视制作、发行、放映全产业链;体育集团是世界领先的体育赛事、媒体和营销企业,在中国运营中国杯国际足球锦标赛、环广西公路自行车世界巡回赛、世界马拉松大满贯、国际田联钻石联赛等世界级赛事;宝贝王公司是集儿童教育、娱乐、IP产品于一体的全球领先儿童产业企业。万达文化集团拥有中国领先的文化旅游创意、规划设计、建设、运营全产业链,已在全国建设10余个大型文旅项目。万达文旅规划设计院是国家级高新技术企业,汇聚全国文旅创意及科技英才,创新研发出特色小镇、万达茂、度假区、山地滑雪场等多个新型旅游产品。

(3)万达投资集团是世界领先的大型文化旅游项目、城市综合体投资企业,全国所有万达广场、万达酒店、万达城、万达茂、万达小镇和住宅项目均为其投资开发。

万达集团基本的发展模式是地产+文旅+运营。具体而言,前期地产开发,获取现金流为后续开发提供资金保障;中期以产业开发为主,带动项目品牌影响力及区域价值提升,提高项目销售溢价水平;后期以文旅及商业综合体运营为主,获取长期租金收入及资产增值收益。万达的经营系统与核心竞争力包括:

①城市综合体模型,万达强力推出和不断完善的城市综合体"万达广场"产品模型,通过一代、二代、三代和四代的逐步升级,健全了租售的黄金比例组合,建立了现金流滚资产的类金融方式,走出了中国当下商业地产金融创新、投资和变现两端缺失状态下的突围之路,成为无数大小开发商纷纷效仿的样板和中国商业地产界的主流产品模型。

②标准化和连锁化,成立万达规划设计院打造了自身的原创能力,构建了以"规划设计"为轴心的项目机制以及相应的产品研发和生产体系。辅之以一系列系统制度和管理机制,如大体量拿地、低成本融资、与合作伙伴签订"共进退"协议,包括百货、超市、电影院、数码广场等不同品类,保证无条件在万达所有新增商业地产项目中开店,由此,万达缔造了强大的核心竞争力和高效的开发建设能力。

③高效管控和运营,万达宣称"三个月开盘"的速度,它既需要开发团队出色的管理运营能力,又要求卓越的谈判能力,从而在项目审批中开辟"绿色通道",万达通过一系列运营管理工作流程和制度来追求和实现这些价值,并由此完成了从开发商向运营商、零售(主力店)商和服务商乃至金融商的转型和一体化。

2.万达集团发展历程与发展战略及转型

(1)大连万达集团成立

1988年大连万达集团成立,业务为住宅地产,市场范围主要为大连。企业成立之初,万达启动了大连市西岗区北京街旧城改造。20世纪90年代初期,万达年房屋销售量占大连市房地产销售总量的两成以上,在大连房地产企业中脱颖而出。那时候的万达,成为全国第一个城市旧区改造开发的企业,在全国首创城市旧区改造的发展模式。

(2)跨区域发展

1993年,万达赴广州番禺开发侨宫苑小区,获得了跨区域开发的宝贵经验。

1998年,万达在成都、长春等多个城市开发,迈出大规模跨区域发展的步伐。

（3）第一次战略转型——转向商业地产发展

2000年前后，随着中国城市化比重进一步增加，城市市民消费出行的需求与日俱增，万达集团瞄准时机，准备进入商业地产项目领域。

2000年5月，万达召开企业发展史上的"遵义会议"，历经3天，统一了思想，决定企业战略转型，住宅地产和商业地产两条腿走路，并将全国各地公司合并调整为商业、住宅两大建设公司。这主要源于万达意识到现金流的重要性，商业地产是细水长流的现金流。

2000年7月，开发建设第一代万达广场。万达开发建设企业的第一个商业地产项目——长春重庆路万达广场，并与美国沃尔玛公司结成战略合作伙伴关系，这是第一代万达广场。

2004年，万达开发建设首个第三代万达广场——宁波鄞州万达广场，并建有五星级酒店和超高层写字楼，总建筑面积60万平方米，全国首家提出"城市综合体"开发模式。

2005年，万达先后成立商业规划院、商业管理公司、酒店建设公司，形成商业地产的完整产业链。同时万达二次机构改革，将商业、住宅两大公司合为一家公司——万达商业地产股份有限公司，确立商业地产为万达核心支柱产业。

2006年，上海五角场万达广场、宁波鄞州万达广场、北京CBD万达广场开业，万达打赢"三大战役"，奠定万达商业地产龙头地位。

2007年，万达集团成立万达连锁百货，正式进军零售业。

2008年，万达集团总部由大连迁往北京CBD万达广场，标志着万达事业迈上新台阶。

2010年，广州白云万达广场开业，这是万达商业地产进军广东的首个作品。

2014年10月，第100座万达广场昆明开业，万达迎来百城时代。

2020年12月，万达集团完成全年开业45座广场目标，总共368座万达广。

（4）第二次战略转型——转向文化与旅游领域

2009年，为寻找新发展空间和利润增长点，万达集团将文化旅游产业作为企业新的重点发展方向。当年1月，万达集团投资200亿元建设长白山国际度假区。

2010年，万达集团大规模机构调整。一是集团和商业地产总部机构彻底分设。二是商管和院线机构调整，变成为总部、区域公司和单店三级管理模式，真正实现连锁经营。三是项目管理分成南、北区。这次调整，为万达实现实业、资本两条腿走路、为企业长远发展打下坚实的组织基础。

2011年7月，万达投资5亿元正式成立万达影视制作公司，形成电影产业的完整产业链。

2011年9月，武汉中央文化区楚河汉街开业，它位于武汉市核心地段，是以文化为核心兼具旅游、商业、商务、居住功能为一体的文化旅游项目。

2011年11月，万达和美国弗兰克·德贡公司成立合资演艺公司，由万达控股，在全国投资100亿元打造5台世界领先水平的舞台秀。

2012年2月，成立首家奢华品牌酒店管理公司，填补了中国无奢华酒店管理公司的空白，当年开业6家自有品牌五星级酒店。

2012年，长白山国际度假区盛大开业，并成立万达文化产业集团。

2016年,首个"万达城"南昌正式开业,万达打造世界文化旅游新品牌。万达首个以"万达城"命名的超大型文旅综合项目5月28日落户江西南昌。丰富的业态、创新的模式和极具竞争的产品标志着"万达城"将成为世界文化旅游新品牌。同年,万达文化集团将旅业整体并入同程旅游。

2017年,哈尔滨万达乐园打造的大型冰雪主题乐园——万达冰灯大世界开业,项目集冰灯冰雕、冰雪游乐、亲子娱乐、特色演艺、风情餐饮于一体,打造哈尔滨冬季旅游新地标。

2018年,万达酒店及度假村发布超中端设计酒店品牌万达美华。

2018年,成都国际马拉松、"环广西"公路自行车世界巡回赛在广西成功举行。

2019年12月,万达影城第600店开业,万达电影各项经营指标连续多年稳居全国第一。

2020年9月,万达包县扶贫入选世界旅游联盟案例集。世界旅游联盟、世界银行、中国国际扶贫中心联合发布《世界旅游联盟旅游减贫案例》,万达集团在丹寨的包县扶贫项目成功入选。

2020年10月,全国首家万达颐华酒店开业。万达颐华高端生活方式酒店以"乐无限,怡然自得"为品牌主张。截至2020年,已开业酒店104家,计划开业酒店超过170家。

(5)第三次战略调整——跨国发展

2012年1月,万达集团制定十年战略发展目标,决定实施跨国发展、成为世界一流跨国企业,为中国民营企业争光。

2012年9月,万达集团26亿美元并购全球第二大影院公司——美国AMC。

2013年6月,万达集团并购英国圣汐游艇公司。

2013年10月,万达宣布成立英国房地产开发公司。

2013年12月,万达集团旗下的美国AMC院线公司在纽交所成功上市。

2014年,万达集团投资9亿美元在芝加哥建五星级酒店;并购澳大利亚黄金海岸项目;并购英国圣汐游艇公司

2016年1月,万达35亿美元并购美国传奇影业,同时,万达集团与英国国际医院集团签订合作协议。万达总投资150亿元,在上海、成都、青岛建设3座综合性国际医院,由IHG运营管理并使用IHG品牌(中文名为"英慈万达国际医院")。

2016年,AMC并购欧典院线,万达形成全球电影布局。

2019年7月,万达体育在美国纳斯达克上市。

(6)第四次战略调整——轻资产转型

2015年,万达商业地产与光大安石、嘉实基金、四川信托和快钱公司签署投资框架协议,4家机构拟投资240亿元人民币,建设约20座万达广场。这标志着万达商业地产"轻资产"模式正式启动,万达商业地产将走上"轻重并举"发展道路,开创全新的商业模式。同时,万达集团宣布,从2015年开始,所有万达广场综合体新开工项目,都将实行"总包交钥匙"管控模式。

自2017年出售大型文旅和酒店项目一次性出清重资产业务后,万达旗下各业务板块全面寻求品牌、管理输出。其中,万达商管的轻资产化最为彻底。2017年7月19日下午,在北京万达索菲特酒店,万达、融创以及富力地产举办了价值700亿元的合约签署仪式,在这场

仪式当中,万达集团将名下价值637亿元的酒店和文旅项目转让给了融创和富力。

2018年,万达还在继续卖资产。先把万达高管手里14%的股权作价340亿元卖给了腾讯,后把万达电影13%的股权卖给了阿里巴巴。

2020年9月,万达商管正式对外宣布:"从2021年开始,万达商管不再发展重资产,即不再投资持有万达广场物业,全面实施轻资产战略,每年签约"轻资产"的万达广场将不低于60个。"截至2020年9月底,万达商管已开业轻资产项目达58个。在建万达广场166个,其中,轻资产128个,在建项目基本满足万达商管未来3年,每年开业万达广场不低于50个。

①什么是万达的轻资产模式?

2015年4月15日晚,王健林董事长应邀参加深圳证券交易所第八期"创业家思享汇",演讲主题为"万达的轻资产模式",首次完整地阐述了万达的轻资产模式。

什么是重资产?万达商业地产的主要产品是城市综合体,这种产品模式就是建设一个大型万达广场,旁边配套建设一些写字楼、商铺、住宅等,把配套物业销售,用销售产生的现金流投资持有的万达广场。因为中国没有支持长期不动产投资的金融产品,所以万达只能以"售"养"租"。万达广场建成后自己持有经营,全部租金收益归万达,这种模式叫重资产。

什么是轻资产?投资建设万达广场,全部资金别人出,万达负责选址、设计、建造、招商和管理,使用万达广场品牌和万达全球独创的商业信息化管理"慧云"系统。所产生的租金收益由万达与投资方按一定比例分成。这是一种全新模式,这就是万达广场轻资产模式。以轻资产为主就是万达商业地产的转型方向。这意味着5年内万达商业地产将去房地产化,转型为一家商业投资服务企业,类似于酒店管理公司,完全轻资产化。

②为何转型轻资产。

一是扩大竞争优势。对于近14亿人口的中国消费市场来说,规模还是太小,要扩大竞争优势,必须做得更大。重资产受制于房地产周期,市场火的时候房子卖得很好,现金回流很快,发展起来容易。但我们分析中国房地产已走到供需平衡的拐点,躺着挣钱的高利润时代已经过去,今后房地产要靠品牌、定价、营销等方方面面。重资产模式虽然还能发展,但难度在加大。要快速扩大规模,就要转型轻资产。

二是发展中小城市。万达为什么不集中在一二线城市发展,三四线城市房价租金有那么高吗?这是对不动产理解不深。不动产最核心的指标不是房价和单平方米租金高低,而是租金回报比,就是租金和投资的比例,一个项目每年收取的租金,扣除各种税费后,除以项目投资来看回报率高低。如,从租金回报比看,一二线城市项目甚至可能不如三四线城市项目,因为一二线城市项目地价高、投资大。重资产主要看房价,销售利润高才能投资,难以进入三四线城市发展。轻资产因为是纯投资不销售,不需关心房价,只要城区人口够多,租金回报比合适就可以做。万达可以进入大量三四线城市。三四线城市发展不动产的最大挑战是招商难,一般企业根本不敢进去,因为招不上商。而商业资源丰富恰恰是万达的最大优势,超过5 000家签了协议的合作商家,其中,许多跟万达是紧密合作伙伴,万达走到哪他们就去哪。现在万达不是招商,而是选商。我们从实践中体会到,现在中国的商业地产投资处于失衡状态,集中于大城市,局部已经过热,但对三线城市和城区人口多的四线城市来说,投资非常稀缺,许多地方不要说大型综合体,连一个多厅电影院都没有。

三是产生边际效益。万达做轻资产是为了加快发展步伐。万达现在一年开业26个广场、新增500万平米左右持有面积，在全世界都空前甚至绝后。从国际经验看，不动产发展和城市化进程密不可分。一个国家城市化的关键进程只有二三十年，一旦城市化进程结束，大规模发展机会就没有了。万达遇到了中国城市化快速推进的历史绝好机会，同时因为自己做好了准备，才把握住这个机会。万达还要继续加大力度，尽快把中国的大中小城市都发展到位。从财务上看，轻资产回报很好，两个轻资产店的管理收入总利润也相当于一个重资产店。更重要的是，轻资产快速扩大规模，还能产生边际效应。拿深交所上市的万达院线来说，它的影城多数开在万达广场里，万达商业地产发展速度快，院线发展速度就快。万达正在做宝贝王，这是中国第一个综合性儿童娱乐项目，把儿童游乐、教育培训、美食、零售集于一体。之所以万达要做儿童业态，因为万达广场如果没有儿童业态，服务的年龄段就有断层。我们统计过，儿童业态能为广场带来超过两位数的客流增长。为什么自己做，因为找不到能跟上万达速度的合作伙伴。万达广场数量扩大，还能为万达做O2O、互联网金融等带来更多资源。

③怎样做好轻资产。

一是建立轻资产标准模块。重资产模式下，万达商业地产考核地方公司主要看利润；到各地发展，主要看房价。轻资产模式的考核目标变化，主要看成本和租金。

二是工程管理重大改革。为加快发展轻资产，万达的工程管理模式重大改革。原有工程管理模式难以跟上。所以万达推出交钥匙工程，这在中国工程管理史上是一个重大创新。实施交钥匙工程的好处：第一是降低成本，过去建一个万达广场，项目公司要六七十人，现在人数减少三分之二；第二是提高效率，管理更加便捷；第三是实现双赢。实施交钥匙工程后，工程建设单位成为真正的总包，过去他们只负责土建，最多只占工程造价的50%，外墙、内装、机电等是万达招标。现在总包自己去招分包，不仅所有收入算工程单位的，工程单位还可以收取分包一定的管理费，利润提高了，所以交钥匙工程受到战略伙伴极大欢迎。对于万达，可以彻底防止工程招标腐败。当然，所有分包单位必须从万达品牌库中选择。

三是商业管理实现信息化。万达创新研发出一套慧云商业管理系统，2013年试行，2014年正式在全国万达广场推行。慧云把万达广场的消防管理、机电管理、节能管理、运营管理等16个子系统集成到一个智能平台上，一张电脑屏就可以掌控全局。商业管理信息化不仅支撑了万达商业管理的运营，保障了安全，而且也降低了管理成本。

四是建立轻资产融资管道。万达做轻资产，钱从哪来？一是外部管道，像基金、保险等机构投资者，现在已签订有约束力的项目25个，如果万达需要，很快就可以签100个以上。二是建立内部融资管道。万达成立了自己的电子商务公司，收购了快钱支付公司，这两家公司都在做全新的理财产品，采用众筹方式为万达广场轻资产融资。万达的理财产品真正投向实体，能产生真实回报。我们计划每年给投资者6%左右的现金回报，5年或7年把万达广场处置，将收益分给投资者。万达广场处置有两种方法：资本化或卖掉。万达商业地产转向轻资产，不是大家想象的那样忽然华丽转身，而是一步步做出来的，从建造的成本标准模块、交钥匙工程、信息化商业管理到建立融资管道，已经折腾一年多，只是现在消息发布出来。

（资料来源：万达集团官网。）

【思考题】

1.旅游定位指的是什么？有哪些类型的旅游定位？

2.旅游战略指的是什么？有哪些类型的旅游战略？

3.旅游定位与旅游战略的制定,有哪些影响因素与分析方法？

4.如何旅游定位？它一般应遵循什么思路？有哪些技巧？

5.旅游行业有哪些知名企业？请以某个知名旅游企业为例,分析企业类型、发展定位与发展战略。

6.针对生活与旅行中遇到的问题与困难,你是否提出了创意方案？请给你的创意方案确立发展定位与发展战略。

第7章
旅游商业模式设计

【学习目标】

1.了解旅游商业模式的概念与要素。

2.理解商业模式设计的一般过程与基本要求。

3.掌握主要的旅游商业模式。

【案例导读】

乌镇景区的商业模式

1.乌镇简介

乌镇具有 1 300 多年的历史,人文荟萃,人才辈出,物产丰饶,是典型的中国江南水乡古镇,有"鱼米之乡、丝绸之府"之称。从 1 000 多年前中国最早的诗文总集编选者梁昭明太子到中国最早的镇志编撰者沈平、著名的理学家张杨园、著名藏书家鲍廷博、晚清翰林严辰、夏同善等,乌镇自宋至清千年时间里出贡生 160 人、举人 161 人、进士及第 64 人。乌镇除了吃的,还有乌锦、丝棉、蓝印花布、布鞋、篦梳、湖笔、木雕竹刻、生铁锅等特产。

2.乌镇旅游发展历程

1991 年,被评为浙江省历史文化名城。

1999 年,以旅游为导向保护与开发。

2001 年,东栅景区正式对外开放。

2003 年,被评为首批国家级历史文化名镇。

2003 年,亚太地区遗产保护杰出成就奖。乌镇对古镇保护开发方式作了探索,积累了成功的经验。如管线地埋、河道清淤、修旧如故、控制过度商业化等工作,都是在全国古镇保护开发中首创或成功运作的典范,被联合国专家考察小组誉为古镇保护之"乌镇模式"。

2007 年,西栅景区对外开放。它与东栅以旅游观光为主题不同,西栅打造的是商务旅游、休闲度假为主。

2010 年,被评为国家 AAAAA 级景区。

2013 年,举行首届乌镇戏剧节。

2014 年,成为世界互联网大会永久会址。

2018 年,乌镇景区荣获"浙江省优质旅游经典景区"称号。

3.乌镇旅游的价值主张

(1)背景

旅游已成为国内消费的热点领域;人们对传统聚落、水乡古镇的旅游需求居高不下;随着周庄等水乡古镇开发,水乡古镇旅游发展迅猛;乌镇作为典型的水乡古镇,旅游价值没得到挖掘。

(2)乌镇提出游客价值

"一样的古镇,不一样的乌镇。"这基于行业的跟风和古镇旅游产品同质化趋势,迫使乌镇旅游开发者不断思考产品内容的变化与创新。

(3)乌镇旅游的市场定位

从观光(2006年以前)到高端休闲与商务(2006年以来)。乌镇二期(西栅景区)的市场定位:高端休闲与商务。乌镇二期的市场定位是一线城市的高端客源,包括高端休闲散客和商务客人。乌镇一期定位观光市场,人均消费一直在100元左右。乌镇二期则定位在商务市场和休闲市场,极大提升了人均消费,人均消费达到1 000元,已经成为营收的主力。

(4)改善民生

让更多乌镇人由衷觉得生活在乌镇是一件幸福的事。

4.乌镇旅游的价值创造

(1)核心资源

①产权置换。乌镇一期部分拆迁与产权置换。在吸取一期工程的经验教训后,乌镇二期工程更为彻底地拆迁,同时建设新区安置居民。乌镇二期在开发中采取先投资、后开发方式,即先以全资买断西栅所有原商铺和住家的房屋产权,此举投入资金达3.5亿元,在此基础上,整个景区开发的主体一元化,规避开发中主体多元化带来的诸多弊病。

②旅游资源。传统水乡、地方历史文化资源、民俗资源成为乌镇旅游开发最为重要的源泉。如,蓝花印布已经成为当代城市里酒店、餐馆和家居中很有民间气息的装饰点缀,乌镇就搞起了染坊;当铺是这个地区市场经济发达、资金急需流转的标志;历史上,乌镇有很多茶馆,茶馆边上有卖烟丝的小店,过去老百姓来早市、喝早茶、抽早烟。

③投融资。贷款与中青旅入股。西栅景区于2003年启动建设,2006年10月建成并对外开放,占地3.4平方千米,贷款投资约10亿元。以中青旅为代表的资本入股,解决了乌镇古镇保护与旅游发展所需的资金问题,同时标志着乌镇古镇保护与旅游开发从政府主导转向市场主导。

(2)关键业务

①文化保护之"禁商"政策。为了保护古镇整体风貌,避免类似周庄因过度商业化而被世人诟病,乌镇从一开始就采取"禁商"政策,并设置集中购物区供本地居民和外来经营者经营。管委会和旅游公司作为主要开发者和保护主义者,极力反对非遗产型投资项目,保护区内居民想要经营商业十分困难,居民多次抗议无效,"偷偷"做生意,如将住宅改造为民宿、在住宅内摆摊经营并引发激烈的景区商业控制管理与社区商业经营的矛盾。但总体来看,旅游公司成功控制了保护区内的商业化发展。

②景观建设之"以旧修旧,修旧如故"。景观建设与整改方面,旅游公司提出"整体风貌

为先"保护与开发原则以及"以旧修旧,修旧如故"修缮方法。

③基础设施建设。脱胎换骨式系统改造。乌镇将保护与再利用结合起来,投入数以亿计资金对古镇立体式、全方位深度改造,开发与保护的兼顾,可以说重塑了一个新古镇。经过改造,乌镇的客房都具有三星级以上硬件标准,部分会所达到了五星级标准,更有享誉全球的小型豪华酒店组织(SLH)授权经营的乌镇会所。它包括以下5个方面。

一是基建改造。乌镇二期实现了管线埋放、给排水系统、水电煤系统全面改造,这种改造在古镇开发中是全国首例。

二是外部整治。整治的对象是建筑立面和空间、周边环境,但是出发点不再是整旧如旧的单体修复,而是基于街区风貌的整体打造。整治方法不仅对建筑外立面协调性修复,更要对建筑外围环境系统整治,营造适合人居的大环境。

三是内部改造。改造就是对历史建筑内部空间重构,包括对室内空间重新分隔、安装现代厨卫设备、提升人均居住面积。改造的古建筑更适合居住,有现代化厨卫设施,有布局合理的电路,有更舒适的居住空间,有更好的采光。

四是功能注入。乌镇将新增功能注入到古建筑中,比如古镇水上消防队、公共厕所、监控中心等都依托古建筑的内部改造,功能有效注入。如此做法保证了古镇整体风貌统一,注入了新增功能。

五是社区配套。社区配套主要按照现代居住社区的标准,配套包括公共场所、社区休闲活动空间、人文活动设施及旅游配套设施。乌镇专门建立居民晨练场所,修复戏院、书场、露天电影场,服务社区,让游客体验真实的古镇生活。

④资源整合与产品开发。

一是乌镇的旅游开发根据当代旅游市场的现实需求,激活历史文化,古为今用,洋为中用,凸现创意大众化、动态化、生活化、趣味化特点,从而赋予了古镇旅游文化的生命活力。激活文化,还原生活,乌镇为游客准备的不仅仅是凝固的建筑,更是生动的古镇生活,这是游客最希望体验的内容。漫步在石板路上,在路边的老字号门口,导演赖声川正在品尝美食;在地道的乌镇茶馆里,也许你会遇见来这里散心的刘若英。

二是旅游产品动态化。延续历史文脉,举办大型节庆活动,如,具有浓郁乌镇特色的香市节,就相当于当地的"狂欢节",移植过来与旅游结合,敛聚了人气;将评弹、皮影戏等一些文艺节目按旅游需求重新编排,在夜间露天表演或公开表演,丰富旅游夜生活的内容;强调传统手工艺市场机制建立和历史街区传统老店恢复。乌镇恢复传统产品作坊,如酱坊与茶馆,补贴传统特色老字号商店。同时,将新的功能注入历史物化闲置公共建筑,如恒益药店和乌镇邮局。

三是发展节庆、会议、展览与艺术。乌镇决定以文化和会展为突破口来进一步构建行业的壁垒,旅游公司在西栅投资4亿元建设乌镇大剧院,于2013年正式竣工。同年,举办乌镇戏剧节,并得到了国内外许多艺术家、专家喜爱和认可;投资8 000多万建设木心美术馆,于2015年11月15日开馆;2014年,"世界互联网大会·乌镇峰会"永久落户乌镇,旅游公司投资10亿元建设互联网会展中心,于2016年10月竣工;继续投资6亿元建设宴会中心,2017年3月开工建设;2018年9月发布,拟建设互联网国际会展中心二期项目,预计投资金额为

15亿元。其中,乌镇戏剧节由陈向宏、黄磊、赖声川、孟京辉在2013年共同发起、文化乌镇股份有限公司主办,拥有1 300年历史的乌镇为舞台,上演世界级精品剧目以及年轻戏剧人的原创作品,包括来自中国的传统戏剧、皮影戏、木偶戏以及来自外国的小丑剧、肢体剧、传统默剧等。

通过资源整合与发展转型,乌镇景区向"文化小镇""会展小镇""智慧旅游小镇"战略升级和转型。自2013年,乌镇先后成功构建了壁垒极高的戏剧节文化品牌和会展品牌,旅游公司以此为契机对景区客房、配套设施升级再造,将景区推向"文化小镇""会展小镇""智慧旅游小镇"战略升级和转型。

⑤旅游经营与管理。乌镇二期取得优秀的经营绩效,在全国景区中位居前列。复合经营、统一经营和专业管理是乌镇取得成功的根本原因。

一是复合经营。一般古镇旅游开发基本上靠门票经济,除此之外就是一些购物与餐饮,经营的业态比较单一。而对乌镇二期来说,门票只是进入门槛,景区内的多业态复合经营才是营收的主力。乌镇二期开发出住宿、会议、餐饮、娱乐等多元化产品,实现复合式经营,景区内酒店餐饮消费较多,因此,游客组成及旅游消费的结构变化使得收入增长幅度远大于游客量增速。这是日渐清晰的乌镇经营模式所应该带来的效应。尤其值得一提的是会议市场,乌镇二期内共有大小会议室100余个,其中包含了大型多功能会议厅、小型会议室、贵宾接待厅等,设施齐全。自2007年景区开放至今,已成功接待大小会议1 000余场,如中科院院士会议、中法文化遗产保护论坛、IBM全球总裁高峰论坛、拜耳医药和飞利浦电器等国际高规格会议。

二是统一经营。在业态上实施复合经营,在管理上却实施统一,乌镇二期成功破解古镇过度商业化和业态同质化两大难题。在整个景区内,游客绝对不会遇到强买强卖,更不会听到吆喝叫卖声。在二期中所有商铺的承租户由公司来发工资,卖茶的就只能卖茶,捏面人的店铺只能出售面人,亏的钱由公司补贴。二期对外出租餐饮店面,但承租并不是价高者得,而要求承租户给出经营的内容和装修的效果图,符合二期整体经营需要的承租户才有机会。乌镇二期除了大型餐馆之外,原住户可以租赁原有住宅开展餐饮,但是,每户只能同时接待2桌客人,并且菜品和菜肴价格由公司统一制定,这有效预防经营中拉客宰客行为。

三是专业管理。在高层管理者中,包括中青旅在内的战略投资者虽然在出资比例中占据较高比重,但并不参与日常管理。乌镇二期在开发中与政府、外部集团三者之间达成和谐的共识,即开发只由当地公司独家全权运作,政府与外部集团不予干预,仅按股份获得相应利润。乌镇二期仍由以陈向宏为首的专业团队负责,这是难能可贵的。古镇旅游开发需要专业人才,日常运营也需要专业人才,不因资本而改变治理结构,而以专业确立高端人才的管理岗位,是乌镇模式的一大亮点。

(3)核心伙伴

①当地社区与居民。产权置换与就业合作。

②陈向宏团队。2007年,旅游开发主导者陈向宏辞去在管委会的行政职务,其团队专注于乌镇旅游景区开发。

③中青旅。2006年12月,中青旅控股股份有限公司斥资3.55亿元入主桐乡市乌镇旅

游开发有限公司,持有乌镇旅游60%的股份。

④美国国际数据集团。2009年,美国国际数据集团(International DataGroup,IDG)投资4 412万元入股乌镇旅游,持有乌镇旅游15%的股份,4年后以4.14亿元将股份转给中青旅。

⑤世界互联网大会。它由中华人民共和国国家互联网信息办公室和浙江省人民政府共同主办,旨在搭建中国与世界互联互通的国际平台和国际互联网共享共治的中国平台,让各国在争议中求共识、在共识中谋合作、在合作中创共赢。世界互联网大会确定乌镇为永久会址。

5.乌镇旅游之获取价值

(1)盈利模式。

景区+住宿+餐饮+购物+节庆+会议等综合盈利模式。

(2)创新分配模式。

一是中青旅等投资者的利益。作为国内旅行社行业中首家在A股上市的企业,中青旅2006年12月斥资3.55亿元入主桐乡市乌镇旅游开发有限公司,持有乌镇旅游60%的股份。2009年以4.14亿元从美国国际数据集团购入乌镇15%的股份,占乌镇75%股份。在乌镇旅游发展中,中青旅只投资,不过问具体管理。

二是乌镇社区的利益。乌镇景区发展对社区带来的利益主要为社区重构与改善民生。

①社区重构。与其他古镇开发不同,乌镇二期将全部居民迁出,景区内的居民主体是游客,除此之外都是工作人员。这样的社区重构使得一般古镇开发中的居民与游客的矛盾不复存在。可以说乌镇二期改变了一般古镇开发的社区关系:对于一般古镇而言是外来者的游客在乌镇却是真正的"镇民";原来居民却成为进入景区务工的外来者;景区开发公司不再是居民房屋经营权的承租者,而是居民承租开发公司的房屋开展经营。这种颠覆式社区重构,给游客新鲜的古镇深度体验,也赢得了市场支持。

②善民生。乌镇旅游开发在民生方面做了几件事。

一是再造新镇。从生活质量来讲,历史建筑早已不能满足现代人生活质量的要求。乌镇二期购地30多公顷,在开发之初就对古镇居民彻底迁移,为此,公司补贴了不少资金。居民以较低的成本拥有宽敞的住所,享受现代生活,可以说此举大大地改善了民生。

二是解决居民就业。整体搬迁导致居民就业成为问题,而景区运营需要较多劳动力。因此,开发公司整体规划,精心布局,设置多个就业岗位,解决了不少居民就业问题。乌镇将古建筑返租给原来的住户,让他们处理日常的客房清洁,更可以在原来自家的餐厅经营餐饮。

三是延续古镇生活方式。原住户可以凭证件自由进出古镇,延续其原有生活方式,弥补了古镇生活气息的缺失。这样的安排使得古镇原来的居民不仅实现安居,更实现乐业。居民在旅游开发中获得了实惠,更获得稳定的收入,因此,对古镇旅游开发持配合与支持的态度。

(资料来源:乌镇官网;郑艳芬,王华.历史城镇旅游商业化的创造性破坏模型——以乌镇为例.旅游学刊;郑世卿,王大悟.乌镇旅游发展模式解析,地域研究与开发。)

【思考与讨论】

1.乌镇旅游产品是什么？市场在哪？

2.乌镇提出了什么样的价值主张？它是通过什么方式来创造价值并实现这些价值主张的？

3.旅游发展中,乌镇采取了什么样的盈利模式与价值分配方式？

4.乌镇的案例能带来什么样的启发？

7.1 商业模式的概念与要素

7.1.1 商业模式的概念

关于商业模式的概念,有不少相关的研究与界定。这大致可分为以下几方面。

①经济类的定义。它将商业模式描述为企业的经济模式,其本质内涵为企业获取利润的逻辑,也就是赚取利润而经营商业的方法,即企业如何在价值链与价值系统上定位从而获取利润。与此相关的变量包括收入来源、定价方法、成本结构、最优产量等。

②运营类的定义。它把商业模式描述为企业的运营结构,重点在于说明企业通过何种内部流程和基本构造设计来创造价值。与此相关的变量包括产品/服务的交付方式、管理流程、资源流、知识管理和后勤流等。

③战略类的定义。它把商业模式描述为对企业战略方向的总体考察,涉及市场主张、组织行为、增长机会、竞争优势和可持续性等。与此相关的变量包括利益相关者识别、价值创造、差异化、愿景、价值、网络和联盟等。

综合上述观点,商业模式是企业为实现战略发展而构建起来的商业系统,体现了企业创造价值和实现价值的商业逻辑与基本经营方法。它旨在说明创业企业如何运用企业战略构建商业体系,在特定的市场上建立可持续的竞争优势,从而实现客户与企业自身价值增值以及企业利润的持续增长。简单通俗地说,商业模式是企业来赚钱的途径或方式。

商业模式本质上是若干因素构成的一组盈利逻辑关系的链条,回答了创业的 7 项基本问题。

①谁是企业的顾客？

②企业能为顾客提供怎样的价值和服务？

③企业的产品和服务应该什么时候投入市场？

④企业的产品和服务应该投在哪个地方的市场上？

⑤企业的产品和服务为什么能够赢得客户？

⑥企业如何以合理的价格为客户提供这些价值,并从中获得合理利润？

⑦企业能多大程度上为顾客提供独特的价值和服务？

可见,商业模式是创业企业明确在何时(When)、何地(Where)、为何(Why)、如何(How)以及多大程度(How Much)地为谁(Who)提供什么样(What)的产品和服务,即"5W2H"。在这个过程中,企业创造价值和分享价值,获得客户与供应商的支持,从而为自己的价值获取定制了一套切实可行的商业运行体系,保障自身可持续发展。

7.1.2　商业模式的要素

由于研究领域与研究视角不同,对商业模式要素划分呈现不同观点。一类学者以企业业务流程为基础来划分商业模式的构成要素。如 Timmers(1998)认为构成商业模式的主要因素有产品、服务、信息流结构、参与主体利益、收入来源等;另一类学者以价值创造过程或关键因素为基础来划分商业模式的构成要素。如 Hamel(2000)认为构成商业模式的主要因素有核心战略、战略资源、价值网、顾客界面等。这里采取亚历山大·奥斯特瓦德与伊夫·皮尼厄在《商业模式新生代》一书中提出的商业模式构成的方法,从价值创造的关键因素来厘清商业模式的要素,包括提出价值、创造价值、实现价值3个方面9项要素。

1) 提出价值

提出价值是解决企业可提供什么价值、向谁提供价值问题。它意味着,在拥有自己的价值主张的前提下,企业细分目标客户,与客户保持良好的关系并通过一定渠道传递价值。它包括价值主张、客户细分、客户关系、渠道通路4要素。

(1)价值主张

价值主张是企业试图为顾客与社会创造价值、清楚地定义企业试图为顾客与社会创造的价值是什么。这一点很重要,因为价值创造是企业存在的理由。

初创企业的价值主张源自创业者的愿景与战略目标。它是企业价值观的核心部分,是一种希望解决社会问题、个人问题和客户问题的愿景与想法。其核心是企业可创造什么价值,为谁创造价值? 如何创造价值? 除了须关注企业自身价值增值的部分,更须关注的是客户价值的增值部分,它包括为客户创造的产品价值、服务价值、品牌价值、关系价值等。此外,企业须关注利益相关者,如股东与员工的价值以及为社会创造的价值,如真善美、快乐、热情、周到、诚信、公正、美好生活、助人为乐、救济弱势群体等。

在这个模块中,创业者需注重回答以下几个问题。

①我们该向客户传递什么样的价值?

②我们在帮助客户解决什么问题?

③这些问题对他们是否重要?

④我们会向目标细分市场提供什么样的产品与服务?

⑤这些产品与服务会给客户带来怎样的利益?

⑥与我们的竞争对手相比,我们提供的价值增值服务是否具有独特性? 是否会带给客户更多的利益?

(2)客户细分

客户是企业利润的来源,也是构成商业模式的核心内容。企业首要的任务是明确自己的目标客户是谁,为谁提升产品与服务。客户细分构造模块要阐明企业想要服务的客户群体。除了痛点、痒点、爆点需求分类,也可按照需求的重要性与迫切性将客户分为4类,即重要而且迫切、重要但不迫切、迫切但不重要、既不重要也不迫切。如果能把握住客户既重要又迫切的需求,并将这群客户作为重点,创业就容易成功。企业只有提供有针对性、符合客户个性化需求的产品和服务才能更好地提升客户的满意度。而为了满足不同客户多元化的需求,就须对客户群体按照不同标准细分。只有细分,才能紧紧抓住目标顾客的需求。

因此,在这个模块中,创业者需回答以下3个问题。

①我们正在为谁创造价值?

②谁是我们最重要的客户?

③他们在哪里?

(3)客户关系

客户关系指企业为达到其经营目标,主动与客户建立起的某种联系。这种联系可能是单纯的交易关系,也可能是通信联系,也可能是为客户提供一种特殊的接触机会,还可能是为双方利益而形成某种买卖合同或联盟关系。客户关系具有多样性、差异性、持续性、竞争性、双赢性特征。它不仅可以为交易提供方便,节约交易成本,也可以为企业深入理解客户的需求和交流双方信息提供许多机会。

在这个模块中,创业者需回答以下4个问题。

①企业的每个客户细分群体希望我们与他们建立和保持何种关系?

②我们已经建立了哪些关系?

③建立和保持这些关系的成本如何?

④如何把它们与商业模式的其余部分整合?

(4)渠道通路

渠道通路是企业向客户传播价值主张的途径或渠道,让消费者感受到企业的价值主张并具有较好的顾客忠诚度,以产生持续的购买服务。渠道通路包含以下功能:提升公司产品和服务在客户中的认知;帮助客户评估公司价值主张;协助客户购买特定产品和服务;向客户传递价值主张;提供售后客户支持。常见的渠道通路包括,面谈或电话沟通;现场或实体店内沟通;实物交付;传统媒体交付(电视、广播、报纸等);电子交付(OTA、微信等社交媒体、短视频、各种App、博客、电子邮件等);以及旅游信息中心、节庆、会展、宣介会、博览会等。

根据渠道通路的直接性与否,渠道通路包括自有渠道(直销渠道)与合作伙伴渠道(非直销渠道)。自有渠道是企业直接由自己将产品或服务销售给最终的消费者,即生产者—消费者。具体表现为通过销售人员、自有店铺、连锁店、自有网络平台等。合作伙伴渠道是企业通过代理商、经销商、批发商、网络销售商与零售商等合作伙伴把产品或服务销售给消费者,即在生产者与消费者之间多了一个或多个中间环节。合作伙伴渠道的好处是借助合作伙伴已有的渠道帮助企业销售,扩大销售区域。

在建立渠道通路中,可以通过5个环节来打通我们对消费者的影响:

①创建对服务或产品的市场意识,提升客户对公司产品或服务的认知。

②帮助潜在客户评估产品或服务。

③促成客户采购。

④向客户交付价值。

⑤保证售后满意度。

在这个模块内容中,创业者需回答以下几个问题。

- 企业能通过哪些渠道接触到目标客户群体?
- 这些渠道能否通过整合变得更为有效和通畅?
- 哪些渠道最有效? 哪些渠道性价比最高?
- 怎样把渠道和客户的队列关系整合?
- 怎样筛选出本阶段最佳的渠道投入资源?

2) 创造价值

创造价值解决企业价值如何生产与创造问题。它涉及企业产品与服务的设计、生产与经营管理。它主要包括3个内容:核心资源、关键业务和重要伙伴。

(1)核心资源

核心资源是企业拥有的能创造价值的重要资源。核心资源模块要阐明企业有效运营所必需的重要资源,这些资源使企业能创造和提供价值,能与客户建立良好的关系,还能与目标客户建立通畅而高效的营销渠道。核心资源包括物质资源、知识资源、人力资源、组织资源、金融资源、旅游资源、地理资源等。核心资源的优势是企业核心竞争实力评估的重要组成部分。

在这个模块中,创业者需回答以下6个问题。

①创造和实现企业的价值主张需要什么样的核心资源?

②我们的渠道通路需要什么样的核心资源?

③我们的客户关系需要什么样的核心资源?

④我们的收入来源需要什么样的核心资源?

⑤已有的核心资源能否保障企业的利润来源?

⑥企业未来需要的核心资源与现有的核心资源有何差异?

(2)关键业务

关键业务指企业完成经营目标、实施商业模式所需要的主要活动。关键业务模块须阐明企业必须做的最重要的事情。如产品与服务的设计、生产与经营管理,销售、网络与平台,问题解决方案,知识管理与培训,等等。

在这一模块内容中,创业者需回答以下5个问题。

①企业的价值主张需要哪些关键业务?

②渠道通路需要哪些关键业务?

③客户关系需要哪些关键业务?

④收入来源需要哪些关键业务?

⑤如何才能高效地做关键业务？怎么经营管理这些关键业务？

（3）重要伙伴

重要伙伴指在企业创造价值过程中共同合作的核心伙伴,如重要的供应商、资金供给者等,这些合作伙伴可以为价值创造提供必要的资金、设备、原材料、信息、网络平台等资源。良好的合作伙伴可以为企业建立一个良好的生态体系,使企业环境更为优质。

在这个模块中,创业者需回答以下 6 个问题。

①企业价值创造需要什么资源？

②谁是企业的重要伙伴？

③谁是企业重要的供应商？

④谁能为企业提供资金支持？

⑤谁能为企业提供平台支持？

⑥合作伙伴执行了哪些关键业务？从合作伙伴那里能获得什么？能获得多少核心资源？

3) 实现价值

实现价值解决企业获利的盈利模式问题。它包括两个要素:成本结构和收入来源。

（1）成本结构

成本结构是企业在创造价值过程中所花费的成本,即企业运营所可能花费的所有成本。它须阐明企业成本支出数量及其结构。成本数量及其结构决定了企业的承载负荷和承载能力。

在这个模块中,创业者需回答以下 5 个问题。

①企业成本构成如何？其中固定成本是多少？

②哪些核心资源花费最多？

③哪些关键业务花费最多？

④成本花费是否预期价值创造相匹配？

⑤与竞争对手相比较,成本控制是否有效？是否有更好的降低成本的方法？

（2）收入来源

收入来源指企业的利润收入流及其结构。它要阐明企业的盈利模式与收入情况。

在这个模块,创业者需回答以下 4 个问题。

①什么样的价值能让顾客付费？他们现在付费买什么？

②顾客是如何支付费用的？顾客会在何时支付费用？他们更愿意如何支付费用？

③有哪些收入来源？每个收入来源占总收入的比例是多少？

④哪些收入对企业更重要？哪些能给企业带来稳定的收入？哪些是未来可以产生收入的？

7.2　商业模式设计的一般过程与基本要求

在了解商业模式的构成要素之后,就应设计商业模式了。

7.2.1　商业模式设计的基本要求

一个好的商业模式,要符合以下 5 个方面的标准。

1)定位要准

市场定位的核心,就是寻找差异化市场,为这个市场提供具有独特优势的产品。确立市场定位的关键是市场细分,并寻找到能够利用自身优势来满足该细分市场所需要的产品和服务。这里需考虑以下 5 个基本问题。

①是否差异化市场分析?

②是否为目标市场和顾客创造了价值?

③是否确定了独特的市场定位?

④自身和竞品是否有明显差异?

⑤是否设计出了客户所需要的产品或服务? 在设计产品或服务时,最关键的是满足了哪些顾客的哪些方面的需求? 产品本身为客户创造了怎样的价值? 顾客为什么愿意认可该价值而付费? 这是产品设计的核心所在。

2)市场要大

当然,不是随意找一个细分市场提供所需的产品和服务就算是一个优秀的市场定位。关键在于,要寻找一个快速、大规模、持续增长的市场,这是确定是否为优秀市场定位的一个关键指标。

这里需关注以下 4 个问题。

①目标市场规模是否足够大?

②是否能满足目标客户重要的基本需求?

③是否能保证高速增长?

④如何保证持续增长?

3)扩展要快

这是很多商业模式在设计时所忽略的一个问题,也是决定该模式快速增长或平滑缓慢增长的最关键环节。收入是否快速扩展,是衡量商业模式能否迅速做大规模最关键的因素。任何一个企业的收入规模在根本上取决于客户数量和平均客户贡献两个因素。因此,想要快速增长,就要设计快速增加付费客户数量的各种策略或者提高平均客户贡献额。

在设计客户收入扩展策略时,需考虑以下 3 个问题:

①获取新客户的方法和难易程度?

②定价策略是否有利于快速扩展客户和利润最大化?

③客户是否持续消费?

4) 壁垒要高

如果具备了上述 3 点,却发现有很高的行业壁垒,无法进入,那只能望洋兴叹;或者发现谁都可以进入这个前途无限的市场,那应扪心自问:"我为什么能成功? 而别人为什么不成功?"所以一厢情愿地投入是无法取得成功的,必须确保市场接受我们而不是接受别人。换句话说,不仅要我们特别钟情于目标客户,目标客户也要特别青睐于我们。好的商业模式一定要和自己的优势紧密结合。最好就是自己都有的优势,构筑最好的竞争壁垒。

关于进入壁垒,我们要考虑 5 个问题。

①该行业本身是否有壁垒?

②是否存在产业链的制约因素? 如何解决?

③如何利用自身优势来构筑竞争壁垒?

④如何建立产业竞合关系?

⑤如何构筑价值链?

5) 风险要低

设计商业模式的最后一个环节,就是要综合评估可能面临的各种风险。在评估风险时,需考虑以下 5 个问题。

①是否存在政策及法律风险?

②是否存在行业监管风险?

③是否存在行业竞争风险?

④是否存在潜在的替代品威胁?

⑤是否已经存在处于价值链龙头地位的企业(或产业链龙头,或产业链主)?

这是考虑商业模式所面临风险时须注意的一点。我们准备进入的行业不能有处于产业链龙头地位的企业,因为优秀的商业模式应该具有发展成为龙头的最大可能性,而不是一开始就受制于人。

7.2.2 商业模式设计的一般过程

1) 分析并确定目标顾客

商业模式设计的第一步,也是最为重要的一步,就是确定顾客。

(1) 描述顾客的轮廓

对顾客的轮廓必须要有一个大致的描述,一开始不用精准,因为进入市场后,还可以调整,但一定要从这个步骤开始。描述的方式包括他们的年龄、性别、婚姻状态、居住地区、收入水平、兴趣爱好、生活习惯以及常用的服务等。

（2）详细列出顾客的问题

这些问题可能有几十个,要把有可能成立的逐一列出来。

（3）确认并厘清重要问题

这须和符合顾客描述的人访谈。确认每个顾客问题的存在。在这个过程中,会删掉很多其实不存在的问题,也会增加很多他们真正有的问题。最少要访谈 3~5 人,最好能访谈 20~30 人。完成之后,可以制作一个初步的精简版问题清单。接下来,可以做更大规模的问卷调查,进一步确认问题清单中哪些问题普遍存在、哪些问题其实没那么重要。由此,确定一个重点问题的清单。

（4）调查市场

调查市场上有可能竞争的产品、产品的上下游关系与产业链状况、市场规模。

完成上述步骤之后,就可以对顾客的基本情况、顾客的问题和相应的市场规模有了初步的概念。

【知识拓展】

用户画像

用户画像又称用户角色,作为一种勾画目标用户、联系用户诉求与设计方向的有效工具,用户画像在各领域得到了广泛应用。我们在实际操作的过程中往往会以最为浅显和贴近生活的话语将用户的属性、行为与期待联结起来。作为实际用户的虚拟代表,用户画像所形成的用户角色并不是脱离产品和市场之外所构建出来的,形成的用户角色须有代表性能代表产品的主要受众和目标群体。

怎么做用户画像？用户画像是真实用户的虚拟代表,首先,它是基于真实的,它不是一个具体的人。其次,它根据目标的行为观点的差异区分为不同类型,迅速组织在一起,然后把新得出的类型提炼出来,形成一个类型的用户画像。一个产品大概需要 4~8 种类型用户画像。

（1）用户画像的 PERSONAL 8 个要素。

①P 代表基本性（Primary）。指该用户角色是否基于对真实用户的情景访谈。

②E 代表同理性（Empathy）。指用户角色中包含姓名、照片和产品相关的描述,该用户角色是否引同理心。

③R 代表真实性（Realistic）。指对那些每天与顾客打交道的人来说,用户角色是否看起来像真实人物。

④S 代表独特性（Singular）。每个用户是否是独特的,彼此很少有相似性。

⑤O 代表目标性（Objectives）。该用户角色是否包含与产品相关的高层次目标,是否包

含关键词来描述该目标。

⑥N 代表数量性(Number)。用户角色的数量是否足够少,以便设计团队能记住每个用户角色的姓名以及其中一个主要用户角色。

⑦A 代表应用性(Applicable)。设计团队是否能使用用户角色作为一种实用工具设计决策。

⑧L 代表长久性(Long)。用户标签的长久性。

(2)用户画像的优点。

①用户画像可以使产品的服务对象更加聚焦、更加专注。在行业里,我们经常看到这样一种现象:做一个产品,期望目标用户能涵盖所有人,男人女人、老人小孩、专家小白……通常这样的产品会走向消亡,因为每一个产品都是为特定目标群的共同标准而服务的,目标群的基数越大,这个标准就越低。换言之,如果这个产品是适合每一个人的,那么其实它是为最低的标准服务的,这样的产品要么毫无特色,要么过于简陋。

②用户画像可以在一定程度上避免产品设计人员草率地代表用户。代替用户发声是在产品设计中常出现的现象,产品设计人员经常不自觉地认为用户的期望跟他们是一致的,并且总打着"为用户服务"旗号。这样的后果往往是,用户对精心设计的服务并不买账,甚至觉得很糟糕。

③用户画像还可以提高决策效率。在现在的产品设计流程中,各环节的参与者非常多,分歧总不可避免,决策效率无疑影响着项目的进度。而用户画像是来自对目标用户的研究,当所有参与产品的人都基于一致的用户讨论和决策时,就很容易约束各方保持在同一个大方向上,提高决策的效率。

2)定义并检验价值主张

价值主张是商业模式的基础,说明了我们向选定的目标顾客传递什么样的价值或者帮顾客解决什么问题。可以通过各种创意方法来思考与提出价值主张。价值主张提出后,可进一步检验它是否符合顾客需求。这可从以下 3 点来检验。

(1)真实性

价值主张不应停留在构想阶段,必须具有真实性。顾客所期望的价值可区分为 3 个层次:一是解决问题;二是解决竞争对手无法解决的问题;三是满足未来的需求。

(2)可行性

只有具有可行性的价值主张,才是好的主张。可行性包括可以执行、可评估效果,最好是竞争对手没有的,这样的价值才是符合多数顾客期盼的。

(3)与顾客的关联性

须用心研究顾客需求、购买行为、当前满足情形、不满意原因等,据此发展和顾客息息相关的产品和服务,缩小产品供给和顾客需求的落差。

根据检验过的价值主张,发现可以提供的产品、服务或解决方案。

3) 设计交易与盈利模式

企业是以营利为基本目的的组织。盈利即赢利,盈利模式是企业赖以盈利的组织机制及商业架构。它须对企业经营要素进行价值识别和管理,在经营要素中找到盈利机会与利润来源,构建相关的商务结构与业务结构。赢利模式决定任何行业企业的生死,决定企业财富价值的等级,也决定企业核心竞争力的高低。

(1)盈利模式设计包括的内容

①要确定企业的可创造的价值与收入来源。

它来自企业的价值链与价值网络,以及在产业融合、产业衍生、产业分化过程中的价值链延伸。每个收入来源包含价格与销售量两方面。对于低成本的商业模式,目标价格点可能是整个营收模式的关键点。在溢价商业模式中,其价格可能是传递独特价值所需的资源成本。而销售量的部分,则依照先前所预测的规模而定。

②要确定企业的成本结构。

这包括固定成本与变动成本。成本结构主要来自传递价值主张所需的关键资源与关键活动。

③确定毛利与盈利潜力。

毛利源自营收模式及成本结构,许多公司会将毛利作为获利与判断创意是否适当的指标。然而,商业模式设计的目的,不只是协助维持某个毛利,而是建立可获利的成长平台。最终目标当然是让收入大于成本,一个商业模式做到这个,并且有高度可规模化的潜在顾客,则可称为一个可升级的商业模式,是所有创业者追求的目标。

(2)盈利模式包括的类型

①产品与服务的盈利模式。

通过销售产品、服务来获得利润。这是最基本的盈利模式,或者说它是盈利模式的基础。如旅游住宿、餐饮、景区、购物、交通等产品与服务的交易。

②渠道盈利模式。

它通过渠道、平台来降低成本、扩大销量来获得利润;或者旅游代理企业作为渠道,通过广告、代理费、销售返点、佣金、回扣等来获得收入。

③规模盈利模式。

它获得规模效应来获取利润,主要途径包括降低成本、集团化、战略联盟、连锁、加盟等。如华侨城集团化、维也纳连锁酒店。

④资源盈利。

它是通过垄断一部分核心资源来盈利。如旅游景区通常利用世界遗产、度假区利用优美环境等垄断性资源来获利。

⑤品牌盈利模式。

它把品牌作为所有价值优化中心,所有价值都围绕品牌优化。品牌盈利卖的不是产品本身,卖的是附加值。如品牌授权、IP 会员制、万豪酒店打造各种酒店品牌。

⑥产业互动盈利模式。

它利用多个产业的产品与服务的互补与集聚效应来获取利润。如旅游跨界融合、"旅游+"、旅游综合体、旅游城、旅游小镇。

⑦解决方案的盈利模式。

它根据客户要求与问题,提出解决思路、行动计划与方案来获得利润。如旅游路线定制、旅游规划与策划、旅游咨询与管理公司等。

⑧产消合一模式。

"产"即生产者,"消"即消费者。产消合一指生产者与消费者合二为一。产消合一打破了生产者与消费者的界限,让消费者帮助生产。它包含以下几种形式。

a.产消合一者组装:旅游 DIY,让游客决定行程。

b.产消合一者贩卖:产权酒店;市民农园,游客租地种菜摘菜;旅居,康养地产。

c.产消合一者营销:互联网的社区、讨论区、评价区等。

d.自助:各种自助式服务设备;青年旅馆,自己动手;志愿旅游等。

e.互联网:产消合一最大的场所,在这里,用户自己制作、传播与销售产品。

4)构建经营系统,整合价值链

在目标顾客、价值主张及营收确定后,就须考虑哪些要素到位才能支持这三者来构建价值链。我们须考虑三大块:关键活动、关键资源和关键伙伴。关键活动是创业团队必须要完成的工作项目。如产品开发、业务、顾客服务、商务发展、质量监控等,有助于企业进步,都可以纳入到商业模式的画布中来。关键资源是根据前面所有设定商业模式中所需要的重要资源。关键伙伴就是能提供关键资源的伙伴。

可通过一些问题,帮助我们思考可能需要的关键活动、关键资源与关键伙伴。

(1)人员

传递价值主张所需的技能、人才与专家如何?

(2)品牌

我们有能力建立一个新品牌吗?还是可以借助现有品牌的知名度?

(3)供应商

我们现在的供应商,是否可以满足新商业模式在能力上的缺口?

(4)技术

我们的技术与竞争对手有何差异之处?

(5)渠道

我们是否有能力激励渠道?

(6)研发/产品开发

需要什么样的经验与技术?是否有这样的技术?

(7)消费

多少量才可以达到经济规模?我们有这种能力吗?

（8）人力

需要什么样的人才？

（9）信息

什么样的 IT 系统与工具是必需的？

经营系统是，企业组织各种关键活动、关键资源与关键伙伴融入企业的设计、生产、销售、交货和售后等价值链活动，构建价值链来创造价值并把价值传递给目标顾客的运作系统。它包括企业组织模式、价值链、渠道等。

首先，组织模式是企业建立的组织与管理控制模型。它须思考企业的核心优势与核心竞争力，并通过核心优势与核心竞争力来创造价值。旅游组织须思考如何对旅游资源、资金、土地、人才、技术、政策等资源与生产要素组合；关键资源与关键活动是什么？互补资源与互补活动是什么？怎么建立面向客户的组织结构与制度？团队与行为规则是什么？如何通过企业信息系统构建数字化组织？

其次，价值链的构建不仅须构建价值链活动，还须分析产业价值链的定位。产业价值链定位指企业在产业链中的定位，即企业处于什么样的产业链条中。在这个链条中，企业处于何种地位？企业在产业链中是如何定位的？

例如，阿里巴巴协助客户做供应链时，探求出一条完整的客户需求链，从而产生一条业务范围跨网络服务、软件服务、虚拟物流、准金融服务、商业秩序的监管、维护、仲裁等领域护理链，如诚信通、中国供应商、阿里软件、支付宝、阿里旺旺等。

总之，商业模式是一个系统。所有系统之间须巧妙、和谐地共生才能达到系统目的。

【案例介绍】

携程的核心优势与盈利模式

携程旅行网创立于 1999 年，是中国领先的综合性旅行服务公司，成功整合了高科技产业与传统旅行业，向超过 3 亿会员提供全方位旅行服务。"携程式"商业模式的核心竞争力在于开放平台以及盈利模式，其平台拥有强大的资源整合与配置能力。

1.携程的核心优势

（1）规模经济优势。服务规模化和资源规模化是携程旅行网的核心优势之一。携程拥有世界上最大的旅游业服务联络中心，拥有 1.2 万个坐席，呼叫中心员工超过 10 000 名。携程在全球 200 个国家和地区与近 80 万家酒店建立了长期稳定的合作关系。规模化运营不仅可以为会员提供更多优质的旅行，还保障了服务标准化，确保服务质量，并降低运营成本。

（2）技术领先优势。携程一直将技术创新视为企业的活力源泉，在提升研发能力方面不遗余力。携程建立了一整套现代化服务系统，包括海外酒店预订新平台、国际机票预订平台、客户管理系统、房量管理系统、呼叫排队系统、订单处理系统、E-Booking 机票预订系统、服务质量监控系统等。2013 年，携程发布"大拇指+水泥"策略，构建指尖上的旅行社，提供移动人群无缝的旅行服务体验。依靠这些先进的服务和管理系统,携程为会员提供更加便捷和高效的服务。

(3)管理体系规范。先进的管理和控制体系是携程的又一核心优势。携程将服务过程分割成多环节,以细化的指标控制不同环节,并建立起一套精益服务体系。同时,携程还将制造业的质量管理方法——六西格玛体系成功运用于旅行业。目前,携程各项服务指标均已接近国际领先水平,服务质量和客户满意度随之大幅提升。

2.携程网的利润来源

(1)酒店预订代理费,从酒店的盈利折扣返还中获取。

(2)交通、门票预订代理费,等于顾客订票费与被代理公司出票价格的差价。

(3)度假预订与定制。

(4)购物:全球购。

(5)在线广告。

3.携程的盈利模式

(1)收入渠道的流量模式。

(2)会员模式。发行会员卡,获得足够的会员,提高顾客的回头率,提高顾客对企业的忠诚度。

(3)一体化,加强业务重组、兼并与对外投资。

7.2.3 商业模式画布

1)商业模式画布的概念与内涵

商业画布指能够帮助创业者设计商业模式的一种根据,它可催生创意、降低猜测、确保找对目标用户、合理解决问题。它不仅能够提供更多灵活多变的计划,而且容易满足用户的需求。更重要的是,它可以将商业模式中的元素标准化,并强调元素间的相互作用。商业模式画布由9个方格组成,每一个方格都代表着成千上万种可能性和替代方案,创业者要做的就是找到最佳的一个。

商业画布的使用者须按照一定顺序(图7-1)。

重要合作: 谁可以帮我? 8	关键业务: 我要做什么? 7	价值服务: 我怎样帮助他人? 2	客户关系: 怎么样和对方打交道? 4	客户群体: 我能帮助谁? 1
	核心资源: 我是谁、我拥有什么? 6		渠道通路: 怎样宣传自己和交付服务? 3	
成本结构: 我要付出什么? 9			收入来源: 我能得到什么? 5	

图7-1 商业模式的构成要素

①首先要进行市场细分,确定目标用户群,了解目标客户的需求,进行价值定位。

②如何接触到他们,并建立渠道与关系。

③怎么盈利(收益流)。

④凭借什么筹码实现盈利,有什么核心资源与关键业务。

⑤能向你伸出援手的人(合伙人)。

⑥根据综合成本定价。

在数字化时代,尤其须对数字经济价值发现、创造与实现,这主要包括以下几个方面。

①注重数据共享伙伴、数据增值伙伴、数据购买者、外部系统接口等用户的分析。

②提供数据服务、信息服务、数据分析服务、数据挖掘服务、决策支持服务等。

③注重信息查询界面、报表输出、决策支持界面、数据挖掘工具、数据分析工具、数据访问接口等构建渠道通路。

④增强用户在需求沟通、培训与辅导、访问量统计、使用反馈、数据使用业务、咨询服务等方面的客户关系。

⑤强化数据出售、数据租金与使用服务费、数据挖掘带来的商业收益分成、数据分析带来的降低分成、企业战略决策支持咨询费、企业商业模式创新带来估值增量分成等方面收入。

⑥注重构建源数据及接口、资产化后的数据、相关技术平台和应用、数据分析团队和能力等方面的核心资源。

⑦强力打造数据资产规划、源数据采集、数据资产化汇聚、数据价值开发、数据服务运营、系统建设与运维等方面的核心能力。

⑧注重与大数据技术供应商、外部数据供应商、数据共享交换平台合作伙伴等建立重要的合作伙伴。

⑨注意分析数据源采集成本、外部数据购买费用、数据存储成本、技术平台建设、数据分析团队人力成本、相关技术平台运维费用、数据应用开发费、数据服务运营成本等。

2) 精益创业画布

精益创业画布融合精益创业和商业模式画布的精华,是帮助企业"从 0 到 1"的最佳工具。在硅谷,精益画布几乎成了早期创业设计和规划的第一步。精益画布的发明者是阿什·莫瑞亚,他是美国一位连续创业者,也是精益创业运动的旗手。精益画布虽然只有 1 页,但非常实用。对创业者来说,它既可以是商业模式的描绘与提炼,也可以是一份非常简洁的商业计划书,还可以是指引创业发展方向与路径的战略规划(刘志阳 等,2021)。

(1)精益画布的构成

精益画布一共分 9 格,每一格大小不同。这些格子分别为问题、客户群体分类、独特卖点、解决方案、渠道、收入分析、成本分析、关键指标、门槛优势。图 7-2 为阿什·莫瑞亚特意设计的精益画布。

问题： 最需要解决的 3 个问题 1	解决方案： 产品最重要的 3 个功能 4	独特卖点： 用一句简明扼要但引人注目的话阐述，为什么你的产品与众不同、值得购买 3	门槛优势： 无法被对手轻易复制或买去的竞争优势 9	客户群体分类： 目标客户 2
	关键指标： 应该考核哪些东西？ 8		渠道： 如何找到顾客？ 5	
成本分析： 争取客户所需花费、销售产品所需花费、网站架设花费、人力资源费用等 7			收入分析： 盈利模式、客户终身价值、收入、毛利 6	

图 7-2　精益画布

（2）精益画布的原则

精益画布的原则大致包括以下几个方面。

①迅速起草一张画布。第一版起草画布不需要消耗太长时间，最长不超过 15 分钟。制作画布是为了把脑海里所想的东西迅速记录下来，然后确定风险最大的部分，最后让他人来验证这个模式。

②一些部分可以留空。留空的部分可能是商业模式中风险最大的部分，应该从这里开始验证。像"门槛优势"这样的部分可能需要多花点时间才能找到，所以目前的最佳答案就是"不知道"。画布本来就应该是很灵活的，可以随时间推移来逐步完成。

③尽量简明扼要。画布的空间限制正好可以把商业模式的精华部分提炼出来，目标是只用一张纸来制作画布。

④站在当下角度来思考。如果写商业计划书，那么可能需要花大力气来预测未来，不过预测未来是不可能的。应该以非常务实的态度来制作画布，根据目前的发展阶段和掌握的情况来填写内容。

⑤客户为本。精益创业以客户为主要驱动力，因而在寻找原始商业模式的时候只需要围绕客户做文章。仅需要调整客户群体，商业模式就会发生很大变化。

（3）精益画布的有限次序

精益画布制作的目标是选择满足下列要求的商业模式：有足够大的市场，有合适的客户渠道，客户需要你的产品，而且能发展壮大。下面是这些条件的排序。

①客户的痛苦程度（问题）。首先，应该优先选择那些最需要产品的目标客户群体。在列出的客户最头疼的 3 个问题中，至少要有一个是须解决的大问题。

②获取难度（渠道）。要想把产品做好，就必须建立起客户渠道，这是比较困难的。如果能比较轻松地为某个客户群体建立渠道，那就应该优先考虑这个群体。虽然这样做不一定能保证解决问题或建立一个可行的商业模式，但至少能迅速地走向市场，更快地进行客户学习。

③价格/毛利（收入及成本分析）。给产品定什么价，主要取决于目标客户群体。应该尽量选择让利润空间最大的群体。利润空间越大，达到收支平衡所需的客户数就越少。

④市场规模(目标客户群体)。应该根据既定商业目标选择规模较大的目标客户群体。

⑤技术可行性(解决方案)。检查解决方案部分,确定设想不仅可行,确定能够满足客户要求的极简方案。

最后,须强调的是,应当不断使用和更新精益画布。填完精益创业画布或其中大部分,就可以验证或否定假设。最简单的办法就是把画布的每一个模块想象成一个"通关/失败"的关卡。如果一个模块的试验失败了,应当反复试验,直到走进死胡同或找到出路。唯一例外的是"关键指标"模块,它用于记录所根据的关键指标。虽然这个模块无关试验,但很有填写的必要,因此,该模块内容可以成为商榷和讨论的起点。

【案例介绍】

摩拜的精益画布

摩拜单车是由胡玮炜创办的北京摩拜科技有限公司研发的一款解决短途出行的产品,是采用无桩借还车的智能硬件。人们通过智能手机就能快速租用和归还一辆摩拜单车,用可负担的价格来完成一次几公里市内骑行。

摩拜单车为解决"最后一公里"问题提供了不同商业模式,让我们看看摩拜单车的精益创业画布,如图7-3所示。

问题 最需要解决的 3 个问题 客户方面: 1.开车堵,打车贵,走路远; 2.固定车桩不方便; 3.自己买自行车维护管理麻烦 政府方面: 1.城市拥堵治理; 2.改善民生,提倡绿色出行 1	解决方案 产品最重要的 3 个功能 1.智能锁,能够无线接收开锁信号,并实时定位; 2.不需要固定充电和还车; 3.手机 App 控制 4 关键指标 应该考核哪些东西? 1.单车投放量; 2.用户活跃数; 3.单车成功开锁率; 4.单车故障率 8	独特卖点 用一句简明扼要但引人注目的话阐述,为什么你的产品与众不同、值得购买 1.扫码借车,不需要固定车桩; 2.车多,唾手可得; 3.外观洋气 3	门槛优势 无法被对手轻易复制或买去的竞争优势 1.专利; 2.工艺; 3.后台:红杉资本、腾讯 9 渠道 如何找到顾客? 1.市区投放车辆; 2.社交媒体传播; 3.福利活动、红包现金等 5	客户群体分类 目标客户 1.一、二线城市人员; 2.上班族、大学生、年轻人; 3.政府公共部门人员 2
成本分析 争取客户所需花费、销售产品所需花费、网站架设花费、人力资源费用等,车辆成本、运营资金 7			收入分析 盈利模式、客户终身价值、收入、毛利、押金、预付充值款、月卡/季卡、车身广告费 6	

图7-3　摩拜单车的精益创业画布

7.3 主要的旅游商业模式

7.3.1 代理经销模式

这种模式常见于旅游设施设备、旅游日用品与旅游购物等的旅游商业中。代理时通常选择品牌信誉好、发展潜力大的产品和公司。但好产品的经销权在市场非常抢手,创业者的主动权比较少。选择经销或代理时,需注意以下几个方面。

①代理企业要具有较强的研发能力和资源优势。这有助于深入了解该产品的技术含量、品质和相应的宣传策略,是赢得市场的根本保障,能增加创业者和消费者的信心。

②产品最好是上市不久的,属于起步阶段,企业处于成长期。这类产品新近推出,品牌和知名度尚未打开,竞争对手还无暇顾及或未足够重视。而且企业对代理商的要求相对不高,运作空间较大。

③卖点突出,差异化明显。否则,在激烈的竞争市场中,今后市场运作会很艰难。

④价位基本上在目标消费者可接受的范围。价格过高吸引不了更多购买群体,价格过低会冲淡利润。

⑤在一些代表性城市,每一年会举办各种博览会、展销会、新闻发布会,创业者要有市场敏感性,有意识地从中摸清产品信息,了解企业动态,最终选择合适的产品。

7.3.2 直销商业模式

直销模式就是去掉中间商、降低产品的流通环节成本并满足顾客利益最大化需求的一种效率高的营销方式。换句话说,它是生产商不经过中间商而直接把商品销售到顾客手中的、减少中间环节和销售成本的一种销售模式。随着信息技术的发展与应用,直销模式获得较大发展。

直销模式与传统销售模式的主要区别在于销售渠道不同。

传统的销售渠道是生产商—中间商—经销商—零售店—顾客。

直销的销售渠道是生产商—顾客。

直销实际上是将产品的部分利润从代理商、分销商、广告商处转移给直销员的一种经营形式。直销能有效地缩短通路、贴近顾客,将产品快速送到顾客手中,加快资本运作。直销同时更好地将顾客的意见、需求迅速反馈回企业,有助于企业战略调整和战术转换。

直销方式主要如下:

①专营店铺专门销售自己企业的产品与服务。

②专卖店+直销员上下呼应。

③以店铺为销售中心+辐射四方的推销员登门推销内外呼应。

④经销商招聘直销员层层推销、层层购买、层层分享。

⑤电话、电视、邮递、网络、面对面等。

⑥电子商务网+异业联盟网+直销网三网合一，互动营销新模式。其中，异业联盟是一种非常理想的方式，把不同行业、不同层次的商家联合在一起，互惠共赢，共同发展。

7.3.3　连锁经营模式

连锁商业模式指经营同类商品或服务的若干企业（或企业分支机构），连锁组成一个联合体，实施集中化管理，从而实现规模效益。连锁经营在旅游产业非常常见，尤其是餐饮与住宿行业。它主要包括直营连锁、特许经营和自由连锁 3 种。

1）直营连锁

直营连锁是指连锁门店均由连锁总部全资或者控股开办，由总部直接管理、统一经营。总部采取纵深的管理方式，直接掌管所有零售点，零售点必须完全受总部指挥。直接连锁的主要任务在于渠道经营，即通过经营渠道拓展从消费者手中获取利润。

2）特许经营

（1）特许经营的含义

特许经营，也叫特许经营加盟，指签订合同，授权人（或公司总部）将其商号、商标、产品、服务标志、专利技术、经营模式等经营资源授予被特许人（或加盟商），被特许人按照合同约定在统一经营体系下从事经营活动，并向特许人支付特许经营费。它可分为生产特许、产品和品牌特许、经营模式特许 3 种。

（2）特许经营的原则

特许经营要获得成功，大致要遵循"3S"原则，即标准化（Standardization）、专业化（Specialization）、简单化（Simplification）。

①标准化。标准化是为了利于特许经营模式复制、利于特许经营体系管理和控制或保持整个特许经营体系的一致性，是特许经营的优势和竞争力之一。它指特许人对其业务运作的各方面包括流程、步骤、外在形象等硬软方面经过长期摸索或谨慎设计之后而提炼出的能够随着特许经营网络铺展而适应各地区加盟店的一套全体系统一模式。

②专业化。所谓专业化，其实就是特许经营体系各基本组成部分的总体分工问题，因为分工高效，特许经营网络为了保障这个庞大体系良性运转，必须把不同职能交由不同部分来完成，各部分有机协调、合作的结果才能使特许经营体系成为一个具有自我发展和良好适应外部环境能力的有机整体。

③简单化。简单化是指作业流程简单化、作业岗位活动简单化，使员工节约精力、提高工作效益、以最短的时间和体力支出获得最大效益。在管理实践中，特许人一般都会对作业流程和岗位工作中每一细节深入研究，并通过手册归纳。著名的麦当劳手册中甚至详细规定了奶昔员应当怎样拿杯子、开机、灌装奶昔直到售出的所有程序。使其所有员工都能依照手册规定操作，即使新手也可以依照最有章法的工作程序迅速解决操作问题。

(3)特许经营的优势与不足

①特许经营的优势。特许商利用特许经营实行大规模低成本扩张;加盟商反复利用特许商的商标、特殊技能、经营模式,并借此扩大规模。

②特许经营的不足。一是特许本身,加盟商得到了一套完善的、严谨的经营体系,但加盟商很难改变这种经营模式来适应市场和政策的各种变化;二是对消费者来说,加盟商频繁变更给他们带来了疑惑,也造成了特许人、现任加盟商和以往加盟商之间责任不清,相互推脱;三是特许经营只能专注于某一个领域,而不可能在各市场都取得战略性胜利。

3)自由连锁

自由连锁,也叫自愿加盟,指保留单个资本所有权的联合经营。自愿加盟体系中,商品所有权属于加盟主所有,而运作技术及商店品牌则归总部。各成员是独立法人,具有较高的自主权,只是在部分业务范围内合作经营,以达到共享规模效益的目的。各加盟店在保留单个资本所有权的基础上实行联合,总部同加盟店之间是协商、服务关系。集中订货和统一送货,统一制订销售战略,统一使用物流及信息设施。各加盟店不仅独立核算、自负盈亏、人事自主,而且在经营品种、经营方式、经营策略上有很大自主权,但要按销售额或毛利的一定比例向总部上交加盟金及指导费。它有利于企业形成合理的商业结构、灵活的经营方式,提高经营水平和经营质量,与消费者贴近,可以满足消费者的特定需要。

【案例介绍】

如家连锁酒店的商业模式

1.如家连锁酒店简介

如家连锁酒店是如家酒店集团旗下三大品牌之一。如家酒店集团创立于2002年,如家的品牌灵魂是工作与旅途中可信任的"家";愿景是使如家酒店集团成为全球酒店行业前三名酒店管理企业;价值观是诚信、尊重、尽责、进取、合作。如家酒店在全国300个城市拥有近2 000家酒店。如家酒店多年获得中国金枕头奖"中国最佳经济型连锁酒店品牌"殊荣。2014年,如家酒店以4.2亿美元的品牌价值入选中国品牌100强。2016年4月,如家酒店集团与首旅酒店完成合并,如家酒店集团成为首旅酒店的控股子公司。

如家是第一个用连锁复制商业模式打造的经济型酒店品牌。如家构建的连锁商业模式意味着标准化统一:统一的品牌、质量、服务模式、客源销售网络和管理系统。和传统商业地产概念酒店经营模式不同,如家采取轻资产策略——租赁经营,先后引入风险投资和上市融资,实现了年收入和经营利润连年翻倍增长奇迹。从2002年6月创建到开第100家连锁酒店,拥有11 000间以上的客房,如家仅仅用了4年零2个月。如家在清晰的商业模式基础上,不仅实现了规模和速度,而且塑造了中国经济型连锁酒店行业具有影响力的领导品牌。

2.定位

任何成功的企业都从一个好的定位开始:进入什么样的市场、为什么样的顾客服务、提供什么样的产品、有什么样的价值诉求等。

（1）市场定位：中低档市场

不管是市场细分还是开辟蓝海，都为了寻找供需不对称——不对称便意味着商机，而且回报往往是巨大的。但在如家建立之初，中国酒店业正面临着分散而激烈的竞争，呈现出供大于求的态势，集中表现为全行业入住率不足（平均60%），星级酒店举步维艰，五星以下全面亏损。

如家却选择了中低端市场——原因很简单，供给不足。一个市场的亏损原因可能有两个，一是供给过剩，消费者往往是得利的渔翁；二是输给了可替代品，也就是说，供给质量不足使得消费者被迫转移了选择。而一个行业中需求最大的一块市场——二三星级酒店——处于严重亏损状态无疑是有问题的。

当时，携程创始人季琦注意到一位网友抱怨在携程上预订宾馆的价格偏贵。于是，他对携程网上订房数据情况分析，发现高档的酒店干净、豪华，但是不经济，而经济的酒店甚至很多三星级酒店却不安全和不卫生。这是很大一部分消费者对这个市场基本需求的落差。于是，2001年创立携程网后，季琦等人发现当时上海仅有的两家经济型酒店——锦江之星和新亚之星客房的出租率高达90%以上，而国际上超过70%都是经济型酒店。显然，在星级酒店和脏乱差的招待所之间，存在一个经济型酒店的空当。如家透过数量供给过剩的表面看到了质量供给不足的本质，将自己定位在价格敏感程度相对较高又要求卫生安全的中低档市场，相当于二三星级酒店规格。在此基础上，如家借鉴了国外经济型酒店的经验，引入经济型酒店的经营方式来服务目标市场。

于是，2002年，如家连锁酒店诞生。新生的如家酒店，在战略层面选择了独特的定位，舍弃了星级酒店豪华设施、豪华大堂、餐饮服务等，仅保留以住宿为核心的功能，并找到了每晚200元左右的价格空当，而在运营层则选择了连锁模式，这更容易确立品牌认知。

（2）目标客户：中小企业商务人群和休闲游客

酒店的财源在于流动的人群。根据国家旅游局统计，休闲旅游和商务活动占城镇居民出行目的的绝大部分。中小企业蓬勃发展使如家看到了其中的广大市场：这部分人由于企业预算约束，偏好经济的价位，但同时要求方便卫生的住宿、一致的产品及周到的服务。需求与此相重合的客户群还有随着国内自助游和休闲市场升温而日益庞大的休闲游客群。从2000年开始，中国国内旅游总人次超过了60%全国总人口，已经基本上达到了大众旅游标准。发展到今天，中小商务人士占到了如家客源的75%，而中国经济型饭店的平均水平是37%，如家备受青睐得益于它产品的顾客导向和品牌忠诚度。

（3）产品定位：关注顾客的核心需求

经济型酒店起源于20世纪30年代的美国，在国外已发展成一种成熟的业态，其体量占酒店业总数的70%。中心概念就是功能的有限性，即只提供基本的住宿服务、去除其他非必需的服务、大幅度削减成本。在国外，经济型酒店被称为"B＆B"，主要提供床（Bed）和早餐（Breakfast），而会议、休闲娱乐等功能则尽可能压缩或免去。通过调查，入住客户最关心酒店的卫生，其次是床。如家加强了客房的卫生标准，提供"二星级价钱，三星级棉织品，四星级床"。

于是，针对顾客的核心需求，如家推行"适度生活、自然自在"品牌理念，大量创新。例如,客房墙面以淡粉色、淡黄色为主色调,搭配碎花床单、枕套,摆设简洁精致的现代家具;可折叠的行李架以节省空间,淋浴隔间使用推拉门而不是简陋的塑料布,在卫生间配备两种颜色的毛巾和牙具,避免两位客人同时入住时的麻烦;提供书刊阅读、宽带上网,并同一些互补性产品的知名品牌"异业联盟",方便商务人士的商旅生活,如受到宾客极度欢迎的租车服务;如家一般选址于经贸、旅游比较发达的城市,在城市中选址又讲究交通的便利性,如靠近地铁站、公交车站的商务、贸易、居住区及成本相对较低的商圈边缘等,为客人出门办事提供方便。

同时,对于传统星级酒店的过度服务,如家则加以削减甚至完全放弃,如剔除了传统星级酒店过多的豪华装饰,取消了门童,舍弃投资巨大、利用率低的康乐中心、桑拿、KTV、酒吧等。如家不追求豪华宽阔的大堂,但要求非常整洁;星级酒店用中央空调,如家则用分体式空调,冬天则使用暖气。如家甚至将星级酒店主要收入来源之一的餐厅大大简化,只占地50~100平方米,且不对外服务,把更多空间变成客房;高星级酒店的客房员工比是1:1~1:2,而如家由于舍弃了多余的服务设施和管理人员,一般每100间客房设30~35名员工。

化繁为简、重点突出的产品策略给如家带来了很大成本优势:每个房间的投资基本上控制在5万元左右(不包括租金),人工成本也比同业节约了三分之二至六分之五。更重要的是,提高的性价比给目标顾客提供了更加合适和满意的服务。

3.业务系统

如家的分店系统采取自建直营和特许加盟,从2002年改建4家样板酒店起步,到2006年年末134家分店,如家实现了连锁业的精髓——快速扩张,但一直将直营和加盟的比例严格控制在3:1左右。

(1)自建直营店

当国内酒店仍将地产升值作为经营的一大要务时,如家果断地采取了轻资产的策略——租赁直营。通过租用和改造陈旧学校、厂房等,如家大大缩短了酒店的建造周期(通常6个月可达到可租状态,而星级酒店需要2~3年),减轻了急速扩张带来的资金压力。如家采取区域性发展策略,先在经济热点地区和城市强势布点,在获得认同和建立基础后,用加盟的方式,扩大酒店的网络布局和提升酒店规模经济。因此,自建直营是如家强化品牌、构建网络的重要手段。

如家将酒店战略布点于城市中的交通便利处,可方便客户乘坐地铁或出租,到达主要的商业区、购物中心、大学等。在新店选址时,开发部把论证项目直接汇报给CEO,CEO到现场判断后,将项目输入一整套投资分析的测算模板,直接上报给投资委员会。一两天之后,就可以立项签约。

项目签约之后,土地免租期一般仅三四个月,在这段时间内如果工程没有完成,就意味着酒店还没开业就要支付租金。所以为了争取时间,如家不是按照设计、预算、施工的线性顺序,而是平行进行。通常,在工程部做土木的同时,市场推广、质量检查、组织培训各方面工作同步展开,整个项目团队分工明确,并严格地约束时间,每个人在约定时间内必须完成自己负责的工作,不能影响下一个月工期。

这种租赁和系统建设的方法,给如家酒店节约了时间和资金,创造了高速扩张的必要条件。

（2）特许加盟店

特许加盟几乎成了连锁的代名词——耗费极少成本便可极速扩张,何乐不为? 如家对此却非常谨慎,直到 2006 年才发展了 40 家加盟店,并且往往只在已有直营店的城市布点。此外,它对加盟店的控制也非常严格,从外观到硬件、流程管理等方方面面,都严格按照统一标准执行,甚至对经理的委任都是大权在握。所以从本质上讲,如家只借助了受许人的资金力量来运作经营,这从最大程度上保证了品牌的连续性及战略的一致性。

在一份典型的加盟合约下,受许人须支付如下。

①加盟费 20 万～30 万元（一次性）（客房数为 100～150 间）。

②特许经营保证金（一次性）10 万元（5 年后无息退还）。

③特许品牌使用费:特许酒店总收入的 3%。

④特许管理服务支持费:特许酒店总收入的 3%。

⑤如家酒店管理系统安装维护费:首次安装费 5 000 元,维护费 10 000 元/年。

⑥工程筹备期管理支持费:10 000 元（一般为 4 个月,具体视工程进度而定）。

⑦加盟店自行负责酒店的初期改造及运营期间维护成本,并须满足如家制定的各项指标。加盟店可以获得如家的品牌、统一的标准、共享的客源平台和营销计划,总部还会协助加盟店的设计、建造、系统安装、人员培训等并在运营中提供战略支持。

以一家 120 间客房、加盟期 5 年的加盟酒店为例,假设入住率为 85%,平均房价为 180 元（这是相对于 2006 年 182 元平均房价和 90% 的入住率更为保守的估计）。对于如家而言,大部分现金在加盟初期流入,如果把该类一次性加盟费收入按加盟期限摊销,如家可获取年均收入 47 万元,但须支付的成本非常有限,除了管理和技术人员的工资几乎没有其他费用。因此,特许加盟不仅是一种高速扩张的重要方式,也是提高企业利润率的有效手段。

对于酒店装修材料和日常损耗品,所有分店都使用集中的采购系统,以确保其共享最佳的价格和统一的质量对于酒店装修材料和日常损耗品。

（3）客源销售系统

客户可以通过多种渠道预订房间,包括中央预订系统（800 免费电话和因特网预订系统）、会员网络、公司账户或旅行中介等。如家通过其自主版权的酒店管理系统（即 PMS 包括前台、客房等模块）可以及时获取每家分店的业绩和运营信息,如日入住率、平均房价、RevPAR 等,在集成数据的基础上,每日分配每种渠道的房间供应数,最大化利润。各分店共享同一个分销平台,及时更新信息。

此外,如家开展会员制来稳定客源。会员缴纳一次性入场费后,可享受房费折扣、预订优先、入住同时积分,可用来会员升级和换取免费住宿及礼品。截至 2006 年 6 月,如家拥有注册会员 13 万,2005 年来自会员的收入占比达到 34%。

4.关键资源和能力

在企业发展的不同阶段,其关键资源和能力可能是不相同的,它们有可能是先天优势,成就企业旗开得胜,也可能是企业后天自觉塑造而成的。

（1）标准化复制能力

要运作一个成功的连锁企业,标准化复制是关键,也是挑战。复制,意味着成本协同、规模效应和品牌强化。

一是质量标准化。为了承诺的"不同城市,一样的如家",如家打造了16本标准的酒店运作章程,对所有住宿服务项目做出详细规定,能够保证100多家酒店尽可能用比较一致的标准服务顾客。目前,如家的运营标准不仅体现在硬件、服务、流程上,在酒店的改造工程上也逐步模块化、标准化。同时,如家并非一劳永逸地制定标准,而是在实践检验中不断升级完善。每隔半年,如家负责研究公司品牌标准的专门小组会就16本标准手册的改进开一次会,保证其适应经济型酒店市场的新变化。为了确保标准有效贯彻和履行,如家学校和人力资源部提供了相应的培训支持。各店不仅必须按标准执行每一个步骤,员工还要每天学习16本标准手册和自己有关的部分,每个月考试,强化对标准的熟练掌握。总部会定期检查或突击访问,监督分店达标运作。

二是管理标准化。创业初期,如家的管理风格比较柔和,可能依赖店主的个人英雄主义,主张结果导向。事实上,这种激励机制颇有成效:年均出租高达90%,这在中国酒店行业年平均率54%的背景下,显然是骄人战绩。从2004年起,如家致力打造标准化管理系统。

如家在店长层面,推行了KPI(关键业绩指标)管理,通过销售、客源、成本、客源结构4方面考核每个分店店长的工作。店长的工作须依章执行:每天找两个顾客填满意表、查两间房;每周或者每10天开一次员工会,调查员工满意度;同时要关注基础设施、成本和人才培养;研究客源结构;等等。如家希望管理层站在同一个平台上关注相同问题:采购、质量标准、成本控制……使每一个店长在执行层面找出问题、分析问题、解决问题。

针对分店管理,如家提出了"外部五角""内部三角"理论。外部五角指行业、产品、价格、服务和营销,它们是显性的,可以被观察和复制,但也易于被对手模仿;内部三角包括人力资源、管理系统和核心竞争力,这些是隐性的,是看不到、难以抄袭的部分。在如家的构想里,建立一个游戏规则对于连锁企业来说,是一个重要前提。

(2)统一的客源平台

如家的目标是建立强大的连锁品牌,必然需要一张连接各地的客源网络。

如家在建立之初之所以能打开市场,与携程的网络营销优势密不可分。此外,他们还和亿龙、南京金双禧商旅网站、上海假期等建立了长期的合作关系。虽然这样的合作使如家让渡一部分佣金,但如家如选择自建渠道推广市场,必然会面临成本和风险压力,因此,借力第三方成熟的客源平台是一种事半功倍的选择。

从2004年起,如家建立自己的客源系统,其中,一个重要的模块就是CRS,即中央预订系统,提供电话和网络预订。其中,约15%的房间出售是通过CRS的中央免费电话实现的。一旦预订成功,CRS马上会自动将信息反馈给分店。

如家还建立了自主版权的酒店管理系统软件PMS,包括前台、客房等模块,它将所有分店和总部集合在一个平台上,使得总部可以在即时信息的基础上有效分配资源并对分店统筹管理。其重要功能如下。一是管理分销渠道。系统可以汇总统计各种分销渠道的贡献度:多少人拨打免费电话,多少人借助旅行社预订,多少人直接入住,等等。在数据分析的基础上,如家总部每日分配每种渠道的房间供应数,以最大化利润。二是整合空房信息。提高入住率是酒店经营的关键,如家平均90%的入住率一度成为业内神话。其中,PMS功不可没：它将各家分店的空房信息、房费和预订情况及时反馈给预订系统的代理人，使得代理人可以卖出最后一间房。在这样一个平台的支持下，客户资源在网络内循环，无形中扩大了客源，提升了客房的整体入住率。

此外，如家施行的是一种动态管理，它在尊重市场的前提下保持了一个标准化企业的应变能力。

5.盈利模式

（1）收入构成

如家90%的收入来自客房收入，同星级酒店的面面俱到相比其更为专注。这是由如家独特的产品设计所决定的——如家的"不为"和"少为"使得企业可以将主要的资源投入客房，简化了产品线，以满足顾客的核心需求。高达90%的出租率证明了如家详略得当的部署是受市场肯定的。

从经营模式来看，如家绝大部分收入来自自建直营店，但一直在谨慎地铺开特许加盟店。尤其在2006年，特许加盟店不论在分店数量还是收入比重上都显著增长，这种几乎免费的扩张方式必定会对企业的利润率作出积极贡献。

（2）成本分析

成本主要由三大项构成：直营店成本、营销费用和管理费用。直营店成本是最大的开支项目，重中之重是酒店物业的租金，其次是人力成本（酒店员工），这也是同星级酒店的区别之所在。特许加盟店是如家收益率最高的一部分——只要付出一小部分管理和技术人员的成本，便可获得优厚的加盟收入，且无须承担风险。管理费用主要是股票期权和其他股权相关激励的成本。但根据相应的会计准则，该费用在授予期权时记入报表，但并无现金流出。

（3）经营利润率

酒店业这种固定成本大的行业，保证物尽其用是盈利的关键。如家在迅速的扩张中仍保持了远高于市场平均水平的入住率，甚至逐年上升。60%的入住率就能使经济型酒店达到盈亏平衡点，高入住率带来的高每间可供租出客房产生的平均实际营业收入（Revenue Per Available Room）自然转化为高利润。

总的来说，如家以每年翻倍的节奏高速扩张，企业的财务表现却非常稳定、健康。

（资料来源：搜狐网。）

7.3.4　会员制模式

会员制由某个组织发起并由该组织管理、运作，客户自愿加入，该组织定期与会员联系，为他们提供具有较高感知价值的利益包。一般情况下，会员制组织是企业、机构及非盈利组织维系其客户的结果。它提供一系列利益来吸引客户自愿加入，这一系列利益称为客户忠诚度计划。而加入会员制组织的客户称为会员，会员制组织与会员之间的关系通过会员卡来体现，会员卡是会员消费时享受优惠政策或特殊待遇的"身份证"。会员制一般作为商业模式的一种辅助形式。

根据形式不同，会员制可分为普通制、年度制、终身制和公司制4种。

①普通制。消费者不用缴纳年费，申请成为会员后，可享受一定价格优惠和免费项目。

②年度制。消费者一次性缴纳年度的会费,享受一年价格优惠和一些特殊的服务项目。

③终身制。消费者一次性向会员制组织缴纳一定数额会费,便成为终身会员,可长期享受一定购物价格优惠和一些特殊的服务项目。

④公司制。消费者不以个人名义而以公司名义入会,会员制组织向入会公司收取一定数额年费。这种会员卡适合入会公司内部雇员使用。在美国,日常支付普遍采用支票,很少用现金支付,故时常透支,所以实际上,公司会员制是入会公司对持卡购买人的一种信用担保。

7.3.5　旅游电子商务模式

电子商务模式指旅游企业在网络环境中基于一定技术基础的商务运作方式和盈利模式。电子商业模式将传统业务流程电子化和数字化,减少了中间环节,使生产者和消费者之间直接交易成为可能,从而在一定程度上改变了整个的社会经济运行模式。它不仅可以简化企业内部资讯流通的成本,更可使企业与企业之间交易流程更快速、生产率更高、劳动成本更低和商业机会更多。目前,旅游企业普遍采取电子商务模式,它可分为以下几种情况。

1) B2C

B2C(Business to Customer)是企业与消费者之间的电子商务。企业通过网络搭建一个销售产品或服务的平台,消费者通过这样的平台购买自己需要的商品。这也是目前一般最常见的作业方式,例如,旅游预订、网络购物、证券公司网络下单作业、一般网站的资料查询作业等等,都属于企业直接接触顾客的作业方式。

2) B2B

B2B(Business to Business)指以企业为主体在企业之间的电子商务活动。B2B 主要是针对企业内部及企业(B)与上下游协力厂商(B)之间的资讯整合,并在互联网上企业与企业间交易。借由企业内部网(Intranet)建构资讯流通的基础及外部网络(Extranet)结合产业的上中下游厂商,达到供应链(SCM)整合。

3) C2B

C2B(Consumer to Business)是消费者与企业之间的电子商务。它将商品的支配权从企业转移到消费者手中,其特点是,消费者对同一种商品的偏好越多,商品的价格就越低。通常情况为消费者根据自身需求定制产品和价格,或主动参与产品设计、生产和定价,产品、价格等彰显消费者的个性化需求,生产企业定制化生产。

4) C2C

C2C(Consumer to Consumer)指消费者与消费者之间的互动交易行为。这种电商模式面向消费者是免费的,只要信用等级得到认可,两家就能交易。如消费者可同在某一竞标网站或拍卖网站中,共同在线上出价而由价高者得标;或由消费者自行在网络新闻论坛或 BBS 上张贴布告以出售商品,如二手旅游用品、门票、机票等。

5) O2O

O2O(Online to Offline)是线上与线下相结合的电子商务。它通过网购导购机,把互联网与地面店完美对接,实现互联网落地。让消费者在享受线上优惠价格的同时享受线下贴心的服务。

6) BOB

BOB(Business-Operator-Business)是供应方(Business)与采购方(Business)之间通过运营者(Operator)达成产品或服务交易的一种电子商务模式。核心目的是帮助那些有品牌意识的中小企业或者渠道商们打造自己的品牌,实现自身转型和升级。BOB模式是由品众网络科技推行的一种全新的电商模式,它打破过往电子商务固有模式,提倡将电子商务平台化向电子商务运营化转型,将电子商务以及实业运作中品牌运营、店铺运营、移动运营、数据运营、渠道运营五大运营功能板块升级和落地。

7) B2G

B2G(Business to Government)是企业与政府机构间的电子商务模式,即企业与政府之间通过网络所交易的运作模式,比如电子通关、电子报税等。

【案例介绍】

Priceline 的创业历程与商业模式

Priceline 是美国人 Jay Walker 在 1998 年创立的一家基于 C2B 商业模式的旅游服务网站,是目前美国最大的在线旅游公司。它是一家向全球用户提供酒店、机票等旅游产品在线预订服务的服务商。

1.Priceline 的创业历程

(1)专利注册与风险投资

1998 年,美国人 Jay Walker 创立了 Priceline,并将其核心业务模式 Name Your Price(用户出价)专利注册。Jay 生于 1955 年,是美国著名商业模式开拓者和企业家、walker digital 的董事长,其创立的公司遍布 15 个行业和领域,所服务的消费者超过 7 500 万人。作为开拓者,Jay 在美国和全球拥有 450 项发明专利,作为企业家,Jay 两度被《时代周刊》杂志评为"数字时代下最有影响力的 50 位商业领袖"。凭借着颇具特色的商业模式,Priceline 很快拿到了 1 亿美元融资,Priceline 早期的投资人包括微软的联合创始人保罗·艾伦这样的重量级人物。

(2)高光与低谷

1999 年第一季度,Priceline 卖出了 19.5 万张机票,最高峰一天卖出 6 000 张机票,18 家航空公司加入 Priceline 淡季机票销售计划。在高度竞争的北美航空市场,Priceline 受到了希望提高上座率、增加销售渠道的航空公司欢迎。1999 年 3 月,Priceline 在纳斯达克一上市,便受到了投资人热情追捧,短短几周时间,公司的股价便从上市时 80 美元上涨到超过 160 美元。然而 2000 年互联网泡沫破裂,Priceline 股价一度跌至不到 2 美元。创始人 Jay Walker 在 2000 年 12 月 31 日黯然离开公司董事局。

(3)创业团队重组与改革

2001 年 2 月,李嘉诚的长江实业及和记黄埔斥资 7 352 万美元,获得 Priceline 的 17.54% 权益(后逐步增持超过 30%),成为 Priceline 的最大股东(2006 年长和系出售所持的所有股票)。李嘉诚入主后立刻推行改革措施,压缩运营成本。Priceline 裁员超过 30%,减少办公室面积 7 成,暂缓新业务拓展,将公司的精力集中在机票、酒店预订服务上。此外,公司还优化了自身的服务质量,将响应客户订单时间从原来的 1 小时减至 15 分钟,8 成电子邮件必须在 3 小时内回复。最终,这些举措帮助 Priceline 度过了互联网泡沫的寒冬和不久之后 9 · 11 事件带来的市场萧条。

(4)快速发展

2003 年以后,整个市场大环境逐步好转,Priceline 终于迎来了新的发展机遇。这除了其独特的“Name Your Price”模式,还要归功于精明的扩张策略。

2004 年 9 月,Priceline 斥资 1.61 亿美元,收购了英国线上酒店预订服务公司 Active Hotels,正式进军欧洲市场。同年,Priceline 收购曼彻斯特的租车网站 traveljigsaw.com。之所以选择将扩张的重点放在欧洲,是因为 Priceline 看到了欧洲市场所蕴含的巨大潜力。一方面,欧洲人向来有着旅游的传统,但是使用网络进行酒店预订的人在当时并不多,这就意味着这里有数量庞大的潜在用户。

2005 年 7 月,Priceline 继续它在欧洲的扩张脚步,以 1.33 亿美元收购了荷兰的酒店预订网站 Bookings B.V。此后,Priceline 将 Active Hotels 和 Bookings B.V 进一步整合为 Booking (缤客)。Booking 已发展成为欧洲最大的在线旅游网站。

在欧洲市场站稳脚跟后,Priceline 将目光瞄准了亚洲市场。2007 年 11 月,Priceline 收购了位于曼谷和新加坡的在线酒店预订公司 Agoda。海外扩张帮助 Priceline 实现了业务高速增长。

2010 年,收购线上酒店预订服务公司 active hotels,进军欧洲市场。2010 年 5 月,为了增强旗下的租车业务,Priceline 收购了英国曼彻斯特的租车网站 Travel Jigsaw,其扩张的脚步仍未停止。海外订单已经超过 Priceline 订单总数的 60%,这一数字远高于 Expedia 的 30%。

2012 年 11 月 9 日,Priceline 同旅游搜索引擎 Kayak Software 签署收购协议,以 18 亿美元的价格收购 Kayak。

2014 年 6 月,在线旅游巨头 Priceline 与在线酒店预订服务商 OpenTable 达成了一项收购协议,以 26 亿美元价格收购后者。OpenTable 是苹果的合作伙伴之一,它为苹果 Siri 的预订功能提供支持。OpenTable 的主要优势在于其平台上餐厅超过 3.1 万家。

2014 年,Priceline 以可换股债券对携程进行投资,总额在 5 亿美元,占股最多为 10%。Priceline 自此向携程的客户开放其在大中华区以外的全球超过 50 万家酒店资源,同样,携程在大中华区的超过 10 万家酒店资源也将对 Priceline 的客户开放。携程将向其客户提供新增的 Priceline 品牌服务,包括来自 rentalcars.com 及 OpenTable 平台的服务。Priceline 将向其客户宣传推广携程的其他旅行服务,包括机票预订及景点票务服务。

2015 年,Priceline 通过可转换债券,向携程投资 2.5 亿美元。新的可转债发行后,计入总共两次可转债可转换的股份,Priceline 将持有约 10.5% 的携程总流通股。

2018 年 2 月,全球在线旅游巨无霸企业 Priceline 集团(Priceline Group)宣布改名为 Booking 控股公司(Booking Holdings)。更名后,Booking 控股公司包括 6 个品牌,分别是 Booking.com、Priceline.com、Kayak、Agoda.com、Rentalcars.com 和 OpenTable。Fogel 表示,新的企业名称将所有品牌聚合起来,共同为顾客打造极致体验。

2.Priceline 的业务创新

公司通过旗下 Priceline. com、Booking. com、Agoda. com、Rentalcars. com、Kayak 和 OpenTable 等网站与品牌,面向全球提供酒店、机票、租车、订餐和旅游打包产品等的在线预订及搜索比价服务。其中,除了 Priceline.com 是内生发展,其他都是通过收购获得。

(1)Priceline.com 内生发展

1998 年,Jay walker 创立 Priceline.com,凭借 name your price 的独特商业模式迅速得到 1 亿美元融资,微软联合创始人 Paul Allen 为其早期投资人。随着业务发展和不断并购整合,Priceline.com 的定位主要是向美国市场提供旅游产品服务的网站和品牌,其提供的产品有机票、酒店、租车、旅游产品、邮轮等。同时,Priceline.com 网站不仅向消费者提供常规模式预订,还提供模糊定价(Name Your Own Pirce)等模式预订。

①常规模式。它与主流在线旅游服务提供商一样,消费者首先登录网站,选择入住城市及日期,然后根据搜索页面所提供的酒店图片、设施说明、以往客户的评价及预订价格等,来挑选他们想要的酒店。

②Name Your Own Price 模式。消费者进入网站,点击"For Deeper Discounts—Name Your Own Price",这时跳出预订对话框,输入预订酒店所在城市、日期与所需房间数量、城市所在区域、酒店星际、自己出的价格及自己的信用卡。如果成功,信用卡将被自动扣钱。如果不成功,消费者可再次出价。

③Express Deals 模式。进入网站,点击"Search For Express Deals"。这时跳出预订对话框,输入预订酒店所在城市、日期与所需房间数量,网站会在指定的时间、地点给出一系列酒店。但它没有给出酒店的名称,只是给出了酒店星级、大致区域、酒店设施介绍客户评分以及价格。这种预订模式不再需要消费者反复出价,酒店名称将在交易成功后自动揭面。消费者可竞猜,猜中后喜悦增加。

④Pricebreakers 模式。消费者可挑选 3 个超值酒店,点击后,网站会选一个,消费者完成预订后看看是哪一个。

(2)Booking.com 在欧洲市场的发展

Booking.com(缤客)于 1996 年在阿姆斯特丹创立,2005 年 7 月被 Priceline 收购,与 Priceline 在 2004 年收购的英国酒店预订服务商 active hotels 合并。尽管创立于欧洲,Booking.com 一直走着国际化道路。欧洲酒店市场是高度分散的以单体酒店为主的形态,在 Priceline 刚进入欧洲时,欧洲在线旅游渗透率刚好提高。欧洲的假期是美国人的两倍,度假文化比美国更胜。而欧洲人在线预订酒店的比例要比美国小得多。因为欧洲连锁酒店数量少,独立酒店更多,所以酒店预订市场就更加细分。这次收购大大拉动了 Priceline 整体收入增速,而海外业务超过美国本土业务成为公司的重心,收入占比接近 90%。受益于单体酒店的需求和在线旅游渗透率提升双重优势,Booking 在欧洲的发展可谓奇迹。2005 年收购 Booking.com 以来,总预订额一直维持 50% 的年增长率。直到 2012 年欧洲经济衰退,旅游遭受负面影响。截至 2016 年底,其在全球 233 个国家里面拥有 174 个办公室,超过 10 000 名员工。网站可支持 42 种语言信息展示、7×24 小时服务,可预订超过 90 万家房源,采用代理佣金的模式。

(3)Agoda.com 专注亚太地区酒店预订市场

Agoda.com 由 Michael Kenny 于 20 世纪 90 年代初在泰国创立,前身为 Planetholiday. com,2005 年和 Precisionreservations.com 合并成为 Agoda.com 旗下网站,2007 年 11 月,被 Priceline 收购,成为集团旗下品牌。Agoda.com 是亚太地区核心酒店预订服务提供商,截至 2016 年底,Agoda.com 可预订房源数量达到 50 万家,覆盖 4 万城市,支持 38 种语言访问,主要采用 Merchant 模式提供服务。

(4)Rentalcars.com 占领在线租车市场

Rentalcars.com 是国际最大的在线租车代理商之一,其前身是 Traveljigsaw.com,总部位于曼彻斯特,2010 年由 Priceline 集团收购,并更名为 Rentalcars.com。截至 2016 年,Rentalcars.com 在全球拥有超过 43 000 个目的地,网站用户遍布 167 个国家,用户点评 210 万次。

(5)Kayak 进一步占领流量入口

Kayak 是一家致力于提升旅游预订效率的技术公司,向消费者提供旅游产品的垂直搜索服务,由 Expedia 和 Orbitz 的联合创始人在 2004 年成立,初始名称为 travel search company,同年改名为 Kayak。2012 年 11 月,Pirceline 花费 18 亿美元现金和股票收购 Kayak,使其成为 Priceline 旗下企业。Kayak 覆盖 35 个国家,可使用 20 种语言,年搜索量突破 10 亿次。

(6)OpenTable 网上订餐

OpenTable 成立于 1998 年,并于 2009 年 5 月上市。OpenTable 的盈利来源主要是对顾客收取预订餐厅的预订费和餐厅利用 OpenTable 发布餐厅信息的注册费用。

2014 年 7 月,Priceline 以 26 亿美元收购了 OpenTable 全部股权。收购时,OpenTable 服务的顾客流量已经达到 1 500 万/月,即每个月 1 500 万食客通过 OpenTable 订餐,合作餐厅超过 31 000 家。同时 OpenTable 在 2008 年启用的移动端 App 已累积服务了 1.3 亿食客。其庞大的在线用户和餐饮服务将有助于完善 Priceline 在线旅游服务形成对旅客从头到尾的服务,包括已有的机票、酒店、租车、度假产品和新加入的餐饮预订和评价。

3.Priceline 的核心竞争力

什么让 Priceline 脱颖而出,超越 Expedia、Orbitz 等竞争对手,成为全球 OTA 市场中最大赢家?

(1)成功的海外扩张

Priceline 的成功收购,将公司业务从美国本土推到全球市场。事实上,Priceline 的转折其实来自对 Bookings、Agoda 的并购。从酒店供给来看,全球 82% 的酒店供给来自独立酒店,但是美国市场以连锁为主,大约超过一半来自连锁品牌酒店。相比而言,欧洲的酒店市场供给非常分散,Priceline 通过对 OTA 的并购,加入其特有的商业模式。

(2)高效的业务整合能力

Priceline 对收购的企业大力投入和整合,使其快速成长为响应市场中最具竞争力的企业。大部分互联网企业出海往往须融入当地文化、当地的模式,全球化很难实现。但 Priceline 坚持全球化商业模式,很好地整合了欧洲及新兴市场国家,如 Booking 并购带来了欧洲市场,之后 Agoda 并购带来了亚洲市场。

(3)服务的丰富性

用户可以有优秀的客户体验,通过各种模式预订各种旅游产品。Priceline 在线旅游消费形成生态循环系统:旅游店铺、旅游激励、旅游计划、旅行搜索、旅行预订和旅游活动 6 个环节。

(4)薪酬激励制度完善

Priceline 成立了专门的薪酬委员会,设计了主要基于业绩的高管薪酬体系。薪酬委员会每年为公司的 5 位高管设计薪酬,各子公司的高管薪酬主要依据子公司业绩。Priceline 不仅内部设专门的薪酬委员会,还聘用外部薪酬咨询机构同时为高管设计薪酬,构成包括 3 部分:底薪、奖金和股权激励;其中,股权激励和奖金部分的份额越来越大;2015 年高管人均薪酬 770 万美元,股权激励占比超过 80%,底薪占比则不到 6%。

(5)拓展中国市场

Priceline 在进军中国时不仅将 Booking 本地化为"缤客",而且多次战略投资中国最大的 OTA——携程。2012 年下半年,Priceline 与携程合作,旗下 Booking 与携程共享其 23.5 万家合作酒店;携程将加速海外业务拓展的步伐,在 170 多个国家住宿供给;同时 Booking 可以增强其在亚太市场的服务。2014 年,Priceline 更直接和频繁地投资携程,到 2015 年底,3 次购买携程可转债累积 12.5 亿美元,加上公开市场购买的股票,累积投资于携程金额高达 1.9 亿美元。除此之外,双方将交叉促销彼此的酒店、租车、订餐等各项服务内容。

4.Priceline 的盈利模式

Priceline 主要以提取佣金为盈利模式,即通过批发(Merchant)、代理(Agency)和垂直搜索引擎(KAYAK)3 种模式为买卖双方提供信息和交易平台并从中提取佣金。

①模式 1:批发模式。

Priceline 与酒店、机票、租车、目的地服务商协商,以固定的配额和固定的价格获取相关产品,同时 Priceline 拥有相应的自主定价权向消费者收费,从中赚取差价。

特点:单笔交易营收较高。由于要承担信用卡处理费等手续费用及某些情况下的库存风险,该模式的佣金率相对较高,在 18% 左右波动。资料显示,2015 年佣金率接近 19%,其中,总预订额约 75.6 亿美元,毛利润为 14.5 亿美元,NYOP 的销货成本为 6.3 亿美元,排除收入确认方式不同,与总预订额对应的成本为 61.1 亿美元。

②模式 2:代理模式。

Priceline 在用户和产品供应商的交易中充当代理商角色,priceline 从交易中抽取一定比例金额作为代理佣金。Priceline 营收中 Agency 模式下预订的佣金收入直接计为营业收入,故在财报中该模式无营收成本项。

特点:单笔营收较低,但相对稳定。资料显示,该佣金率相对较低,但2006—2015年呈现稳定的上升趋势,尤其是在2006到2011年,从2006年还不到10%,增长到2013—2015年的接近14%。

③模式3:Name Your Price的垂直搜索引擎。

旅游垂直搜索引擎将检索范围限制在食、住、行、游、购、娱等旅游业务范围,为用户提供客观详细信息,并不参与交易环节。这种搜索结果是,对整个在线旅游产品资源的整合,向消费者提供包括实时价格和产品信息在内的搜索结果,让消费者对实时提供的价格与服务进行比较与选择。

Priceline独特的Name Your Price(自我定价)模式由Jay的创新孵化实验室所创并申请专利。这种自我定价是经济学中价格与价值相互关系原理的延伸解读。即产品的价值和使用价值可以通过价格体现出来,但是,产品越接近保质期,它的使用价值就越小,理论上达到保质期时点之时,产品的使用价值就会变为0。具体到机票或者酒店行业,越临近登机或者入住,机票和酒店客房的实际价值就越小,而一旦飞机起飞或者客房空置超过夜里24点,其使用价值便会为0。对于航空公司来说,在临近"保质期"时刻,多售出一张机票,多搭乘一个旅客的边际成本是机舱食物,而边际效益却可以达到最大化;对于酒店运营商来说,售出最后一间客房的边际成本只是洗浴用品和水电费用。因此,飞机即将起飞时的最后空位和酒店最后的空置客房,对供应商来说当然是多卖一个赚一个。

Priceline主要针对价格敏感型客户和希望能够低价旅行的消费者设计自己的产品和服务,而正是这部分价格敏感的群体构成了Priceline的主要客户群。这种独特的商业模式建立了巨大客户黏性,Priceline通过这种模式帮助供应商平滑淡季波动,这在旅游行业尤为突出。同时,有效整合资源,比如Priceline集合越多旅游供应商信息就越能帮助消费者找到自己满意定价的产品。而在大数据技术推出后,这种资源越来越值钱。同时,这种独特的商业模式将定价权变为买方定价。当消费者给Priceline提供了酒店星级、城市区域、日期和价格信息后,消费者必须接受Priceline提供的产品交易。

(资料来源:杜志琴,美国旅游电子商务发展的特色与启示,对外经贸实务;庞博,Priceline.com:请你来定价,当代经理人;美股新闻,Priceline上市以来股价飙涨200倍是在线旅游行业的王炸,证券时报。)

7.3.6　免费+增值商业模式

免费+增值商业模式是通过提供免费服务,借助口碑传播有效地获得大量用户,在此基础上,企业通过广告、增值服务等来获取经济利益。它又可分为以下6种模式。

1)体验式模式

体验型模式是在客户免费体验并获得客户信任后成交或付费的模式。如免费品尝酸奶、免费观看电影、按摩仪免费按摩等。

2) 第三方资费模式

第三方资费模式指的是消费者免费获得而付费方是第三方的企业。简单地说,消费产品的客户获得免费而付费的是想拥有客户的第三方,如报纸、电视、广播、杂志等。也就是,企业转化成了一个资源对接的平台。第三方模式具备的条件是,要有大量客户基础;客户必须要有购买的能力;有第三方的客户。

3) 产品型模式

产品型模式是一种产品之间的交叉型补贴,即某一个产品对于客户是免费的而该产品的费用由其他产品补贴。它包括赠品模式与产品分级设计模式。赠品模式是将一款产品变成另一款产品的免费赠品,如买房子赠送车位、住宿免费送早餐、住宿免费停车等;产品分级的设计是普通版的产品,客户可以免费使用,但高级版本或个性化产品客户须付费。

4) 客户型模式

该模式是企业对一部分特定的客户免费而对另一部分客户增加收费,实现客户与客户之间交叉性补贴。这种模式设计的关键核心在于找到特定的客户群。比如,女士免费男士收费,小孩儿免费大人收费,过生日者免费朋友收费,老人免费家属收费,等等。

5) 时间型模式

时间型模式指在某一个规定时间内对消费者免费。如一个月中的某一天,或一周中的某一天,或一天中的某一个时间段。采用这种模式要将具体时间固定下来,让客户形成时间上的条件反射。该模式不但对客户的忠诚度、宣传作用极大,客户还会消费其他产品,交叉补贴。一些行业具有明显的时间消费差异。比如电影院,上午看电影的人非常少,那么可以在上午对客户免费,从而在上午吸引大量客户,而电影结束时往往是中午,客户会进行餐饮等其他消费。

6) 增值型模式

为了提高客户的黏性与重复消费,我们必须对客户提供免费增值服务。如服装可以免费烫洗,化妆品可以免费美容培训,咖啡厅可以免费英语培训,等等。

【案例介绍】

TripAdvisor 与 TravelZoo 的商业模式

1.TripAdvisor 的旅游社区+广告商业模式

TripAdvisor 创建于 2000 年,是美国最大、最受欢迎的旅游社区和旅游点评网站。

TripAdvisor 不直接向游客出售旅游产品,以为旅行者提供酒店评论、酒店受欢迎程度索引、高级酒店选择工具、酒店房价比价搜索以及社会化旅途分享和在线驴友交流等服务为核心内容。

TripAdvisor 免费向用户提供上述内容和服务,逐步构建了以内容和用户为核心的旅游社区,吸引大批自助游爱好者,积累了大量人气。

TripAdvisor 主要通过广告赚取收入,包括按点击付费收入,展示广告收入和列表服务广告收入等,同时,还提供方便游客快速预订酒店机票的链接,为其关联公司等增加业务量。

2.TravelZoo 的免费旅游信息服务+广告的商业模式

TravelZoo 创建于 1998 年,是一家旅游信息服务商。TravelZoo 把自己定位为媒体,不代理任何产品,也不参与具体业务,提供给用户的唯一产品是网站和电子邮件。它拥有一支 200 多人的专家团队,负责根据产品价格和消费者的倾向,每周在市场上搜索、审核、提炼及测试出 20 条面向不同国家的最具竞争力的旅游产品和服务,并通过电子邮件每周三打包推荐给订阅用户。用户若对推荐的信息感兴趣,则须跳转到商家网站或直接与商家沟通并购买。

TravelZoo 采取差异化市场定位,选择"少而精"策略,因而其用户更为集中,且多为中高端消费人群。"少而精"有针对性产品和服务让消费者有一种"小众""定制""个性化"感觉,提高了用户的黏性。公司的核心业务是每周从全球数以千计的旅行社、旅游产品提供商、酒店及航空公司推出的最新优惠折扣中精心挑选最值得推荐的旅游产品,向订阅用户推送 Top20 精选限时旅游情报信息。

TravelZoo 不从消费者手中收取任何费用,而通过商户投放广告获得收入。

7.3.7 众包商业模式

众包模式指一个公司或机构把过去由企业内部员工承担的工作任务以自由自愿的形式外包给企业外部非特定的大众群体来完成的一种组织模式。在这一过程中,企业只需为贡献者支付少量报酬,而有时这种贡献甚至完全免费。

在诸如维基百科或 YouTube 这样的 UGC 网站中,企业、组织的核心价值几乎完全来自用户创造的价值,而且不产生任何直接成本。这种模式有一个重要基础,那就是人们把创造当作一种娱乐并享受因此带来的自我价值实现。如今,越来越多传统企业正在互联网领域之外复制这种廉价的价值创造模式并取得成功。

众包与之前的外包有着紧密联系,但也有着显著差异。

①外包是把不具有核心竞争力的业务转移出去,而通过众包可以加强企业的核心竞争力。企业为了把精力放在自己擅长的业务中,往往将不擅长的、别人做比自己做效率更高的业务外包给专业公司。而企业通过众包集中更多人的智慧,充分发挥隐藏在网民中的巨大潜力,使好的创意为我所用,帮助企业解决难以解决的问题,增强企业的核心竞争力。

②外包强调的是高度专业化,而众包则正好相反。外包是社会专业化分工的必然结果,是专业化作用下规模经济的产物,专业化物流公司、专业化信息技术公司、专业化人力资源管理公司、专业化生产制造公司、专业化销售公司等成为其他公司外包的选择对象;而众包则受益于社会差异化、多样化带来的创新潜力,是更加个体的行为。

③外包是企业购买外部的活动,而众包包含着与用户共创价值的理念。外包企业与接包方各自有各自的利益,是各自独立的实体,二者是合作伙伴;而众包是从外部吸引人才,使

他们参与到企业的创新与合作过程。

④外包往往是一对一的关系,而众包则是一对多的关系。企业通过特定业务的外包与其他企业形成密切的关系,这种关系大多是一对一的,当然企业可能把同一业务外包给两个以上接包方,而众包企业可能面对成千上万接包方。

⑤外包是组织与组织之间的关系,而众包往往是组织与公众或公众与公众之间的关系。例如,一家公司把物流外包给第三方物流企业,这是企业与企业的关系;而一家公司寻求一个营销创意,不是外包给某个特定或指定单位,而是通过互联网发布给公众,个人也可以在互联网上寻求解决方案。

7.3.8　共享经济商业模式

共享经济指拥有闲置资源的机构或个人有偿让渡资源使用权给他人,分享者利用自己的闲置资源创造价值。共享经济有 5 个特点:一是基于互联网、物联网、大数据、云计算、人工智能等技术支撑;二是广泛的数据应用;三是通过共享实现海量、分散、闲置资源的优化配置;四是市场化方式高效提供社会服务,满足多样化社会需求;五是具有准公共产品的特征。

共享在网络生活中非常普遍,从文字、图片到视频、软件,共享行为无处不在。随着社交网络日益成熟,当前共享内容已不再局限于虚拟资源,而扩展到房子、车子等消费实体,形成了新一代商业模式"共享经济"。共享经济商业模式分成如下三大类别。

①基于共享和租赁的产品服务。这实际上是在同一所有者掌控下的特定物品在不同需求者间实现使用权移转,比如共享汽车、共享住宿。从本质上说,金融企业就是基于分享经济理念的经济形态。

②基于二手转让的产品再流通,实质上是同一物品在不同需求者间依次实现所有权移转。比如,美国的克雷格列表网(Craigslist)是一个网上大型免费分类广告网站,作为全球第一分类广告媒体,它提供求职招聘、房屋租赁买卖、二手产品交易、家政、娱乐以及敏感的寻找异性朋友等服务。

③基于资产和技能共享的协同生活方式,实质上是时间、知识和技能等无形资产的分享。比如,Liquid Space(流动空间)复制 Airbnb 模式为在外出差者在当地寻找和共享最佳办公空间,并通过基于地点的移动应用将信息呈现给用户,这些地点包括办公区、商业中心等许多有 Wi-Fi 但使用率不高的地方,从而成本低、浪费少地共享工作间和机器、设备。此外,还包括一方利用闲暇时间为另一方提供服务等。

【案例介绍】

爱彼迎(Airbnb)的商业模式

Airbnb 是 AirBed and Breakfast 的缩写,中文名为爱彼迎。它成立于 2008 年 8 月,总部设在美国加州旧金山市。Airbnb 是一个旅行房屋租赁社区,用户可通过网络或手机应用程序发布、搜索度假房屋租赁信息并完成在线预订程序。与其他住宿平台不同,爱彼迎是一家联系旅游人士和家有空房出租的房主的服务型网站,可以为用户提供多样的住宿信息。

2011 年,Airbnb 服务令人难以置信地增长了 800%。官网显示及媒体报道,其社区平台在 191 个国家 65 000 个城市为旅行者们提供数以百万计的独特入住选择,不管是公寓、别墅、城堡还是树屋。Airbnb 被时代周刊称为"住房中的 EBay"。作为一个在线短租平台,Airbnb 采取的是 C2C 运营模式,即平台从每次交易中分别向房东、房客抽取不同比例的佣金来构成平台的主要收入。与传统住宿行业相比,Airbnb 拥有"轻资产、轻运营"特点。

1.价值主张

价值主张指企业须明确自身市场定位,挖掘并满足客户需求,从而实现顾客价值,是企业商业模式创新的起点。Airbnb 的价值主张创新分别从企业定位、目标市场与顾客价值这 3 方面来解释。

(1)明确企业定位

Airbnb 将自身定位为平台中介,不直接参与供需双方的交易,而作为网络信息服务平台以及资源整合匹配平台促进房东与房客的交易行为,这与传统酒店行业及租赁业有着本质区别。

(2)目标客户定位

Airbnb 将目标消费群体定为具有冒险精神和追求新鲜感的年轻人,包括背包客和商旅人士,这类群体对共享经济模式接受程度较高,同时,对性价比及用户体验需求较高。Airbnb 的目标房东群体并不局限于开发商与地产中介,而以民宿为主,拥有数量更为庞大、分布广泛且位置灵活的房源。准确的目标市场定位、场景化考虑用户需求及面临的问题使 Airbnb 建立的平台拥有天然吸引力。

(3)顾客价值

Airbnb 分享的不仅是住宿房源,更是一种文化。顾客通过 Airbnb 得到的不仅是物质层面上的满足,更是情感上的满足和归属的需求。通过提供社交网络、社区参与和人文服务,Airbnb 满足了目标客户的真实诉求点,极大实现了顾客价值。

(4)价值传递渠道

价值传递指企业将创造出的价值通过某种途径传递给客户,Airbnb 的价值传递主要通过营销与构建价值网络两部分。

一是开放社交网络,打造共情社区。Airbnb 是一个开放性极强的平台,将其服务与可信度高的社交账号紧密联系,使房客运用 Facebook 和 Linkedin 社交图谱时可以看到房主的交际圈,进而对房东的关系网络和房屋概况有大致的了解。利用平台推出的 Local Lists 功能,房客还能了解到更多社区信息(如治安情况等)。房东可以通过 Airbnb 的用户档案查询房客的信用评级和互评机制下的历史评论,熟悉房客的信用和偏好,从而为其提供更周到的服务和更独特的体验。真实的社交信息与双方的互动沟通减少了信息不对称,让供需双方更贴近彼此,为良好的入住体验奠定基础。Airbnb 致力于打造共情社区,营造一种"社交旅游"氛围,为用户带来社区归属感。为此 Airbnb 建立社区中心以促进双方互动,在社区中心,房东、房客可以建立联系、分享故事和相互咨询意见,甚至可以计划或者加入房东见面会。平台充分运用用户内容生成机制,鼓励消费者分享入住体验,如专为分享用户入住时的快乐和精彩瞬间打造的"Airbnb TV"频道,不仅强化了用户参与感,增加了客户黏性,还让顾客在分享中传递品牌理念、推广品牌,借由社交网络吸引更多潜在消费者。此外,Airbnb 还建立了用户推荐系统,运用客户的社交关系拉动顾客数量增长,如用户可以邀请好友或馈赠好友礼品卡,获得房租折扣或代金券等优惠。在社交平台中建立用户分享机制,Airbnb 满足了顾客的交友需求和情感需求,从而提高了顾客的好感度与忠诚度;并巧妙地运用顾客之间的社区效应,拉动客户数量增长。

二是建立战略合作,完善价值网络。Airbnb 打破了传统的价值链思维,构建包括供应商、合作伙伴、客户、渠道伙伴及竞争对手在内的价值网络,使自身成为一个资源整合平台,打造一站式在线旅游生态圈。高效、多元的价值网络充分融合各企业资源,通过模块化协同合作,为用户提供更具价值、更高质量的产品与服务。价值网络是平台企业竞争力的重要构成,能够打通产业上下游,减少平台绝大部分的沟通成本和时间成本,因而是平台企业商业模式不可缺少的部分。Airbnb 主要通过谨慎选择合作战略伙伴,建立有效的沟通渠道机制,来完善并拓展在线短租平台的价值网络。利用企业业务及需求的互补性,来推动价值传递创新,实现用户、资源、渠道与信息共享。Airbnb 构建价值网络,不仅提高了在线短租服务的质量,实现了平台服务增值,还能够将业务延伸至在线短租之外的领域,拓宽已有服务边界。如 Airbnb 自 2015 年 11 月开始筹谋拓展航班预订服务,先后与澳大利亚航空、美国维珍航空和达美航空达成战略协作,在差旅服务、短期旅游等方面探索业务创新。双方资源的共享无疑提高了 Airbnb 用户出行旅游的效率,同时降低其出行成本,为 Airbnb 打造在线短租出行生态提供了助力。除了出行领域,2017 年 1 月,Airbnb 宣布领投餐厅预订 App Resy,为其涉及订餐领域、开展短期旅行食宿业务提供了更多可能。

2.价值创造

(1)业务模式

Airbnb 业务模式非常清晰,房源持有者将闲置房源信息发布在平台上,房客通过平台查找房屋信息,一旦租赁双方达成一致,房客就可以付费并实地入住。Airbnb 在线短租模式是分享经济的典型代表。

房东可以把闲置房源出租,赚取额外的收入,而房客可以以合理或低于平均的价格入住各种特色房源,不仅有居家体验,还可以和当地的房主深入交流,在短期内体验当地文化,更好地融入当地环境。Airbnb 模式的成功在于重品牌、轻资产,运行上注重多样化、个性化、社区化体验,强化信任和安全,从而短时间内风靡全球,引发分享经济热潮。

(2)关键活动

一是提供居家体验。Airbnb 提供的服务与当地文化情境紧密结合,当地的居家体验及热情接待是 Airbnb 的服务价值核心。体验式服务和文化主题性赋予租客在不同住宿情境下独一无二的、有归属感的参与体验。Airbnb 针对不同场景为顾客深度定制个性化旅行项目,如伦敦的"做帽子培训"旅行、水石书店的"读书之夜"及巴黎老佛爷百货的逛街"下榻"之旅,让消费者结识陌生人,感受当地文化氛围,拥有具有归属感的、富有文化气息的住宿体验,这种差异化和体验式服务,是其他旅馆无法给予的。

二是平台专业化服务。为了降低租客的感知风险,保证房源的真实性和展示房屋的舒适性,Airbnb 签约摄影师,为房东提供免费摄影,高品质地进行视觉推广,同时打造了一支专业团队向客户提供 24 小时热线服务,提供给顾客抱怨宣泄的渠道,为其提供心理风险保障措施。就房东感知风险的角度,Airbnb 组织专业人员评估房客的可疑活动,并提供 5 万美元的保证金以保障房东的财产安全,同时对房东进行培训,增强其应对意外情况的能力。

三是提供信任与安全。目前,Airbnb 设立了一系列标准和期望,具体细分为安全、保障、公平、真实、可靠 5 个原则,旨在维护社区安全,让所有用户能够更放心地通过 Airbnb 平台出租和预订房源。具体包括身份验证、安全支付、可信赖的服务、积极配合政府监管、分享数据。

(3) 关键资源

一是技术。Airbnb 作为平台企业,是移动互联网技术的集大成者,从平台维护、运作到产品与服务升级、推送都离不开技术力量。技术创新是平台企业向多领域、多业态发展的基础,因此,Airbnb 始终对技术保持足够的重视。近年来分别在设计平台专属 App、设备应用远景、精准营销、需求预测等方面创新,构建平台在技术上的核心竞争力。在促进资源匹配方面,Airbnb 做出的技术创新尤为突出。例如,其在 2012 年推出的 Match 服务,能代替房客向房主发送租用信息,并采用默认服务加速筛选,降低顾客搜索成本,提高供需匹配效率,使房客的体验更加流畅。

二是房源。目前 Airbnb 的房源类型为整套房屋、独立房间或合住房间三大类,包括客栈、民宿、公寓、度假别墅、小木屋、房车、帐篷、集装箱等个性化房源,主要面向沙发客或追求个性化的旅行者。相比于传统酒店标准化、同质性强的房间,Airbnb 提供的房源通常具有合理或低于平均的价格,且贴合租客的个性化需求。

3.价值实现

价值实现指企业经历过价值传递后,创造出的价值最终能得到市场认同与接受,是平台价值创造活动的最终目标。Airbnb 的价值实现创新策略可以分别从盈利模式创新和运营成本优化这两方面概括。

(1) 盈利模式

创新 Airbnb 的主要盈利来源是连接供需双方、整合匹配资源、传递信息时产生的平台连接红利,并非传统的购销关系。产品定价也由房东基于行业合理价格,按照淡旺季进行自由定价,平台并不参与商品价格拟定,而是对房租进行一定比例抽成。Airbnb 主要通过向房东和房客分别收取服务费及广告等盈利,其中,房东服务费为租金的 3%,房客服务费为租金的 6%~12%。目前,Airbnb 利润率约为 12%,与 Home Away 约 3% 的利润率相比,优势明显。Airbnb 的高利润率得益于两点。

一是重品牌、轻资产。轻资产化使 Airbnb 削减了传统酒店模式中的冗余成本,只需追加少量成本投入,就能够实现扩张与利润持续增加。

二是差异化产品及服务获取高溢价。一方面,它借助给民宿注入人文价值和良好的视觉体验实现高溢价。2010 年,Airbnb 为屋主推出拍摄服务,高质量的房屋照片带来两到三倍的订单量。另一方面,它借助高品质、个性化服务实现高溢价。如 2014 年 Airbnb 推出 Local Companion 服务,该服务可以让当地人提供全方位服务。在新版本应用中,Airbnb 提供了"挑选友邻"(Neighborhood Matching)等功能。差异化产品和服务带给房东和租客高质量体验,

Airbnb 据此获得高溢价。

就平台的商业模式而言,Airbnb 并非固定的单一型平台商业模式,而是由要素流平台商业模式和规则流商业模式综合构成的更为丰富、宽广的多元综合型平台商业模式。

(2)运营成本优化

Airbnb 的运营模式有"轻资产、轻运营"特点,通过技术和平台经济特点削减了房屋资源和旅游开发的巨大成本,降低了平台的运营成本和日常管理费用。此外,互联网技术发展和社区化运营使 Airbnb 拥有接近零成本的分享渠道和极低的运营边际成本,进一步强化了平台竞争优势。

7.3.9　SOHO 居家创业模式

1)SOHO 创业的内涵

SOHO 创业也称为在家创业,起源于美国 20 世纪 80 年代后期,然后迅速在经济发达国家风靡起来。形象地说,SOHO 创业算是"个体户"在互联网时代的"升级版"。

SOHO 是"Small Office"和"Home Office"的简称,意思是家居办公,指那些专门的自由职业者,如自由翻译人、自由撰稿人、平面设计师、工艺品设计人员、艺术家、音乐创作人、产品销售员、广告制作、服装设计、商务代理、做期货、网站等。

SOHO 是一种新经济、新概念,指时尚、轻松、自由、弹性而新型的生活和工作方式,吸引了越来越多中青年人。SOHO 跟传统上班族最大的不同是可不拘地点,时间自由,收入高低由自己来决定。而且,他们免掉了因上下班交通拥挤而浪费时间,他们远离了办公室的人事纠纷,他们从事着自己所喜爱的工作,他们更有人自己做了老板。他们是当今时代的新新人类。

2)SOHO 创业的类型

①自组 1~10 人的小公司,或经营一个小店面,或加盟某个连锁体系。这种 SOHO 规模虽不大,员工们也未必天天见面,但是通过互联网保持着高效的联系,在经营和管理上具备很大的灵活性。在大公司无法兼顾的领域,个人公司如能提供适合的商品和服务,往往会获得成功。

②自雇 SOHO。在家工作或个人工作室,一人身兼老板及伙计,例如,文字工作者、艺术工作者、顾问、中介、保险从业人员等大多爱好自由,工作富有创造性。

③兼差 SOHO。利用下班时间在家兼差的上班族,既能开辟财源,又有基本保障,是保守型过渡到创业阶段的人的选择。

④在职 SOHO。就是在家工作的上班族。即在家利用现代通信科技与所属公司连线进行工作的电子通勤族,号称科技时代最酷的上班方式。他们与其他 SOHO 的区别在于,他们有固定的工作单位,只是部分时间在家上班,而且在上班过程中要不断和该公司联络以便协调工作。

3) SOHO 创业须注意的方面

①在设计、编程、写作、网络营销、时尚、创作、创意、股票等方面有一技之长,并且很热爱自己所擅长的技能。

②规划 5 年目标,树立苦战 2 年的决心,建立对信息发布和沟通的强有力方式。

③得到家人的理解与支持。这是成为 SOHO 最重要的条件,因为当你在辞掉工作吃老本时,实际上父母可能看不惯,因为他们此时正在担心你的未来。

④要有失败的准备。没有人做什么事情一定会成功,这是一个很现实的问题,倘若所要做的事业和能力并不具备做 SOHO 的条件,则先不要急于行动,因为一旦失败,将会十分痛苦。

⑤拥有一定数量"过冬"的"储备粮"。尽管做 SOHO 在创业上是 0 成本,但是,做 SOHO 本身是没有人管饭的,所以,如果在做 SOHO 前没有一定"储备粮",将很难度过人生当中最难忘、最严寒、最残酷的"冬天"。

7.3.10　旅游景区商业模式

下面介绍的主要是旅游景区发展的商业模式。

1) 门票商业模式

这种商业模式的主要价值是观光。核心业务与经营模式是利用天然资源,基于对旅游资源的保护,建设观光设施与接待设施。盈利模式是简单的门票经济。较多自然型观光景区采用的是这种模式,这种模式是否成功依赖于其旅游资源的品位。一般情况下,一个景区的门票占总收入的 30%~40% 较合理,完全依赖门票经济是难以可持续发展的。

2) 旅游综合收益商业模式

单一的门票经济难以适应现阶段的需求,收益也非常有限。旅游综合收益商业模式摆脱了单一的门票经济,而注重延伸旅游产业链与价值链,注重旅游地的综合体验,强调餐饮、购物和住宿等多种收益形式。这种商业模式的主要价值是综合体验,它的基础是建立综合性的产业链。比如西湖模式与乌镇模式。西湖模式指浙江杭州从 2002 年国庆假期开始,逐步免收西湖风景区的门票,发展其他旅游产业经济,不仅弥补了门票减免的损失,而且带动了其他产业迅猛发展。目前,西湖免费开放十几年,杭州的境内外游客人次数、旅游总收入都实现了倍增。

3) 产业联动与跨界融合的商业模式

这种模式以旅游作为平台,利用旅游+来开发相关产业,跨界融合,从而获得产业联动带来的综合收益,如旅游+农业、工业、文化、教育等构成的田园综合体、旅游产业园区等。其中,田园综合体是集现代农业、休闲旅游、田园社区为一体的乡村综合发展模式,目的是旅游助力农业、促进三产融合。

如位于无锡市阳山镇的田园东方,是国内首个田园综合体,也是中国首个田园主题旅游度假区。它位于长三角经济圈的阳山镇近郊区域,交通便捷且拥有丰富的农业资源和田园风光,还具有桃园、古刹、大小阳山、地质公园等生态自然景观。它在不到 5 年的时间里,不仅探索、实现了项目有效运转,还以此为样板在全国范围内进行了 5 个城市铺点建设,组成了内涵丰富的功能群落,完整呈现了田园人居生活,已成为长三角最具特色的休闲旅游度假目的地。其核心理念是复兴田园、寻回初心。项目以"美丽乡村"的大环境营造为背景,以"田园生活"为目标核心,将田园东方与阳山融为一体,贯穿生态与环保理念。项目包含现代农业、休闲文旅、田园社区三大板块,主要有乡村旅游主力项目集群、田园主题乐园、健康养生建筑群、农业产业项目集群、田园社区项目集群等,打造为以生态高效农业、农林乐园、园艺中心为主体且体现花园式农场运营理念的农林、旅游、度假、文化、居住综合性园区。

4) 旅游+地产商业模式

这种商业模式实际上是产业联动的一种,只不过这种模式在国内运作已经比较成熟,因此单独说明。这种模式的投资商在开发旅游的同时要求政府给予一定土地作补偿(价格一般是各种办证的费用),旅游和地产同时开发,通过地产的收益来弥补旅游的投资。

如华侨城集团引领创造的"旅游+地产"互动发展模式,曾成为深圳和全国的城市规划建设以及房地产业成功的典范。华侨城的旅游+地产模式,把土地资源利用最大化,房地产收入占全部收入最高时达总收入的 80%。华侨城地产不仅涵盖了传统意义上房地产开发的所有形态,如住宅、别墅、公寓、商业、写字楼、酒店、创意产业园,还具有更宽泛的范畴,包括何香凝美术馆、OCT 当代艺术中心、华夏艺术中心以及学校、医院、体育中心、高尔夫球俱乐部等生活、旅游、工作、休闲、娱乐、聚会、运动、文化艺术体验甚至创想,华侨城生活方式称为优质生活方式的代名词。房地产产品具有较强的地域性、固定性和唯一性,房地产投资开发模式处于不断变化和演进的过程。房地产行业资金投入规模大、风险大,但是回报率较高,一般来说房地产行业有 20% 至 30% 的平均回报率。

华侨城是以主题公园著名的。其主题公园以游乐设备为主,具有投入大、回收周期长、更新换代压力大等特点。它综合性强,带动相关产业同步发展的弹性最大,对发展和繁荣当地经济起着极其重要的作用,从而能得到政府的优惠政策和政策扶持。同时,经营完善的主题公园可以为企业聚集人气,带来稳定的现金流、良好的社会效应和环境效应,为企业品牌培育提供支撑。建设主题公园等旅游景点,创造了良好的周边生态环境,积聚了人气,形成了良好的品牌效应、社会效应和环境效应,以此为依托,配套适度的主题地产开发,既实现了人与自然的和谐、建成具有示范效应的主题社区,又使得地产经营具有不可复制的特征,避免产品雷同。

华侨城主题公园的成功,对周边房价产生的影响是巨大的,这便是旅游地产的魅力所在。以华侨城旅游地产的开发经验,主题公园对房价的支撑大约是 2 000 元/平方米。华侨城旅游主题地产寻找到了"地产"与"旅游"的最佳结合点,营造了华侨城区域气质和居住文化氛围——科学规划,将居住和旅游进行分隔,同时将二者和谐地结合起来。华侨城旅游主题地产建立了旅游区居家生活的新秩序,它不仅在为人们营造一个居所,而且为人们带来了

"快乐边缘",丰富了优质生活空间的"外延"。

5)旅游招商联合经营的商业模式

这种模式是一些距离中心城市较近的景区开发的通行模式。一个投资商控制资源,做好基础设施,然后对各种项目进行招商,联合许多小投资商一起参与经营。

比如广东中山的泉林山庄是一座集娱乐、休闲、会议、户外拓展、科普教育和度假于一体的大型旅游度假区。它的投资商基本不做具体项目,景区内部的100多个项目都由众多的中小投资商建立。

【思考题】

1.商业模式画布包括哪些要素?

2.商业模式设计一般包括哪几个过程?精益创业画布要注重哪些原则?

3.有哪些常见的旅游商业模式,不同模式各有什么优点与不足?

4.直播带货作为旅游商品与土特产销售的重要形式,有什么特点?

5.除了课本中提到的旅游企业,还有哪些典型的旅游企业?请以某个典型旅游企业为例,分析它的商业模式如何?

6.针对生活与旅行中遇到的问题与困难,你提出的创意方案是否可转化为创业方案?它采取什么样的商业模式呢?

第8章
旅游创业资源整合与创业融资

【学习目标】

1. 了解旅游创业资源与创业融资的概念与内涵。
2. 理解旅游创业资源整合的过程与创业融资的决策。
3. 掌握旅游产业资源利用与整合的方式及创业融资的渠道与方式。

【案例导读】

哈罗单车创业资源整合与创业融资

1.引言

共享单车自2007年初步面世以来,经过十几年发展变化,经历了从风口到低谷,从各创业者争相创办公司到如今大部分公司纷纷离场。哈罗单车经历了多次融资与发展,不断突破困境,以一种新的姿态迅速抢占了三四线城市市场,迅猛壮大起来。哈罗是如何完成它的蜕变,实现一枝独秀的呢?又是什么力量让它成长为强者的呢?

2.共享单车行业的发展:忽如一夜春风来,千树万树梨花开

中国的单车行业经历了由市政公共单车租赁到企业承包单车市场,最后到如今互联网共享单车模式的过程。2007年,单车模式被引入中国,由政府主导的分城市管理模式正式主导中国市场,一场共享单车的风暴开始酝酿。2010年,以永安行为代表的承包市场单车模式崭露头角。2014年,以OFO为首的互联网共享单车顺应这个互联网快速发展的时代,应运而生,共享单车模式逐渐趋于成熟。2016年,随着政府的支持以及经济的发展,共享经济用户不断增多,越来越多的资金被投入到共享平台建设中,OFO小黄车、摩拜单车、小蓝单车、永安行、哈罗单车等单车品牌纷纷涌上了街头,共享单车迎来了它的高峰期。此时,哈罗瞄准了共享单车行业的发展机遇,从二三线城市起步,开启了创业之旅。

3.哈罗单车的创始人——杨磊:业无高卑志当坚,男儿有求安得闲?

哈罗单车的创始人——杨磊,2005年,他刚上大一,由于对网络游戏极度爱好,他经常去学校附近的电子城转悠。为了解决游戏所需要的花销,他帮一位老板开淘宝店卖电脑配件。正是这次打工让他迎来了创业机遇,在打工中,他认识了生意伙伴,二人合资10万元成立了"比达电子科技",主营计算机销售和组装。

积累了比达电子科技的经验教训,杨磊的能力不断提升,随后开始了第二、第三次创业,他先后在2010年与2012年成立了"币达代驾"与"爱代驾",最终"爱代驾"被李斌旗下的易

车网出资占股 24%,最大股东易主,杨磊辞去爱代驾 CEO 职务。

2015 年 2 月,杨磊追逐刚兴起的智慧停车风口,注册了公司"上海静遥",推出"车钥匙 App"。这次创业让杨磊组建了十分默契的核心创业团队——江伟、李开逐、韩美。CTO 江伟曾经是淘宝中间件核心技术专家;执行总裁、软件研发负责人李开逐曾是携程基础事业部高级研发经理、爱立信(中国)研发中心技术专家;COO 韩美曾任支付宝国际部外卡业务全国负责人,是互联网行业多年从业者。哈罗 4 位创始人可以说是各领域的佼佼者,加上高度的信任与默契的配合,为哈罗的发展之路提供了不少助力。

2016 年 9 月,杨磊和他的团队放弃了"车钥匙"项目,将目光投向了相对热门的短距离出行服务——哈罗共享单车,开启了一场新的创业之旅……

4.哈罗初起步:地转天旋,万事开头难

创业之路并非一帆风顺。哈罗刚刚起步时,摩拜和 OFO 就已相继完成数千万美元 B 轮融资,相比而言,亟待完成 A 轮融资的哈罗却屡屡碰壁。然而杨磊并没有慌,由于团队做了细致的筹划,杨磊叙述起来更加有底气,他十分严谨的哈罗早期创业企划简述让投资人心动了。2016 年 11 月,哈罗拿到了由愉悦资本、GGV 纪源资本、贝塔斯曼亚洲投资基金、磐谷创投合伙投资的 A 轮融资。

这笔资金给哈罗的城市发展提供了很大的支持与保障。考虑到目前一、二线城市大部分被 OFO 与摩拜抢占了先机,进攻大城市存在明显劣势,加上大城市需要大量运营成本与前期投资,而小城市需求相对较少,哈罗选择了走"农村战略",将最初的入驻城市放眼到了二、三线城市,第一个投放点被定在了二线城市——苏州,一夜之间上百辆红白相间的哈罗单车进入了苏州人的视野。

但苏州的单车投放却没有达到很好的效果。他们作了进一步市场的调研,在宁波再次开启了新的投放。11 月 16 日,哈罗与宁波高新区签署了战略合作协议,将浙江区域总部设在了宁波,并推出夜间(晚上 11:00—凌晨 6:00)骑行免费。为引导用户规范地停放自行车,哈罗实施了用户信用分体系,根据用户违规行为进行适当的信用扣分和骑行加价。哈罗还发布了移动运维支撑系统,使非常关键的车辆运维效率得到极大提高。

新策略的修改让哈罗不仅提高了用户体验还得到了当地政府的鼓励与支持,当天就在宁波上线了 51 000 辆。2016 年,在进行的用户对共享单车满意度调查中,哈罗以 7.8 分的成绩排名第四,位居 OFO、摩拜跟永安行之后,这给哈罗的变强之路奠定了一个很好的基础。

5.新资终注入:路漫漫其修远兮,吾将上下而求索

2016 年,虽然哈罗略有盈利,但是新的城市入驻以及单车维修消耗了大量财力,哈罗再次陷入了财政危机。在撑不下去的时候,杨磊寻找投资,投资人符绩勋表示:"共享单车这个模式,长期来看核心竞争力在于快速复制拓展市场的执行能力、产品和技术驱动的车辆运维效率及运维成本控制能力。Hellobike 拥有强大的研发团队和市场运营团队,我们看好他们的巨大发展潜力。"紧接着哈罗完成了由 GGV 纪源资本领投、磐谷创投跟投的 A+轮融资。新一轮融资可以说是给濒临"饿死"的哈罗的一根救命稻草,让这个濒临倒闭的品牌活跃了起来。

2017 年 1 月,随着 GGV 纪源资新资金的注入,哈罗迎来了更多发展空间,"农村战略"

得以进一步扩大,短期内一大批哈罗"小白车"在长沙等城市街头纷纷亮相。哈罗很注重与政府的合作,3 月 1 日,哈罗结合厦门出台的《自行车停放区设置指引(试行)》,在共享单车品牌中首家推出"虚拟停车点",引入电子围栏技术,还在 App 中加入了政府规范的停放区,积极响应厦门政府自行车停放区设置指引,引导用户更有序地停放单车。此外,哈罗鼓励用户正面行为、制止负面行为,凡是对违规停进小区和车库的行为进行监督、举报的用户都会得到适当的信用积分奖励。

6.融资破僵局:不经一番寒彻骨,怎得梅花扑鼻香

哈罗当时正处于一个从小品牌向大品牌爬坡的阶段,想要扩大规模甚至实现逆袭,资金支持相当重要。2017 年 4 月,创立不足一年的哈罗单车已经进行了 A 轮、A+轮融资,B 轮融资却卡住了,如果不能拿到融资,哈罗的城市发展之梦将就此中断。

当时,单车的赛道上,摩拜和 OFO 占据了大部分市场,日订单已经突破千万,哈罗单车却只有 300 万,差了一个量级。资金方面,摩拜、OFO 相继完成 D 轮融资,分别拿到 3 亿美金、4.5 亿美金,弹药充足,正在从北上广深等一线城市雄心勃勃地迈入新加坡等国际市场。

哈罗仿佛受到了上天眷顾,成为资本的管理合伙人的沙烨与杨磊见了一面,决定领投哈罗单车 B 轮融资。很快数千万元美金汇到账上,哈罗单车赢得了喘息的机会。沙烨认为哈罗单车的实力被市场和投资机构严重低估,而且哈罗单车创始人兼 CEO 杨磊让他看到了希望:"他思路很清晰,表面很安静,内里却有雄心壮志。"

经历了一段时间"农村战略"发展的哈罗向投资方展现了应有的实力与潜能,随着资金纳入,哈罗离成功又近了一步。拿到 B 轮融资的哈罗在走"农村"路线的同时更加注重与政府合作。哈罗结合政府工作需要,在固定执勤点、人流密集区设置单车固定投放区,并设置专门的公务使用账号,保证专号专用,让哈罗单车成为政府政务的好帮手,为当地智慧交通建设、出行合理化和市民幸福指数提升做出应有的贡献。哈罗成为全国首个由政府指定使用的品牌公务单车,哈罗的创业之路迎来了崭新的一页。

7.哈罗快速整合资源与大力融资:苟怀四方志,所在可盘游

根据 2017 第一季度共享单车市场分布来看,一、二线城市几乎被 OFO 跟摩拜占据,但是哈罗团队并没有畏惧。"我们自己能获取流量,也有流水,而且盈利模式都是十分清晰的,包括用户付费、广告、沉淀资金收益。最关键的是,它不需要像网约车一样疯狂烧钱去拉用户。"杨磊说道。"我们会加强供应链建设,同时引进更多人才,壮大自己的团队,持续深耕共享单车领域,围绕车辆在服务市场更多地提升,并会加快速度向其他城市扩张,为更多城市居民打造无缝衔接的出行体验。"COO 韩美表示。他们不断摸索市场,专注于二、三线城市——这个两单车界头部玩家缺席的领地、竞争相对没那么激烈的区域,继续发展农村战略,专注搞好短距离出行问题。

2017 年 5 月,哈罗不再只关注上班族与学生党,而是进一步细分市场,合理规划出了景区共享旅游单车。8 月,哈罗单 3.0 在杭州等城市投入运营,新型哈罗单车采用了全铝合金车架、人机工学可调座椅、真空一体座垫,提高了产品舒适度;增加了自诊断系统、高效太阳能发电系统、北斗+GPS+基站三重定位系统、智能语音锁以及语音播报系统,大大提高了运营效率。9 月,哈罗注册用户突破 3 000 万,日均骑行订单突破 700 万单,进驻超 100 座城

市,还拿到了河南省洛阳市、山东东营市、江西省贵溪市等十几家城市独家运营权。

10月,哈罗单车与永安行低碳科技有限公司合并,新公司的实际业务将由哈罗单车团队负责。这轮合并后,双方针对未来发展进一步详细规划,决定将联手建立二、三线城市"共享单车+共享电单车+共享汽车"出行新模式。12月,哈罗迎来了蚂蚁金服等投资方的D轮投资,在这笔资金的支持下,哈罗启动了共享单车"生产—报废—回收"闭环,共建生态,共享文明。之后哈罗与蚂蚁金服的联系更加密切,单从外形上哈罗就大换装,由原先的小白车换为了如今的小蓝车,与支付宝颜色相辅相成,充分发挥了它作为移动广告牌的作用。

2017年年底,行业洗牌速度加剧,共享单车企业因各种原因导致退押金难问题日渐突出,涉及用户众多。为保护消费者利益,促进行业健康有序发展,"免押金骑行"正在成为政府相关政策中重要的导向。哈罗嗅到了这一气息,于是开始了一次押金方面的大变革。哈罗单车用户只需用支付宝"扫一扫"车身二维码,选择授权芝麻信用,就可随时随地骑行哈罗单车,这是哈罗单车又一种大范围提供免押金骑行服务的模式。新模式初运行得到了较多好评,这不仅解决了用户担心的押金问题,还大大提高了用户的信用度与满意度。截至2018年初,哈罗单车"芝麻信用免押骑行"用户增长超过40%,免押金总额接近5亿元。

哈罗单车一直在不断前进着,在第七届中国公益节上斩获"2017互联网企业社会责任奖"殊荣。随着共享单车不断发展,许多不文明行为也逐步显现,哈罗一直对此十分重视。针对此现象,为防止私占、破坏共享单车等不文明行为,哈罗单车首先通过短信、Push推送等方式多次提醒、警告,在此期间用户可随时与哈罗单车沟通、反馈真实情况,对于涉嫌破坏、私占共享单车的用户,哈罗单车制定了分级处理原则;对于确认涉及并在提醒后情况有所改善的用户,哈罗单车将从轻处理,而依然没有改善行为的用户将受到30日封号、永久封号甚至刑事追责等不同程度的惩罚。这一策略实施后,不文明用车现象得到了明显改善。哈罗的支付形式也在逐步变化,2018年5月后,哈罗进行了一系列支付革新,如从最初的App支付到后来的入驻支付宝页面;上线微信小程序;与饿了么完成了入口对接,用户只要购买哈罗单车的骑行卡即可免费获得饿了么超级会员;和余额宝推出了联名特权卡,用户不仅可以免费骑行,还可以让余额宝收益翻倍。和余额宝联手的活动规则是,只要你单次骑行超过5分钟,就会获得一张收益翻倍卡,使用后第二天余额宝收益就会翻倍。这次哈罗再次以"送红包"形式发起了新一轮营销策略,逐步进入并深入人们的视野。在蚂蚁金服的助力下,哈罗一路突飞猛进,全国免押金、景区单车、打车业务等市场效果良好,在2018年度用户体验调查中,哈罗一直稳居前四。哈罗正在不断变强,共享单车界三足鼎立之势渐趋成熟。

8.展望未来:风雨砥砺,岁月如歌,风物长宜放眼量

随着哈罗单车在短距离出行领域的优势逐渐凸显,它慢慢地将目光投向了一线城市和整个出行领域。2018年9月,哈罗单车宣布升级为"哈啰出行",并于同年年底招募顺风车主,这一动作标志着哈啰出行要向整个出行领域进军。2019年1月,哈啰顺风车在上海、广州、杭州、成都、合肥、东莞6座城市上线试运营。上述城市用户更新"哈啰出行"App,即可使用市内或跨城顺风车服务。

哈啰正在一步一步拓展市场,不断接近着他们解决中国出行问题的梦。对于哈啰的未来,有人认为哈啰会在杨磊的带领下成为单车跨界行业的试路者,有人认为哈啰的未来将会受到重创,也有人认为哈啰可以与滴滴媲美,进而领军顺风车行业。然而哈啰的未来真的能够如同大家期盼的那样吗? 未来的哈啰将何去何从呢?

(资料来源:王崇锋、冯亚欣、郑阳阳,Hello,哈罗单车的逆风登顶,中国管理案例共享中心。)

【思考与讨论】

1.哈啰单车有怎么样的创业团队与重要资源?

2.面对 OFO、摩拜等竞争对手,哈啰单车采取了什么样的发展战略而逐渐成为行业强者的? 在审时度势、扬长避短中,它又是如何整合资源的?

3.在融资路上,哈啰单车是怎么融资的? 有哪些融资渠道和融资方式?

8.1　旅游创业资源整合

8.1.1　旅游创业资源的概念与内涵

1) 旅游创业资源的概念

资源是创业活动顺利开展的关键因素之一。学者们从不同角度对资源的概念进行了界定。从经济学角度来看,资源是生产过程中所使用的投入;从管理学角度来看,资源是基于信息和各种生产要素的集合,通常将其分为有形资源和无形资源;从组织战略角度来看,资源是为了实现组织目标而使用的所有有形资源与无形资源的集合。因此,对于创业而言,从广义上来说,旅游创业资源是能够支持创业者进行旅游创业活动的一切要素,涵盖旅游新创企业在创业价值的过程中需要的一切支持性资产。从狭义上来说,旅游创业资源是促使创业者启动旅游创业活动的关键优势资源(张香兰 等,2021)。

2) 旅游创业资源的构成

如果将创新创业视为一个由人的体系、物的体系、组织体系和社会体系组成的协作体系,那么人的要素、物质的要素、组织要素和社会要素就构成了旅游创业必不可少的要素(王满四,2018)。

(1)人是旅游创业活动的主体要素

创业活动不可避免地涉及一些人的要素,如创业者与创业团队、人才资源、企业内部的人际关系、企业外部的人际关系与人脉等。

首先,创业者与创业团队作为创业活动的执行者,其创业动机、价值观念、精神特质、智力、声誉都会左右创业内容及成功与否。创业者为争取生存的需要,或为了谋求发展的需要或为了获得独立、赢得尊重、实现自我价值的需要进行创业,这些不同创业理念都会直接影响具体创业活动的开展。

其次,人才资源是企业发展的第一要素,它指一定时期内企业中的人所拥有的能够被企业所用,且对价值创造起贡献作用的教育、能力、技能、经验、体力等的总称,尤其是人才的专业技能、创造力、解决问题的能力和管理能力,会发挥重要作用。

再次,创业者与创业团队掌握的知识、信息与技术在新创企业所需的资源保障中所占的分量越来越重,尤其是依靠先进技术创立企业,开辟并占领一个新市场,已经成为新创企业发展的重要方式。其原因主要为:一是创业技术决定了创业产品的市场竞争力和获利能力;二是创业技术决定了所需创业资本的大小,对于一些在技术上非根本创新的新创企业来说,创业资本只要保持较小的购买就可以维持企业的正常运营;三是就创业阶段而言,新创企业是否掌握"核心技术",是否拥有技术的所有权,决定创业成本以及能否在市场中取得成功。技术资源对依托于高科技创业的企业而言更为关键。

最后,在创业过程中,创业者不可避免地会与他人发生联系,需要人脉关系。一方面,创业者须处理创业团队与企业内部的人际关系,真正发挥所有团队成员和企业员工的创造力和主动性,促进创业成功与企业成长。另一方面,企业作为一个开放系统,必然与外部的旅游供应商、旅游消费者、地方政府、当地社区与居民等发生各种联系,创业者须协调各种关系,建立人脉,谋求企业的成长空间与进一步发展。

（2）物质是旅游创业活动的条件要素

物质资源指创业和经营活动所需的有形资产,如场地、土地、设备、自然旅游资源与环境、资金与财务资源等。

没有一定物质作为保障,创业活动只能是空谈。在企业的创办过程中,资金是基础也是前提。有无资金,决定创业行动能否及时展开。创业资金储备多少,制约着创业规模大小与进展速度。资金资源对于任何一个企业都非常重要,充足的资金将有助于加速新创企业发展。新创企业无论是产品研发还是生产、宣传和销售,都需要大量资金。同时,土地、旅游资源等都是旅游创业的重要保障。尤其是对景区与目的地而言,旅游资源、土地类型及其旅游容量甚至成为旅游吸引力、旅游发展规模与旅游承载力的决定性因素。

（3）组织是旅游创业活动的载体要素

人虽然是创业活动的主体,却只能通过组织的形式来实现其能动性。在具体的创业活动中,组织要素所发挥的功能不容忽视。首先,组织发挥创业活动的决策功能,多数创业活动拥有一个创业团队来负责企业整体的经营方向决策,相对创业者一人所做的决策,这种依赖于团队组织而实现的共同决策方式能够吸纳更多信息,利用更加多元化的知识构架,因此决策方案会更加有效、科学。其次,各项创业活动的事实不可能仅仅依靠一个人的力量,创业过程必须分工和协作以保证各项活动,因而创建组织框架和管理体系是创业者必须完成的管理事务。最后,在组织内部,创业所承担的领导职能以及创业者对员工的激励也发挥着不可替代的作用。创业者不仅要扮演领导角色,指引组织成员实施创业活动,而且应注意对员工进行激励,以充分调动人的积极性,使得组织与创业活动共同发展。

（4）社会是创业活动的背景要素

创业活动始终要依托于具体的社会环境。创业者搜寻创业机会时,需要考察社会环境的特征,寻找在当前特定社会环境背景的创业机会,尤其需要系统考虑旅游需求、旅游竞争、旅游资源开发状况、旅游投融资、旅游政策等因素,这就意味着创业者所要开发的创业机会必须要有一定社会基础。

此外,企业及其员工在社会交往中还会形成社会资本与社会资源。它包括各种有形资源和无形资源。创业者应充分利用国家给予的政策,利用自身的比较优势,围绕新设企业的目标,积极主动地多方沟通和协调,争取各种社会资本和社会资源。社会资本和社会资源有助于合理利用创业资源、创业资源整合、降低创业风险、识别创业机会、获取创业资金、增强人脉支持和市场认可等。

在旅游创业活动中,以上 4 类要素之间是一种相互适应、相互匹配的关系。实践中,创业者往往会注重某一方面,却忽略了其他要素,从而导致失败。只有人、物质、组织、社会 4 方面因素协调发展,旅游创业活动才拥有持续发展的动力。

3) 旅游创业资源的类型

关于旅游创业资源构成,有不同角度的分类方法。

①根据资源的性质,旅游创业资源可分为人力资源、社会资源、财务资源、物质资源、技术资源、组织资源、旅游资源等。

②根据资源对企业成长的作用,旅游创业资源可分为两类。一是要素资源,包括场地资源、资金资源、人力资源、管理资源、科技资源、组织资源、旅游资源等。二是环境资源,包括政策资源、信息资源、文化资源、品牌资源等。

③根据资源复杂性程度,创业资源可分为简单资源、复杂资源。简单资源指有形的、离散的、以产权为基础的资源;复杂资源指无形的、系统的、以知识为基础的资源。

④其他分类方法。旅游创业资源还可分为有形资源、无形资源,离散资源、系统资源,简单资源、复杂资源,战略性资源、有价值资源,稀缺性资源、难以模仿资源、不可替代资源。

4) 旅游创业资源的特点

旅游创业资源具有以下 3 个特点。

(1)时效性

创业资源具有时效性,只在恰当的时机可以被利用,受时间影响较大的是环境资源、信息资源。

(2)广泛性

创业资源非常广泛,包括无形的环境资源、信息资源,有形的资金资源、人力资源,在我们生活中无所不在。

(3)整合性

创业资源可塑性很强,不同资源之间需要相互整合。资源不是摆设,企业只有通过对资源进行有效整合,才能形成企业的核心竞争力,并获得市场独占性和企业长期的生命力。

5) 创业资源的作用

创业者获取创业资源的最终目的是组织这些资源,追逐并实现创业机会,提高创业绩效和成功创业。无论是要素资源还是环境资源,无论它们是否直接参与企业生产,它们都会对创业绩效产生积极影响。一方面,要素资源可以直接促进新创企业的成长。另一方面,环境资源可以影响要素资源,并间接促进新创企业的成长。

8.1.2 旅游创业资源的利用与整合

创业资源的利用与整合指,创业者对不同来源、不同层次、不同结构、不同内容的创业资源进行识别与选择、汲取与配置、激活和有机融合,使其具有较强的柔性、条理性、系统性和价值性并创造出新资源。资源利用与整合是企业战略调整的手段,也是企业经营管理的日常工作。其目的就是优化资源配置、获得整体最优。大部分创业者在初创时期都存在资源贫乏、经验不足的状况,任何一个创业者都不可能在想出了所有问题的答案后再创业。从创业视角看,创业不必等到将所有资源准备齐全,而是在把握机会的前提下通过整合资源来实现(张香兰 等,2021)。

1) 旅游创业资源利用与整合的过程

旅游创业资源利用与整合一般具有以下过程。

(1) 创业资源识别

创业者首先要明白自己的资源整合能力及企业所拥有的最初资源。创业资源中存在假象,即不适合企业发展的方面,这就要求创业者具有辨识真伪的能力,不能对所有资源都来者不拒。与此同时,要厘清哪些是战略性资源,哪些是一般性资源。之后,还要对资源的数量、质量、可利用程度进行分析。

资源识别方式可分为两种:自下而上和自上而下。自下而上指创业者拥有详细、具体的商业计划并依据商业计划对资源进行识别,从而把资源整合在一起以创造价值;自上而下指创业者首先勾勒出组织愿景及这一愿景如何实现,而后识别自身所拥有的资源和环境中能提供的所需资源并以此实现组织愿景。

一般来说,创业资源识别过程如下:

①分析已有资源。资源整合的前提是发现资源,有一双善于发现资源的眼睛,及时捕捉到所需的财富资源,就能比竞争对手多走一步。将自己的资源列出一张清单,包括资金、团队、渠道、客户、品牌、专业、人脉等,对这些资源进行精确分析,给自己的资源定性。在此基础上,思考如何让自己的资源升值,实现资源价值的最大化。

②询问所需资源。明确目标,询问自己需要哪些资源,并为获得这些资源制订策略。

③判断所缺资源。如何判断所缺的资源?

方法1:找出所需要的上下游资源。例如,制造企业上游需要产品研发、原辅材料等资源,下游需要客户、品牌、物流等资源。这些上下游配套资源就是想要的资源。

方法2:列出资源表,将资源分门别类,看需要哪些资源,缺少哪些资源。

④缺少的资源在谁手里。资源短缺是每个企业都会面临的问题。对于中小企业来说，要摆脱当前各种资源短缺的困境，就要及时出击，找到自己需要的资源，对症下药，或强强联手，或引进外来设备、人才，或向银行贷款，或借助政策支持，等等。

（2）创业资源获取

资源获取的范围包括自有资源和外部资源。自有资源大多存在于创造者和创业团队中，如教育背景、声誉、行业知识、资金和社会网络等。其中，团队人员的人脉和技术对企业的成功举足轻重。外部资源可以购买和并购获得。资源购买主要通过市场购入所需资源，资源并购则通过股权收购或资产收购将企业的外部资源内部化。为了提高企业绩效，创业者须尽可能利用手头资源和自身能力去获取并控制尚无法得到的资源。如建立产学研合作、众包、企业联盟等，联合其他组织，对一些难以或无法自行开发的资源共同开发。

在创业初期，创业者获取资源的方法主要如下：

①获取技术资源的方式有：吸引技术持有者加入创业团队；购买他人的成熟技术并进行技术市场寿命分析等；购买他人的前景型技术，然后后续完善开发，使之达到商业化要求；自己研发；等等。

②获取人力资源的途径有：实习，模拟公司运作参加校园创业大赛或者挑战杯大赛，与优秀的人共事等。

③获取外部资金资源的途径有：依靠亲朋好友筹集资金，双方形成债权债务关系；抵押、银行贷款或企业贷款；争取政府某个计划的资金支持；所有权融资，包括吸引新的、拥有资金的创业同盟者加入创业团队，吸引现有企业以股东身份向新企业投资、参与创业活动，以及吸引企业孵化器或创业投资者的股权资金投入；等等。

（3）创业资源配置

在对资源的获取和控制之后，创业者需要不断挖掘、利用创业资源。由于资源在未整合之前大多是零碎的、散乱的，要发挥其价值，产生最佳效益，就必须运用科学方法对各种类型资源进行细化、配置与激活，将有价值的资源有机融合起来，使之具有较强的系统性和价值性。创业者须协调各种资源之间的关系，匹配有用的资源、剥离无用的资源，使资源相互匹配、相互增强、相互补充，使之转化为企业内部的独特优势，从而为企业赢得市场，提高创业绩效。

（4）创业资源开发利用

创业资源开发利用是在协调资源的基础上进一步开发潜在资源为己所用，即将以前没建立联系的资源建立联系，不仅整合已有资源，而且将新获取的资源与已有资源充分整合。因此，资源开拓不仅是财富创造，而且是在已有资源的基础上拓展资源库，进一步识别企业自有和外部资源，拓展资源的范围和功能，从而为下一步资源识别、获取、配置和利用奠定基础。

2）旅游创业资源利用与整合的方式

旅游创业资源利用与整合方式大致有以下几种。

（1）杠杆

杠杆是指当企业内部资源不足或短期内难以获取而外部资源存在闲置或浪费时,企业通过核心能力构建资源杠杆以快速撬动外部资源为己所用的方式。这里的杠杆可以是资金、资产、时间、能力、关系和品牌。对创业者而言,教育背景、相关经验、个性品质、专业技能、信誉、资格等个人的能力和素质最容易产生杠杆效应。杠杆效应能以最小付出或投入来获取最多收益。

杠杆资源效应体现在以下几个方面:比别人更加延长地使用资源;更充分地利用别人没有意识到的资源;利用他人或者其他企业的资源来完成自己创业的目的;用一种资源补足另一种资源,从而产生更高的价值;利用一种资源获得其他资源。

对创业者来说,容易产生杠杆效应的资源,主要包括人力资本和社会资本等非物质资源。创业者的人力资本由一般人力资本与特殊人力资本构成,一般人力资本包括受教育背景、以往的工作经验及个性品质特征等。

（2）拼凑

拼凑是指对已有有限资源的创造性整合和利用、加入一些新元素、与已有的元素重新组合并形成在资源利用方面的创新行为。

①拼凑的3层意思。

一是加入一些新元素,实现有效组合,结构因此改变。

二是新加入的元素往往是手边已有的东西,也许不是最好的,但是可以有技巧地组合在一起。

三是创新行为可能带来意想不到的效果。

②创造性拼凑的3个关键元素。

一是手边已有的资源。这些手边资源往往是零碎的,可以是物质的,也可以是一门技术或一种理念。它常常是免费的或廉价的处理品。创业者通常利用身边能够找到的一切资源创业,一些资源对他人来说也许是无用的、废弃的,但创业者可以用发现的眼光,洞悉身边各种资源的属性,通过自己的独有经验和技巧创造性整合。

二是整合资源用于新目的。拼凑的重要特点就是为了其他目的重新整合已有资源,快速应对新情况,开发新机会、解决新问题。

三是将就使用。这种办法在资源使用上经常和次优方案联系在一起,资源也许是不合适的、不完整的、低效率的、不全面的、缓慢的,但在某种程度上它是我们能够唯一理性选择的。这种方案的产出是混杂的、不完美的、半成品,也许看上去不精致,有很多缺陷和无用的成分,但已经尽到职责,并且可以改进。

③拼凑的两种类型。

一是全面拼凑。即创业者在物质资源、人力资源、技术资源、制度规范和顾客市场等诸多方面长期拼凑且在企业现金流步入稳定后依然拼凑。全面拼凑具有如下特点:往往过于重视"零碎",经常收集、储存各种工具、材料、二手旧货等;侧重于个人技术、能力和经验;不遵守工艺标准、行业规范、规章制度;给人们一种标准低、质量次的"拼凑型"企业印象。

二是选择性拼凑。即创业者在拼凑行为上有一定选择性、有所为、有所不为、避免全面拼凑。由此,企业摆脱拼凑型企业阴影,逐步正规化,满足更广泛的市场需求。

④拼凑的 5 种策略。

一是突破习惯思维方式,如考虑进入其他行业。

二是手边资源再利用,如利用剩余的生产加工能力、无用的下脚料。

三是拼凑非凑合将就,而是在一个并不十分完美的情况下积极行动并随着事情的进展不断改进。

四是资源整合,如与合作伙伴在产品品种、渠道上优势互补。

五是不是所有领域都在拼凑,如对新客户不采用拼凑策略,这样更利于建立纯粹的、稳定的商业关系。

（3）步步为营

"步步为营"是美国学者杰弗里·康沃尔在其专著《步步为营:白手起家的艺术》中提出的资源利用的重要方式。他指出,步步为营经济实用。它不仅适用于小企业,还适用于高成长企业和高潜力企业。具体到创业资源整合实践中,"步步为营"指创业企业分多阶段投入资源并在每阶段投入最有限的资源。这样,一方面创业者要设法将资源的使用降低到最低,以至于成本降到最低,另一方面创业者要自主、自立、自强,以便于对外部环境减少依赖。这实质上体现的是一种能力,一旦具备这种能力,创业者即向成功步步靠拢。

杰弗里·康沃尔总结了步步为营的 9 条理由。

①企业不可能获得来自银行家或投资者的资金。

②新创建企业所需外部资金来源受到限制。

③创业者推迟使用外部资金的要求。

④创业者对自己掌握企业全部所有权的愿望。

⑤使可承受风险最小化的一种方式。

⑥创造一个更高效的企业。

⑦使自己看起来"强大",以便于争夺顾客。

⑧为创业者在企业中增加收入和财富。

⑨审慎控制和管理的价值观念。

（4）创造性整合外部资源

创造性整合外部资源是指在资源束缚条件下,创业者为了解决问题、实现创业机会,发现外部资源的用途,利用外部资源创造出的独特的服务和价值。整合外部资源时,须识别利益相关者及其利益,构建共赢机制,维持信任长期合作。

①识别利益相关者及其利益。资源是创造价值的重要基础。资源交换与整合显然要建立在利益的基础上,要整合外部资源,特别是对缺乏资源的创业者来说,须尽可能多地搜寻出利益相关者。旅游利益相关者包括旅游产业链上下游的相关者,一般包括上下游的旅游企业、旅游者、政府、目的地社区与居民、非营利机构与非政府组织。识别不同利益相关者的利益所在,寻找他们的共同利益。

②构建共赢机制。共同的利益须共赢机制作为保证,共赢多数情况下难以同时赢,更多是先后赢。创业者须设计出让利益相关者感觉到赢而且优先赢的机制。即让对方看到潜在的收益,为了获取收益须投入资源。因此,在研究对方利益的基础上,设计共赢机制,既帮助对方扩大收益,也要帮助对方降低风险。

③维持信任长期合作。资源整合的机制要有利益基础,同时要有沟通和信任。沟通往往是产生信任的前提,信任成为社会资本的一个重要因素。获得对方的信任和认可,对方自愿提供相应的资源。

(5)创业专项资源整合

①人脉资源整合。根据重要性程度,人脉资源可以分为:一是核心层人脉资源,包括老板、顶头上司、重要客户等;二是紧密层人脉资源,包括其他领导、一般下属、次重要客户、有影响的同学等;三是松散备用层人脉资源,包括公司未来可能的接班人,一般客户、同学等。

人脉资源整合的要点:结构要合理,有长期投资性和关联性,兼顾事业和生活,重视心智方面的需要。

人脉资源整合的途径:参与社团活动,扩张人脉链条;参加培训,搭建人脉平台;了解人脉,满足需求;日积月累,细心呵护。

②信息资源整合。在信息爆炸时代,整合信息成为创业者的一大挑战。要努力了解和分析包括竞争对手、政府、行业、合作伙伴、客户等在内的周边环境的变化信息。

③技术资源整合。对于许多新创企业来说,最关键的创业核心竞争力是技术。技术在很大程度上决定了所需创业资本的大小、创业产品的市场竞争力和获利能力。技术资源的主要来源是人才资源,重视技术资源整合就是注重人才资源整合。

④行业资源整合。了解和掌握某个行业的各种关系网,如业内竞争对手、供货商、经销商、客户、行业管理部门。创业的一个成功类型,就是做自己熟悉的行业,熟悉本行业企业运营,熟悉竞争对手。

⑤政府资源整合。掌握并充分整合创业的政府资源,努力争取政府的政策扶持,可以使创业少走许多弯路,达到事半功倍的效果。政府的各种创业扶持政策主要包括财政扶持政策、融资政策、税收政策、科技政策、产业政策、中介服务政策、创业扶持政策、经济技术合作与交流政策、政府采购政策、人才政策等。

8.2 旅游创业融资

资金是企业经济活动的推动力。创业融资难是困扰新创企业的一大瓶颈。作为一个广泛存在的问题,创业者如何获得创业资本、社会资本的出路问题受到学术界高度关注。

8.2.1 旅游创业融资概念

旅游创业融资是创业者为了生存和发展的需要,筹集资本和运用资本的活动,包括新创企业从创意种子期到创业生产期发生的一系列融资行为。

企业初创期由于缺乏盈余能力而不断地投入资金以维持其正常的运转。当企业步入正常发展轨道,为在竞争中立足,会面临扩大规模、提升效益、强化创新等任务,此时,融资会被提上议事日程。因此,企业从最初建立到发展、壮大整个过程都需要经历融资、投资、再融资的循环过程,创业融资伴随新创企业发展的整个过程。

8.2.2　旅游创业融资渠道

对创业者而言,所有可以获得资金的途径都可以成为创业资金的来源,创业者需要开动脑筋,广泛收集信息,挖掘一切可能的融资渠道。根据融资的对象,旅游创业融资的渠道可分为私人资本融资、机构融资、政府背景融资和互联网融资。

1) 私人资本融资

私人资本融资是指创业者向个人融资,包括创业者自我融资、向亲朋好友融资、个人投资资金(即天使投资)。

(1) 自我融资

自我融资也称个人积蓄,是企业创新初期重要的资金来源。对创业者来说,资金永远是稀缺资源,依靠自有资金起步是最稳妥的方法,创业者需要投资自己的积蓄。当然,对很多创业者来说,自我融资虽然是新创企业融资的一种途径,但资金十分有效。

(2) 向亲朋好友融资

对于创业者来说,亲朋好友是他们选择创业的第二个融资渠道,也是常见的启动资金来源。当陷入资金困境时,人们首先想到的是家人、亲戚和朋友。在我国,形成了以家庭为中心的亲缘、地缘、文缘、商缘、神缘为经纬的社会网络关系。向亲朋好友融资的好处是显而易见的,它可以克服不熟悉的投资者所面临的不确定性。但它存在不利的一方面,就是容易产生纠纷。如由于手续不完善,较少有物质抵押而且信誉难以保证。因此,创业者须明确所获得资金的性质是债权性资金还是股权性资金,以减少不必要的纠纷。

(3) 天使投资

天使投资是指个人或非正式机构出资协助原创项目或小型初创企业,对企业进行的一次性前期投资,是一种非组织化创业投资。它属于自发而分散的民间投资方式。这些投资人士被称为"投资天使"。用于投资的资本称为"天使资本"。被投资的原创项目或小型初创企业一般拥有某种专门技术或独特概念,这是其受天使投资青睐的前提。与其他投资相比,天使投资是最早介入的外部资金,即便企业处于创业构思阶段,只有要发展潜力,就能获得资金。

天使投资一词起源于纽约百老汇的演出捐助。"天使"这个词是由百老汇的内部人员创造出来的,被用来形容百老汇演出的富有资助者,他们为创作演出进行高风险投资。天使投资是风险投资的先锋。当创业设想还停留在创业者的笔记本上或脑海中时,风险投资很难眷顾它们。此时,一些个体投资人如同双肩插上翅膀的天使,为这些企业"接生"。

2) 机构融资

(1) 风险投资

风险投资(Venture Capital, VC)简称风投,又称为创业投资,是主要指向初创企业,为其提供资金支持并取得该公司股份的一种融资方式。

风险投资之所以被称为风险投资,是因为在风险投资中有很多不确定性,给投资及其回报带来很大风险。一般来说,风险投资都投资于拥有高新技术的初创企业。风险投资公司为专业的投资公司,由一群具有科技及财务相关知识与经验的人组合而成,经由直接投资获取投资公司股权的方式,提供资金给需要资金者(被投资公司)。风险投资公司的资金大多用于投资新创事业或未上市企业,不以经营为目的,仅提供资金及专业的知识与经验,以协助被投资公司获取更大利润为目的,是追求长期利润的高风险高报酬事业。

对中小企业而言,VC为企业的发展提供了市场化资金支持,减小了创业者所承担的风险。要获得风险资本支持,创业者须直接向风险投资机构申请或通过从事此类业务的中介机构申请。同时,创业项目应当有好的盈利预期和市场前景,准备充分的商业计划书和优秀的创业团队。

(2) 银行贷款

向银行贷款是企业最常见的一种融资方式,创业者可以通过银行贷款补充创业资金。但由于其成功率非常低,因此仅有少数人能得益于传统的银行贷款。目前,我国商业银行推出了越来越多的个人经营类贷款,如个人生产经营贷款、个人创业贷款、个人助业贷款、个人小型设备贷款、个人周转性流动资金贷款、下岗失业人员小额担保贷款和个人临时贷款等。由于创业企业的经营风险较高,价值评估困难,银行一般不愿意冒太大风险向创业企业提供贷款。因此,这类贷款发放时往往要求创业者提供担保,包括抵押、质押、第三人保证等。

(3) 信用担保体系融资

新创企业融资难的一个重要问题就是信用不足。为了支持本国中小企业发展,从20世纪20年代开始,许多国家先后成立了为中小企业提供融资担保的信用机构。我国从1993年开始设立专业性担保公司,由此,担保公司成为一个独立行业。信用担保指由专门的信用担保机构为中小企业向银行提供贷款的保证服务,接受担保服务的中小企业向信用担保机构缴纳一定担保费用。它是一种信誉证明和资产责任保证结合在一起的中介服务活动,介于商业银行和企业之间。根据合同约定,担保机构以保证的方式为债务人(即企业)对商业银行做出承诺,为企业担保,从而提高企业的资信等级。在债务人不能依约履行债务时,由担保结构承担合同约定的偿还责任,从而实现银行债权。

(4) 创业板上市融资

创业板着眼于创业,又称二板市场(Second-board Market),即第二股票交易市场,指主板市场之外为满足中小企业和新兴行业创业企业融资需求和创业投资推出需求的证券交易市场。如美国的纳斯达克市场、英国的AIM市场等。创业板在服务对象、上市标准、交易制度等方面与主板市场差异较大,主板市场只接纳成熟的、形成足够规模的企业上市,而创业板以成长型尤其是具有自主创新能力的创业企业为服务对象,上市门槛相对较低,信息披露监管严格。在创业板市场上市的公司具有较高的成长性,但往往成立时间较短、规模较小、业绩不突出,但有很大成长空间。可以说,创业板是一个门槛低、风险大、监管严格的股票市场,也是孵化创业型、中小型企业的摇篮。创业板出现于 20 世纪 70 年代的美国,兴起于 20 世纪 90 年代,各国政府对二板市场监管更为严格,其核心就是"信息披露"。2009 年 10 月 23 日,中国创业板举行开板启动仪式。2009 年 10 月 30 日,中国创业板正式上市。截至 2019 年 3 月,有 748 家公司在创业板上市。

3) 政府背景融资

近年来,国家大力倡导创新创业,各级政府出台了一系列相应的创业扶持政策,主要如下。

(1) 大学生创业扶持政策

大学生创业扶持政策包括大学生创业税费减免、创业担保贷款与贴息、创业补贴等。各种大学生创新创业大赛项目平台,除了提供奖金、大学生创业服务,还为大学生提供创业信息、就业创业培训等。同时,各地政府还专门成立了大学生创业扶持基金,企业注册、财务、税务、管理、运营等问题均可从中得到不同程度的解决。

(2) 科技创新基金

科技型中小企业技术创新基金是经国务院批准设立,用于支持科技型中小企业技术创新的政府转型基金。政府通过拨款资助、贷款贴息和资本金投入等,扶持和引导科技型中小企业技术创新。根据中小企业项目的不同特点,创新基金支持方式主要如下。

①贷款贴息。对具有一定水平、规模和效益的创新项目,原则上采取贴息方式支持其银行贷款,以扩大生产规模。一般按贷款额年利息的 50%～100% 给予补贴,贴息总金额一般不超过 100 万元,个别重大项目可不超过 200 万元。

②无偿资助。它主要用于中小企业技术创新中产品的研究、开发及中试阶段的必要补助、科研人员携带科技成果创办企业进行成果转化补助,资助额一般不超过 100 万元。它适合于少数起点高,具有较广创新内涵、较高创新水平,预计投产后有较大市场,有望形成新兴产业的项目。

(3) 地方性优惠政策

各地政府在支持创业企业发展方面,纷纷推出诸如税收优惠、小额贷款、中小企业信用担保、创业基地建设等扶持政策。

4) 互联网融资

随着互联网的普及,互联网金融得到迅猛发展,新型融资渠道发展较快。比如,支付宝、微信和 P2P 融资都是目标互联网融资平台上比较火爆的借贷方式。

(1) P2P 融资

P2P 是 Peer-to-Peer 的缩写,即点对点信贷。P2P 网贷指通过第三方互联网平台进行资金借、贷双方匹配,贷款人可以通过网站平台寻找到有出借能力并且愿意基于一定条件出借的人群,和其他贷款人一起分担一笔借款额度来分散风险,而借款人在充分比较的信息中选择有吸引力的利率条件。第三方平台一般以收取双方或单方的手续费为盈利手段或以赚取一定息差为盈利手段。

P2P 具有两种运营模式,第一是纯线上模式,其特点是资金借贷活动都在线上进行,不结合线下审核。通常这些企业采取的审核借款人资质的措施有视频认证、查看银行流水账单、身份认证等。第二种是线上线下结合模式,借款人在线上提交借款申请后,平台通过所在城市的代理商入户调查审核借款人的资信、还款能力等。

（2）众筹

众筹大意为大众筹资或群众筹资,是指用团购、预购形式向网友募集项目资金。众筹利用互联网和 SNS 社区为阵地展开传播,使个人或创业企业对公众展示创意及项目,争取大众的关注和支持,进而获得所需资金,而投资者可以获得产品、债权或股权回报。众筹平台的运作模式大同小异,需要资金的个人或团队需要将项目策划交给众筹平台,经过相关审核后,便可以在平台的网站上建立属于自己的页面,以此向公众介绍项目情况。众筹具有门槛低、形式多样、注重创新创意、汇聚大众力量等特点。

众筹须遵循如下规则。

①筹资项目必须在发起人预设的时间内达到或超过目标金额。

②在设定天数内,达到或者超过目标金额,项目即成功,发起人可以获得资金。筹资项目完成后,支持者将得到发起人预先承诺的回报。如果筹资项目失败,那么已获资金全部退还给支持者。

③众筹不是捐款,支持者的所有支持一定要设有相应的回报。

8.2.3　旅游创业融资方式

如果说融资渠道是创业资金的来路,那么融资方式则是创业者获得资金的具体形式和工具,这体现了资本的属性和期限。而属性则指资本的股权或债权性质。从这个角度看,旅游创业融资的方式包括债权融资和股权融资两种。

1) 债权融资

债权融资指企业借钱融资。资金所有人提供资金给使用人,在约定时间内收回资金(本金)并获得预先约定的固定的报酬(利息)。资金所有人不过问企业的经营情况,不承担企业的经营风险,所获得的利息不因企业经营情况而变化。这种融资适合解决企业运营资金短缺问题。它主要包括银行信贷、债券融资、商业信用和融资租赁。其中,银行信贷是主要形式,是在一定条件下取得银行法方的资金并且按期偿还本金的融资方式;债券融资是企业通过发行债券等直接向债权人支付利息、偿还本金以筹集资金的一种融资方式;商业信用是企业在正常的经营活动和商品交易中由于延期付款或预收账款所形成的企业常见的信贷关系;融资租赁指出租人出资购买租赁物件并租给企业使用而企业则分期向出租人支付租金。通过融资租赁,新创企业获得出资人提供的设施设备,避免了大规模一次性投资,缓解了设备改造所产生的资金周转问题。

2) 股权融资

股权融资是投资性质的资金,是指企业的股东愿意让出部分企业所有权,从而引进新的股东,同时使总股本增加的融资方式。

股权融资获得资金时,企业无须还本付息,但新股东将与老股东按照提供资金的比例享有企业的控制权,参与企业的重大决策、承担企业的经营风险、分享企业的盈利与增长。它一般不能抽回资金,其获得的报酬根据企业经营情况而变化。典型的有天使投资、风险投资、创业板融资等。

3) 债权融资与股权融资比较

债权融资与股权融资两者各有优缺点。

债权融资的优点主要体现在:债权融资需要支付本金和利息,但创业者可以保持对企业的有效控制权,并且独享未来可能的高额回报率。只要按期偿还贷款,债权方就无权过问企业的未来及其发展方向。债权方只要求固定本息,既不承担企业成长性风险,也不享受企业成长性收益。而缺点主要是,这种融资方式要求企业按时清偿贷款,如果不能保证经营收益高于资金成本,企业就会收不抵支甚至亏损。而且债权融资提高了企业的负债率,如果负债率过高,企业的再筹资和经营能力都面临风险。

股权融资的优点主要体现在:投资者不要债权融资中常见的担保、抵押等,而要求按一定比例持有企业股权,并分享利润和资产处置收益,能够承担企业经营的风险。创业者通过股权融资不仅得到资金,很多时候还能利用投资者获得创业企业所需的各种资源,如关系网络、人力资源、管理经验等。股权融资的缺点则主要体现在控制权方面。由于股份稀释,创业者可能失去企业控制权,在一些重大决策方面,创业者可能不得不考虑投资方的意见,如果双方存在分歧,就会降低企业决策效率。企业如果能够成功上市,在融资的同时,要承担信息披露等责任,部分创业者可能对此有所顾虑。

8.2.4　旅游创业融资决策

1) 旅游创业融资估算

创业者应根据初创企业在不同发展阶段的资本需求特征,结合创业计划和企业发展战略,策划融资方案,合理确定融资规模、资本需求量和资金用途。创业融资决策一般包括以下几个方面。

(1) 确定融资规模

确定融资规模即预测未来资金的需求量。只有确定了资金的需求量,才能更好地选择融资渠道,从而降低融资成本。同时,可以防止融资量过高或过低,融资过多会影响资金的使用效率,融资过少则使融资作用难以发挥。在实际操作中,通常使用经验法和财务分析两种方法来确定融资规模。

经验法根据企业自身规模的大小、所处的发展阶段及企业实力状况,先考虑企业自有资金,然后考虑外部融资,最后结合不同融资方式的特点和优势来确定融资规模。财务分析法则根据企业的财务报表来判断企业的财务状况与经营管理状况,进而合理地确定企业的融资规模。其前提是企业必须将财务报表公开。

（2）确定资金用途

不同用途影响资金回收的期限,不同用途的资金决定着企业应该筹集什么期限的资金,是长期还是短期。企业融资可能为了日常的经营投入,也可能为了增加固定资产,投资固定资产的融资额大且融资期限长,而日常运营资金则周转比较快,企业能尽快还款。

（3）估算启动资金

为了保证企业在启动阶段业务运转顺利,在业务经营达到收支平衡之前,创业者须准备足够的资金以备支付各种费用,这些费用叫作启动资金。由于初创企业前期投入大,往往在几个月后才盈利。因此,新企业在启动阶段,至少要备足半年的各种预期费用,最好对所有可能发生的意外情况都有所准备,并做启动资金估算。

（4）估算融资成本

融资成本包括融资费用和资金使用费用。融资费用是企业在融资过程中发生的各种费用,如发行股票、债权支付印刷费、发行手续费、律师费、资信评估费、公证费、担保费、广告费等。资金使用费是指企业因使用资金而向其提供者支付的报酬,如股票融资向股东支付股息、银行贷款支付的利息、租赁融资涉及的租金等。当然,上述反映的是显性成本,其实在融资过程中还存在风险成本,如因泄露信息可能造成的损失。

（5）测算营业收入和利润

营业收入关系到企业的正常运转情况和企业竞争力大小。

营业收入是从事主营业务或其他业务所取得的收入,是在一定时期内企业销售商品或提供劳务所获得的货币收入。它分为主营业务收入和其他业务收入,如旅游企业的旅游住宿收入、旅游餐饮收入、旅游购物收入、旅游门票收入、旅游娱乐收入、旅游交通收入等。营业收入的预测方法有许多,常用的方法主要有判断分析法、调查分析法、趋势分析法、因果分析法、本量利预测法等。

营业利润是指主营业务利润和其他业务利润扣除业务期间费用后的余额。

相关计算公式为:

营业利润=主营业务收入−主营业务成本+其他业务收入−其他业务成本−营业费用−
　　　　　管理费用−财务费用−税金及附加−资产减值损失+公允价值变动收益−
　　　　　公允价值变动损失+投资收益−投资损失

营业利润率=（营业利润/营业收入）×100%

营业利润率反映企业获得利润的能力,营业利润率越高,企业的盈利能力越强。

2）旅游创业融资渠道与融资方式选择

创业融资不仅指筹集创业的启动资金,而且指整个创业过程的所有融资活动。其中尤其要注重的是融资结构,它是不同渠道取得的资金之间的有机构成及其比重关系。因为不同性质的资金对企业的经营影响不同,所以创业者应该合理均衡债权融资与股权融资的比例。通常创业者融资渠道与融资方式会受以下几个因素的影响:创业所处阶段、新创企业的特征、资金成本、创业者对控制权的态度。

（1）创业所处阶段

创业融资需求具有阶段性特征,不同阶段资金需求量和风险程度存在差异,不同融资渠道所能提供的资金数量和要求的风险程度也不相同,创业者在融资时必须将不同阶段融资需求与融资渠道进行匹配,才能高效地开展融资工作,获得创业活动所需的资金,化解融资难题。

在种子期和启动期,企业处于高度的不确定中,只能依靠自我融资或亲朋好友的支持以及从外部投资者中获取"天使资本"。创业投资很少在此时介入,而从行业银行获得贷款支持的难度很大。建立在血缘和信任关系基础上的个人资金是该阶段融资的主要渠道。当然,大学生创业在这个阶段可通过创新创业大赛与相关的大学生创新创业政策获得相关支持。

企业进入成长期后,已经有了前期经营基础,发展潜力逐渐显现,资金需求量比以前增大。成长期前期,在企业获得现金流之前,创业者获得债权融资的难度较大,即使获得,也很难支付预定利息,这时创业者往往倾向于股权融资,因为这不需要固定偿还本金与利息。成长期后期,企业表现出较好的成长性,并且具有一定资产规模,可以寻求银行贷款、商业信用等债权融资。

企业进入成熟期后,债权、股票等资本市场可以为企业提供丰富的资金来源。如果创业者不再经营企业,则可以选择公开上市、管理层收购或其他股权转让方式退出企业,收获自己的成果。

（2）新创企业的特征

创业活动千差万别,不同行业、初始资源禀赋、面临的风险、预期收益差异较大。不同行业面临不同的竞争环境、行业集中度及经营战略等,创业企业不同资本结构产生了不同融资需求。对于传统型的旅游企业,经营风险较小,预期收益比较容易预测,可主要考虑债权融资。对于从事高科技的或具有独特创意的旅游企业,经营风险较大,预期收益较高,创业者有着良好的相关背景,可以考虑股权融资。

（3）融资成本

融资成本是企业为筹集和使用资金而付出的代价。融资渠道不同,融资成本就不一样。债权融资成本是使用债权资金所须支付的利息。一般来说,支付周期较短,支付金额固定。在债权融资中。应实现融资渠道之间取长补短,将各种具体的债权资金搭配使用、相互配合,最大限度地降低资金成本。

在股权融资中,投资者获得企业部分股权,其未来潜在收益是不受限制的,虽然不需要像利息那样无条件定期支付,但会影响创业者对企业的控制权,许多创业投资公司会要求一系列保护投资方利益的否决权,但往往在两到三轮融资之后,创业者的股权被大大稀释,决策效率及控制权都会受到影响。因此,在大多数情况下,股权融资的成本要比债权融资的成本高。

(4)创业者对控制权的态度

创业者对控制权的态度会影响融资渠道选择。一些创业者不愿将自己费尽心血所创立的企业的部分所有权与投资者共同拥有,希望对企业保持控制,因此更多选择债权融资。而另一些企业则看重企业是否可以迅速扩大,取得跳跃式发展,获得渴望的财富。为此,他们愿意引入外来投资,甚至让位于他人。

总之,企业在融资过程中,很少采用只选择债权融资或股权融资,而选择适合自己的融资策略,将两种方式结合起来,融资组合化,合理、融资组合能够分散、转移风险,降低企业的融资成本和减轻债务负担。

【思考题】

1.旅游创业的资源类型有哪些? 怎么利用与整合这些资源,有什么方式方法?

2.旅游融资有哪些渠道与方式? 面临不同融资渠道与方式,应如何决策?

3.你的创意方案是否可转化为创业计划? 你怎么整合创业资源和进行创业融资?

第9章
创业计划书撰写与旅游企业创立

【学习目标】

1.了解创业计划书的概念与作用,了解旅游企业的概念与类型。

2.理解创业计划书的形式与内容,理解企业注册的一般要求、流程与相关法律。

3.掌握创业计划书撰写的原则与技巧,掌握旅游企业的注册要求。

【案例导读】

燃舌餐饮管理有限公司创业计划书

1.公司概况

本公司为燃舌餐饮文化管理有限公司。主要业务是餐饮,店面的主营菜品为冒菜,公司主要针对人群是年轻人,所以一个年轻时尚的名字很重要,故起名为"燃舌",即燃烧舌头的意思,体现了川味的热辣。"燃舌"已经在工商总局注册商标。主要经营方式是开设直营店和加盟店,目前在沈阳有1家直营店面,辽宁周边地区有4家加盟店面,处于平稳发展中。公司建立初期股东有3人,注册资金3万元,股本结构为孙一凡50%,张宇30%,杨天昊20%。

2.燃舌餐厅介绍

(1)产品与服务

产品主要是冒菜,包括新鲜的大骨汤,配以四色配料,各类新鲜的食材搭配,配以葱花、香菜、芝麻、小米辣,可谓色香味俱佳。冒菜不同于麻辣烫的另一个特点就在底料和碗里料的搭配上。料主要分为4种,即底料、豆豉酱、红油、葱油,这4样料都需要先精心炒制而成。料准备齐全了还远远不够,烹饪的过程也更为讲究。每天早上需要烧制一锅骨头清汤,骨头选用牛骨髓和猪骨髓熬制;各类新鲜的食材选取之后放入汤锅做熟,盛出。最后加入碗里料,一盆色香味俱全的冒菜就新鲜出锅了。

(2)项目选址要求

①定位相对高端,应选择商业街等人流相对密集的地方。

②依据周围人群的流动性、人员的密度、消费偏好、消费水平来精准定位客户,只有了解客户,才能知道自己的目标市场在哪里。

③餐馆是否在商业街的正街,周围是否有遮挡物,店铺位置一定要明显,好被发现,十字路口为最优选择。

④繁华的商业街、商业聚集处、写字楼较多处、人多的小区附近都可以优先考虑,此类地区最好,流动人群多。

⑤店铺要求可以使用的面积不小于70平方米。

⑥店铺可租赁期不少于3年。

⑦店铺应该有独立的出入口及独自的店面招牌挂放处和广告位。

⑧店铺必须符合国家政府的相关规定,规范用电,规范用气,规范使用上下水,消防和餐饮食品许可证都是以这些合格为前提办理的。

综合对比沈阳的3个商业街,结合冒菜的市场定位,燃舌冒菜选址于北行商业街。

(3)店铺风格设计

冒菜是一个具备成都风味的特色菜式,在装修风格上可以偏向于古朴。

①牌匾。店面的牌匾是整个店铺的门面,设计贴近于年轻人喜欢的时尚的感觉。牌匾采取灰底,Logo用红黑两色。燃舌两个字也已经申请专利,防止其他餐厅盗用。

②内部墙饰。整个店面内部环境设计贴合年轻人的时尚喜好。最大的特色就是侧面的墙饰,介绍冒菜到底是什么,让顾客更加了解冒菜。冒菜是成都的特色小吃,常有人说:"冒菜是一个人的火锅,火锅是一群人的冒菜,燃舌冒菜源自重庆老灶火锅精髓,30余种中草药配以浓香大骨汤,豪爽的辣,辣不上火,心醉的麻,麻不刺喉,说不尽碗中滋味,品不尽蜀人情怀。"

③桌椅。成都的餐馆桌椅基本是木质的,我们的椅子也都选取木质的,让顾客一进店就可以感受到这是一家成都风味的店铺。店铺设计的每一个地方、每一个细节都充斥着"不只是味道,还是一种文化",才能起到营造氛围的作用。

3.组织架构

公司的组织架构分两部分:总部和门店。燃舌餐饮管理有限公司由总部负责公司的整体运营和发展规划,为下属门店提供支持,开拓新门店和新加盟商,核算工资等。门店属于公司的前端,主要负责菜品售卖,直接影响着公司是否盈利。

(1)总部组织架构

总部组织框架如下:

①董事长为公司的走向,对公司未来的发展规划起决定性作用。

②总经理按照指标完成公司要求的业绩。

③人力资源部。招聘新员工,考核员工的工作状态,培训员工的日常行为规范;留存员工:节日礼品、员工关爱。人力资源部是一个服务型部门,必须把员工当成自己的家人,为员工谋福利。

④市场拓展部有两个主要职责:一个是新店面的选址与调研;另一个就是加盟商的招纳、对接和沟通。

⑤营运部负责安排店面的活动组织和策划,负责品牌的规划与宣传;传单的印制,室内装饰的更新等。

⑥销售部主要由各个店面组成,每个店面都是一个独立的销售部门。

⑦采购部:每天为店面采购新鲜食材;为生产部采购炒制料所需的各种配料;和财务配

合,做好采购部的预算。

⑧生产部负责4种材料的炒制,即底料、豆豉酱、红油和葱油。

⑨研发部则负责配方的升级和更新,新菜品的研制,负责新产品的开发,要求每季度至少推出一款新品;原产品的升级,要不断地根据顾客的反映进行口味的调整与升级。

⑩财务部。公司核心部门,帮助控制公司成本,并进行公司的财务管理,以及公司经营的一系列预算、审核与控制;负责公司每年申报的税务规划工作;负责公司全年的财务预算,协调控制各部门的预算支出。

（2）餐厅门店组织架构

每个店的标准配置为4人,餐厅经理、前台与会计(一人)、服务员、厨师。

①餐厅经理,采购部人员是同一个人,为公司总部进行原材料和调料的购买,餐厅经理负责对接,同时餐厅经理要尽到管理店面的职责。安排好餐厅内各员工工作,培训员工工作流程,增强团队凝聚力,同时对店面的收入和利润负责,并起到监督作用。

②前台的职责非常重要,是面对顾客的第一门面,微笑着面对顾客,为顾客答疑解惑,推销自己的产品,保持好前台的干净整洁。餐馆的前台人员不只迎接顾客,也是收银员,需要对自己的账目负责,做好每日的账目交接。

③服务员负责上菜,满足客户提出的要求,并负责保持店面前台卫生。

④厨师的主要职责是为顾客提供优质的菜品并兼顾好后厨的卫生,保证菜品的新鲜、干净,对顾客因菜品的主要投诉负责。不漏菜、不错菜,有效率。对顾客的肠胃负责。

4.公司战略发展计划

第一阶段,燃舌骨汤冒菜2015年7月在辽宁沈阳商业街选取了第一家自己的门店,先保证第一家店面的规范和标准化流程。

第二阶段,2016年3月至2018年5月开始开拓自己的加盟店,先后在丹东、铁岭、台安等地开设加盟店,计划直营店只在沈阳地区开设。

第三阶段,继续在沈阳开设直营店,辽宁省内周边地区发展自己的加盟店,逐步辐射到东北三省,立志于打造东北地区第一的冒菜连锁品牌。

第四阶段,2021年以后,吸引投资,这个阶段要求我们做好"燃舌"的营运与管理工作,加快"燃舌"的资本加入速度,运转效率,争取为股东和加盟商带来更多利润。把"燃舌"品牌打造成最受人们喜爱的餐饮连锁品牌,并且吸引风险投资人,为上市做好准备。在上市前全国至少要做到200家加盟店和直营店。

5.环境与战略分析

（1）宏观环境分析

①政策法律环境。根据《餐饮业管理办法》的推进和《食品安全法》的修改制订,我国餐饮业即将进入规范发展的新阶段。随着2012年出台的"八项规定",国家的高端餐饮受到了很大压制,人们更加偏向于大众餐饮,人们对餐饮的消费只增不减。2016年2月,减少对餐饮企业重复发证、重复监管,切实减轻餐饮企业负担。

②经济环境。经济环境对餐饮业的影响也至关重要,是国民消费水平的重要依据,近年来,东北三省的GDP连连走低,但消费水平却在不断上涨。

根据《沈阳人口经济》的数据,2017年,沈阳经济整体呈现稳中有进、稳中向好的特点。初步核算,全年地区生产总值(GDP)5 865亿元,按可比价计算,比上年增长3.5%。按常住人口计算,人均GDP为70 722元,比上年增长3.4%。2017年,沈阳人均GDP高出全国平均水平11 062元,高出全省平均水平15 921元。

同时,我国的餐饮业也在不断发展。据统计,2010年我国餐饮业总收入达到了17 636亿元,比上期增长了18%。2011年,我国餐饮业继续增长,同期增长率17%,到了2017年,增长率为19%。

③市场环境。根据中国银联联合京东金融共同编制《2017年消费升级大数据报告》,随机抽取银联及京东网络40万活跃样本用户,跟踪近3年消费轨迹,市场消费主要情况如下。

哪个群体的消费贡献最大?

"70"后、"80"后、"90"后消费群体,哪个群体的消费贡献最大?哪个群体的增长最快?它们的消费渠道有何变化?

"70"后消费贡献当仁不让,"90"后消费迅速崛起。"90"后引领移动互联新时尚,"70"后、"80"后线下消费仍为核心。

各地区的消费存在哪些差异?

二、三、四线城市消费快速崛起,粤、京、沪消费贡献全国前三,京"70"后、粤"80"与"90"后全国最强。

谁的人均消费支出最大?钱都花去哪了?

"80"后人均消费支出最高,娱乐、珠宝消费"70"后称王,餐饮、住宿消费"80"后称霸。

伴随消费升级,出现了哪些热点消费商品?各类人群有何偏好?

国货手机强势崛起、"90"后上演"手机狂魔";智能设备全面爆发,"70"后最爱无人机、"80"后情系智能家居;线上生鲜与保健器械销售火爆,"70"后需求旺盛,"80"后与"90"后正在赶超。

大众消费观念发生了什么变化?

信用消费深入人心,成为最主要消费方式,增幅达非信用消费近2倍。在这样的社会大环境下,主力人群定位为餐饮为王的"80"后和手机狂魔"90"后。醒目的门店吸引着"80"后,结合美团、大众点评、手机外卖软件吸引着赶时髦的"90"后,现阶段,提供便利是"90"后最大的需求。

(2)行业竞争分析

①直接竞争者。三顾冒菜是最重要的竞争对手。这家餐饮公司也是以单店为基础,加盟连锁扩张的模式运营,是一家餐饮咨询公司。沈阳目前有两家三顾冒菜,都是加盟店。

②替代者。麻辣烫和火锅是冒菜最大的替代者,也普遍被大众接受。麻辣烫作为东北地区人们最盛行的小吃,地位牢固。冒菜和麻辣烫呈现的形式很像。火锅作为大众聚餐的好去处,无论是口味还是环境都比冒菜上升一个档次,但价格相对较高,人们也不会经常选择。相对两者,冒菜的口味好于麻辣烫,价格低于火锅。这造就了它的定位一定是一个中端的快餐。

③购买者。顾客外出就餐时,首先会选择自己知晓的有品牌效应的餐厅。对不了解的餐厅通常会在网上查阅店铺的点评来综合考量是否选择此餐厅。而高校学生基于购买的数

量如团购,他们就会压低价格,参照小商贩或流动摊贩的价格差价来要求降低价格;大学生来自全国各地,在价格、口味、质量、服务上的要求不尽相同,在价格上来增加议价的筹码等。

④供应商。餐饮市场的供应商竞争相当激烈,大型批发市场和原料市场都非常成熟,买家议价能力比较强。但还需经常进行市场比较,以足够了解市场,掌握每个季节的菜品价格,避免可能出现价格偏高的情形。

⑤潜在进入者。同类新的冒菜连锁加盟店、直营店也会不断加入,有必要在同类竞品越来越多之前确定自己的领先地位。

(3)SWOT分析(表9-1)

表9-1 SWOT分析表

	优势	劣势
	地理位置优势;非专利技术优势;资金优势;便捷优势	品牌认可度不高;品种相对单一;扩张速度缓慢
机会	SO	WO
国家政策支持;新兴市场会抢占先机	快速抢占市场,快速发展加盟,发展蓝海的关键要快;做好市场定位,注意市场细分	品牌营销策略要完善;宣传力度要跟上,网络宣传,地推与发传单
威胁	ST	WT
外卖行业的冲击;麻辣烫与火锅等同品类的冲击;蓝海之后的红海	迎合人们的销售习惯,团购与外卖业务也要快速发展;不断改良配方,在竞争中野能立于不败之地	注重加盟店的发展,做好标准化;完善每个环节,提高效率,提高市场竞争力

综上所述,"燃舌"内部环境是优势大于劣势。对于威胁,须制订相应的计划来平衡外部竞争环境,提升自身竞争力。这就要求我们首先要快速抢占市场,做好市场定位,通过品牌营销扩大知名度,提升人们对冒菜的认知,在做好自营店的基础上,同时做好加盟店的发展。

6.市场营销策略

(1)公司定位

秉承"冒菜是一个人的火锅,火锅是一群人的冒菜"的理念,提升"燃舌"品牌的市场份额、提高"燃舌"的影响力。首先,在装修风格上,贴合产品定位,迎合年轻人喜好,在店铺内部装饰上会以黄色等明快的色调为主。其次,虽然产品品类略显单一,但独特的产品更容易得到人们的认可。

(2)市场定位

市场细分为以下几类:

①最主要的顾客群是逛街的游客。

②大学生与老师。

③附近住户、上班族与店员。

市场定位:25~39岁,追求时尚与健康的生活品质,有一定经济基础,有较为良好教育背景的中高端收入的城市中产阶级是我们最主要的目标消费群体。他们注重高品质,口感好、方便性和时尚休闲感强的冒菜产品是主要选择。

（3）市场营销

①产品策略。产品策略将产品分成了5个层次。

第一，"燃舌"核心产品，也就是顾客需求最基础的是冒菜。

第二，"燃舌"基础产品，指燃舌的店内环境。

第三，"燃舌"期望产品，搭配增值服务还有其他的赠品与配菜，比如成都的卤味儿。

第四，"燃舌"附加产品，指超出顾客期待的产品，如对重辣的顾客还可以提供小米辣，猪脑也是成都火锅的特有产品。

第五，"燃舌"潜在产品，其实除了冒菜，还包括钵钵鸡。冒菜属于偏热食物，但钵钵鸡属于偏凉食物，炎热的夏天也可能成为顾客的首选。

②定价策略。综合对比，我们选择了素菜自选按斤称，荤菜用小盒自选。定价的原因主要有两点。

一是如果都是自选，会让顾客第一主观印象认为还是麻辣烫，所以在选择的方式上做一些区分。

二是用小盒装置，每个小盒明确标上价格，分为6元、5元、3元、2元区，这样价格相对透明，顾客消费时比较放心。

此外，在吧台背后的墙面上还配以电子屏幕，更新每日的套餐。套餐都配以免费米饭，不用自己选择菜品，方便快捷，便于选择。

③销售方式和分销策略。因为"燃舌"采用直营结合加盟的方式，分销渠道是由每一家加盟店组成的。公司为每一个加盟店提供必备的4种底料和腌牛肉料，各分店自备食材。扩大品牌影响力，加盟店相辅相成。直营店的销售方式除了顾客直接进店，网络销售平台在餐饮新时代也显得越来越重要。团购类平台包括美团和大众点评，外卖类平台包括饿了么和美团外卖。

④促销策略。举办活动。比如开业酬宾活动、节假日促销、特别的日子等，进店全场8.8折，汽水免费，活动时间一个礼拜，持续吸引新客户上门。

利用好网络销售平台。推行套餐优惠、团购优惠、外卖优惠等。

利用好网络媒体。充分利用互联网，开设公众号平台，定期发送燃舌有趣的小故事，全国各地的美食攻略，节假日的优惠活动。利用公众号向粉丝发放优惠券，办理会员。微信公众号二维码可以直接连接到本地Wi-Fi，顾客只要扫码连网络，就会自动关注公众号。为粉丝建立微信群，增加粉丝黏性。在微信群内做一系列营销活动，刺激新客加入，在推出新品时，可以采用免费品尝的方式，老顾客转发海报有机会获得免费卡。

⑤品牌策略。北方人对冒菜并不了解，教育市场可能需要很长时间，因为东北地区麻辣烫流行多年，如何做好冒菜定位，这种介于火锅和麻辣烫之间的菜系需要被大众认可。我们旨在打造"冒菜是一个人的火锅，火锅是一群人的冒菜"让大家更了解冒菜，把真正的成都味道带到东北。

7.薪酬体系

公司目前主要分为6个岗位体系，即总部体系、高层管理体系、中层管理体系、基层管理体系职能体系及业务体系。它们分别对应3类薪酬制度即年薪制、结构工资制和固定工资制。

（1）年薪制

年薪制适用于总部与公司高管。总部体系前期不做细分，主要由3位合伙人组成，采用年薪制，年薪很低，主要工资来源于分红。公司高管底薪很低，1 500元每月，共3名高管，年工资合计5.4万元，主要享受公司的利润分红，分红比例同持股比例；公司合伙人即为公司高管，前3年不分红，所得利润均投入到下一年的运作中，公司合伙人应当有一个共同愿景，那就是公司做大做强，不能考虑前期的个人得失。如若3年之内个人退出，本金概不退还。

（2）结构工资制

结构工资制适用于中层管理体系、基层管理体系、职能体系和业务体系。它是采用实际工资=基础工资+奖金+工龄工资的工资制度，其中，基础工资是指员工的固定底薪，根据岗位不同底薪也不同；奖金是指全勤奖金加岗位提成，岗位提成主要由业绩决定。餐厅经理的业务是由单个门店的营业收入和净利润两个维度组成；销售经理的业务是由加盟商的门店数决定，每个加盟店促成奖金3 000元加后期加盟店购买原材料总额10%的提成；运营经理由所有门店的营业总收入决定。目前，以上岗位均由3名合伙人担任，后期随着店铺的发展会逐步精细化。

（3）固定工资制

固定工资制适用于服务员、前台收银员和后厨人员。

实际工资=固定底薪+激励奖

固定底薪因岗位不同有所不同，服务员、收银员底薪2 000元，后厨厨工底薪2 500元；后厨的厨工主要负责煮制菜品，对业务水平的要求较低，易于管理与培训，薪酬低于专业厨师；激励奖由餐厅经理依据个人表现酌情发放。

8.财务预算与分析

（1）股本结构及来源

①投融资计划。"燃舌"骨汤冒菜的初始投资为43.2万元，主要包括房屋装让费用、项目房屋租赁费用、店面装修升级费、开办费和流动资金等，由发起人独自出资筹集。餐馆收费模式为现金、微信支付或团购，基本都是即时到账，经营状况相对稳定的店面不用担心现金流的问题。根据现金流及时调整宣传方式和计划，积极吸纳新股东入场，以便日后资金周转需要及其人脉资源的搭建。

②退出方式。"燃舌"在不同发展时期的退出方式也各不相同，如果店铺经营不善，一到两年内退出，就简单地采取店铺外兑和技术转让的方式。但如果发展较好，可以采取多样形式，比如公司上市后股份回购或者股权转让；或者在上市之前的融资过程中，企业被融资机构收购；或者与其他企业合并等一系列退出方式。

（2）财务预算

①项目投资估算。单店投资预算表见表9-2。

表 9-2　单店投资预算表

项目	投资金额/万元	备注
店铺转让兑费	18	包括之前店面的装修费,店铺转让费及剩余的3个月房租(仅个例)
店面装修升级费用	5	店面重新升级的装修费用,包括桌椅和灯饰等
购置设备,物资等	2	后厨设备1.8万元和带有Logo的标准化碗筷围裙等
开办费	2	执照,证明等
房租费	13	13万元每年
流动资金	15	包括原材料的购买,员工工资,广告宣传费等
合计	55	

②项目收入估计。"燃舌"骨汤冒菜以套餐为主,客单价人均20元左右,每天上门顾客80人,可计算出每天平均营业额为1 600元,周一到周五的客户来源主要是周边上班的白领,日均1 000~1 500元,以工作餐为主。周五开始逐渐上升,周六、周日会迎来销售的小高峰期,日营业额在2 000~2 500元。随着市场品牌度的认可和提高,销售额会进一步提升。

按照一年(365天)来算,年销售额会在58.4万元。作为引入的新型产品,只要得到市场的认可,有信心第二年在第一年的基础上至少增加50%,第三年到第五年稳定增长10%。

③成本及费用估算。房屋租赁费用为固定成本,13万元每年,签5年合同。固定工资福利费是指公司总部的工资和福利费用,根据组织架构图,公司股东3人兼任公司副总经理,承担人力、市场拓展一人,承担营运、销售一人,承担采购生产和研发一人。平均每人1 500元,1 500元×3=4 500元,4 500×12=5.4万元每年。前期不要工资。后期店铺多了也不应该承担到分店的运营中,此处记为0。

直接材料费约为营业收入的29%,管理费约为营业额的1%。餐厅人员工资合计3人,店长+前台一人3 000元/月,服务员、洗菜员一人2 500元/月,后厨人员一人3 000元/月。其他经营开支为营业额的10%,固定折旧费以每月3 000元计算。总成本费用估算表见表9-3。

表 9-3　总成本费用估算表　　　　　　　　　　　　单位:万元

序号	项目	第1年	第2年	第3年	第4年	第5年
1	房屋租赁费	13	13	13	13	13
2	固定工资福利费	5.4	5.4	5.4	5.4	5.4
3	管理费	0.7	1.05	1.15	1.27	1.4
4	直接材料费	20.9	30.48	33.53	36.89	40.5
5	餐厅员工工资	10.2	10.2	10.2	10.2	10.2
6	其他经营开支	7	10.5	11.56	12.72	14
7	经营成本(1+2+3+4+5+6)	57.2	70.63	74.84	79.48	84.5
8	折旧	0.3	0.3	0.3	0.3	0.3

续表

序号	项目	第1年	第2年	第3年	第4年	第5年
9	摊销费	—	—	—	—	—
10	利息支出	—	—	—	—	—
11	总成本费用合计(7+8+9)	57.5	70.66	75.14	79.78	84.8
12	其中固定成本(1+2+5+8)	28.9	28.9	28.9	28.9	28.9
13	变动成本(3+4+6)	28.6	42.03	46.24	50.88	55.9

(3)财务分析

①财务报表预测。根据以上分析,可以制作现金流量表和损益表做以下财务预测。现金流量表见表9-4。

表9-4 现金流量表　　　　　　　　　　　　单位:万元

序号	项目	建设期					
		第0年	第1年	第2年	第3年	第4年	第5年
1	现金流入		70.08	105.12	115.63	127.2	140
2	营业收入		70.08	105.12	115.63	127.2	140
3	回收固定资产余值	—	—	—	—	—	—
4	回收流动资金	—	—	—	—	—	—
5	其他现金流入	—	—	—	—	—	—
6	现金流出	40	76.35	76.44	81.5	86.78	92.5
7	建设投资	40	—	—	—	—	—
8	流动资金	—	15	—	—	—	—
9	经营成本	—	57.5	70.66	75.14	79.78	84.8
10	营业税金及附加	—	3.85	5.78	6.36	7.0	7.7
11	维持营运投资	—	—	—	—	—	—
12	其他现金流出	—	—	—	—	—	—
13	所得税前净现金流	−40	−6.27	28.68	34.13	40.42	47.4
14	所得税	—	—	2.18	7.17	8.53	10.105
15	所得税后净现金流	−40	−6.27	26.5	26.96	31.89	37.295

表9-5 损益利润表　　　　　　　　　　　　单位:万元

序号	项目	第1年	第2年	第3年	第4年	第5年
1	营业收入	70.08	105.12	115.63	127.2	140
2	营业税及附加	3.85	5.78	6.36	7.0	7.7
3	总成本费用	57.5	70.66	75.14	79.78	84.8

续表

序号	项目	第1年	第2年	第3年	第4年	第5年
4	补贴收入	—	—	—	—	—
5	利润总额	8.73	28.68	34.13	40.42	47.5
6	所得税25%	2.18	7.17	8.53	10.105	11.875
7	净利润(5—6)	6.55	21.51	25.6	30.315	35.625

从损益利润表(表9-5)可以看出,第一年利润较低,利润率约为9%,随着品牌度的提高,第二年开始利润率可达20%,之后趋于稳定。由于第一年固定资产的投入,现金流在第一年为负值,预计第二年开始为正值,之后现金流运转良好。

②财务指标分析。净利润率是财务指标的核心,从财务指标分析表(表9-6)可以发现,第一年净利润为负,但从第二年利润就比较可观,我们分析的是单店利润,随着店铺数量的增加和加盟店的开设,利润将非常客观,总的现金流会变大。

表9-6　财务指标分析表　　　　　　　　　　单位:万元

项目	指标说明	第1年/%	第2年/%	第3年/%	第4年/%	第5年/%
销售净利润率	净利润/营业收入	−14.55	28.20	29.50	32.80	34
销售毛利润率	毛利润/营业收入	17.9	32.80	35	37.30	39.50
成本费用利润率	营业利润/ (销售成本+三费)	11.39	30.44	34.06	37.90	42.0

(4)加盟商费用预算和分析

"燃舌"为每一个加盟商提供了投资预算表,加盟商可以根据预算表估算自己的收益。"燃舌"加盟合同3年一签,3年之后免加盟费,只收取配料费,单店加盟费为1万元,比三顾冒菜的加盟费低。投资"燃舌"收益可观,并且比直接开设一家店铺减少很多精力的投入,非常适合投资。

(5)融资方案设计

"燃舌"冒菜需要进一步发展壮大,就需要进行融资,可以采用股权发放的方式,根据公司的估值100万元,先出让20%的股份,公司发展估值500万元的时候,再继续出让10%,公司估值2 000万元时再出让10%。之后在出让的股份只做财务投资,不拥有管理权和投票权。

9.风险预测与控制

(1)风险定性分析

①政策风险与对策。注重食品安全,遵守相关法律法规,该项风险性低。

②管理风险与对策。首先,建立公司的组织架构,按照架构招聘实用性人才并展开人员培训。建立清晰透明的晋升通道和薪酬体系,人员的风险低。其次,保证合同的合法性,保证合同的表述清晰,合同风险性极低。最后,对于食品的原料及工作人员卫生情况严格把

关,将食品安全的风险降低到最低。同时,对停水或停电的情况进行模拟,寻找相应的应对方案,突发性风险极低。

③经营风险与对策。

第一,成本控制,风险系数高。成本主要为房租成本、原材料成本及人员成本。在开店选址时签长期合同,尽力控制房租成本。关于原材料,我们将与当地川味调料最大的供货商"华林调料"展开长期合作,保证原材料的货真价实,保证产品质量的同时,尽力控制原料成本。同时,加强后厨监管,坚决杜绝浪费行为。利用现代科技降低部分不必要的人力资源,如电动传菜机、ipad 桌面点菜系统、桌面二维码付账等。利用炒料机炒制各种调料,减少工作人员开支等。

第二,顾客喜爱程度风险,风险系数中。在互联网时代的今天,除了传统的电视电台广告及派发传单,我们将充分发挥互联网的优势,从微信朋友圈、微信公众号、微博、抖音、快手等渠道对"燃舌"品牌进行宣传,打造自己的餐饮文化,发展粉丝经济。

第三,经营策略风险,风险系数高。在不同的地区、商圈开店,具体经营策略也不尽相同。将协助加盟商对开店当地消费状况及周边竞对的经营状况进行详尽的调研和数据分析,并制订出合理适合的经营策略。同时,将根据经营一段时间之后门店的口碑,营收利润状况进行分析,不断调整经营策略,保证每一个门店的营利。

④财务风险与对策。现金流风险中级,如果企业的资金流动性差,资金链断裂、财务状况混乱都可能会使企业陷入空前危机。我们将定期请专业的财务人员对企业财务状况进行分析和预算,以提高财务的应变能力。

(2)风险控制

风险控制主要包括严格的执行规章制度、标准化流程操作、合理的安排工作、严格的培训流程、规范的检查制度等。

(资料来源:孙佳伦.燃舌餐饮管理有限公司创业计划书,大连理工大学专业学位硕士学位论文。)

【思考与讨论】

1.创业计划书包括哪些内容?这些内容之间存在什么样的逻辑关系?

2.你认为在创业计划书中,哪些内容是重点或难点?

9.1　创业计划书撰写

9.1.1　创业计划书的概念与作用

创业计划是创业者叩响投资者大门的"敲门砖",是创业者计划创立业务的书面摘要,一份优秀的创业计划书往往会使创业者达到事半功倍的效果。

创业计划书是一份全方位的商业计划,其主要用途是递交给投资商,便于他们能对企业或项目做出评判,从而使企业获得融资。它是用以描述与拟创办企业相关的内外部环境条件和要素特点,为业务的发展提供指示图和衡量业务进展情况。通常创业计划是市场营销、财务、生产、人力资源等职能计划的综合。

创业计划书的作用主要包括以下 4 个方面。

1) 明确创业的方向与目标

创业者将自己的创意以创业计划的形式表现出来,可以冷静地分析自己的创业理想是否切实可行,清醒地认识自己的创业机会,明确自己的方向与目标,进而规划创业蓝图。

2) 周密安排创业活动

制订创业计划,可以使创业者对产品开发、市场拓展、投资回报等一些重大战略决策进行全面的思考。并在此基础上,制订翔实清楚的运营计划,周密安排创业活动,为有效的日常管理提供科学依据。

3) 寻求外部资源的支持

完善的创业计划可以使他人了解创业项目及创业构想,有利于创业者寻求外部资源的支持。有利于创业者与供应商、经销商等中介机构进行沟通,取得他们的信任和支持,为企业的发展创造良好的外部环境,而且创业计划是创业者融资的基础,创业者可以借助创业计划去说服他人合资、入股,募集创业基金。

4) 创业计划降低犯错概率

新创企业的失败率高得惊人,有 30% 的独立小公司在经营的头两年倒闭。导致如此高失败率的一个重要原因就是"未能做好计划",很多创业者实际上并没有做好充分的准备工作就开始一项新的事业。他们没有分析自己的实力、弱点与劣势。对于一个初创企业,创业计划可以更好地帮助你分析目标客户,规划市场范畴,形成定价策略,并对竞争性的环境做出界定,便于在其中开展业务以求成功。

9.1.2 创业计划书的形式与内容

创业计划书形成了相对固定的格式与规范,也形成了较为广泛采用的基本内容框架。

1) 创业计划书的形式

(1) 封面页

封面页包括公司名称、地址、主要联系人姓名及联系方式。如果公司已经设计好了 Logo,也应该在封面页显示出来。

(2) 目录

目录包括创业计划书的主要内容及对应页码。

（3）计划摘要及创业计划的主体部分

每个部分都要清晰条理地阐释清楚，这一部分应该是创业团队花时间和精力最多的地方。

（4）附录

附录是除创业计划书主体外，创业团队需要说明的部分。比如，媒体关于公司产品的报道；公司产品的样品、图片及说明；详细的财务计划；创业团队主要人员的简介和简历等。这一部分附在正文之后，通常单独装订。

2）创业计划书的内容要求

商业计划书，一般包含计划摘要、计划主体和附录等内容。

（1）计划摘要部分

计划摘要是对整个计划最高度的概括，用最凝练的语言，浓缩计划书的精华。计划摘要是引路人，一般要在所有内容编制完毕后，再把主要结论性内容摘录于此，以求一目了然，在短时间内给人留下深刻印象。尤其是投资人往往首先浏览企业的计划摘要，然后再详细了解整个商业计划。因此，计划摘要如同推销产品的广告，编制人要反复推敲，力求精益求精、形式完美、语句清晰流畅而富有感染力，以引起投资人阅读商业计划全文的兴趣，特别要详细说明自身企业的不同之处及企业获取成功的市场因素。

计划摘要必须回答下列问题。

①企业（项目）所处的行业，企业经营的性质与范围。

②企业（项目）主要产品的内容。

③企业（项目）的市场在哪里，市场空间容量有多大，谁是企业的顾客，他们有哪些需求，市场痛点是什么。

④企业（项目）的创业团队情况，合伙人、投资人是谁。

⑤企业（项目）的竞争对手是谁，竞争对手对企业的发展有何影响。

⑥企业（项目）优势在哪里，有什么特色。

⑦企业（项目）的盈利模式。

⑧企业（项目）的融资计划，如何投资、投资数量和方式。

⑨企业（项目）的风险分析及安全保障。

（2）计划书的主体部分

创业计划书的主体部分是整个计划书的核心。主体部分内容要翔实，在有限的篇幅之内要充分展示创业者说明的全部内容，主体部分按照顺序一般包括以下10个方面。

①企业（项目）概况。这主要包括3个方面：一是企业（项目）简介，包括企业名称、愿景、使命、价值观、商标、品牌，以及创建者的姓名、企业地址和联系方式。二是创业者的基本情况，包括成长经历、求学过程、性格特点、兴趣爱好与特长、创业者的追求、创业原因，以及创意的产生过程。三是企业（项目）的发展历史、现状与对未来的规划。在描述历史与现状时，要实事求是地反映正反两方面的信息，特别是对以往的失误要客观地描述，中肯地分析，

反而能够赢得投资者的信任。

②产品与服务。投资人最关心的问题之一就是企业的产品、技术或服务能否及多大程度上解决现实生活重点问题。或者，企业的产品或服务能否帮助顾客节约开支，增加收入，这是市场销售业绩的基础。在这部分，要对产品与服务做出详细说明，说明要准确，也要通俗易懂，让即使非专业人员的投资人也能明白。

这一部分主要内容要回答以下问题。

产品与服务的基本价值是什么？它解决了人们什么问题与痛点？有什么优势与特色？

产品与服务采取什么技术？技术处于什么水平？是国内领先，还是国际先进或国际领先？技术有没有自主知识产权？

产品是如何设计与生产的？产品的原材料与采购、产品设计、生产制造、产品销售与销售服务等环节是如何进行的？

③管理团队介绍。这部分主要介绍企业的管理团队和企业结构。一是管理团队，包括管理团队的激情与梦想、学历、专业、技能、经历、荣誉、抗挫折能力、分工与协作、人事安排和管理团队的所有权及其分配等。其中，公司的重要人物介绍可放在商业计划的附录中，包括他们的职务、工作经验、受教育程度等；公司的全职员工、兼职员工数；哪些职务空缺。二是公司结构。这部分要介绍公司目前的组织结构，以及公司不断发展壮大后，组织结构将会怎样。组织结构图是最有效的展示方法。

④市场分析。市场分析包括以下内容。

一是市场细分和目标市场选择。其目的是找到企业具体的目标市场，它可以是一个细分市场，也可以是两个或多个细分市场。在做商业计划时，要对每个细分市场进行分析和说明。在这部分，最好用一目了然的方法，如图表或数字，让读者明白在整个产业链中目标市场在哪里，为什么要这样选择。

二是消费者行为。只有对目标市场的消费者越了解，提供的产品与服务才能越满足他们的需求。在商业计划中，这部分可以用调查问卷的形式对购买者行为进行分析。

三是销售额和市场份额预测。这部分，也有的放在财务计划中分析。不管在哪部分进行分析，其核心都是对企业的销售额和市场份额进行预测，大约有以下几种预测方法。第一种是联系行业中的首要行业协会，看看他们有没有相关的销售数据。第二种是寻找一个可比的企业，参考可比企业的销售数据，前提是可比企业愿意分享相关信息。第三种是通过网络、报纸、杂志等找到有关所在行业内企业的文章，从中找到相关数据。第四种是运用乘法计算得出一个合理结果。这需要通过估计产品用户总数、顾客支付的平均价格，以及可获得的市场份额来进行估算。当然，这些方法可以结合在一起使用。

⑤行业状况与竞争分析。分析企业所在行业的发展与竞争状况，主要包括以下几方面。

一是企业涉及的行业，如果是两个或多个，则要分别进行说明。

二该行业的现状，如政策环境、行业销售额、企业数目、从业人数、行业增长率、市场容量、竞品分析等。要尽可能提供该行业现状的详细信息，还要避免只提供积极信息，这样不仅可以提高商业计划的可信度，还可以增加潜在投资者对企业的好感。

三是该行业的特征。这包括产业结构与竞争格局。只有认清了本行业的基本特征、竞争格局,才能了解行业的现实情况,找到企业的发展方向,锁定目标市场。

四是该行业发展趋势与前景。在预测行业发展趋势时,不仅要考虑到微观的行业环境变化和本行业的技术发展,还要考虑整个行业乃至整个社会经济的发展状况,并在此基础上对行业的发展前景做简短的说明和预测。

五是竞争分析。这有助于掌握企业在一个或多个领域获得竞争优势的机会。在商业计划中,这一部分可以用 SWOT、PEST、波特五力模型等方法对竞争者进行识别和分析。

⑥市场营销策略。这部分主要介绍企业如何销售产品的营销职能,包括以下几种策略。

一是总体营销策略,即企业为销售产品和服务所采用的总体方法。

二是产品策略。重点围绕产品采用什么样的原辅材料,设计什么样的结构与轮廓外形,能够为客户提供哪些功能服务,为客户提供什么样的产品性能指标,产品达到什么样的质量要求,使用周期和寿命是多少等。

三是价格策略。这里要交代企业如何给产品和服务定价,主要有成本定价法和价值定价法。同时针对不同客户,往往会采取不同的价格策略。高端客户购买力很强,可以定价高一些,当然产品的性能、品质与包装就要更好一些,体现高档次。低端客户更看重价格与性价比,产品的性能只满足基本够用就可以了。中端客户则介于二者之间。

四是渠道与销售策略。这里要说明企业的产品和服务如何从生产者到达消费者手中,也就是由谁来完成销售,是通过中间商还是培育自己的销售力量。

五是促销策略。它指的是企业打算具体用什么方法来销售自己的产品与服务。一般来说,促销方式包括:广告、公共关系、人员推销、营业推广、微信、QQ 群、抖音,以及降价式促销、有奖式促销、打折式优惠、竞赛式促销、展览和联合展销式促销、赠送式促销、免费品尝和试用式促销、植入式促销、饥饿式促销等。当前,出现众多新兴的促销方法,可以多种方法结合使用。

⑦经营管理与商业模式。这部分旨在使投资者了解产品的经营管理与商业模式,让其明白创业者已经掌握了开办和经营企业的所有细节。

⑧融资计划与资本结构。这部分主要包括公司资金筹集和使用情况、公司融资方式、融资前后的资本结构。一是创业资金估算。创业资金主要取决于创业项目在运营过程中可能会发生的资金支出。一般来说,创业资金主要包括房租、人员工资、设备费用、材料费用、办公费用、通信费用、差旅交通费用、业务公关费用、公司注册费用等。二是创业资金筹措。如创业者自筹资金、大学生创业信用贷款、创新创业大赛奖金、天使投资等。

⑨财务分析与预测。这主要是分析企业目前的财务状况,并预测今后的财务发展前景。它包括公司财务报表、5 年的财务报表预测、投资退出方式(公开上市、股票回购、出售、兼并或合并)。

⑩风险分析与控制。分析投资企业可能面临的各种风险隐患、风险的大小,以及融资者将采取何种措施来降低或防范风险,增加收益等。融资者最好采取客观态度,不能因为风险发生的可能性小而忽略不计,也不能为未来增加获得投资的机会而故意缩小、隐瞒风险因素,而应该对企业所面临的各种风险都认真地加以分析,并针对每一种可能发生的风险提出相应的防范措施。

（3）附录

支持上述信息的资料：管理层简历、销售手册、产品图纸等。

9.1.3 创业计划书撰写的原则与技巧

1）创业计划书撰写的原则

（1）客观性原则

要编制一份较为全面完善的商业计划，需要收集和利用大量信息，并对所有信息进行综合客观的分析，为计划撰写提供真实可靠的依据。语言要客观公正，尽量用真实准确的数据说话，以提高商业计划书的可信度和说服力。

（2）规范性原则

商业计划要规范，尽可能全面地涵盖创业计划的各方面内容。一份内容充实、详尽的计划是企业在真正运营前的一次现实体验。如果企业想法很多，商业计划就要对每个项目做分析，再进行比较，从而找出最有效的方案。一般来讲，商业计划有一些固定模式，尽可能按照模式来，全面、清晰、有条理地展示商业计划的内容。

（3）精炼性原则

商业计划书要简洁，最好开门见山，让投资者真正明白创业者需要的是什么。应尽量避免专业术语的使用以致读者看不懂。文字精练、观点明确，较容易引起投资者的注意和兴趣，提高融资成功的概率。同时，商业计划书应尽量美观大方，大多艳丽的图表和夸张的文字反而达不到好的效果。

（4）创新性原则

商业计划要呈现企业或项目的创新点与竞争优势，提炼出在技术、产品、设计、服务、示范等方面的创新，显示经营者创造利润的强烈愿望，并明确指出投资者预期的报酬。

（5）可实施性原则

商业计划是对未来事项的一种预测。这种预测需要经过不断的评估来使其对未来行为具有指导能力，从而使企业的商业计划可以实施。在计划书中应明确自己身边可以利用的资源有哪些，分析出目前的定位和能够带来的价值。虽然通过各种调研与讨论，但计划书可能还是会出现不足，这就需要不断调整计划，大大增加计划书的可实施性。

2）创业计划书撰写的技巧

（1）简洁易懂，直切主题

商业计划书最好让外行人也能看懂，这就需要语言简明易懂，避免出现与主题无关的内容，最好开门见山，直切主题。

（2）条理清晰，详略得当，重点突出

条理清晰的结构是成功的商业计划书最吸引投资者的部分，清晰的结构布局可以使投资者快速找到他们感兴趣的要点,提高阅读兴趣。另外,不同的阅读对象对商业项目的关注要点不同,所以撰写商业计划书时不能套用固定模板,而应该根据不同的阅读对象进行动态调整,突出重点,尽可能将投资者想看的内容清晰地呈现在他们眼前。

(3)计划摘要尽可能做得出色

计划摘要相当于一本书的封面,出色的计划摘要可以提高整份商业计划的吸引力,博得投资者的眼球。

(4)注意格式和细节

商业计划书的装订与外观是给人的第一印象,所以一方面要看上去比较讲究,另一方面又不能给人浮华浪费的印象。不要过度使用文字处理工具,比如粗体、斜体、字体大小、颜色等,否则会给人不够专业的印象。在细节上,更要体现创业团队的素质,比如页眉或页脚上设计精美的企业 Logo。

(5)充分展示创业者与创业团队的魅力

创业者与创业团队,往往是创业成功最重要的因素。创业者与创业团队的魅力,也往往成为吸引投资的最重要的因素。

(6)借助外力完善商业计划书

商业计划书的草稿完成之后,可以交给专业顾问或咨询师进行修改或润色。因为他们有与投资者、银行或证券所打交道的丰富经验,对商业计划书的内容如何陈述十分清楚,他们的修改建议或将使商业计划书更加完善。

此外,还需尽量使用第三人称编写;多阅读他人的商业计划书,以提高创业者的写作能力;不断对商业计划书进行检查修正等。

9.1.4　创业计划书的推介

合理有效的商业计划书推介,能使创业者少走弯路,节省时间和精力,并有效实现预期目标。

1)创业计划书的推介方法

(1)从创业者出发,拓宽推介途径

通过多种有效的推介途径,可使创业者之间达到共赢的目标,达到良好效果。

①参加招商会议,与投资者积极接触,使更多投资者了解创业项目的优势,从而将商业计划书更好地推介出去。

②通过中介机构和中介人牵线搭桥,将自己的创业项目推介出去。

③加大网络与自媒体的推广力度,提升与投资人联系交流的效率。

④参加各种形式的创新创业大赛。目前各种创业大赛层出不穷,参加各种形式的比赛,也是一种推介商业计划书的好方法。

(2)于投资人处落脚,形成推介特色

①专业投资公司。随着企业规模的发展壮大与国际化的发展,资金需求量也随之增大,

专业投资公司会对企业的投资有很大帮助。

②投资基金。投资基金也称互助基金或共同基金,是通过公开发售基金份额募集资本,然后投资于证券的机构。投资基金由基金管理人管理,基金托管人托管,以资产组合方式进行证券投资活动,为基金份额持有人的利益服务。投资基金的财力略逊于专业投资公司,投入的资金额也没有专业投资公司大,但在公司发展起步阶段,其投资是有很大帮助的,投资风险也相对较小。

③非正式投资人。即某些具有雄厚财力的个人或群体。他们并不是在等待投资机会,而是被动地采取或参与投资行动。一般来说,非正式投资人的资金规模相对较小,但对于新创企业来说,是较为理想的争取对象。

2)创业计划书的推介技巧

(1)创业计划书推介的基本技巧

①推介内容准备技巧。创业者要认真准备推介内容。要针对不同的推介对象,准备他们比较关注的内容,突出创业团队、产品与服务、市场痛点、市场空间、竞品分析、商业模式、市场策略、风险分析与投资回报。创业者在做创业计划书推介准备时,要注意训练自己言简意赅的表达能力,训练用一分钟来阐述创业企业的性质与职能。

②演示商业计划书技巧。如何利用多媒体,尤其是幻灯片,把投资者感兴趣的内容演示出来,是创业者在推介项目时的重要内容。幻灯片与多媒体并不是要代创业者展示商业计划,创业者和创业团队才是关键。幻灯片与多媒体的作用只是提供一个总体框架及强调创业者发言内容的重点。因此,幻灯片与多媒体应简明扼要,只包含主要标题、解释性语句即可。幻灯片制作切忌以下几方面问题:背景颜色昏暗、字体太小、文字描述太多、插图太多、页数太多、内容不全、亮点不突出。

③路演答辩技巧。一是严格控制时间。如果半小时发言时间,最后5分钟用来发问,那么就必须在25分钟之内结束演讲,不能超时。"互联网+"大赛的路演一般采取"8+7""8+5""10+3""10+5"的时间结构,也就是说汇报时间最多是8~10分钟,回答问题则为3分钟或5分钟、7分钟。因此,"互联网+"大赛的路演汇报的PPT需要控制在20页以内,建议在15页左右。

二是着装得体。如果不确定自己到底该选择怎样的衣服,可以打电话咨询。

三是尽可能多地了解演讲场地情况,尽量避免因不熟悉场地或紧张而引起项目介绍找不到重点、材料和演示工具准备不足、时间把握不好等问题。

四是在演讲前,最好多带几份商业计划书备用,因为也许有听众是初次听计划,他很感兴趣,那么势必要看整份的商业计划书。

④个人状态及演说技巧。一是要有激情,表现自信积极的心态。在向投资者推介自己的创业项目时,要表现出自信积极的心态,展现出对项目的信心,以及愿意为项目付出巨大努力的决心。

二是在个人演讲时要精准地把控语速和时间,争取最短的时间讲出最有价值的内容。

三是演讲内容要准确,特别是一些分析性内容,回答投资者问题要"四不要":不要啰嗦;

不要软弱回避;不要针锋相对;不要语无伦次、前后不搭。

四是演讲之前,要反复练习。激情、气场、语速、语调、手势动作等演讲基础要勤练,把演讲内容烂熟于心。可以在创业团队面前进行试讲,让他们帮忙计时,反馈演讲效果并进行改进。

五是注意语言模式。如控制语速能让创业者讲解得更清晰,可以减少错误。有时创业者感觉语速很慢,但对听众来说可能恰到好处。同时,少用形容词,不要把问题说得太抽象,应用翔实的数据、具体的事例和故事进行讲述,展示清晰的故事叙述能力。

(2)创业计划书推介的进阶技巧

①运用数据支持。运用数据,明确告诉投资者企业的目标用户是谁,项目将会怎么做,为什么你在同行业中比其他创业者更优秀。同时,再给投资者提供一份详细准确的财务预测。请记住,数据是最准确、最吸引人的描述。

②表露个人素质。投资人首先需要创业者有聆听别人的能力。如果创业者认为自己的项目不可一世,听不进别人的意见,在推介自己的计划书和项目时只顾自己而不顾投资人的感受,这样创业者和创业者的项目都很难受到投资者的青睐。同时,创业者需要诚实地回答投资人的问题,不要偷奸耍滑,要让投资人觉得创业者是可以信任的。

③捕捉投资者的兴趣。在推介商业计划书之前,创业团队应该了解投资者的喜好,尽量多搜集内部信息。比如,他们有自己的公众号吗? 有博客吗? 他们是关注长远目标还是当前的财务状况? 他们关注创业者的什么特质等。因此,我们应尽量了解投资者的兴趣,在推介时利用好这些信息,给投资人留下深刻印象。

④准备回答最刁钻的问题。在推介商业计划书时,精明的投资人往往会提出各种刁钻问题。在推介之前,创业团队最好就可能被问的问题做好准备,尽量避免措手不及。但如果有创业团队没有想到或没有妥善解决的问题,也不要担心,诚实回答即可。诚实是企业家最重要的品质之一,如果搪塞糊弄则可能会让之前的良好印象大打折扣。

9.2　旅游企业创立

9.2.1　旅游企业的概念与类型

旅游创新创业最主要的主体是旅游企业或要创建旅游企业的个体。因此,下文着重介绍旅游企业的基本情况。

1) 旅游企业概念

旅游企业是指依法设立以营利为目的的,从事旅游生产经营活动的独立核算的经济组织。它具有以下特点:

①法律性。依法成立,注册公司,有营业执照。

②营利性。以营利为目的。

③旅游性。从事与旅游相关的经济活动。

④独立性。独立核算、自主经营、自负盈亏。

2）旅游企业的类型

从不同角度分类，旅游企业具有不同类型。

（1）按照旅游经营的规模与组织来分

①个体工商户。个体工商户是指在法律允许的范围内，依法经核准登记，从事工商经营活动的自然人或者家庭。单个自然人申请个体经营，应当是16周岁以上有劳动能力的自然人。家庭申请个体经营，作为户主的个人应该有经营能力，其他家庭成员不一定都有经营能力。

个体工商户的申请手续比较简单，费用少，经营起来相对灵活。但同时也有许多不足：信用度及知名度比公司低；无法以个体户营业执照的名义对外签合同；不能享受针对公司的一些优惠政策。如在税务方面个体户不可以做进出口业务，在税率方面个体户不可以申请16%的增值税发票，只能申请小规模纳税人的普通发票。

②个人独资旅游企业。个人独资旅游企业是指只有一个产权所有者，由业主直接经营企业。即个人出资经营、归个人所有和控制、由个人承担经营风险和享有全部经营收益的旅游企业。创办独资旅游企业，筹集创业资金的途径主要有：个人出资、向亲朋好友借资、向其他企业借款、向银行贷款、众筹等。

个人独资旅游企业，优点较为明显，如创立容易，结构简单，无最低注册资本要求；不需要缴纳企业所得税，投资者只需按照盈余额缴纳个人所得税。其不足主要为：投资者需要对投资的企业承担无限责任；企业的存续年限受限于投资者寿命，若投资人死亡且继承人决定放弃继承，则企业必须注销，无法实现企业的延续发展；由于规模较小，很难从外部获得大量资金来发展企业。

③合伙制旅游企业。它是指由两个或两个以上的自然人，按照协议投资，共同出资经营、共负盈亏、共担风险的企业。合伙制企业财产由全体合伙人共有，共同经营，合伙人对企业债务承担连带无限清偿责任。合伙制旅游企业，可由部分合伙人经营，也可以所有合伙人共同经营。合伙制企业需要合伙人集体决策，具有一定的企业规模优势。

④旅游公司。旅游公司是依照公司法在中国境内设立的以营利为目的的社团法人，是适应市场经济社会化大生产的需要而形成的一种企业组织形式。其中，法人是具有民事权利能力和民事行为能力，依法独立享有民事权利和承担民事义务的组织。社团法人是"财团法人"的对称。它是指为达到一定目的，由一定数目社员结合而设立的法人。财团法人则是以捐助财产为组织基础的社会组织，只能以谋取公益为目的。

公司包括以下类型：

第一，有限责任公司。中国的有限责任公司是指根据《中华人民共和国公司登记管理条例》规定登记注册，由50个以下的股东出资设立，每个股东以其所认缴的出资额为限对公司承担有限责任，公司法人以其全部资产对公司债务承担全部责任的经济组织。其优点是设立程序比较简单,不必发布公告,也不必公布账目,公司内部机构设置灵活。其缺点是由于不能公开发行股票,筹集资金范围和规模一般都比较小,难以适应大规模生产经营活动的需要。

第二,股份有限公司。股份有限公司(Stock Corporation)是指公司资本为股份所组成的公司,股东以其认购的股份为限对公司承担责任的企业法人。我国公司法规定,设立股份有限公司,应当有 2 人以上 200 以下发起人,注册资本的最低限额为 500 万元人民币。

第三,上市公司。上市公司(The Listed Company)是指所发行的股票经过国务院或者国务院授权的证券管理部门批准在证券交易所上市交易的股份有限公司。上市公司的特点:首先,利用证券市场进行筹资。与一般公司相比,上市公司最大的特点在于可利用证券市场进行筹资,广泛地吸收社会上的闲散资金,从而迅速扩大企业规模,增强产品的竞争力和市场占有率。其次,上市公司需要定期向公众披露公司的资产、交易、年报等相关信息。最后,在获利方面,上市并不代表获利能力多强,不上市也不代表没有获利能力。

(2)按照登记注册来分类

在国家行政管理与统计资料中,企业按照登记注册进行分类如下:国有企业、集体企业、有限责任公司、股份有限公司、股份合作企业、私营企业、联营企业、港澳台商投资企业、外商投资企业。

(3)按照从事旅游产品经营的产业链来分

旅游企业可分为两大类:一是直接型旅游企业,即直接服务于旅游者的旅游企业,如饭店、旅行社、旅游餐馆、旅游商店、旅游交通公司、旅游景区、旅游娱乐场所等。二是辅助型旅游企业,即辅助旅游企业经营管理的相关企业,如管理公司、服务公司、影视公司,以及出版、通信、食品、卫生等方面的企业。

(4)按照旅游业态的新旧来分

按照旅游业态的新旧,旅游企业可分为传统旅游企业和新兴旅游企业两大类。

①传统旅游企业。主要包括旅游餐饮、旅游住宿、旅行服务、旅游景区、旅游购物、旅游娱乐"六要素"的企业。

②新兴旅游企业。主要包括旅游智慧企业、旅游综合体企业、旅游电子商务企业、旅游企业集团等。其中,旅游综合体企业是指基于一定的旅游资源与土地基础,以旅游休闲为导向进行土地综合开发而形成的,以互动发展的旅游要素有机组合为核心功能构架的旅游休闲集聚区企业。如华侨城、长隆、万达文化旅游城、七彩云南·花之城、北京古北水镇等。旅游电子商务是指以网络为主体,以旅游信息库、电子化商务银行为基础,利用最先进的电子手段运作旅游业及其分销系统的商务体系。它具有开拓新的网上市场流通渠道、创造新的产品销售平台与方法、降低旅游企业的各种经营成本、扩大规模经济性与范围经济性等作用与功能。

(5)根据创新特性来分

旅游企业可分为创新型旅游企业和非创新型旅游企业两大类。创新型旅游企业主要是指那些拥有自主知识产权和知名品牌,具有较强国际竞争力,依靠技术创新获取市场竞争优势和持续发展的旅游企业。

英国弗里曼(Christopher Freeman,1921—)列举了创新型企业的10个特征:

①企业内部研究与开发能力相当强。

②从事基础研究或相近的研究。

③利用专利保护自己,与竞争对手讨价还价。

④企业规模足够大,能长期高额资助R&D(研究与开发)。

⑤研制周期比竞争对手短。

⑥愿意冒风险。

⑦较早且富于想象地确定一个潜在市场。

⑧关注潜在市场,努力培养、帮助用户。

⑨有着高效的协调研究与开发、生产和销售的企业家精神。

⑩与客户和科学界保持密切联系。

建设以企业为主体、市场为导向、产学研相结合的技术创新体系,培育大批创新型企业是关键。

根据中国企业实际情况,具有以下特征的企业可以看作创新型企业:

①有自主品牌,不是代工企业。

②有较强的研发实力,研发人数在30人以上。

③有较大的营业规模,年营业收入在8 000万元以上。

④有较好的成长性,年收入增长率在20%以上。

⑤有创新性,不是纯模仿企业。

⑥有较好的市场地位,在行业或细分市场上居于前5位。

⑦主要通过内生方式,而不是依赖并购方式实现增长。

符合上述3个以上特征的企业,我们可以看成创新型企业。

【案例简介】

华侨城

华侨城集团有限公司,是国务院国资委直接管理的大型中央企业,1985年诞生于改革开放的前沿阵地——深圳,是国家首批文化产业示范基地、全国文化企业30强、中国旅游集团20强。从1989年建成中国首座主题公园"锦绣中华"至今,华侨城始终以市场为导向,积极响应和践行文旅融合、新型城镇化、乡村振兴等国家战略,不断创新旅游产品,从静态微缩、互动体验、生态度假、都市娱乐,到特色小镇和美丽乡村建设,华侨城实现了产品从单一到混合形式的演变,强化了集群优势。目前集团在全国运营和管理景区近80家,位列全球主题公园集团前列。多年来,华侨城集团立足于"优质生活创想家"的品牌定位,培育了康佳、欢乐谷连锁主题公园、锦绣中华·中国民俗文化村、世界之窗、东部华侨城、欢乐海岸、深圳华侨城大酒店、威尼斯睿途酒店、OCT-LOFT华侨城创意文化园等行业领先品牌。经过30余年的建设与发展,目前华侨城集团已形成文化产业、旅游产业、新型城镇化、电子科技产业及相关业务投资五大产业体系。

1.文化产业体系

文化产业的发展,根植于国民文化生活需求。华侨城与时代并肩,积极投身文化产业建设,提升公共文化水平,提振中国文化自信,通过对文化主题景区、文化主题酒店、文化艺术、文化演艺、文化创意、文旅科技、文化节庆等诸多领域的经营,引领中国文化产业跨越发展,致力于成为"中国文化产业领跑者"。

(1)文化主题景区

华侨城旅游业态覆盖微缩景观型主题公园(深圳锦绣中华•中国民俗文化村、深圳世界之窗等)、互动游乐型主题公园(欢乐谷全国连锁主题公园等)、生态旅游度假区(深圳东部华侨城国家级旅游度假区、昆明阳宗海旅游度假区、深圳西涌滨海旅游度假区、江门华侨城古劳水乡度假区等)、都市娱乐目的地(深圳欢乐海岸、顺德欢乐海岸 PLUS 等)、特色小镇和美丽乡村(深圳甘坑客家小镇、成都安仁古镇、元阳哈尼梯田、三亚中廖村等)。

(2)文化主题酒店

华侨城旗下目前建设和运营管理酒店 50 余家,产品涵盖白金五星级、五星级、四星级等多种酒店档次,以深圳华侨城洲际大酒店、威尼斯睿途酒店、品牌城市客栈等为代表的主题酒店是中国文化主题酒店的经典,多次荣获中国酒店业"十大影响力国内酒店品牌"、中国最佳主题酒店领军品牌、中国最佳酒店管理集团、中国饭店集团 60 强等荣誉称号。

(3)文化艺术

华侨城旗下的文化艺术场馆,以华侨城当代艺术中心馆群(OCAT 馆群)、深圳华夏艺术中心为代表,在建文化场馆十余座,数量位居全国文化艺术馆群之首。其中,OCAT 已经形成以深圳为轴心,辐射北京、上海、武汉、西安等地的当代艺术馆群,承担着企业社会责任与品牌推广、文化建设紧密结合的使命。

(4)文化演艺

华侨城致力于打造精品演艺,旗下云南文投集团以演艺作品促进云南少数民族文艺发展,其打造的文艺节目《彩云之南》2020 年亮相中缅建交 70 周年系列庆祝活动暨中缅文化旅游年启动仪式,演艺作品《吴哥的微笑》连续多年被中华人民共和国文化和旅游部、商务部等六部委评为"全国文化出口重点项目"。成都安仁古镇的公馆实境体验剧《今时今日安仁》成为沉浸式演艺代表作。

(5)文化创意

位于深圳的华侨城创意文化园是中国南部片区的设计师、先锋艺术家的创意工作场所,已成为国家文创园区的标杆。与此同时,华侨城在全国多地及"一带一路"沿线国家投资建设文化创意园区,位于柬埔寨暹粒文化新城的中柬文化创意园被文化和旅游部评为 2019 年度"一带一路"文化产业和旅游产业国际合作重点项目。

(6)文旅科技

华侨城文旅科技股份公司以科技创新为核心、以文化旅游产业为应用方向,自主研发出全球首创的 360°全景天地剧场、影视跳楼机、时光飞车等具有国际专业水准的高科技文化旅游产品,售往美国、土耳其、越南、印尼等多个国家和地区,同步输出包括创意、设计、建造、管理及后续更新等基于文化旅游景区全生命周期的综合服务。

（7）文化节庆

华侨城每年依托景区和文化设施开展各类文化节庆活动百余个（场），内容涵盖文化旅游、艺术展览、社区文化活动等。例如：华侨城文化旅游节、世界之窗国际啤酒节、民俗文化村泼水节、欢乐谷国际魔术节、电音节、万圣狂欢节、华侨城·自贡灯会等。各类活动已演化为各地城市级别的节庆活动。

2.旅游产业体系

旅游产业是华侨城最为核心的优势产业。当前，华侨城在全国运营和管理景区近80家，酒店50余家，旅游演出23台，旅行社10家，参与建设和运营的特色小镇及美丽乡村近30个，位列全球主题公园大型集团第三、亚洲第一。"欢乐谷"荣获国内主题公园行业唯一中国驰名商标。以旅游业为纽带，华侨城积极响应国家全域旅游战略，对区域内的资源进行全面整合提升。除了以总部深圳为核心的粤港澳大湾区，华侨城在中国旅游资源最丰富的区域，如云南、海南、陕西、四川、山西、北京、河北等地，广泛布局全域旅游新业务，培育产业新动能，激发产业新活力，致力于成为"中国全域旅游示范者"。

（1）深圳华侨城旅游度假区

在深圳华侨城旅游度假区6平方千米的土地上，华侨城建成了主题公园、生态广场、郊野公园、湿地公园、雕塑长廊、喷泉走廊、自行车绿道、创意文化园等多个公共人文场所，增添了城市活力；集聚了居住、文创、旅游、商业等多元业态，堪称深圳乃至中国的理想城区。

（2）华侨城在云南

2017年，华侨城与云南省政府签订战略合作协议，战略重组云南世博集团、云南文投集团，控股上市公司"云南旅游"，深度参与云南全域旅游开发。2018年，华侨城启动"云南大会战"，落地一大批全域旅游项目，助力云南旅游资源全方位整体提升。

（3）华侨城在海南

华侨城立足海南全域旅游战略布局，重点深耕三亚、海口，打造区域标杆，同时结合海南自贸港战略发展规划基础，努力推动全域旅游和各产业融合发展。着力打造三亚中廖村、文门村、天涯小镇、南山村等一批美丽乡村，以文旅融合激发乡村发展新活力。其中，中廖村作为三亚首个"美丽乡村"建设示范点，获评"全国文明村镇""中国少数民族特色村寨""海南省五星级美丽乡村"等称号，入选首批全国乡村旅游重点村名单；2020年，文门村入选第二批全国乡村旅游重点村名单。

（4）华侨城智云慧眼旅游服务管理体系

华侨城智云慧眼旅游服务管理体系旨在打造区域化目的地智慧旅游服务集群，对内实现华侨城用户、资源和营销的整合，对外输出平台技术服务能力，为华侨城管理输出和轻资产运营提供支撑。现有体系涵盖智云平台、花橙旅游及相关服务和慧眼大数据平台。

3.新型城镇化

华侨城围绕京津冀协同发展、长三角一体化发展、粤港澳大湾区建设、海南自贸区建设、西部大开发、中部崛起等国家区域发展战略主线，布局核心城市群，以高水平的新型城镇化驱动区域协调发展。

（1）立足深圳，打造"8+1"重点项目

华侨城30余年与深圳共进、共荣，主动承担助力纵深推进粤港澳大湾区和先行示范区建设的重大使命，积极响应深圳市"东进战略"和"前海整体发展战略"，顺应深圳"现代化、国际化、创新型城市"的定位，重点推进以甘坑客家新镇、大鹏所城、光明小镇等为代表的"8+1"重点项目建设。助力深圳建设中国特色社会主义先行示范区。

（2）远拓湾区，助力大湾区城市群打造"宜居宜业宜游的优质生活圈"

华侨城以文化和旅游为主链，在粤港澳大湾区推进的项目共约30个，涵盖主题公园、自然景区、田园综合体、文化旅游小镇等10余个类别，完成大湾区9大城市全覆盖，并与珠三角城市串珠成链，助推大湾区城市群实现新一轮的产业升级、助力大湾区打造"宜居宜业宜游的优质生活圈"。

（3）全面助力四川项目

在四川，华侨城先后布局安仁古镇、洛带古镇、黄龙溪古镇、广元剑门关等多个项目，加快推动资源重整和升级改造。

（4）助力西安文化旅游打开新局面

2017年6月，华侨城联手西安市人民政府全面展开战略合作，积极践行"一带一路"倡议，系统梳理整合西安得天独厚的文化旅游资源，助力"沣东华侨城大型文化旅游综合项目"等大型综合项目的开发。

4.电子科技产业体系

华侨城旗下的康佳集团是中国改革开放后诞生的第一家中外合资电子企业。"KONKA康佳"商标被国家认定为"中国驰名商标"，并入选"中国最有价值品牌"。康佳集团致力于成为以科技创新驱动的平台型公司。2018年，康佳集团确立"科技+产业+园区"战略，目前已形成产业产品业务群、科技园区业务群、平台服务业务群、投资金融业务群协同发展格局，除既有的家电板块之外，新进入的半导体科技、环保科技、新材料等新兴产业板块，呈齐头并进态势。在半导体存储领域方面，康佳通过成立中康存储科技、合肥康芯威存储技术有限公司、康佳芯盈半导体科技（深圳）有限公司，不仅自主设计并量产了具有明显市场竞争力的存储类芯片，还搭建了以"设计+封测+渠道"为模式的存储产业链条。在光电领域，康佳成立的重庆康佳半导体光电研究院，致力于Micro LED等光电技术研发，努力攻破国内"缺芯少屏"行业现状。在5G方面，康佳与咪咕携手共建5G超高清联合实验室、与深圳移动建立首个5G商用基地，积极打造更加智慧化的万物互联解决方案。2018—2020年，康佳科技创新取得重大突破，先后获得"国家科技进步奖二等奖""广东省科技进步奖二等奖"。

（资料来源：华侨城概况，华侨城官网。）

9.2.2 旅游企业的创立

1）企业注册的一般要求与流程

（1）公司的登记事项

根据《中华人民共和国公司登记管理条例》（2016年第三次修订），公司的登记事项包括:名称、住所、法定代表人姓名、注册资本、公司类型、经营范围、营业期限、有限责任公司股东或者股份有限公司发起人的姓名或名称。

(2)申办企业名称

公司名称一般由四部分组成:行政区划、字号、行业、组织形式。如北京(行政区划)+快又好(字号)+信息技术(行业)+有限责任公司(组织形式)。

申办企业名称,要去工商行政管理机关进行等级管理。企业申办的名称,不能和现有市场上企业名称同名。因此,在申办企业名称时,一般至少需要准备4~5个甚至更多的名字供工商局备选,因为很难一个名字就通过,且一旦被工商局选中就无法再变更。

(3)注册公司要求

①地址要求。公司注册地址,与一般的个体户要求不同,大部分地方的工商行政管理机关规定等级地址必须是商务用途的办公楼才可以。同时,房屋提供者应根据房屋权属情况,提供房屋产权等证明。

②资本要求。取消最低注册资本,特殊行业需符合行业最低注册资本要求,如国际货运代理公司必须符合注册资本最低500万元人民币的注册要求。股东有缴纳注册资本的义务,注册资本必须经过科技事务所的验证之后,方能登记工商注册信息。

③经营范围要求。在注册公司时,公司经营范围必须写在营业执照上。普通的产品销售及咨询服务可以直接写入经营范围,但特殊行业或产品需办理行业许可证之后才能写入经营范围。比如,酒类销售就需办理酒类批发许可证。住宿类企业需要凭名称核准通知书到消防队申请消防意见书;凭核名通知和消防意见书,到公安局办理特种行业许可证;到卫生防疫站办理公共场所卫生许可证。

④公司股东、法人代表要求。公司股东和法定代表人必须有身份证,且在工商及税务系统中无不良记录。关于股东等详细规定,可参考工商部门的《企业告知承诺书》。

⑤财务要求。公司在注册完成后,需开设公司基本账户及纳税账户。同时,公司营业之后每个月需做账和保税。在办理税务登记时,需提供财务人员身份信息。在发票购买时,需办理"发票管理员证"。

(4)注册公司所需资料

①公司名字请提供4~5个。

②公司经营范围。

③公司章程。

④注册资本。

⑤公司住所证明。

⑥自然人身份证件的复印件。

⑦《公司设立登记申请书》由公司法定代表人签署。

⑧法人股东身份原件、复印件。

⑨公司监事人信息。

⑩载明公司董事、监事、经理的姓名、住所的文件及有关委派、选举或者聘用的证明等。

（5）创办新企业的注册流程

①企业核名。想好企业名字之后，下一步在工商部门填写表格《企业名称预先核准申请书》。该表格由所有股东签名确认，再由工商部门确认该企业名称无重复名字后，发放《企业名称预先核准通知书》。

②银行开设临时账户，股东可以将股本投入其中。

③提交材料，办理工商营业执照。

④刻章。一般刻有公章、财务章、法人章、发票章、合同章。

⑤银行开户，带齐全部办理完毕的证件与资料，到开户银行办理基本户。

⑥申请领购发票。如果公司是销售产品，应该去国税申请发票。如果是服务性质的公司，则到地税申请发票。发票申请领购之后就可以开始营业了。营业后要按月向税务报税，即使没有开展业务不需要缴税，也需零申报。

2）旅游企业注册的特殊要求

（1）旅行社（旅行代理）的注册

根据《旅行社条例》（2020 年第三次修订）的相关规定，旅行社的界定与设计规定如下。

①旅行社，是指从事招徕、组织、接待旅游者等活动，为旅游者提供相关旅游服务，开展国内旅游业务、入境旅游业务或者出境旅游业务的企业法人。

②国内旅游业务和入境旅游业务的申请。申请经营国内旅游业务和入境旅游业务的，应当取得企业法人资格，并且注册资本不少于 30 万元人民币。申请经营国内旅游业务和入境旅游业务的，应当向所在地省、自治区、直辖市旅游行政管理部门或者其委托设区的市级旅游行政管理部门提出申请，并提交符合本条例第六条规定的相关证明文件。

③出境旅游业务的申请。旅行社取得经营许可满两年，且未因侵害旅游者合法权益受到行政机关罚款处罚的，可以申请经营出境旅游业务。申请经营出境旅游业务的，应当向国务院旅游行政主管部门或者其委托的省、自治区、直辖市旅游行政管理部门提出申请。

④旅行社分社的申请。旅行社设立分社，应当向分社所在地的工商行政管理部门办理设立登记，并自设立登记之日起 3 个工作日内向分社所在地的旅游行政管理部门备案。旅行社分社的设立不受地域限制。分社的经营范围不得超出设立分社的旅行社的经营范围。

⑤保证金的存入。旅行社应当自取得旅行社业务经营许可证之日起 3 个工作日内，在国务院旅游行政主管部门指定的银行开设专门的质量保证金账户，存入质量保证金，或者向作出许可的旅游行政管理部门提交依法取得的担保额度不低于相应质量保证金数额的银行担保。

经营国内旅游业务和入境旅游业务的旅行社，应当存入质量保证金 20 万元人民币；经营出境旅游业务的旅行社，应当增存质量保证金 120 万元人民币。质量保证金的利息属于旅行社所有。

旅行社每设立一个经营国内旅游业务和入境旅游业务的分社，应当向其质量保证金账户增存 5 万元人民币；每设立一个经营出境旅游业务的分社，应当向其质量保证金账户增存

30 万元人民币。

（2）住宿类企业的注册

根据《旅馆业治安管理办法》（2020 年第三次修订），住宿类企业的界定与注册要求如下。

①住宿类企业：是指凡经营接待旅客住宿的旅馆、饭店、宾馆、招待所、客货栈、车马店、浴池等（以下统称旅馆），包括国营、集体经营、合伙经营、个体经营、外商投资经营，以及专营、兼营、常年经营与季节性经营的住宿类企业。

②开办旅馆，其房屋建筑、消防设备、出入口和通道等，必须符合《中华人民共和国消防法》等有关规定，并且要具备必要的防盗安全设施。

③申请开办旅馆，应经主管部门审查批准，经当地公安机关签署意见，向工商行政管理部门申请登记，领取营业执照后，方准开业。经批准开业的旅馆，如有歇业、转业、合并、迁移、改变名称等情况，应当在工商行政管理部门办理变更登记后 3 日内，向当地的县、市公安局、公安分局备案。

④经营旅馆，必须遵守国家的法律，建立各项安全管理制度，设置治安保卫组织或者指定安全保卫人员。

⑤旅馆接待旅客住宿必须登记。登记时，应当查验旅客的身份证件，按规定的项目如实登记。接待境外旅客住宿，还应当在 24 小时内向当地公安机关报送住宿登记表。

⑥旅馆应当设置旅客财物保管箱、柜或者保管室、保险柜，指定专人负责保管工作。对旅客寄存的财物，要建立登记、领取和交接制度。

⑦在旅馆内开办舞厅、音乐茶座等娱乐、服务场所的，除执行本办法有关规定外，还应当按照国家和当地政府有关规定管理。

（3）餐饮类企业的注册

根据 2010 年制定的《餐饮服务许可管理办法》（中华人民共和国卫生部令第 70 号），餐饮企业的注册要求如下。

①餐饮服务实行许可制。餐饮服务提供者应当取得《餐饮服务许可证》，并依法承担餐饮服务的食品安全责任。

②服务许可的申请。申请人向食品药品监督管理部门提出餐饮服务许可申请应当具备以下基本条件。

具有与制作供应的食品品种、数量相适应的食品原料处理和食品加工、贮存等场所，保持该场所环境整洁，并与有毒、有害场所及其他污染源保持规定的距离。

具有与制作供应的食品品种、数量相适应的经营设备或者设施，有相应的消毒、更衣、洗手、采光、照明、通风、冷冻冷藏、防尘、防蝇、防鼠、防虫、洗涤及处理废水、存放垃圾和废弃物的设备或者设施。

具有经食品安全培训、符合相关条件的食品安全管理人员，以及与本单位实际相适应的保证食品安全的规章制度。

具有合理的布局和加工流程，防止待加工食品与直接入口食品、原料与成品交叉污染，避免食品接触有毒物、不洁物。

国家食品药品监督管理局或者省、自治区、直辖市食品药品监督管理部门规定的其他条件。

③提交材料。申请人提交的材料应当真实、完整,并对材料的真实性负责。申请《餐饮服务许可证》应当提交以下材料。

《餐饮服务许可证》申请书。

名称预先核准证明(已从事其他经营的可提供营业执照复印件)。

餐饮服务经营场所和设备布局、加工流程、卫生设施等示意图。

法定代表人(负责人或者业主)的身份证明(复印件)。

食品安全管理人员符合本办法第九条有关条件的材料。

保证食品安全的规章制度。

国家食品药品监督管理局或者省、自治区、直辖市食品药品监督管理部门规定的其他材料。

④审核与决定。食品药品监督管理部门受理申请人提交的申请材料后,应当审核申请人按照本办法第十条规定提交的相关资料,并对申请人的餐饮服务经营场所进行现场核查。对符合规定条件的,做出准予行政许可的决定;对不符合规定条件的,做出不予行政许可的决定并书面说明理由,同时告知申请人享有依法申请行政复议或者提起行政诉讼的权利。

(4)旅游互联网企业的注册

根据《中华人民共和国网络安全法》《中华人民共和国电信条例》《互联网信息服务管理办法》《电信业务经营许可管理办法》等,旅游互联网企业的服务与注册有如下规定。

①互联网信息服务。它是指通过互联网向上网用户提供信息的服务活动。它分为经营性和非经营性两类。经营性互联网信息服务,是指通过互联网向上网用户有偿提供信息或者网页制作等服务活动。非经营性互联网信息服务,是指通过互联网向上网用户无偿提供具有公开性、共享性信息的服务活动。国家对经营性互联网信息服务实行许可制度;对非经营性互联网信息服务实行备案制度。从事经营性互联网信息服务,应当向省、自治区、直辖市电信管理机构或者国务院信息产业主管部门申请办理互联网信息服务增值电信业务经营许可证(以下简称"经营许可证")。从事互联网信息服务的条件如下。

a.从事经营性互联网信息服务,除应当符合《中华人民共和国电信条例》规定的要求外,还应当具备下列条件。

有业务发展计划及相关技术方案;有健全的网络与信息安全保障措施,包括网站安全保障措施、信息安全保密管理制度、用户信息安全管理制度;服务项目属于本办法第五条规定范围的,已取得有关主管部门同意的文件。

b.从事非经营性互联网信息服务,应当向省、自治区、直辖市电信管理机构或者国务院信息产业主管部门办理备案手续。办理备案时,应当提交下列材料。

主办单位和网站负责人的基本情况;网站网址和服务项目。

②电信业务网。电信是指利用有线、无线的电磁系统或者光电系统,传送、发射或者接收语音、文字、数据、图像及其他任何形式信息的活动。电信业务分为基础电信业务和增值

电信业务。基础电信业务,是指提供公共网络基础设施、公共数据传送和基本语音通信服务的业务。增值电信业务,是指利用公共网络基础设施提供的电信与信息服务的业务。经营电信业务,必须依照本条例规定取得国务院信息产业主管部门或者省、自治区、直辖市电信管理机构颁发的电信业务经营许可证。许可证书载明公司名称、法定代表人、业务种类、业务覆盖范围、有效期限、发证机关和发证日期、签发人、经营许可证编号等内容。

a.经营基础电信业务。

首先,经营基础电信业务,应当具备下列条件。经营者为依法设立的专门从事基础电信业务的公司,且公司中国有股权或者股份不少于51%;有可行性研究报告和组网技术方案;有与从事经营活动相适应的资金和专业人员;有从事经营活动的场地、设施及相应的资源;有为用户提供长期服务的信誉或者能力;在省、自治区、直辖市范围内经营的,注册资本最低限额为1亿元人民币;在全国或者跨省、自治区、直辖市范围经营的,注册资本最低限额为10亿元人民币;公司及其主要出资者和主要经营管理人员3年内无违反电信监督管理制度的违法记录;国家规定的其他条件。

其次,申请办理基础电信业务经营许可证的,应当提交下列申请材料。

公司法定代表人签署的经营基础电信业务的书面申请。内容包括:申请经营电信业务的种类、业务覆盖范围、公司名称、公司通信地址、邮政编码、联系人、联系电话、电子信箱地址等;公司的企业法人营业执照副本及复印件;公司概况,包括公司基本情况,拟从事电信业务的机构设置和管理情况、技术力量和经营管理人员情况,与从事经营活动相适应的场地、设施等情况;公司最近经会计师事务所审计的企业法人年度财务会计报告或者验资报告及工业和信息化部规定的其他相关会计资料;公司章程、公司股权结构及股东的有关情况;业务发展研究报告,包括申请经营电信业务的业务发展和实施计划、服务项目、业务覆盖范围、收费方案、预期服务质量、效益分析等;组网技术方案,包括网络结构、网络规模、网络建设计划、网络互联方案、技术标准、电信设备的配置、电信资源使用方案等;为用户提供长期服务和质量保障的措施;网络与信息安全保障措施;证明公司信誉的有关材料;公司法定代表人签署的公司依法经营电信业务的承诺书。

b.经营增值电信业务。

首先,经营增值电信业务,应当具备下列条件。

经营者为依法设立的公司;有与开展经营活动相适应的资金和专业人员;有为用户提供长期服务的信誉或者能力;在省、自治区、直辖市范围内经营的,注册资本最低限额为100万元人民币;在全国或者跨省、自治区、直辖市范围经营的,注册资本最低限额为1 000万元人民币;有必要的场地、设施及技术方案;公司及其主要出资者和主要经营管理人员3年内无违反电信监督管理制度的违法记录;国家规定的其他条件。

其次,申请办理增值电信业务经营许可证的,应当提交下列申请材料。

公司法定代表人签署的经营增值电信业务的书面申请。内容包括:申请经营电信业务的种类、业务覆盖范围、公司名称、公司通信地址、邮政编码、联系人、联系电话、电子信箱地址等;公司的企业法人营业执照副本及复印件;公司概况,包括公司基本情况,拟从事增值电信业务的人员、场地和设施等情况;公司最近经会计师事务所审计的企业法人年度财务会计报告或者验资报告及电信管理机构规定的其他相关会计资料;公司章程、公司股权结构及股东的有关情况;申请经营电信业务的业务发展、实施计划和技术方案;为用户提供长期服务和质量保障的措施;信息安全保障措施;证明公司信誉的有关材料;公司法定代表人签署的公司依法经营电信业务的承诺书。

3) 创办新企业的相关法律

在创办新企业中涉及诸多法律法规,除了前面提到的公司法,还有其他相关法律法规,下面进行简单介绍。

（1）产品质量法

《中华人民共和国产品质量法》(2018 修正)对产品质量做出了相关规定。新创企业尤其需注意以下几个方面。

生产者、销售者应当建立健全内部产品质量管理制度,严格实施岗位质量规范、质量责任以及相应的考核办法。生产者、销售者依照规定承担产品质量责任。可能危及人体健康和人身、财产安全的工业产品,必须符合保障人体健康和人身、财产安全的国家标准、行业标准。未制定国家标准、行业标准的,必须符合保障人体健康和人身、财产安全的要求。禁止伪造或者冒用认证标志等质量标志。禁止伪造产品的产地,伪造或者冒用他人的厂名、厂址。禁止在生产、销售的产品中掺杂、掺假,以假充真,以次充好。产品或者其包装上的标识必须真实。销售者应当建立并执行进货检查验收制度,验明产品合格证明和其他标识。销售者应当采取措施,保持销售产品的质量等。

（2）专利法

根据《中华人民共和国专利法》(2020 年修订)对专利做出了相关规定。它指出发明创造是指发明、实用新型和外观设计;职务发明创造申请专利的权利属于该单位,申请被批准后,该单位为专利权人;非职务发明创造,申请专利的权利属于发明人或者设计人;申请被批准后,该发明人或者设计人为专利权人。新创企业需重视以下几个方面。

①同样的发明创造只能授予一项专利权;

②专利申请权和专利权可以转让;

③转让专利申请权或者专利权的,当事人应当订立书面合同,并向国务院专利行政部门登记;

④发明和实用新型专利权被授予后,除本法另有规定外,任何单位或者个人未经专利权人许可,都不得实施其专利;

⑤外观设计专利权被授予后,任何单位或者个人未经专利权人许可,都不得实施其专利,即不得为生产经营目的制造、许诺销售、销售、进口其外观设计专利产品;

⑥任何单位或者个人实施他人专利的,应当与专利权人订立实施许可合同,向专利权人支付专利使用费;

⑦被许可人无权允许合同规定以外的任何单位或者个人实施该专利;

⑧发明专利申请公布后,申请人可以要求实施其发明的单位或者个人支付适当费用;

⑨发明人或者设计人有权在专利文件中写明自己是发明人或者设计人；

⑩专利权人有权在其专利产品或者该产品包装上标明专利标识。

（3）商标法

根据《中华人民共和国商标法》（2019年第四次修订）规定,经商标局核准注册的商标为注册商标,包括商品商标、服务商标和集体商标、证明商标；商标注册人享有商标专用权,受法律保护。对于新创企业,需要重视以下几个方面。

①自然人、法人或者其他组织在生产经营活动中,对其商品或者服务需要取得商标专用权的,应当向商标局申请商标注册。

②两个以上的自然人、法人或者其他组织可以共同向商标局申请注册同一商标,共同享有和行使该商标专用权。

③法律、行政法规规定必须使用注册商标的商品,必须申请商标注册,未经核准注册的,不得在市场销售。

④申请注册和使用商标,应当遵循诚实信用原则。商标使用人应当对其使用商标的商品质量负责。各级工商行政管理部门应当通过商标管理,制止欺骗消费者的行为。

⑤任何能够将自然人、法人或者其他组织的商品与他人的商品区别开的标志,包括文字、图形、字母、数字、三维标志、颜色组合和声音等,以及上述要素的组合,均可以作为商标申请注册。

⑥申请注册的商标,应当有显著特征,便于识别,并不得与他人在先取得的合法权利相冲突。商标注册人有权标明"注册商标"或者"注册标记"。

⑦下列标志不得作为商标使用。

同中华人民共和国的国家名称、国旗、国徽、国歌、军旗、军徽、军歌、勋章等相同或者近似的,以及同中央国家机关的名称、标志、所在地、特定地点的名称或者标志性建筑物的名称、图形相同的。

同外国的国家名称、国旗、国徽、军旗等相同或者近似的,但经该国政府同意的除外。

同政府间国际组织的名称、旗帜、徽记等相同或者近似的,但经该组织同意或者不易误导公众的除外。

与表明实施控制、予以保证的官方标志、检验印记相同或者近似的,但经授权的除外。

同"红十字""红新月"的名称、标志相同或者近似的。

带有民族歧视性的。

带有欺骗性,容易使公众对商品的质量等特点或者产地产生误认的。

有害于社会主义道德风尚或者有其他不良影响的。

县级以上行政区划的地名或者公众知晓的外国地名,不得作为商标。但是,地名具有其他含义或者作为集体商标、证明商标组成部分的除外；已经注册的使用地名的商标继续有效。

⑧下列标志不得作为商标注册。

仅有本商品的通用名称、图形、型号的。

仅直接表示商品的质量、主要原料、功能、用途、重量、数量及其他特点的。

其他缺乏显著特征的。前款所列标志经过使用取得显著特征,并便于识别的,可以作为商标注册。

⑨驰名商标应当根据当事人的请求,作为处理涉及商标案件需要认定的事实进行认定。认定驰名商标应当考虑下列因素。

相关公众对该商标的知晓程度。

该商标使用的持续时间。

该商标的任何宣传工作的持续时间、程度和地理范围。

该商标作为驰名商标受保护的记录。

该商标驰名的其他因素。

⑩商标中有商品的地理标志,而该商品并非来源于该标志所标示的地区,误导公众的,不予注册并禁止使用;但是,已经善意取得注册的继续有效。

（4）著作权法

根据《中华人民共和国著作权法》(2020年修订),中国公民、法人或者非法人组织的作品,不论是否发表,依照本法享有著作权。

作品是指文学、艺术和科学领域内具有独创性并能以一定形式表现的智力成果,包括文字作品,口述作品,音乐、戏剧、曲艺、舞蹈、杂技艺术作品,美术、建筑作品,摄影作品,视听作品,工程设计图、产品设计图、地图、示意图等图形作品和模型作品,计算机软件,符合作品特征的其他智力成果。

著作权人包括作者以及其他依照本法享有著作权的自然人、法人或者非法人组织。

著作权包括下列人身权和财产权:

①发表权,即决定作品是否公之于众的权利。

②署名权,即表明作者身份,在作品上署名的权利。

③修改权,即修改或者授权他人修改作品的权利。

④保护作品完整权,即保护作品不受歪曲、篡改的权利。

⑤复制权,即以印刷、复印、拓印、录音、录像、翻录、数字化等方式将作品制作一份或者多份的权利。

⑥发行权,即以出售或者赠与方式向公众提供作品的原件或者复制件的权利。

⑦出租权,即有偿许可他人临时使用视听作品、计算机软件的原件或者复制件的权利,计算机软件不是出租主要标的的除外。

⑧展览权,即公开陈列美术作品、摄影作品的原件或者复制件的权利。

⑨表演权,即公开表演作品,以及用各种手段公开播送作品的表演的权利。

⑩放映权,即通过放映机、幻灯机等技术设备公开再现美术、摄影、视听作品等的权利。

⑪广播权,即以有线或者无线方式公开传播或者转播作品,以及通过扩音器或者其他传送符号、声音、图像的类似工具向公众传播广播作品的权利,但不包括本款第十二项规定的权利。

⑫信息网络传播权,即以有线或者无线方式向公众提供,使公众可以在其选定的时间和地点获得作品的权利。

⑬摄制权,即以摄制视听作品的方法将作品固定在载体上的权利。

⑭改编权,即改变作品,创作出具有独创性的新作品的权利。

⑮翻译权,即将作品从一种语言文字转换成另一种语言文字的权利。

⑯汇编权,即将作品或者作品的片段通过选择或者编排,汇集成新作品的权利。

⑰应当由著作权人享有的其他权利。

著作权属于作者,创作作品的公民是作者。

①由法人或者非法人组织主持,代表法人或者非法人组织意志创作,并由法人或者非法人组织承担责任的作品,法人或者非法人组织视为作者。

②在作品上署名的自然人、法人或者非法人组织为作者,且该作品上存在相应权利,但有相反证明的除外。

③作者等著作权人可以向国家著作权主管部门认定的登记机构办理作品登记。

④改编、翻译、注释、整理已有作品而产生的作品,其著作权由改编、翻译、注释、整理人享有,但行使著作权时不得侵犯原作品的著作权。

⑤两人以上合作创作的作品,著作权由合作作者共同享有。没有参加创作的人,不能成为合作作者。

⑥汇编若干作品、作品的片段或者不构成作品的数据或者其他材料,对其内容的选择或者编排体现独创性的作品,为汇编作品,其著作权由汇编人享有,但行使著作权时,不得侵犯原作品的著作权。

⑦使用改编、翻译、注释、整理、汇编已有作品而产生的作品进行出版、演出和制作录音录像制品,应当取得该作品的著作权人和原作品的著作权人许可,并支付报酬。

⑧视听作品中的电影作品、电视剧作品的著作权由制作者享有,但编剧、导演、摄影、作词、作曲等作者享有署名权,并有权按照与制作者签订的合同获得报酬。

(5)反不正当竞争法

根据《中华人民共和国反不正当竞争法》(2019年第二次修订),经营者在生产经营活动中,应当遵循自愿、平等、公平、诚信原则,遵守法律和商业道德,主要内容如下:

①经营者不得实施下列混淆行为,引人误认为是他人商品或者与他人存在特定联系。

擅自使用与他人有一定影响的商品名称、包装、装潢等相同或者近似的标识。

擅自使用他人有一定影响的企业名称(包括简称、字号等)、社会组织名称(包括简称等)、姓名(包括笔名、艺名、译名等)。

擅自使用他人有一定影响的域名主体部分、网站名称、网页等。

其他足以引人误认为是他人商品或者与他人存在特定联系的混淆行为。

②经营者不得采用财物或者其他手段贿赂下列单位或者个人,以谋取交易机会或者竞争优势。

交易相对方的工作人员。

受交易相对方委托办理相关事务的单位或者个人。

利用职权或者影响力影响交易的单位或者个人。

③经营者不得对其商品的性能、功能、质量、销售状况、用户评价、曾获荣誉等做虚假或者引人误解的商业宣传,欺骗、误导消费者。经营者不得通过组织虚假交易等方式,帮助其

他经营者进行虚假或者引人误解的商业宣传。

④经营者不得实施下列侵犯商业秘密的行为。

以盗窃、贿赂、欺诈、胁迫、电子侵入或者其他不正当手段获取权利人的商业秘密。

披露、使用或者允许他人使用以前项手段获取的权利人的商业秘密。

违反保密义务或者违反权利人有关保守商业秘密的要求,披露、使用或者允许他人使用其所掌握的商业秘密。

教唆、引诱、帮助他人违反保密义务或者违反权利人有关保守商业秘密的要求,获取、披露、使用或者允许他人使用权利人的商业秘密。

⑤经营者以外的其他自然人、法人和非法人组织实施前款所列违法行为的,视为侵犯商业秘密。

第三人明知或者应知商业秘密权利人的员工、前员工或者其他单位、个人实施本条第一款所列违法行为,仍获取、披露、使用或者允许他人使用该商业秘密的,视为侵犯商业秘密。

⑥经营者进行有奖销售不得存在下列情形。

所设奖的种类、兑奖条件、奖金金额或者奖品等有奖销售信息不明确,影响兑奖。

采用谎称有奖或者故意让内定人员中奖的欺骗方式进行有奖销售。

抽奖式的有奖销售,最高奖的金额超过五万元人民币。

⑦经营者不得编造、传播虚假信息或者误导性信息,损害竞争对手的商业信誉、商品声誉。

⑧经营者利用网络从事生产经营活动,不得利用技术手段,通过影响用户选择或者其他方式,实施下列妨碍、破坏其他经营者合法提供的网络产品或者服务正常运行的行为。

未经其他经营者同意,在其合法提供的网络产品或者服务中,插入链接、强制进行目标跳转。

误导、欺骗、强迫用户修改、关闭、卸载其他经营者合法提供的网络产品或者服务。

恶意对其他经营者合法提供的网络产品或者服务实施不兼容。

其他妨碍、破坏其他经营者合法提供的网络产品或者服务正常运行的行为。

(6)劳动法

根据《中华人民共和国劳动法》(2018年修订),用人单位应当依法建立和完善规章制度,保障劳动者享有劳动权利和履行劳动义务。劳动合同是劳动者与用人单位确立劳动关系、明确双方权利和义务的协议。建立劳动关系应当订立劳动合同。订立和变更劳动合同,应当遵循平等自愿、协商一致的原则,不得违反法律、行政法规的规定。

①劳动合同依法订立即具有法律约束力,当事人必须履行劳动合同规定的义务。下列劳动合同无效。

违反法律、行政法规的劳动合同。

采取欺诈、威胁等手段订立的劳动合同。

②无效的劳动合同,从订立的时候起,就没有法律约束力。确认劳动合同部分无效的,如果不影响其余部分的效力,其余部分仍然有效。劳动合同的无效,由劳动争议仲裁委员会或者人民法院确认。

③劳动合同应当以书面形式订立,并具备以下条款。

劳动合同期限。

工作内容。

劳动保护和劳动条件。

劳动报酬。

劳动纪律。

劳动合同终止的条件。

违反劳动合同的责任。

④劳动合同的期限分为有固定期限、无固定期限和以完成一定的工作为期限。

劳动者在同一用人单位连续工作满十年以上,当事人双方同意续延劳动合同的,如果劳动者提出订立无固定期限的劳动合同,应当订立无固定期限的劳动合同。

劳动合同可以约定试用期。试用期最长不得超过六个月。

劳动合同当事人可以在劳动合同中约定保守用人单位商业秘密的有关事项。

劳动合同期满或者当事人约定的劳动合同终止条件出现,劳动合同即行终止。

经劳动合同当事人协商一致,劳动合同可以解除。

⑤劳动者有下列情形之一的,用人单位可以解除劳动合同。

在试用期间被证明不符合录用条件的。

严重违反劳动纪律或者用人单位规章制度的。

严重失职,营私舞弊,对用人单位利益造成重大损害的。

被依法追究刑事责任的。

⑥有下列情形之一的,用人单位可以解除劳动合同,但是应当提前 30 日以书面形式通知劳动者本人。

劳动者患病或者非因工负伤,医疗期满后,不能从事原工作也不能从事由用人单位另行安排的工作的。

劳动者不能胜任工作,经过培训或者调整工作岗位,仍不能胜任工作的。

劳动合同订立时所依据的客观情况发生重大变化,致使原劳动合同无法履行,经当事人协商不能就变更劳动合同达成协议的。

⑦劳动者有下列情形之一的,用人单位不得依据相关定解除劳动合同。

患职业病或者因工负伤并被确认丧失或者部分丧失劳动能力的。

患病或者负伤,在规定的医疗期内的。

女职工在孕期、产期、哺乳期内的。

法律、行政法规规定的其他情形。

⑧国家实行劳动者每日工作时间不超过 8 小时、平均每周工作时间不超过 44 小时的工时制度。对实行计件工作的劳动者,用人单位应当根据本法第三十六条规定的工时制度合理确定其劳动定额和计件报酬标准。用人单位应当保证劳动者每周至少休息 1 日。

⑨用人单位在下列节日期间应当依法安排劳动者休假:元旦、春节、国际劳动节、国庆节,以及法律、法规规定的其他休假节日。

⑩用人单位由于生产经营需要,经与工会和劳动者协商后可以延长工作时间,一般每日不得超过 1 小时;因特殊原因需要延长工作时间的,在保障劳动者身体健康的条件下延长工作时间每日不得超过 3 小时,但是每月不得超过 36 小时。有下列情形之一的,延长工作时间不受限制。

发生自然灾害、事故或者因其他原因,威胁劳动者生命健康和财产安全,需要紧急处理的。

生产设备、交通运输线路、公共设施发生故障,影响生产和公众利益,必须及时抢修的。

法律、行政法规规定的其他情形。

⑪有下列情形之一的,用人单位应当按照下列标准支付高于劳动者正常工作时间工资的工资报酬。

安排劳动者延长工作时间的,支付不低于工资的百分之一百五十的工资报酬。

休息日安排劳动者工作又不能安排补休的,支付不低于工资的百分之二百的工资报酬。

法定休假日安排劳动者工作的,支付不低于工资的百分之三百的工资报酬。

⑫有关工资的规定主要如下。

工资分配应当遵循按劳分配原则,实行同工同酬。

用人单位根据本单位的生产经营特点和经济效益,依法自主确定本单位的工资分配方式和工资水平。

国家实行最低工资保障制度。最低工资的具体标准由省、自治区、直辖市人民政府规定,报国务院备案。用人单位支付劳动者的工资不得低于当地最低工资标准。

工资应当以货币形式按月支付给劳动者本人。不得克扣或者无故拖欠劳动者的工资。

劳动者在法定休假日和婚丧假期间以及依法参加社会活动期间,用人单位应当依法支付工资。

(7) 民法典

2020 颁布的《中华人民共和国民法典》,内容丰富,涉及面非常广。其目的是保护民事主体的合法权益,调整民事关系,维护社会和经济秩序,适应中国特色社会主义发展要求,弘扬社会主义核心价值观。与新创企业紧密相关的主要包括法人、民事权利、物权、合同等。

4) 旅游企业的运营

按照创业计划书的设想逐步运营旅游企业,并在运营过程中不断根据环境的变化与企业发展的需要,对创业计划进行调整。

【思考题】

1.创业计划书一般有什么样的形式与内容?

2.撰写创业计划书有哪些原则与技巧?

3.企业注册有什么要求与流程,应注重哪些法律及内容?

4.不同的旅游企业注册,有哪些特殊要求?

5.你是否有创业的打算? 根据你的创意方案,进一步完善你的创业计划书。

附录

大学生创新创业的主要项目与赛事

目前,已形成了一系列的大学生创新创业教育的项目与赛事,以培育大学生创新创业能力,主要如下。

1.大学生创新创业训练计划项目(简称"大创")

根据《教育部 财政部关于"十二五"期间实施"高等学校本科教学质量与教学改革工程"的意见》(教高〔2011〕6号)和《教育部关于批准实施"十二五"期间"高等学校本科教学质量与教学改革工程"2012年建设项目的通知》(教高函〔2012〕2号),教育部决定在"十二五"期间实施国家级大学生创新创业训练计划。实施国家级大学生创新创业训练计划,促进高等学校转变教育思想观念,改革人才培养模式,强化创新创业能力训练,增强高校学生的创新能力和在创新基础上的创业能力,以培养出适应创新型国家建设需要的高水平创新人才。

国家级大学生创新创业训练计划内容包括创新训练项目、创业训练项目和创业实践项目。创新训练项目是本科生个人或团队,在导师指导下,自主完成创新性研究项目设计、研究条件准备和项目实施、研究报告撰写、成果(学术)交流等工作。创业训练项目是本科生团队,在导师指导下,团队中每个学生在项目实施过程中扮演一个或多个具体的角色,完成编制商业计划书、开展可行性研究、模拟企业运行、参加企业实践、撰写创业报告等工作。创业实践项目是学生团队,在学校导师和企业导师共同指导下,采用前期创新训练项目(或创新性实验)的成果,提出一项具有市场前景的创新性产品或者服务,并且以此为基础开展创业实践活动。国家级大学生创新创业训练计划项目依据所获得的级别,获得不同的资金支持。

2."挑战杯"

"挑战杯"是"挑战杯"全国大学生系列科技学术竞赛的简称,是由共青团中央、中国科协、教育部和全国学联共同主办的全国性的大学生课外学术实践竞赛。"挑战杯"竞赛在中国共有两个并列项目,一个是"挑战杯"中国大学生创业计划竞赛,另一个是"挑战杯"全国大学生课外学术科技作品竞赛。这两个项目的全国竞赛交叉轮流开展,每个项目每两年举办一届。

(1)"挑战杯"全国大学生课外学术科技作品竞赛

"挑战杯"全国大学生课外学术科技作品竞赛(简称"大挑")是由共青团中央、中国科协、教育部、全国学联和地方政府共同主办,国内著名大学、新闻媒体联合发起的一项具有导向性、示范性和群众性的全国竞赛活动。自1989年首届竞赛举办以来,"大挑"始终坚持"崇尚科学、追求真知、勤奋学习、锐意创新、迎接挑战"的宗旨,在促进青年创新人才成长、深化高校素质教育、推动经济社会发展等方面发挥了积极作用,在广大高校乃至社会上产生了广泛而良好的影响,被誉为当代大学生科技创新的"奥林匹克"盛会。

"大挑"是吸引广大高校学生共同参与的科技盛会。从最初的19所高校发起,发展到1 000多所高校参与;从300多人的小擂台发展为200多万大学生的竞技场,"挑战杯"竞赛在广大青年学生中的影响力和号召力显著增强。

"大挑"是促进优秀青年人才脱颖而出的创新摇篮。竞赛获奖者中已经产生了2位长江学者,6位国家重点实验室负责人,20多位教授和博士生导师。70%的学生获奖后继续攻读更高层次的学位,近30%的学生出国深造。他们中的代表人物有第二届"挑战杯"竞赛获奖者、国家科技进步一等奖获得者、中国十大杰出青年、北京中星微电子有限公司董事长邓中翰,第五届"挑战杯"竞赛获奖者、"中国杰出青年科技创新奖"获得者、安徽中科大讯飞信息科技有限公司总裁刘庆峰,第八届、第九届"挑战杯"竞赛获奖者、"中国青年五四奖章"标兵、南京航空航天大学2007级博士研究生胡铃心等。

"大挑"是引导高校学生推动现代化建设的重要渠道。成果展示、技术转让、科技创业,让"挑战杯"竞赛从象牙塔走向社会,推动了高校科技成果向现实生产力的转化,为经济社会发展做出了积极贡献。

"大挑"是深化高校素质教育的实践课堂。"挑战杯"已经形成了国家、省、高校三级赛制,广大高校以"挑战杯"竞赛为龙头,不断丰富活动内容,拓展工作载体,把创新教育纳入教育规划,使"挑战杯"竞赛成为大学生参与科技创新活动的重要平台。

"大挑"是展示全体中华学子创新风采的亮丽舞台。香港、澳门、台湾众多高校积极参与竞赛,派出代表团参加观摩和展示。竞赛成为两岸四地青年学子展示创新风采的舞台,增进彼此了解和加深相互感情的重要途径。

(2)"挑战杯"中国大学生创业计划竞赛

"挑战杯"中国大学生创业计划竞赛,简称"小挑",起源于美国,又称商业计划竞赛,是风靡全球高校的重要赛事。它借用风险投资的运作模式,要求参赛者组成优势互补的竞赛小组,提出一项具有市场前景的技术、产品或者服务,并围绕这一技术、产品或服务,以获得风险投资为目的,完成一份完整、具体、深入的创业计划。竞赛采取学校、省(自治区、直辖市)和全国三级赛制,分预赛、复赛、决赛三个赛段进行。

"大挑"与"小挑"区别:"大挑"注重学术科技发明创作带来的实际意义,"小挑"更注重市场与技术服务的完美结合,商业性更强;"小挑"奖项设置为金奖、银奖、铜奖,而"大挑"设置特等奖、一等奖、二等奖、三等奖;"大挑"比赛证书盖共青团中央、中国科协、教育部、全国学联、举办地人民政府的章,而"小挑"证书只盖共青团中央、中国科协、教育部、全国学联的章。

3.中国国际"互联网+"大学生创新创业大赛

2015年4月10日,李克强总理视察吉林大学时,对举办中国"互联网+"大学生创新创业大赛做出明确指示。为贯彻落实李克强总理的重要指示和《国务院办公厅关于深化高等学校创新创业教育改革的实施意见》(国内发〔2015〕36号),教育部会同国家发展改革委、工信部、人社部、共青团中央和吉林省人民政府联合举办"互联网+"大赛,旨在深化高等教育综合改革,激发大学生的创造力,培养造就大众创业、万众创新的生力军,推动赛事成果转化,促进"互联网+"新业态形成,主动服务经济提质增效升级,以创新引领创业、创业带动就业,推动高校毕业生更高质量就业。

2015年首届"互联网+"大赛以"'互联网+'成就梦想,创新创业开辟未来"为主题,参赛项目主要包括"互联网+"传统产业、"互联网+"新业态、"互联网+"公共服务和"互联网+"技术支撑平台四种类型。自启动以来,经校级初赛、省级复赛,共300支团队进入全国总决赛,全国总决赛由吉林大学承办,最终产生金奖获得者34名,银奖获得者82名。冠军、亚军、季军分别由浙江大学智能视力辅具及智能可穿戴近视防控设备团队、北京航空航天大学Unicorn无人直升机系统团队、华南理工大学广州优蜜移动科技股份有限公司团队、西安电子科技大学Visbody人体三维扫描仪团队获得。

2017年第三届"互联网+"大赛同期举行了"青年红色筑梦之旅",全国150万大学生参加该届大赛,其中上百支大学生创新创业团队参加了走进延安、服务革命老区的"青年红色筑梦之旅"活动。

2021年第七届"互联网+"大赛包括高教主赛道、"青年红色筑梦之旅"赛道、职教赛道和萌芽赛道,增设产业命题赛道。参赛组别中,高教主赛道包括本科生创意组、研究生创意组、初创组、成长组、师生共创组;"青年红色筑梦之旅"赛道包括公益组、创意组、创业组;职教赛道包括创意组、创业组。高教主赛道、"青年红色筑梦之旅"赛道又包括"互联网+"现代农业、"互联网+"制造业、"互联网+"信息技术服务、"互联网+"文化创意服务、"互联网+"社会服务职教赛道:创新类、商业类、工匠类等。奖项方面,高教主赛道包括中国参赛项目设金奖150个、银奖350个、铜奖1 000个,中国港、澳、台地区参赛项目设金奖5个、银奖15个、铜奖另定,国际参赛项目设金奖50个、银奖100个、铜奖350个;设置最佳带动就业奖、最佳创意奖、最具商业价值奖、最具人气奖等若干单项奖;设置高校集体奖20个、省市优秀组织奖10个(与职教赛道合并计算)和优秀创新创业导师若干名。"青年红色筑梦之旅"赛道设置金奖 50 个、银奖 100 个、铜奖 350 个;设置乡村振兴奖、社区治理奖等若干单项;设置高校集体奖 20 个、省市优秀组织奖 8 个和优秀创新创业导师若干名。职教赛道设置金奖 50 个、银奖 100 个、铜奖 350 个;设置院校集体奖 20 个,省市优秀组织奖 10 个(与高教主赛道合并计算),优秀创新创业导师若干名。萌芽赛道设置创新潜力奖 20 个、单项奖若干个。

以下为第五届中国国际"互联网+"大学生创新创业大赛评审规则,见附表 1-1 至附表 1-6。

附表 1-1　高教主赛道创意组项目评审要点

评审要点	评审内容	分值/分
创新性	突出原始创新和技术突破的价值,不鼓励模仿。在商业模式、产品服务、管理运营、市场营销、工艺流程、应用场景等方面寻求突破和创新。鼓励项目与高校科技成果转移转化相结合,取得一定数量和质量的创新成果。(专利、创新奖励、行业认可等)	40
团队情况	团队成员的教育和工作背景、创新思想、价值观念、分工协作和能力互补情况。项目拟成立公司的组织构架、股权结构与人员配置安排合理。创业顾问,潜在投资人及战略合作伙伴等外部资源的使用计划和有关情况	30
商业性	商业模式设计完整、可行,项目盈利能力推导过程合理。在商业机会识别与利用、竞争与合作、技术基础、产品或服务设计、资金及人员需求、现行法律法规限制等方面具有可行性。行业调查研究深入翔实,项目市场、技术等调查工作形成一手资料,强调田野调查和实际操作检验。项目目标市场容量及市场前景,未来对相关产业升级或颠覆的可能性,近期融资需求及资金使用规划是否合理	20
社会效益	项目发展战略和规模扩张策略的合理性和可行性,预判项目可能带动社会就业的能力	10

资料来源:第五届中国"互联网+"大学生创新创业大赛官网,下同。

附表 1-2　高教主赛道初创组、成长组、师生共创组项目评审要点

评审要点	评审内容	分值/分
商业性	商业模式设计完整、可行,产品或服务成熟度及市场认可度,已获外部投资情况。经营绩效方面,重点考察项目存续时间、营业收入、企业利润、持续盈利能力、市场份额、客户(用户)情况、税收上缴、投入与产出比等情况。成长性方面,重点考察项目目标市场容量大小及可扩展性,是否有合适的计划和可靠资源(人力资源、资金、技术等方面)支持其未来持续快速成长。现金流及融资方面,关注维持企业正常经营的现金流情况,以及企业融资需求及资金使用规划是否合理	40
团队情况	团队成员的教育和工作背景、创新思想、价值观念、分工协作和能力互补情况,重点考察成员的投入程度。公司的组织构架、股权结构、人员配置及激励制度合理。项目对创业顾问、投资人及战略合作伙伴等外部资源的整合能力。师生共创组须特别关注师生分工协作、利益分配情况及合作关系稳定程度	30

续表

评审要点	评审内容	分值/分
创新性	具有原始创新或技术突破,取得一定数量和质量的创新成果(专利、创新奖励、行业认可等)。在商业模式、产品服务、管理运营、市场营销、工艺流程、应用场景等方面寻求突破和创新。鼓励项目与高校科技成果转移转化相结合,与区域经济发展、产业转型升级相结合	20
社会效益	项目发展战略和规模扩张策略的合理性和可行性,项目实际带动的直接就业人数,考察项目未来持续带动就业的能力	10

附表 1-3　"青年红色筑梦之旅"赛道公益组项目评审要点

评审要点	评审内容	分值/分
公益性	项目以社会价值为导向,以解决社会问题为使命,不以营利为目的,有可预见的公益成果,公益受众的覆盖面广。在公益服务领域有良好产品或服务模式	20
项目团队	团队成员的基本素质、业务能力、奉献意愿和价值观与项目需求相匹配;团队或公司组织架构与分工协作合理;团队权益结构或公司股权结构合理;团队的延续性或接替性	20
实效性	项目对精准扶贫、乡村振兴和社区治理等社会问题的贡献度;在引入社会资源方面对农村组织和农民增收、地方产业结构优化的效果;项目对促进就业、教育、医疗、养老、环境保护与生态建设等方面的效果	20
创新性	考鼓励技术或服务创新、引入或运用新技术,鼓励高校科研成果转化;鼓励组织模式创新或进行资源整合	20
可持续性	项目的持续生存能力;创新研发、生产销售、资源整合等持续运营能力;项目模式可复制、可推广,具有示范效应等	20
必要条件	参加由学校、省市或全国组织的"青年红色筑梦之旅"活动,符合公益性要求	

附表 1-4　"青年红色筑梦之旅"赛道商业组项目评审要点

评审要点	评审内容	分值/分
项目团队	团队成员的基本素质、业务能力、奉献意愿和价值观与项目需求相匹配;团队或公司组织架构与分工协作合理;团队权益结构或公司股权结构合理	20
实效性	项目对精准扶贫、乡村振兴和社区治理等社会问题的贡献度;在引入社会资源方面对农村组织和农民增收、地方产业结构优化的效果;项目对促进就业、教育、医疗、养老、环境保护与生态建设等方面的效果	20
创新性	鼓励技术或服务创新、引入或运用新技术,鼓励高校科研成果转化;鼓励在生产、服务、营销等商业模式要素上创新;鼓励组织模式创新或进行资源整合	20
可持续性	项目的持续生存能力;经济价值和社会价值适度融合;创新研发、生产销售、资源整合等持续运营能力;项目模式可复制、可推广等	20
社会效益	项目发展战略和规模扩张策略的合理性和可行性,项目实际带动的直接就业人数,考察项目未来持续带动就业的能力	20
必要条件	参加由学校、省市或全国组织的"青年红色筑梦之旅"活动	

附表 1-5　国际赛道商业企业组项目评审要点

评审要点	评审内容	分值/分
创新性	重点考察技术创新和模式创新水平。 1.项目具有原始创新或技术突破,取得一定数量和质量的创新成果(专利、创新奖励、行业认可等); 2.项目在商业模式、管理运营等方面的创新情况	35
团队情况	重点考察成员资历、分工协作和外部伙伴。 1.考核团队核心成员的教育和工作背景、价值观念、战略眼光、擅长领域,特别是成员的投入程度; 2.公司股权结构、组织构架、人员配置及激励制度合理; 3.项目对创业顾问、投资人及战略合作伙伴等外部资源的整合能力	30
商业性	重点考察商业可行性、经营绩效、增长潜力和现金流情况。 1.商业模式设计完整、可行,产品或者服务成熟度及市场认可度,是否已有或将有外部投资; 2.经营绩效方面,如已注册公司,重点考察项目存续时间、营业收入、企业利润、持续盈利能力、市场份额、客户(用户)情况、投入与产出比等情况; 3.增长潜力方面,重点考察项目目标市场容量大小及可扩展性,是否有合适的计划和可靠资源(人力资源、资金、技术等方面)支持其未来持续快速成长; 4.现金流及融资方面,关注维持企业正常经营的现金流情况,以及企业融资需求及资金使用规划	25
社会效益	重点考察带动就业及其他可持续发展贡献。 1.项目实际带动的直接就业人数,考察项目未来持续带动就业的能力; 2.项目对联合国可持续发展目标中涉及社会、经济和环境的 17 项可持续发展目标方面已做出的或潜在的贡献能力	10

附表 1-6　国际赛道社会企业组项目评审要点

评审要点	评审内容	分值/分
社会目标及社会影响力	重点考察社会使命及社会影响力。 1.社会问题和社会目标界定明确,可参考联合国可持续发展目标进行描述或界定; 2.社会使命清晰,以商业手段解决社会问题,解决方案的社会价值实现优于商业目标; 3.社会影响力可评估,侧重考察受益群体、其他利益相关方所产生的正向改变	30
可持续性	重点考察商业模式设计和调动社会资源的能力。 1.商业模式设计完整,具有清晰可行的产品和服务、利益相关方需求、完整的价值链闭环设计、组织的核心竞争力以及未来发展前景; 2.盈利模式清晰,财务结构合理,资金使用效率高;3.具有调动政府、企业、社会等跨界资源的机制和能力	30

续表

评审要点	评审内容	分值/分
创新性	重点考察产品和服务创新、模式创新。 1.用新技术、新产品、新模式或新方法解决社会问题、满足社会需求、创造社会价值； 2.用新的组织形式解决社会问题、创造社会价值； 3.鼓励社会企业项目与高校科技成果转移转化相结合	20
治理结构	重点考察决策机制和利润分配。 1.组织结构合理，具有科学的决策机制，确保其社会使命稳定； 2.制度安排体现出利润（部分或全部）继续用于实现社会目标； 3.规范的信息披露制度	20

4.中国创新创业大赛

中国创新创业大赛是由科技部、财政部、教育部、国家网信办和中华全国工商业联合会共同指导举办的一项以"科技创新，成就大业"为主题的全国性创业比赛。其目的是有效发挥政府的统筹引导能力，最大化聚合激发了市场活力，聚集和整合各种创新创业资源，引导社会各界力量支持创新创业，搭建服务创新创业的平台，弘扬创新创业文化，激发全民创新创业的热情，掀起创新创业的热潮，打造推动经济发展和转型升级的强劲引擎。

大赛秉承"政府主导、公益支持、市场机制"的模式，聚焦国家战略和重大需求，围绕产业链部署创新链，突出战略性新兴产业重点领域，强化企业技术创新主体地位，建立健全以企业为主体、市场为导向、产学研深度融合的创新要素集聚平台，不断激发市场主体活力、促进高水平创新创业、持续深化新动能培育。大赛持续推进创新型领军企业构建大、中、小企业融通发展的企业生态圈，强化"补链强链"，促进创新链、产业链、资本链的有效整合，提升产业链、供应链现代化水平，促进国家高新区等创新高地的产业协同和区域协调发展。

该赛事自2012年起，每年举办一届。参赛企业具有创新能力和高成长潜力，主要从事高新技术产品研发、制造、服务等业务，拥有知识产权且无产权纠纷。

5."创青春"中国青年创新创业大赛

为在全社会营造理解、重视、支持青年创新创业的良好氛围，为青年创新创业提供有利条件，搭建广阔舞台，大力发现、培育、选树青年创新创业人才，2014年共青团中央、工业和信息化部、人力资源社会保障部、农业部（现"农业农村部"）、中国邮政储蓄银行、中央电视台决定，自起共同策划举办首届中国青年创新创业大赛。其目的是搭建创业者展示成长平台、投融资对接平台，建立青年创新创业项目库、人才库、导师库，优化青年创业环境，提高青年创业成功率，激发全社会关心青年创业的热情，促进青年创业就业服务体系建设。

2021年中国青年创新创业交流营暨第八届"创青春"中国青年创新创业大赛，以"创新创业创青春 实学实干跟党走"为主题，通过整合共青团内外优质创服资源，为创业青年搭建交流、碰撞、合作的"嘉年华"平台。2021年"创青春"系列活动聚焦科技创新、乡村振兴、互联网、社会企业等领域，分别举办专项交流营暨专项赛、围绕青年创新创业人才的综合交流营暨大赛。同时,活动服务青年的范围进一步延展,县域青年创业组织骨干将获得针对性的培训。大赛面向不超过 35 岁的创业青年和平均年龄 30 岁以下的青年创业团队。"创青春"中国青年创新创业大赛是共青团服务青年创新创业的重要赛事,自 2014—2021 年以来,累计吸引超过 47 万支青年创业团队、207 万名创业青年参赛。

6."中国创翼"创业创新大赛

该大赛由人力资源社会保障部、国家发展改革委、科技部、国家乡村振兴局、共青团中央、中国残联,人力资源和社会保障部、全国人才流动中心承办,以贯彻"党的十九大""鼓励创业带动就业"精神,落实国家创新驱动发展战略、就业优先战略及人才强国战略,推进"大众创业、万众创新"的核心价值,以营造创新创业氛围、培养创新创业意识为目标导向,以创新引领创业、创业带动就业、助力脱贫攻坚为重点评价指标,突出参赛项目的社会价值和创业者的社会贡献。年满 16 周岁的各类创业群体均可报名参赛,项目所在地位于中国。

大赛按照"1+1"模式,包括主体赛和创业扶贫专项赛。主体赛面向各类群体,分为创新项目组和创业项目组两个组别,按照省级选拔赛、全国选拔赛、决赛三个阶段实施。原则上按照地市级(可延伸到区县)、省级选拔赛的步骤实施。全国选拔赛共约 200 个项目,各省按照大赛组委会统一分配的名额,选拔优秀项目入围全国选拔赛,共 60 个项目进入全国决赛。创业扶贫专项赛按照省级选拔赛(直接推荐)、决赛两个阶段实施,共 32 个项目进入全国决赛。

7.全国大学生电子商务"创新、创意及创业"挑战赛

全国大学生电子商务"创新、创意及创业"挑战赛(以下简称"三创赛")是在 2009 年由教育部委托教育部高校电子商务类专业教学指导委员会主办的全国性在校大学生学科性竞赛。"三创赛"是激发大学生兴趣与潜能,培养大学生创新意识、创意思维、创业能力及团队协同实战精神的学科性竞赛。

从 2009—2019 年一直由教育部主管、教育部高校电子商务类专业教学指导委员会主办,具体工作由电商教指委领导的"三创赛"竞赛组织委员会统一策划、组织、管理与实施。在 2020 年,由于教育部落实国家"放管服"政策,第十届"三创赛"的主办单位由电子商务教指委转变为全国电子商务产教融合创新联盟。

"三创赛"由校赛、省级赛和全国总决赛三级竞赛组成。校赛由教育部认可的高校向"三创赛"竞赛组织委员会提出申请,备案后组织比赛;省级赛和全国总决赛的承办则是由教育部认可的高校向竞赛组织委员会提出申请,经"三创赛"竞赛组织委员批准、委托后,承办单位分别组成各省级选拔赛的竞赛组织委员会和全国总决赛竞赛组织委员会,在全国"三创赛"竞赛组织委员会的指导和监督下具体承办各省级"三创赛"选拔赛和"三创赛"全国总决赛。

8.全国高校商业精英挑战赛

全国高校商业精英挑战赛(简称"CUBEC")由中国国际贸易促进委员会商业行业委员会自 2012 年起牵头,会同有关专业协会(学会)、事业单位联合主办的全国高校商业精英挑

战赛,主要面向研究生和本科生开展,同时兼顾高职院校学生。全国高校商业精英挑战赛设置品牌策划、国际贸易、会展创新实践、流通业经营模拟、营销模拟决策、创新创业、跨境电商、会计案例、物流管理、商务会奖旅游、酒店管理等若干专业赛事。现场累计参赛院校数量1 560余所,参赛队伍1.96万支,参赛学生9.23万名。全国高校商业精英挑战赛各专业均实现了国内与国外竞赛相衔接,经过近几年的发展,业已培育成为我国高等商科教育领域中专业全覆盖、赛项最齐全、校企合作最深入、国际交流最广泛的赛事活动;集学科竞赛、产学合作与国际交流三位一体的创新实践平台,形成了政府认可、企业肯定、媒体关注和院校欢迎的良好局面。全国高校商业精英挑战赛部分赛项在2021年纳入教育部全国普通高校大学生竞赛排行榜目录。

①商务会奖旅游策划竞赛:由中国国际商会商业行业商会、中国国际贸易促进委员会商业行业委员会和中国会展经济研究会共同举办的。它面向旅游管理、会展管理、酒店管理、文化产业管理等相关专业学生,分为本科组和高职组两个组别。竞赛自2014年首届举办,历届竞赛活动有23个省、自治区和直辖市的近百所高校的参赛团队报名参赛,参赛院校范围、数量及参赛团队数量不断扩大,赛事规模及影响力也随之不断扩大。

②全国会展专业创新创业实践竞赛:由中国国际贸易促进委员会商业行业委员会、中国国际商会商业行业商会、(国资委)商业国际交流合作培训中心和中国会展经济研究会共同举办。本赛事是国内目前连续举办时间最长、规模最大的会展类竞赛。自2007年创办至今,分别在北京、天津、广州、杭州、海南、厦门、西安等会展热门城市累计成功举办十三届,大赛累计参赛院校达800多校次、累计参赛师生达10 000多人次,累计参赛团队及作品超过1 500个。本赛事竞赛类型全面,包括会展策划、会展调研、展示设计、城市营销、数字会展策划、会展文案写作和教师说课等类型。本赛事也是会展院校师生参与境外、国际竞赛的重要官方通道。截至目前,大赛成功推荐优秀团队参与,包括两岸大学生会展策划竞赛(台湾)、亚洲青年挑战赛(厦门)、中韩会展青年挑战赛(首尔)、"一带一路"会展大学生挑战赛(印尼)、亚洲大学生商务策划竞赛(新加坡)等多项地区间、国际间大赛,为会展院校搭建广阔的交流合作平台。

③全国高校商业精英挑战赛酒店管理竞赛:由中国国际贸易促进委员会商业行业委员会、中国国际商会商业行业商会和中国商业经济学会联合主办的国家级学科竞赛活动。自2017年开赛以来,参赛院校数量逐年递增,规模不断扩大,备受各方关注。竞赛设置本科组和高职高专组,以团体赛形式进行,每个团队由3~5名参赛选手与1~2名指导教师组成,竞赛分为知识赛、全国预选赛、全国总决赛3个阶段,各参赛队在对酒店业企业进行实地调研的基础上,对酒店的品牌管理、营销管理、前厅管理、客房管理、餐饮管理、人员管理、客户关系管理、财务管理、信息管理和物流管理等任一或多个方面作出有针对性的综合研究报告,竞赛分调研报告组和策划方案组两个赛项。满足了酒店业快速发展对酒店管理创新型、复合型和应用型人才的需求,搭建了产教融合与校企合作的平台。

9.其他旅游类赛事

其他旅游类赛事主要包括全国大学生旅游创意大赛、全国大学生文明旅游宣传作品创意大赛、全国大学生红色旅游创意策划大赛、全国大学生海南自贸港旅游创新大赛、中国旅游商品大赛、全国导游大赛等。

10.全国普通高校大学生竞赛项目名单

2021年3月9日,全国高校竞赛评估与管理体系研究专家委员会会议在杭州召开。会上采取无记名投票方式,新增的13项竞赛纳入2020年全国普通高校大学生竞赛排行榜(榜单内已有竞赛的子赛纳入但不计算竞赛项目数),纳入排行榜的全部竞赛项目共57项(详见附表1-7)。

附表1-7　2020年全国普通高校大学生竞赛排行榜内竞赛项目名单

序号	竞赛名称
1	中国"互联网+"大学生创新创业大赛
2	"挑战杯"全国大学生课外学术科技作品竞赛
3	"挑战杯"中国大学生创业计划大赛
4	ACM-ICPC国际大学生程序设计竞赛
5	全国大学生数学建模竞赛
6	全国大学生电子设计竞赛
7	全国大学生化学实验邀请赛
8	全国高等医学院校大学生临床技能竞赛
9	全国大学生机械创新设计大赛
10	全国大学生结构设计竞赛
11	全国大学生广告艺术大赛
12	全国大学生智能汽车竞赛
13	全国大学生交通科技大赛
14	全国大学生电子商务"创新、创意及创业"挑战赛
15	全国大学生节能减排社会实践与科技竞赛
16	全国大学生工程训练综合能力竞赛
17	全国大学生物流设计大赛
18	外研社全国大学生英语系列赛-英语演讲、英语辩论、英语写作、英语阅读
19	全国职业院校技能大赛
20	全国大学生创新创业训练计划年会展示
21	全国大学生机器人大赛-RoboMaster、Robocon、RoboTac
22	"西门子杯"中国智能制造挑战赛
23	全国大学生化工设计竞赛
24	全国大学生先进成图技术与产品信息建模创新大赛
25	中国大学生计算机设计大赛
26	全国大学生市场调查与分析大赛

续表

序号	竞赛名称
27	中国大学生服务外包创新创业大赛
28	两岸新锐设计竞赛"华灿奖"
29	中国高校计算机大赛-大数据挑战赛、团体程序设计天梯赛、移动应用创新赛、网络技术挑战赛、人工智能创意赛(2020年新纳入)
30	世界技能大赛
31	世界技能大赛中国选拔赛
32	中国机器人大赛暨Robocup机器人世界杯中国赛
33	全国大学生信息安全竞赛
34	全国周培源大学生力学竞赛
35	中国大学生机械工程创新创意大赛-过程装备实践与创新赛、铸造工艺设计赛、材料热处理创新创业赛、起重机创意赛、智能制造大赛(2020年新纳入)
36	"蓝桥杯"全国软件和信息技术专业人才大赛
37	全国大学生金相技能大赛
38	"中国软件杯"大学生软件设计大赛
39	全国大学生光电设计竞赛
40	全国高校数字艺术设计大赛
41	中美青年创客大赛
42	全国大学生地质技能竞赛
43	米兰设计周-中国高校设计学科师生优秀作品展
44	全国大学生集成电路创新创业大赛
45	中国机器人及人工智能大赛
46	全国高校商业精英挑战赛-品牌策划竞赛、会展专业创新创业实践竞赛、国际贸易竞赛、创新创业竞赛
47	中国好创意暨全国数字艺术设计大赛
48	全国三维数字化创新设计大赛
49	"学创杯"全国大学生创业综合模拟大赛
50	"大唐杯"全国大学生移动通信5G技术大赛
51	全国大学生物理实验竞赛
52	全国高校BIM毕业设计创新大赛
53	RobCom机器人开发者大赛
54	全国大学生生命科学竞赛(CULSC)-生命科学竞赛、生命创新创业大赛
55	华为ICT大赛
56	全国大学生嵌入式芯片与系统设计竞赛
57	中国高校智能机器人创意大赛

资料来源:中国高等教育学会。

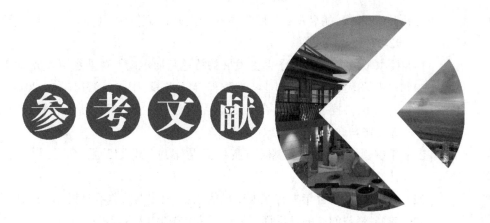

参考文献

[1] B.约瑟夫·派恩,詹姆斯·H.吉尔摩.体验经济(更新版)[M].北京:机械工业出版社,2012.

[2] 埃里克·莱斯.精益创业[M].陈毅平,译.北京:中信出版社,2019.

[3] 熊彼特.资本主义、社会主义和民主主义[M].北京:商务印书馆,1979.

[4] 亚德里安·斯莱沃斯基,卡尔·韦伯.需求:缔造伟大商业传奇的根本力量[M].黄昕,龙志勇,魏薇,译.杭州:浙江人民出版社,2013.

[5] 约瑟夫·阿洛伊斯·熊彼特.经济发展理论:对利润、资本、信贷、利息和经济周期的探究[M].叶华,译.北京:中国社会科学出版社,2009.

[6] 因斯克普.旅游规划:一种综合性的可持续的开发方法[M].张凌云,译.北京:旅游教育出版社,2004.

[7] GHOSH P S.迈向知识经济2.0:实现下一波增长的可能性[J].清华管理评论,2021(5):21-26.

[8] 白长虹,温婧.新常态下国内旅游创业的智慧取向及多种模式[J].旅游学刊,2015(2):3-5.

[9] 保继刚,等.旅游区规划与策划案例[M].广州:广东旅游出版社,2005.

[10] 北京巅峰智业旅游文化创意股份有限公司课题组.旅游创新开发　巅峰案例[M].北京:旅游教育出版社,2017.

[11] 潘福达.建国饭店:改革开放"样板间"[N].北京日报,2018-08-24.

[12] 王文正.定位就是与众不同:访定位大师杰克·特劳特[J].销售与市场,2010(31):14-16.

[13] 蔡跃洲,李平,付一夫."互联网+"、技术革命与技术-经济范式转换[J].珞珈管理评论,2016(2):155-166.

[14] 陈海波.旅游的起源及相关问题再思考[J].旅游学刊,2020,35(9):123-133.

[15] 陈雄.论第二次产业革命的特点[J].郑州大学学报(哲学社会科学版),1987(5):34-37,44.

[16] 程瑞芳.旅游经济学[M].重庆:重庆大学出版社,2018.

[17] 丁一,郭伏,胡名彩,等.用户体验国内外研究综述[J].工业工程与管理,2014,19(4): 92-97,114.

[18] 杜志琴.美国旅游电子商务发展的特色与启示[J].对外经贸实务,2016(12):85-88.

[19] 方法林.大学生创新创业实训教程[M].北京:中国旅游出版社,2018.

[20] 冯昭奎.科技革命发生了几次:学习习近平主席关于"新一轮科技革命"的论述[J].世界经济与政治,2017(2):4-24.

[21] 弗雷德·R.戴维.战略管理:概念与案例[M].13版.徐飞,译.北京:中国人民出版社,2012.

[22] 高祖贵.世界百年未有之大变局的丰富内涵[N].学习时报,2019-01-22.

[23] 龚焱.精益创业的正反面[J].经理人,2019(12):52-53.

[24] 郭峦.旅游创新的概念、特征和类型[J].商业研究,2011(12):181-186.

[25] 亨利·明茨伯格,布鲁斯·阿尔斯特兰德,约瑟夫·兰佩尔.战略历程[M].魏江,译. 2版.北京:机械工业出版社,2016.

[26] 洪清华.旅游,得IP者得天下[M].北京:中国旅游出版社,2018.

[27] 洪银兴,安同良,孙宁华.创新经济学[M].南京:江苏人民出版社,2017.

[28] 洪智敏.知识经济:对传统经济理论的挑战[J].经济研究,1998(6):64-67.

[29] 胡飞.营销定位理论述评[J].市场研究,2014(6):7-10.

[30] 黄华.如何赢得创新创业大赛[M].北京:化学工业出版社,2019.

[31] 黄瑶,王铭."三螺旋"到"四螺旋":知识生产模式的动力机制演变[J].教育发展研究, 2018,38(1):69-75.

[32] 贾根良.第三次工业革命:来自世界经济史的长期透视[J].学习与探索,2014(9): 97-104.

[33] 江金波,舒伯阳.旅游策划原理与实务[M].重庆:重庆大学出版社,2018.

[34] 杰克·特劳特.什么是战略[M].火华强,译.北京:机械工业出版社,2011.

[35] 艾·里斯,杰克·特劳特.定位:有史以来对美国营销影响最大的观念[M].谢伟山,苑爱冬,译.北京:机械工业出版社,2011.

[36] 杰克·特劳特,史蒂夫·瑞维金.新定位[M].北京:中国财政经济出社出版,2002.

[37] 金碚.世界工业革命的缘起、历程与趋势[J].南京政治学院学报,2015,31(1):41-49.

[38] 靳磊,夏龙君."战略管理"理论回顾及研究趋势[J].经济研究参考,2010(24):45-49.

[39] 康文斌.略论第二次社会大分工[J].山西师大学报(社会科学版),1993(2):19-21.

[40] 李彬,李朋波,秦宇.中国旅游企业创新创业发展报告(2016—2017)[M].北京:旅游教育出版社,2017.

[41] 李彬,秦宇.中国旅游企业创新创业发展报告(2017—2018)[M].北京:旅游教育出版社,2019.

[42] 李珂,曲颖."定位理论"及其形成脉络探析[J].合作经济与科技,2019(11):124-127.

[43] 李蕾蕾.旅游目的地形象策划:理论与实务[M].广州:广东旅游出版社.2008.

[44] 李庆华.企业战略定位:一个理论分析构架[J].科研管理,2004,25(1):7-13.

[45] 李庆雷.旅游创意:缘起、内涵与特征[J].北京第二外国语学院学报,2011,33(1):26-33,16.

[46] 李伟.创新创业教程[M].2版.北京:清华大学出版社,2019.

[47] 厉新建.顺应趋势 科学谋划 推动文化旅游业高质量发展[N].光明日报,2020-10-12(16).

[48] 利·加拉格尔.爱彼迎传:打造让用户热爱的产品[M].唐昉,林星宇,译.北京:中信出版社,2019.

[49] 林莹.《重新定位》:应对竞争、变化与危机:解读杰克·特劳特最新观点[J].中国广告,2010(10):123-125.

[50] 刘志阳,林嵩,路江涌.创新创业基础[M].北京:机械工业出版社,2021.

[51] 柳卸林,董彩婷,丁雪辰.数字创新时代:中国的机遇与挑战[J].科学学与科学技术管理,2020,41(6):3-15.

[52] 卢良志,吴耀宇,吴江.旅游策划学[M].2版.北京:旅游教育出版社,2010.

[53] 马化腾.腾讯初创时快速成长的经验[J].企业观察家,2017(11):94-95.

[54] 马化腾.马化腾:我创办腾讯这些年[J].中外企业家,2017(22):4-6.

[55] 迈克尔·波特.竞争优势[M].陈小悦,译.北京:华夏出版社,1997.

[56] 迈克尔·波特.竞争战略[M].陈小悦,译.北京:华夏出版社,2003.

[57] 迈克尔·波特.什么是战略[J].哈佛商业评论,2004(1M):69-91.

[58] 梅雪妍.罗马帝国时期的旅行与旅游活动研究[D].太原:山西师范大学,2018.

[59] 欧阳斌.实划实说:欧阳斌旅游策划实战理论与案例选编[M].北京:中国经济出版社,2005.

[60] 庞博.Priceline.com:请你来定价[J].当代经理人,2010,12:98-99.

[61] 彭顺生.世界旅游发展史[M].2版.北京:中国旅游出版社,2017.

[62] 齐树峰,苏志刚:从农民工到文化王国领军人[J].劳动保障世界,2014(31):40-41.

[63] 乔·蒂德,约翰·贝赞特.创新管理[M].陈劲,译.6版.北京:中国人民大学出版社,2020.

[64] 秦永洲,邓丽丽.浅析中国古代旅游与西方的差异[J].山东师范大学学报(人文社会科学版),2009,54(1):92-95.

[65] 秦宇,张德欣,李彬.中国旅游企业创新创业发展报告(2013)[M].北京:旅游教育出版社,2014.

[66] 任国才,李晓丽."互联网+"的本质与支柱[N].中国旅游报,2015-11-04(14).

[67] 任俊正.战略十讲[M].北京:中国发展出版社,2016.

[68] 邵金萍.新中国60年旅游产业发展的回顾与总结[J].经济纵横,2009(12):30-34.

[69] 沈祖祥.旅游策划:理论、方法与定制化原创样本[M].北京:复旦大学出版社,2007.

[70] 沈祖祥,张帆等.现代旅游策划学[M].北京:化学工业出版社,2013.

[71] 宋敏桥.试论中国古代史上两次社会大分工[J].求索,2005(8):168-172.

[72] 宋敏桥.50年来我国史学界对第一次社会大分工问题研究综述[J].郑州大学学报(哲学社会科学版),2003,36(2):149-152.

[73] 孙佳伦.燃舌餐饮管理有限公司创业计划书[D].大连:大连理工大学,2018.

[74] 唐京,冯明.知识类型与知识管理[J].外国经济与管理,2000,22(2):18-22,26.

[75] 田里.旅游学概论[M].重庆:重庆大学出版社,2019.

[76] 王蕾,曹希敬.熊彼特之创新理论的发展演变[J].科技和产业,2012,12(6):84-88.

[77] 王满四,莫寰,张延平.创业基础[M].北京:高等教育出版社,2018.

[78] 王衍用,曹诗图.旅游策划理论与实务[M].北京:中国林业出版社,北京大学出版社,2008.

[79] 吴必虎.区域旅游规划原理[M].北京:中国旅游出版社,2001.

[80] 夏蜀.旅游IP概念探微:范式转换与信息产品[J].人民论坛·学术前沿,2019(11):102-111.

[81] 向勇,白晓晴.新常态下文化产业IP开发的受众定位和价值演进[J].北京大学学报(哲学社会科学版),2017,54(1):123-132.

[82] 肖文健.马云创业语录[M].北京:中国致公出版社,2008.

[83] 谢长安,程恩富.分工深化论:五次社会大分工与部门内分工探析[J].马克思主义研究,2016(12):46-58.

[84] 利·加拉格尔,唐昉,林星宇.爱彼迎的前18个月[J].21世纪商业评论,2019(8):66-73.

[85] 许庆.特劳特与里斯市场定位理论的解读与思考[J].企业改革与管理,2016(11):13,70.

[86] 薛光明.创新理论的发展与反思:一个理论综述[J].经济论坛,2017(12):145-151.

[87] 杨芬.苏志刚:打造"中国迪斯尼"[J].企业观察家,2017(5):39-41.

[88] 杨攀.互联网的性质:与机器对比的视角[J].重庆邮电大学学报(社会科学版),2016,28(3):91-98.

[89] 杨振之,等.旅游原创策划[M].成都:四川大学出版社,2005.

[90] 张俐俐.近代中国第一家旅行社述论[J].中国经济史研究,1998(1):123-134.

[91] 张涛.不妨精益创业[N].第一财经日报,2013-12-05.

[92] 张香兰,程培岩,史成安,等.大学生创新创业基础[M].北京:清华大学出版社,2018.

[93] 张秀娥,赵敏慧.创新与创业理论研究回顾与展望[J].创新与创业管理,2016(2):1-15.

[94] 张玉利,薛红志,陈寒松,等.创业管理[M].4版.北京:机械工业出版社,2016.

[95] 赵春芳.Airbnb运营模式分析及对中国在线短租行业的启示[J].江苏商论,2016(8):20-22.

[96] 郑世卿,王大悟.乌镇旅游发展模式解析[J].地域研究与开发,2012,31(5):85-88,94.

[97] 郑艳芬,王华.历史城镇旅游商业化的创造性破坏模型:以乌镇为例[J].旅游学刊,2019,34(7):124-136.

[98] 中共中央马克思恩格斯列宁斯大林著作编译局.马克思恩格斯选集:第4卷[M].北京:人民出版社,1972.

[99] 钟蕾,李杨.文化创意与旅游产品设计[M].北京:中国建筑工业出版社,2015.

[100] 周佳.在线短租平台商业模式创新研究:以 Airbnb 为例[J].广东经济,2018(7):84-92.

[101] 邹亮,曹洪珍.试论旅游管理专业的创新创业教育[J].创新与创业教育,2014(2):42-44.